Haiko Wandhoff

# Was soll ich tun?

## Eine Geschichte der Beratung

CORLIN VERLAG

Bibliografische Informationen der Deutschen Nationalbibliothek:
Die Deutsche Nationalbibliothek verzeichnet diese Publikation in der Deutschen Nationalbibliografie; detaillierte bibliographische Daten sind im Internet unter http://dnb.dnb.de abrufbar.

Copyright:
Corlin Verlag UG (haftungsbeschränkt), Hamburg 2016
Alle Rechte vorbehalten
Satz: Buchgestaltung.de, Gladbeck
Umschlagsgestaltung: artundwiese.net
Herstellung: BoD – Books on Demand, Norderstedt
ISBN 978-3-9818156-0-3

Die Darstellung des siebengängigen Labyrinths in sechseckiger Form erfolgt mit freundlicher Genehmigung des LabyrinthBlogs *bloggermymaze*.

www.corlin-verlag.de

# Danksagung

Das vorliegende Buch wäre kaum in dieser Form entstanden, hätten nicht viele liebe Leute in der einen oder anderen Weise daran mitgewirkt – mit Ideen und Ratschlägen, Korrekturen und Verbesserungsvorschlägen, der großzügigen Überlassung von schönen Orten zum Lesen und Schreiben oder einfach nur durch ihre stetige Anteilnahme. Ihnen allen möchte ich sehr herzlich danken. Das gilt auch für die Studierenden, die durch kritische Fragen und originelle Einfälle in meinen Seminaren zur Kulturgeschichte der Beratung an der Ludwig-Maximilians-Universität München, der Johann Wolfgang Goethe-Universität Frankfurt und der Humboldt-Universität zu Berlin zur Reifung des Projekts beigetragen haben. Mein besonderer Dank geht an Shari Costa, Niels Fischer, Everhard Hofsümmer, Carina Klapdor, Dietlinde Paetzelt, Sven Rabanus, Doris Röschmann, Carola Schubert, Julius Seyfarth, Iris und Jan-Oliver Thofern und, natürlich, an Tina, die immer daran geglaubt hat. Mein Vater, Udo Wandhoff, hat die Drucklegung leider nicht mehr erlebt. Seinem Andenken sei das Buch gewidmet.

Hamburg, im Juli 2016

*H. W.*

# Inhalt

**Einführung:**
**Was uns die Geschichte des Ratgebens über unsere Gegenwart erzählt**  9

1. **Was soll ich tun?**
   **Die Grundfrage der Beratung**  21

   Entschleunigung: Die Ratsuche verschafft uns Zeit  22

   Beratung im Unterschied zu Belehrung, Betreuung und Befehl  25

   Die bisherige Erforschung des Ratgebens  33

   Die Kunst, ein gutes Leben zu führen: Beratung gestern und heute  36

   Der gute Rat und seine Medien  41

2. **Orakelsprüche, Prophezeiungen und Horoskope:**
   **Alte Rezepturen gegen eine unsichere Zukunft**  45

   Orakelsprüche: Der Rat als Rätsel in der griechischen Antike  47

   Auguren und Haruspizien: Der Rat der Eingeweide- und Vogelflugbeschauer  52

   Der Bruch der Sophisten mit der charismatischen Beratung  55

   Wann soll ich es tun? Wissen, das in den Sternen steht  59

   Der Astrologe Johannes Lichtenberger  63

3. *Consilium* und *Consensus*:
   **Die Suche nach dem einvernehmlichen Ratschluss im Mittelalter**  71

   Der Hof tagt: Beratung und Herrschaft im Mittelalter  73

   Vertrauenssache: Herrscherberatung hinter verschlossenen Türen  80

   Keine Selbstverständlichkeit: Frauen als Beraterinnen im Mittelalter  84

   Reflexive Beratung: Vom Ratschlag zum gemeinsamen Ratschluss  87

   Der mittelalterliche Beratungsimperativ – ein Propagandatrick?  92

4. Hofnarren, Sekretäre und Geheime Räte:
   Beratung auf dem Weg zur Profession                                          97

   ‚Geheime Räte': Das Zeitalter der Sekretäre                                   98

   Meister der paradoxen Intervention: Hofnarren als Berater                    104

   Der Untergang der Hofnarren und der Aufstieg der Mätressen                   111

   Machiavelli & Co: Die neuen Fürstenberater leben gefährlich                  114

   „Paradiesvögel der Bürokratie": Zum Beispiel der Geheimrat
   Goethe                                                                       120

5. Das aufgeklärte Subjekt geht mit sich selbst zu Rate:
   Krise und Kritik des Ratgebens auf dem Weg in die Neuzeit                    125

   Euboulía: Die Wohlberatenheit der griechischen Bürger                        130

   Aufschlussreiche Sprachgeschichte: Rat, Vorrat und Hilfe im
   Deutschen                                                                    133

   Gelassenheit: Der Heilige Geist als Ratgeber der mittelalterlichen
   Christen                                                                     135

   „Unruhige Selbstreferenz": Die autokonsultativen Subjekte der
   frühen Neuzeit                                                               140

   Von Sigmund Freud zum „inneren Team": Das Wirrwarr der
   inneren Stimmen ordnen                                                       150

6. Das Buch als „stummer Freund und Lehrer":
   Ratgeberliteratur als Antwort auf die Krise der Beratung                     157

   Der „denkende Mensch" der Neuzeit: ratlos oder
   beratungsresistent?                                                          159

   Ratgeberliteratur: Die ‚stummen Experten' der Neuzeit                        163

   Sexualberatung in Zeitschriften und anderen Medien                           175

   Das Internet und die Online-Beratung                                         178

7. Parlamente, Politiker und Lobbyisten:
   Die mit sich zu Rate gehende Gesellschaft und ihre Ratgeber                  185

   Beratung und Beschluss in den Parlamenten des 19. Jahrhunderts               187

   Macht, Geist und Charisma: Philosophen als Politikberater                    192

   *Think Tanks*: Neue Player auf dem Feld der Beratung                         198

   Wissenschaftliche Politikberatung: Das Beispiel des Deutschen
   Bundestags                                                                   205

8. Auf dem Weg in die Beratungsgesellschaft:
Vom beratenden Staat zur Consulting-Welle des späten
20. Jahrhunderts                                                      217

   Der beratende Staat: Die Einrichtung psychosozialer
   Fürsorgestellen                                                    221

   Das angelsächsische Modell des *Counseling*                       226

   *Big Consulting*: Eine kurze Geschichte der
   Unternehmensberatung                                              230

   Die neoliberale Entfesselung der ,Beratungsgesellschaft'          240

   Im Beratungsstrudel: Wie Beratung ihre eigene Nachfrage
   erzeugt                                                           245

9. „Beratung ohne Ratschlag":
Die Wiederentdeckung der nicht-direktiven Beratung                   251

   Die Anfänge: Humanistische Psychologie und Gesprächstherapie      253

   Maschinelles Ratgeben: Der ,Turing-Test' der Beratung             258

   Paradoxien der Kommunikation: Der systemisch-
   konstruktivistische Beratungsansatz                               264

   Mentaltraining für das ,innere Spiel': Coaching                   273

   Systemisches Coaching: Königsweg der nicht-direktiven
   Beratung?                                                         281

10. Die Gegenwart der Beratung:
Aktuelle Trends und Zukunftsperspektiven des Ratgebens               289

   Der gewandelte Zukunftsbezug der Beratung                         290

   Das „beratene Selbst": Die neue Kritik der Beratung               295

   Beratung *reloaded*: Die digitale Revolution hat gerade erst
   begonnen                                                          304

   Keine Wertschöpfung ohne Wertschätzung: Das Beraterwissen
   zeigt Wirkung                                                     312

   Achtsamkeit, Mindfulness & Co: Neue Ressourcen für die alte
   Kunst des Innehaltens                                             319

Anmerkungen                                                          329

Literaturverzeichnis                                                 339

# Einführung

## Was uns die Geschichte des Ratgebens über unsere Gegenwart erzählt

„Der größte Vertrauensbeweis der Menschen liegt darin, dass sie sich voneinander beraten lassen", schreibt der englische Philosoph und Staatsmann Francis Bacon an der Wende vom 16. zum 17. Jahrhundert. „In anderen Vertrauenssachen überlassen wir unseren Mitmenschen nur einen Teil von dem, was wir haben: Ländereien, Vermögen, Kinder, Kredit oder irgendeine besondere Angelegenheit, während wir denen, die wir zu unseren Ratgebern machen, schlechthin alles überliefern."[1]

Bacons Lob der Beratung scheint auch heute noch – oder wieder? – hochaktuell zu sein, auch wenn wir unseren Beratern nicht mehr „schlechthin alles" anvertrauen. Das liegt vor allem daran, dass wir uns nicht mehr einem einzigen Ratgeber ganz und gar ausliefern. Wir haben heute vielmehr Zugang zu einer Vielzahl von Beraterinnen und Beratern, die wir je nach Anlass konsultieren: sei es für die Finanzen, die Altersvorsorge, die Gesundheit, die Karriere, die Kindererziehung, die Ehe, das passende Fitnessprogramm usf. Auch dafür benötigen wir ein Mindestmaß an Vertrauen, denn sonst würden wir unser Gegenüber nicht in unsere ureigenen, manchmal sehr intimen Angelegenheiten schauen lassen. Das Vertrauen stellt sicher, dass wir Zuversicht in den Beratungsprozess haben – das war damals nicht anders als heute, ganz gleich, ob die Griechen vor 2500 Jahren aus dem unverständlichen Orakelspruch den Rat eines Gottes herauslasen, ob der mittelalterliche König dem Rat seiner Gefolgsleute folgte oder ob wir von einem Coach oder einer Therapeutin Unterstützung in Krisen oder Lebensfragen erwarten.

Nun scheint das Aufbringen dieses Vertrauens zu Beginn des 21. Jahrhunderts nicht unser Hauptproblem zu sein. Im Gegenteil: Seit einigen Jahren hat das Raten und Beraten Hochkonjunktur. Wohin wir schauen, finden wir Coaches und Consultants, Berater und Beraterinnen, Beratungsfirmen und Beratungsstellen, Ratgeberbücher und Ratgeberportale der Internet-Community. Und wenn Sie einmal nur zum Spaß versuchen, einen Lebensbereich zu finden, für den es noch keine eigenen Beratungsangebote gibt, werden Sie merken, wie schwer das ist. Manch ein Zeitkritiker hat daher das Phänomen der Beratung sogar als hervorstechendes Kennzeichen unserer Gegenwart benannt. Schon vor zwanzig Jahren drückten Soziologen unserer westlichen Gesellschaft das Etikett einer „Beratungsgesellschaft“ auf.[2] Zwar bleibt diese Diagnose ein wenig unscharf, doch hat sie in ihrer plakativen Vereinfachung etwas sehr Überzeugendes. Denn wer will schon etwas gegen eine solche Kennzeichnung einwenden, wenn sich – wie in der TV-Serie *The Sopranos* – mittlerweile sogar ein Mafiaboss im amerikanischen New Jersey in die Hände einer Psychotherapeutin begibt? Dass Dr. Jennifer Melfi in der 1991 erstmals ausgestrahlten Serie wie ihr Klient italienischer Abstammung ist, erleichtert die Sache, weil die Zugehörigkeit zu derselben ethnischen Gruppe für ein gewisses Grundvertrauen sorgt.

Ohne Frage ist das Phänomen der Beratung zu einem unübersehbaren, breitgefächerten Merkmal unserer Zeit geworden – und dies ganz besonders in Deutschland: Mit rund 15000 Beratungsfirmen ist es eines der beratungsintensivsten Länder der Welt. Der aktuelle deutsche Wikipedia-Artikel führt über 50 verschiedene Felder an, auf denen professionelle Beratung angeboten und offenbar auch nachgefragt wird. Und füttert man zur selben Zeit die führende Internet-Suchmaschine mit dem Suchbegriff *.-beratung, erhält man im Jahr 2016 knapp 90 Millionen Ergebnisse. Und ein Ende dieses Booms scheint nicht in Sicht: Ständig kommen neue Beratungsangebote hinzu, drängen weitere Berater, Consultants und Coaches auf einen Markt, für den es so gut wie keine berufsständischen Eintrittsbarrieren gibt. Damit der spätmoderne Mensch dabei den Überblick nicht vollends verliert, widmen sich erste Agenturen (wie die 1999 gegründete, in Zürich ansässige Firma *Cardea*) bereits dem „Meta-Consulting", einer Art Beratung in Beratungs-fragen. Die Berater der Berater sind also auch schon da.

Wir haben uns längst an den Luxus gewöhnt, für beinahe jeden Bereich unseres Lebens, Liebens und Arbeitens professionelle Konsultationen in Anspruch nehmen zu können. Doch manchmal bekommen wir auch den Druck zu spüren, der davon ausgeht, dass es diese Angebote gibt: Mit ihnen wächst nämlich die Erwartung, sie auch wirklich wahrzunehmen, wenn wir gesund, erfolgreich und glücklich sein und bleiben wollen. Schließlich ist jeder, so lautet unüberhörbar das Credo der ‚Beratungsgesellschaft‘, seines eigenen Glückes Schmied, und wer sich beim Schmieden nicht beraten lassen will, der hat seinen potentiellen Misserfolg am Ende selbst zu verantworten.

Doch nicht alles daran ist völlig neu. Schon lange vor dem aktuellen Beratungsboom haben die Menschen ja beratschlagt und sich beraten, und spätestens seit der Erfindung des Buchdrucks auch in schriftlicher Form. Mit der Ratgeber*literatur* trat bereits vor über 500 Jahren eine damals revolutionäre Form der Beratung in Buch- und später auch Zeitschriften-form auf den Plan, die bis heute verblüffend erfolgreich ist. Eine Vielzahl an *How to*-Büchern, aber auch Radio- und Fernsehsendungen und ganz besonders die Web-Community versprechen uns Rat und Hilfe in nahezu allen Lebenslagen: wie man dieses am besten tut und jenes lässt, vom erfolg-reichen Meditieren über die homöopathische Behandlung von Haustieren bis zur erfolgreichen Existenzgründung. Diese Ratgeberbücher bringen einen neuen Aspekt in die Geschichte der Beratung ein: Sie offerieren ihre Ratschläge, ohne dass wir sie (oder ihre Autoren) zuvor um Rat gefragt hätten. Dies ist ja in der mündlichen Beratung, die im Mittelpunkt dieses Buches steht, grundsätzlich anders: Der *Sprech*-Akt des Ratgebens geht von der Initiative des Ratsuchenden aus. Das gilt auch für die professionelle

Beratung: Ein Coaching beispielsweise funktioniert nur, wenn der Klient oder die Klientin aus eigenem Antrieb kommt und ein echtes Anliegen hat, bei dem der Coach ihm oder ihr beratend zur Seite steht.

Wir sind also von Ratgebern regelrecht umstellt: von ,echten', menschlichen Beraterinnen und Beratern, von Ratgeberbüchern und -zeitschriften, aber längst auch von den zahllosen Ratgeberforen der Internetgemeinde. Hier verbindet sich die Schriftform der Beratung, wie wir sie aus Büchern und Zeitschriften kennen, mit der Interaktivität des neuen Mediums. Hinzu kommen die ständig neuen Apps und technischen Hilfsmittel, die uns mit Ratschlägen im täglichen Leben versorgen: was wir noch für unsere Fitness tun können, welche Restaurants sich in der Nähe befinden, welche Formen der Geldanlage gerade günstig sind etc. Ganz zu schweigen von den Ratschlägen, mit denen uns die großen Suchmaschinen auch dann ungefragt versorgen, wenn wir gerade eigentlich gar nichts suchen. Auf diesem Gebiet der *automatisierten* Beratung, wo uns die Apps und Computerprogramme empfehlen, was wir tun sollen, werden wir wohl noch einiges erleben.

Es hat den Anschein, als ließe sich das Leben in unserer hochkomplex gewordenen, globalisierten und digitalisierten Welt ohne beratende Unterstützung kaum noch meistern. Man hat dies vor allem auf die unüberschaubar gewordene Anzahl der Möglichkeiten zurückgeführt, vor denen wir heute stehen: Die „Multioptionsgesellschaft" (Peter Gross) ist, wenn man so will, die große Schwester der ,Beratungsgesellschaft'. Sie gibt uns eine Freiheit, selbst über unser Leben zu entscheiden, von der frühere Generationen nur träumen konnten. Und doch hat diese Freiheit auch eine Kehrseite: Denn wer über eine stetig zunehmende Vielfalt von Möglichkeiten entscheiden *kann*, der *muss* dies auch tun – und zwar nicht nur einmal, sondern immer wieder. Das ist nicht nur auf Dauer recht anstrengend, sondern auch desillusionierend, denn es führt uns die prinzipielle Beliebigkeit unseres Tuns schonungslos vor Augen. Schließlich hätten wir in jedem Einzelfall auch anders entscheiden können, was womöglich genauso gut oder schlecht – oder vielleicht sogar besser – gewesen wäre. Anders gesagt: Wer die Wahl hat, hat die Qual, und ein Zuviel an Freiheit kann auch zur Last werden. Die Vielzahl der lockenden Möglichkeiten verwandelt sich schnell in einen bedrohlichen Strudel der verpassten Gelegenheiten und falschen Entscheidungen. Der spätmoderne Mensch findet sich dann in der Rolle des *homo consultabilis* wieder, wie ihn der Erziehungswissenschaftler Hans Thiersch genannt hat: als beratbarer, zur Beratung fähiger Mensch, „der sich in seinen Problemen als hilflos erfährt und in diesen Problemen oder von ihnen aus Hilfe in der Beratung sucht."[3]

So scheint gerade die Vervielfältigung unserer Lebensoptionen kein beratungsfreies Leben mehr zuzulassen, auch wenn manche Ausformungen unserer ‚Beratungsgesellschaft' Ängste schüren. Dazu zählt wohl insbesondere das Treiben von Firmen des *Big Consulting*, jener multinational operierenden Unternehmens- und Strategieberatungen, deren Einfluss in den letzten Jahren auch in Europa enorm gewachsen ist. Mit weitreichenden Folgen: Als das *Brandenburger Theater* in Brandenburg an der Havel im Februar 2004 das Stück *McKinsey kommt* des Dramatikers Rolf Hochhuth zur Uraufführung bringt, kommt darin die titelgebende Unternehmensberatung gar nicht vor. Vielmehr stehen die bloße Nennung ihres Namens und die Ankündigung ihres Kommens stellvertretend für geplante Entlassungen. Manch einer befürchtet denn auch die einseitig an Profitinteressen orientierte Gleichschaltung gewachsener Unternehmenskulturen. Doch die überkommenen Formen der Managementberatung stoßen bereits an ihre Grenzen. Nach den Krisenjahren 2001 und 2002, als die *Dotcom*-Blase platzte, gerieten auch die Consulting-Firmen mit ihrem Credo der „Innovation um jeden Preis" in die Kritik – und diese ist bis heute nicht mehr abgerissen. Spektakuläre Beratungsdesaster tragen das Ihre dazu bei: Wie das Wirtschaftsmagazin *Capital* berichtet, soll die 2013 in die Insolvenz gegangene Baumarktkette *Praktiker* in ihren letzten zwei Jahren rund 80 Millionen Euro – offenkundig erfolglos – für Consulting ausgegeben haben. „Es gibt keinen Berater, den wir nicht hatten", wird eine ehemalige Großaktionärin zitiert. Sarkastisch titelte der Berliner *Tagesspiegel*: „Schlechter Rat ist teuer".[4]

So aktuell diese Themen sind und so sehr sie unsere Lebenswelt heute prägen, so alt ist auf der anderen Seite das Ratgeben vom Grundsatz her. Seit Menschengedenken suchen wir Rat und Hilfe bei unseren Nachbarn und Freunden, aber auch bei Spezialisten und Experten, die das Beraten zu ihrem Beruf gemacht haben. Das Ratgeben ist eine uralte Kulturtechnik, die zugleich eine brisante Aktualität hat: Aus dieser Spannung ist die Idee zu dem zuhandenen Buch entstanden. Denn es fällt heute schon auf, dass die verschiedenen Dimensionen des Ratens und Beratens bislang noch kaum in ihrem Zusammenhang dargestellt worden sind. Diese Lücke möchte ich mit dem vorliegenden Buch schließen: Ich erzähle eine Geschichte der Beratung, die von der Antike über das Mittelalter und die Neuzeit bis in die Gegenwart reicht und damit rund 3000 Jahre umspannt. Ich sage bewusst *eine* Geschichte, weil das Raten und Beraten ein so weites Feld ist, dass man die Zusammenhänge sicher auch anders hätte darstellen können. In meiner Geschichte lasse ich mich von der Frage leiten, was die uralte *conditio humana* des Ratsuchens und Ratgebens mit den Auswüchsen der spätmodernen ‚Beratungsgesellschaft' gemeinsam hat – und was sie trennt. Wie lässt sich heute, aber auch damals das Bedürfnis nach gutem Rat erklären? Welche Formen des Ratens und Beratens treten im Lauf der Geschichte hervor und welche zurück? Und schließlich: Wie ist der gewaltige Consulting-Boom zu erklären, der unser Leben seit wenigen Jahrzehnten so grundlegend verändert hat, und wie wird er sich in der Zukunft entwickeln?

Dass es sich um ein relativ neues Phänomen handelt, wenn wir uns heute in beinahe jeder Lebenslage freimütig und vertrauensvoll beraten lassen, zeigt eine Rede des Politikwissenschaftlers Wilhelm Hennis: „Rat und Beratung, fundamentale Probleme allen menschlichen Lebens", so gab Hennis noch Anfang der 1960er Jahre zu Protokoll, *„sind in der modernen Gesellschaft ortlos geworden."*[5] Man reibt sich verwundert die Augen. „Während das eine, der fachliche Rat, für den eben Fachkenntnisse erforderlich sind, relativ unproblematisch ist", so Hennis weiter, „ist das andere, der Rat, der sich auf die Lebensführung bezieht, *in unserer Gegenwart etwas* *zutiefst Problematisches geworden.*"⁶ Rat und Beratung „ortlos" in der modernen Gesellschaft, „etwas zutiefst Problematisches" gar? Man mag diese Diagnose nicht so recht glauben, zumal in Anbetracht eines heute mehr als breiten Angebots an Beratungsformaten, die sich gerade auch auf die Lebensführung beziehen (man muss nicht nur an das neuerdings beliebte Format des *Life Coachings* denken). Und doch macht Hennis' Vortrag darauf aufmerksam, dass sich in den vergangenen fünfzig Jahren in punkto Ratgeben und Beraten offenbar dramatische Veränderungen ereignet haben. Ihren Spuren will ich im Folgenden nachgehen.

Dabei verweist der zitierte Politikwissenschaftler auf eine Geisteshaltung, die uns in diesem Buch noch verschiedentlich begegnen wird, weil sie seit dem Beginn der Neuzeit immer stärker zutage tritt – bei Montaigne, Goethe und anderen Dichtern und Denkern: Sie besagt, dass der moderne, der aufgeklärte Mensch keiner Beratung durch seine Zeitgenossen mehr bedürfe, weil dies seine Autonomie einschränke – und er im Übrigen schon allein klarkomme. Bei Problemen oder in schwierigen Situationen müsse der denkende Mensch der Neuzeit einfach nur auf die Stimmen der Vernunft hören, um die richtigen Entscheidungen zu treffen. Kurzum: Der Einzelne sei immer dann am besten beraten, wenn er mit sich selbst zu Rate gehe. Wenn dies aber die Haltung der frühen und klassischen Moderne gegenüber dem Raten und Beraten war, dann macht das die Frage noch brisanter, wie eine derart beratungskritische Haltung in der Spätmoderne in ihr komplettes Gegenteil kippen konnte.

Rat können wir also nicht nur bei anderen finden, sondern auch in uns selbst. Dazu müssen wir nur, so empfehlen es heute Therapeuten und Coaches, unsere inneren Stimmen oder unser „inneres Team" zu einer Ratsversammlung einberufen. Neuerdings mehren sich außerdem Bücher, die Anleitungen zum sogenannten ‚Selbstcoaching' geben. Auch darum wird es in diesem Buch gehen: Wie sich im Lauf unserer Geschichte die Gewichte immer wieder verschieben und neu austarieren: zwischen *externer* und *interner* Beratung, „Fremd"-Konsultation und Selbst-Konsultation, zwischen dem Ratsuchen bei anderen Menschen und dem Zu-Rate-Gehen mit sich selbst. Dass die Neigung zur Autokonsultation keinesfalls eine moderne Erfindung ist, sei an dieser Stelle schon verraten. Bereits in der Antike waren Philosophen davon überzeugt, dass man am weitesten komme, wenn man sich selbst zu Rate gehe.

Mit Selbstberatung allein ist heute jedoch kein Staat mehr zu machen: Das Vertrauen in unsere Selbstberatungskräfte scheint uns im Lauf der letzten Jahrzehnte verloren gegangen zu sein. Wir erleben jedenfalls, wie es flächendeckend wieder salonfähig und geradezu erwartet wird, sich von anderen Menschen beraten zu lassen. Der *Selbstberatungsimperativ* der Neuzeit ist auf dem Rückzug, und eine funkelnde Spur seines Verschwindens können wir noch in einem der ersten deutschen Bücher zum Thema *Coaching* finden. Unter der Rubrik „Alternativen zum Coaching" führt das 1991 veröffentlichte Buch von Werner Looss allen Ernstes noch „Das Gespräch mit sich selbst" auf. Es ist eine Ehrbezeugung gegenüber einem alten (Selbst-)Beratungsformat, das in die Jahre gekommen ist. Spätere Coaching-Bücher können dann auf diese Reminiszenz getrost verzichten.

„Das stumme Selbstgespräch – also das Nachdenken über sich selbst –", so Looss, „ist wohl immer noch die verbreitetste Form der Klärung von schwierigen beruflichen Situationen oder persönlichen Problemlagen." Und die Vorteile liegen ja auf der Hand: „Das Selbstgespräch ist einfach, risikolos, erfordert kaum Wartezeiten und kostet fast nichts."[7] Doch selbst wenn der Autor sie anpreist, rechtes Zutrauen in die Autokonsultation scheint auch er nicht mehr zu haben. Denn gewichtiger als seine Lobpreisungen sind seine Einwände: Zum einen hätten viele Manager (an die sich Coaching zu jener Zeit noch fast ausschließlich richtet) heute gar keine Zeit mehr zur Selbstreflexion. Zum andern bleibe man bei dieser „kontemplativen Arbeitsform" stets „auf seine eigenen, gewohnten Vorannahmen, Konzepte, Bilder, Meinungen und Vermeidungsmuster angewiesen".[8] Die seit den 1970er und frühen 1980er Jahren verstärkt aufkommenden Angebote zur Fremdkonsultation haben gegenüber dem Selbstgespräch den immensen

Vorteil, dass sie uns aus unserer eigenen Selbstbezüglichkeit herausholen. In der Konkurrenz mit ihnen, so scheint es, gerät das „stumme Selbstgespräch" zum Auslaufmodell.

Die Geschichte des Ratens und Beratens verläuft also nicht linear; sie weist Brüche und Sprünge auf. Vor allem wandelt sich im Lauf der Geschichte die Haltung der Menschen gegenüber dem guten Rat ihrer Mitmenschen. Dabei sind Konsultation und Autokonsultation gar keine starren Gegensätze. Das eine ist ohne das andere gar nicht zu haben, denn jede (externe) Beratung setzt stets einen (internen) Prozess der Selbstberatung nicht nur in Gang, sondern auch voraus. „Raten", so hat es Rainer Paris schön formuliert, ist ja letztlich „kognitive Hilfe zum Überlegen".[9] Die finale Entscheidung über den Umgang mit dem Rat bleibt stets beim Ratsuchenden – andernfalls handelte es sich ja nicht um Beratung, sondern um eine Belehrung oder einen Befehl.

Ich gehe im Folgenden sogar noch einen Schritt weiter und behaupte, dass eine von außen kommende Beratung stets auch die internen Selbstberatungskräfte in besonderem Maße aktiviert und stimuliert. Diesen unlösbaren Zusammenhang von Beratung und Selbstreflexion stellen die neuerdings beliebten *systemischen* Beratungsansätze besonders heraus, indem sie die Ressourcen für Lösungen bei den Ratsuchenden selbst verorten. Und genau hierin kann ja ein Ausweg aus dem Dilemma des modernen Menschen liegen, das darin besteht, durchaus ratlos zu sein, aufgrund des Autonomie-Gebots aber keinen Rat von anderen einholen zu dürfen: Denn erst und genau dann, wenn Beratung als Unterstützung der inneren Selbstberatungskräfte ausgewiesen wird (und eben nicht mehr als äußere Einflussnahme), scheint sie auch für die modernen Akteure wieder wählbar zu werden. Die Wiederentdeckung dieses ganz alten, selbstreflexiven Moments, das eigentlich jedem Beratungshandeln eingeschrieben ist, stellt also eine wichtige Voraussetzung dafür dar, dass Beratung auch in Fragen der Lebensführung für uns Heutige überhaupt wieder eine Option ist.

Um diese und weitere Fragen wird es in den zehn Kapiteln meiner Geschichte der Beratung gehen. Man kann sie daher in gewisser Weise *auch* als eine Vor- und Frühgeschichte der systemischen Beratung lesen: in dem Sinne nämlich, dass jedes Ratgeben letztlich unsere inneren Selbstorganisationskräfte aktiviert und somit ‚systemisch‘ wirkt. Wenn ich diesen Zusammenhängen im Folgenden nachgehe, wird dabei oft das Ratsuchen und Ratgeben in Fragen der Lebensführung im Mittelpunkt stehen. Dieses ist, wie wir sehen werden, von jeher ein Kerngebiet der Beratung gewesen, das gerade in der Gegenwart wieder an Bedeutung gewinnt – wie etwa die Erfolgsgeschichte des Coachings zeigt. Ich unternehme aber größere Exkurse auch auf andere Felder: etwa in die Herrscher- und Politikberatung, die Medizin- und Sexualberatung oder auch in den Bereich der Therapie, die ich unter bestimmten Gesichtspunkten – und zumal als *Gespräch*stherapie – ebenfalls als eine Spielart von Beratung betrachte. Und schließlich wird die Geschichte der Unternehmensberatung eine angemessene Würdigung erhalten, die in der öffentlichen Wahrnehmung ja bisweilen für das Phänomen der Beratung an sich stehen kann.

Bei all diesen Themen ist es mir wichtig, die Verbindung zu den ganz praktischen Beratungsfragen unserer Gegenwart im Auge zu behalten. Dabei hilft es mir, dass ich neben meiner kulturwissenschaftlichen Tätigkeit selbst seit Jahren als Coach und Berater tätig bin und auch angehende Coaches ausbilde. Ich bin also sowohl mit den aktuellen Themen und Trends der Beratungsbranche wie auch mit den Methoden der historischen Forschung vertraut. Dies kann dazu führen, dass das Thema *Coaching* vielleicht an manchen Stellen dieses Buches mehr Aufmerksamkeit bekommt, als ihm eigentlich zustünde. Vielleicht lässt sich aber gerade aus dieser Verbindung von praktischer und theoretischer Expertise unsere beratungsfreudige, ja bisweilen beratungsversessene Gegenwart etwas besser verstehen. Jedenfalls ist das ein wesentliches Ziel, das ich mit diesem Buch verfolge: Wenn wir sehen, wie einerseits das jüngere Beraterwissen heute schon unser Zusammenleben verändert, wo doch das Ratgeben andererseits zu den ältesten Gewerben der Welt gehört, dann können wir künftig vielleicht etwas lässiger mit dem Thema umgehen. Denn dann schälen sich die Leistungen ebenso wie die Grenzen des Ratens und Beratens deutlicher heraus. Das schützt vor übertriebener Beratungseuphorie, hilft aber auch gegen überzogene Beratungsphobie. Den vielen Menschen schließlich, die mittlerweile selbst beratend tätig sind oder von Beratung profitiert (oder auch unter ihr gelitten) haben, mögen die nachfolgenden Kapitel darüber hinaus wertvolle, bisweilen auch kuriose Einblicke in die Herkunft dieser durchaus ehrenwerten Profession geben.

Schließlich sei noch ein Hinweis zum Aufbau des Buches gegeben: Die nachfolgenden Kapitel sind als in sich abgeschlossene, chronologisch gereihte Episoden *einer* Geschichte der Beratung angelegt. Man kann sie von vorn bis hinten, aber durchaus auch quer zur Chronologie lesen. Nach einigen klärenden Grundüberlegungen zum Verhältnis von Rat und Tat (Kapitel 1) nimmt meine Geschichte der Beratung ihren Ausgang bei den Orakeln der Griechen, den großen Beratungsinstituten der Alten Welt (Kapitel 2). Sie beleuchtet dann das enge Verhältnis von Beratung und Herrschaft am mittelalterlichen Hof (Kapitel 3) und die neuen Probleme, die die zunehmend professionelle Beratung der Fürsten in der frühen Neuzeit aufwirft (Kapitel 4). Einen Schwerpunkt des Buches bildet die anschwellende Kritik des Ratgebens in der Neuzeit (Kapitel 5) sowie die Erfindung der Ratgeberliteratur als Antwort auf diese Krise (Kapitel 6). Nach einem Exkurs in die Geschichte der Politikberatung (Kapitel 7) nehme ich die verschiedenen, oftmals neu ausgerichteten Beratungsangebote des 20. Jahrhunderts in den Blick. Hier kommt die Geschichte der Unternehmensberatung ebenso zur Sprache wie der Consulting-Boom seit den 1980er Jahren (Kapitel 8). Im Anschluss skizziere ich die Wiederentdeckung der nicht-direktiven Beratungsformate nach dem Zweiten Weltkrieg und ihre enorme Erfolgsgeschichte (Kapitel 9), ehe ich zum Abschluss einen Ausblick in Gegenwart und Zukunft der Beratung wage (Kapitel 10).

# Kapitel 1

# Was soll ich tun?
## Die Grundfrage der Beratung

Bevor wir uns der Geschichte der Beratung zuwenden, müssen wir klären, was damit überhaupt gemeint ist: Was wird unter Ratgeben bzw. Beraten gemeinhin verstanden und wie soll dieser Gegenstand in diesem Buch gefasst werden? Wovon grenzt sich das Beraten ab, und wie lässt es sich seinem Wesen nach beschreiben? Es ist hilfreich, wenn wir uns vor unserem Gang durch die Kulturgeschichte der Beratung zunächst einmal einen Eindruck davon verschaffen, was den unveränderlichen Kern des Beratens ausmacht und was am Ratgeben vielleicht eher historisch veränderbar ist.

Es gibt einen Grundzug im Ratgeben und Beraten, der von den Anfängen der menschlichen Kultur bis in die Gegenwart konstant geblieben ist: Ich meine die Unterscheidung von *Rat* und *Tat*, die das Ratgeben auf eine (zeitlich nach ihm liegende) Handlung ausrichtet.[1] Es wird daher wohl niemand widersprechen, wenn wir hier als eine Grundbestimmung der Beratung festhalten, dass jeder Rat zur Vorbereitung einer Handlung dient (wozu auch eine Entscheidung zählt). Auch in den älteren Epochen unserer Geschichte fungiert der Unterschied von Rat und Tat gewissermaßen als Leitdifferenz, an der sich die jeweils vorherrschenden Konzepte von Beratung ausrichten. „Der Rat", so Adrian Steiner, „soll dem Ratsuchenden je nach Umstand umsichtiges, listiges, tugendhaftes, gottgefälliges, aufgeklärtes, selbstverantwortliches oder rationales Handeln ermöglichen."[2] Die Frage „Was tun?" ist daher nicht erst „die Gretchenfrage der Moderne", wie Peter

Gross im Hinblick auf die von ihm so genannte „Multioptionsgesellschaft" meint.[3] Es ist auch *die* Grundfrage der Beratung schlechthin. Die Sprachwissenschaft, die sich mit den Sprechakten des Beratens auf der Ebene von Sätzen und Bedeutungen befasst, kommt zu demselben Ergebnis: „Die ratfrage *par excellence*" lautet demnach: „was soll ich tun?"[4]

Und das kann auch nicht verblüffen, denn der Entschluss, einen Rat einzuholen, um sich für die ‚richtige' Tat, Handlung oder Entscheidung zu rüsten, erwächst ja nicht erst heute aus dem Bedürfnis, sich gegenüber einer Zukunft zu wappnen, die (außer für Götter und Hellseher) noch nicht bekannt ist. Daraus erwachsen mehr oder weniger große Ungewissheiten für unsere gegenwärtigen Verhaltensoptionen, und um mit denen nicht allein zu sein, suchen wir Rat bei unseren Mitmenschen. Dabei ist natürlich auch das Ratgeben und Beraten eine aktive Tätigkeit: Es beinhaltet ein reflexives, sprachliches Tätigsein, das auf die bevorstehende Tat des Ratsuchenden gerichtet ist. Entscheidend ist der Perspektivwechsel, der durch die Unterscheidung von Rat und Tat möglich wird. Denn: „Die Tätigkeit des Beratens bezieht sich reflexiv auf die Tat des Ratsuchenden und setzt die Reflexion dieser Tat und ihrer Umstände aus einer anderen Perspektive voraus", wie Adrian Steiner zutreffend feststellt.[5] Gerade weil der Ratgeber selber nicht handeln muss, kann er dem Ratsuchenden seine eigene, externe Perspektive zur Reflexion seiner Handlungsoptionen zur Verfügung stellen.

## Entschleunigung: Die Ratsuche verschafft uns Zeit

Daraus ergibt sich eine weitere Bestimmung des Ratgebens. Denn wenn es zutrifft, dass der Rat stets einer Tat vorausgeht, dann verschafft er dem Ratsuchenden zunächst einmal – Zeit. Der Rat, sei er gut oder schlecht, langatmig oder knapp, gewährt uns vor allem anderen einen Aufschub:[6] Er ruft ein Moratorium aus, und in diesem Zeitgewinn hat man von alters her einen Hauptnutzen der Beratung gesehen: Dass im Innehalten ein Gewinn liegt und man sich daher vor wichtigen Entscheidungen auf jeden Fall beraten sollte, ist in den Schriften der Alten immer wieder zu lesen. Diese Auffassung schlägt sich sogar in der Sprachgeschichte nieder: So kann das lateinische Verb *deliberare* (zu lat. *deliberatio*: ‚Beratschlagung‘, ‚Bedenken‘, ‚Deliberation‘) neben ‚beratschlagen‘, ‚abreden‘, ‚in Bedenken ziehen‘ auch einfach nur ‚Aufschub nehmen‘ bedeuten.[7]

Die Einsicht, dass das Einholen von Rat vor übereiltem Handeln schütze, begegnet uns beispielsweise in den mittelalterlichen Quellen auf Schritt und Tritt. Sie ist wohl nicht zuletzt deshalb so stark in der abendländischen Geschichte verankert, weil sie sich schon in der Bibel findet: „Ohne Rat sollst du nichts tun, so wirst du nachher nichts bereuen“, heißt es im *Alten Testament* (*Sirach* 32,19). Einen Nachklang dieser Auffassung finden wir unter anderem bei Thomasin von Zerklaere, dem Verfasser der ersten Verhaltenslehre für den Hof in deutscher Sprache: „Ohne Rat handelt selten jemand gut“, heißt es dort. „Wer gern ohne Rat handelt, der hat seine Taten oft zu bereuen. Wer das, was er tut, mit Rat tut, den reuen seine Taten dagegen nur selten.“[8] Im Mittelalter-Kapitel dieses Buches werden wir den biblischen Beratungsimperativ noch genauer unter die Lupe nehmen.

Ganz unabhängig davon, ob der Rat gut oder schlecht, passend oder unpassend ist, vom Ratsuchenden umgesetzt oder abgelehnt wird – die Beratung an sich erwirkt bereits eine bedeutende „Entschleunigung“[9], wie wir heute vielleicht sagen würden. Durch die Suche nach gutem Rat gewinnen wir Zeit und vergrößern unseren Handlungsspielraum. Mit andern Worten: Beratung dient im Grundsatz der Verlangsamung. Dieser bremsende Effekt des Ratsuchens und Ratgebens stößt erst an seine Grenzen, wenn wir – wie es in unserer heutigen ‚Beratungsgesellschaft‘ manchmal der Fall sein kann – in eine Vielzahl von Beratungssystemen eingebunden sind. Folgt aber eine Beratung hektisch auf die andere, dann entsteht eine Art von ‚Beratungsstress‘, der den ursprünglichen Zeitgewinn des Beratens wieder zunichtemacht. Ein anderer Einwand gegen den verzögernden und aufschiebenden Effekt der Beratung ist immer wieder aus dem Mund handlungsorientierter Politiker und Entscheider zu hören: Es ist die Kritik an der *verspäteten* Tat, an dem Nur- oder Zu-lange-*Reden*, worüber man den richtigen Zeitpunkt für die Handlung verpasse.[10]

Wir können also mit dem Kulturwissenschaftler Thomas Macho festhalten: „Die Geschichte der Beratung entspringt einem Zeitgewinn, der bei oberflächlicher Betrachtung als Zeitverlust erscheinen mag. Jeder Rat kommt vor der Tat, die er vertagt; er schiebt sich zwischen Herausforderung und Entscheidung, zwischen Ereignis und Reaktion."[11] Beratung ist daher nur unter der menschlichen Bedingung möglich, das Kommende geistig vorwegzunehmen und das Vergangene in Form von Erfahrung erlebbar zu halten. Sich beraten zu lassen bedeutet daher, einen inneren Raum der Reflexion zu öffnen, der zwischen den Erfahrungen der Vergangenheit, den Erlebnissen der Gegenwart und den Handlungsentwürfen für die Zukunft vermittelt.

„Kommt Zeit, kommt Rat", „Die Zeit ist der beste Ratgeber", „Guter Rat kommt morgen" – der Zusammenhang von Rat und Zeit ist in vielen Spruchweisheiten zu finden. „Die Zeit bringt Rat. Erwartet's in Geduld. Man muß dem Augenblick auch was vertrauen", heißt es in Friedrich Schillers Drama *Wilhelm Tell* (auf einer Ratsversammlung der Eidgenossen).[12] Freilich ist hier das Verhältnis von Ursache und Wirkung umgekehrt: Nicht der Rat verschafft uns Zeit, sondern das bloße Sich-Zeit-Nehmen wird als eine effektive Art des Rat-Gewinnens verstanden. Etwa nach dem Motto: Wenn man nur lang genug wartet, findet sich die passende Lösung schon ganz von selbst ein. Etwas Ähnliches hat auch der französische Philosoph Alain (eigentlich Émile Chartier) im Sinn, der ein verblüffendes Loblied auf den Schlaf anstimmt. Denn im Schlaf sieht er eine wunderbare „Absage an die Aufmerksamkeit", die uns vor jeder Entscheidung ein Innehalten und Kräftesammeln erlaubt: „Diese ständige Wiederkehr der Nächte", so Alain, „ist ein großer Ratgeber."[13]

Ob es nun der Rat ist, der Zeit verschafft, oder die Zeit, die den guten Rat gebiert – stets geht es um das sammelnde Innehalten vor der Tat. Ratsuchen ist daher zuallererst eine Absage an die voreilige und überstürzte Handlung. Auch diese Einsicht hat es bis in eine Spruchweisheit geschafft: „Zum Rat weile, zur Tat eile". In diesem entschleunigenden, abbremsenden Effekt von Beratung zeigt sich zugleich, warum Beratungsprozesse in der Regel befristet sind (und es sein müssen): Wären sie es nicht, würde eine ‚endlose' Beratung letztendlich zur Entscheidungsverhinderung führen – was kaum im Sinne des Ratsuchenden sein kann. Wir können daher zur näheren Bestimmung dessen, was Beratung sei, weiter festhalten, dass Beratungssysteme notwendig „episodenhaft" sind.[14] Darin unterscheiden sie sich übrigens auch von eher langfristig angelegten Betreuungs- oder Erziehungssystemen.

## Beratung im Unterschied zu Belehrung, Betreuung und Befehl

Doch was ist überhaupt ein Rat und wie lässt sich Beratung von anderen Formen der Unterweisung oder Belehrung noch unterscheiden? Es lohnt sich, einige weitere Grenzziehungen vorzunehmen, um die Form der Beratung nicht mit benachbarten kommunikativen Gattungen zu verwechseln.[15]

Schon der Philosoph Thomas Hobbes bemühte sich in seinem *Leviathan* im 17. Jahrhundert um eine Definition, die das Ratgeben vom Befehlen sowie vom Zureden abzugrenzen vermag. Während der, der *befiehlt* oder *zuredet,* an seinen eigenen Vorteil denkt, orientiere sich derjenige, der einen Rat gibt, am Wohl des Ratsuchenden: „Rat gibt man, wenn man zwar sagt, tue das oder tue das nicht; aber beabsichtigt, daß es dem Angeredeten zum Vorteil gereicht. Der Ratgeber erstrebt folglich das Beste für den andern." Daraus folgt für Hobbes noch ein weiterer Unterschied, denn „wer den Befehl erhält, kann zum Gehorsam angehalten werden, sobald er ihn zu leisten versprochen hat; wem aber ein Rat gegeben wird, der kann nicht gezwungen werden, ihn zu befolgen."[16]

Die Freiheit, etwas zu tun oder es nicht zu tun, scheint also ein wesentlicher Aspekt des Ratgebens zu sein. Dazu gehört bereits die Entscheidung, einen Rat zu suchen oder es nicht zu tun. Demzufolge besteht ein weiterer

Unterschied des beratenden Sprechaktes zu seinen belehrenden, betreuenden oder befehlenden Verwandten darin, dass die Initiative in der Beratung grundsätzlich vom *Ratsuchenden* ausgeht. Beim Befehl, der Betreuung oder Belehrung ist dies meist anders: Hier setzt die Kommunikation in der Regel auf Seiten der befehlenden, betreuenden oder belehrenden Autorität ein. Der Ratsuchende muss demgegenüber gleich mehrfach selbst initiativ werden: Er muss sich seines Anliegens zunächst bewusst werden und dann mit sich selbst zu Rate gehen, ob und von wem er dazu gegebenenfalls einen Rat einholen will. Hat er dies getan, entscheidet er selbst, inwieweit er den Ratschlag (oder Teile davon) annehmen oder ablehnen, umsetzen oder ignorieren will. Die Form der Beratung belässt also die Entscheidung, zu deren Vorbereitung sie herangezogen wird, beim Ratsuchenden. „Entscheidendes Merkmal für das Vorliegen beraterischer Kommunikation", so Werner Kallmeyer, „ist der Verbleib der Verantwortung für die Handlung außerhalb der Beratungssituation beim Beratungsnehmer."[17]

Dieses Moment der Selbstbestimmung unterscheidet die Beratung grundsätzlich von stärker direktiven Formen der Einflussnahme. Bereits im Mittelalter sah man darin den Hauptunterschied zwischen göttlichen Geboten (*praecepta*) und menschlichem Rat (*consilium*), wie etwa Thomas von Aquin betont: „Der Unterschied zwischen Rat und Gebot besteht darin, daß das Gebot eine sittliche Notwendigkeit mit sich führt, der Rat dagegen der Entscheidung dessen anheimgestellt ist, dem er gegeben wird".[18] Auch Rainer Schützeichel schlägt in seiner *Skizze zur Soziologie der Beratung* eine Definition vor, die auf die Entscheidungsmacht des Ratsuchenden abzielt: „Beratungen konstituieren einen Akteur als Entscheider, Belehrungen evaluieren die Selektionen bzw. Entscheidungen, die ein Akteur trifft, und Betreuungen verringern die Entscheidungsmacht eines Akteurs."[19] Der oder die Ratsuchende muss also grundsätzlich imstande sein, selbst Entscheidungen zu treffen – was bestimmte Gruppen von der Beratung kategorisch ausschließt: „Weder Kühe noch Säuglinge lassen sich beraten", stellt Peter Fuchs scharfsinnig fest; „Beratung benötigt systematisch innenbewohnte und im Innen freiheitsbegabte Körper", solche nämlich, die Motive haben und entscheiden können.[20] Wir werden noch sehen, dass diese Freiheit, die prinzipiell jedem Ratsuchen und Ratgeben zugrunde liegt, auch zur Last werden kann: Dann nämlich, wenn wir, wie in unserer gegenwärtigen ‚Multioptionsgesellschaft', beinahe ohne Verschnaufpause vor ständig neuen Entscheidungen stehen werden und dabei immer weniger auf eigene Erfahrungen zurückgreifen können. Hier wird unsere innere „Freiheitsbegabung" manchmal ganz schön auf die Probe gestellt.

Die Initiative zur Ratsuche wie die Entscheidung über die Annahme des Rats verbleiben also prinzipiell beim Ratsuchenden. Diesem Sachverhalt scheint die merkwürdige sprachliche Asymmetrie von „Ratgeber" und „Ratsuchendem" im Deutschen zu entsprechen. Auffällig ist ja, dass die komplementären Positionen des „Ratnehmers" und des „Ratfindenden" unbesetzt sind: Diese Begriffe gibt es nicht. Darin kommt eine Logik der Beratungskommunikation zum Ausdruck, die nur den Ratsuchenden und den Ratgeber kennt – aber eben keinen Rat*nehmer*. Denn ob der Ratsuchende den gegebenen Rat tatsächlich annimmt oder sogar umsetzt, ist grundsätzlich ungewiss, stets zeitlich verschoben und prinzipiell dem Ratsuchenden selbst überlassen. Daher kann es nicht mehr Teil der eigentlichen Beratungskommunikation sein. Das bedeutet auch, dass der Ratgeber für die Folgen eines Rates grundsätzlich nicht zur Verantwortung zu ziehen ist – auch wenn Herrscher, die sich schlecht beraten fühlen, immer wieder gegen diesen Grundsatz verstoßen haben. „Bei einem Rat gilt", so formulierte es bereits Thomas Hobbes, „daß der, welcher ihn erbittet, den, der ihn erteilte, mit Recht weder anklagen noch bestrafen kann; denn er gab ihm Vollmacht, einen Rat zu erteilen, den jener für den besten hielt."[21]

Auch wenn jeder von uns eine Situation kennt, in der er oder sie schon einmal ungefragt Ratschläge erhalten hat, sollten wir daran festhalten, dass Beratung grundsätzlich freiwillig geschieht: Sie geht vom Ratsuchenden aus und überlässt diesem am Ende die Entscheidung darüber, wie mit dem Rat zu verfahren sei. Die Bedeutung dieses Grundsatzes spüren wir besonders dann, wenn dagegen verstoßen wird; der Sprachwissenschaftler Götz Hindelang hat diese Situation ebenso klar wie lakonisch (und fast ohne Großbuchstaben, wie damals unter Linguisten verbreitet) beschrieben: „Gibt ein sprecher $Sp_1$ seinem kommunikationspartner $Sp_2$ ungefragt einen ratschlag, antizipiert er sozusagen eine ratfrage von $Sp_2$. $Sp_1$ muß sich jedoch, wenn der ratschlag nicht erwünscht ist, von $Sp_2$ die kritik gefallen lassen, daß er sich in dinge einmische, die ihn nichts angehen."[22]

Wir kennen solche aufgezwungenen Ratschläge auch von Behörden oder Institutionen wie Universitäten, die bisweilen auf die Idee verfallen, ihren Klienten, seien es Schwangere, Jugendliche mit Drogenproblemen oder Studierende, eine ‚Zwangsberatung‘ angedeihen zu lassen. Auch in der Folge der *Hartz*-Gesetze ist beispielsweise die Diskussion darüber aufgeflammt, inwieweit eine verpflichtende Beratung tatsächlich zur gewünschten „Aktivierung der Subjekte"[23] auf dem Arbeitsmarkt beitragen kann (und soll). Eine solche, aufgedrängte Beratung erzeugt deshalb zu Recht Unwohlsein, weil sie die Autonomie des Beratenen infrage stellt und nicht wirklich an seinem Wohl interessiert zu sein scheint. Daher besteht schon Thomas Hobbes darauf, „daß keiner sich das Recht anmaßen darf, einen Rat zu erteilen, weil er als Ratgeber keinen Vorteil für sich beabsichtigen darf."[24] Streng genommen handelt es sich in solchen Fällen gar nicht mehr um Beratung, denn durch den Zwang nimmt der Rat die Form eines Zuredens, einer Belehrung oder Betreuung an (und büßt dadurch erheblich an Wirksamkeit ein). Allerdings kommt es mittlerweile immer häufiger vor, dass auch Mitarbeiter von ihren Vorgesetzten ins Coaching ‚geschickt‘ werden, die eigentlich selbst gar kein Anliegen haben (wohl aber ihre Chefs mit ihnen). Die Erfahrung zeigt, dass selbst aus solchen ‚aufgezwungenen‘ Begegnungen bei der nötigen Transparenz und Vertraulichkeit durchaus gelingende Beratungsprozesse entstehen können.

Wir werden noch sehen, dass solche Formen der aufgezwungenen Beratung auch in der Geschichte immer wieder vorkommen: Wenn zum

Beispiel mittelalterliche Könige verpflichtet werden, sich von ihren Vasallen beraten zu lassen, ehe sie weitreichende Entscheidungen treffen – ganz unabhängig davon, ob sie dies wünschen oder nicht. Niccolò Machiavelli, ein Mastermind der Fürstenberatung, wird daher später großen Wert darauf legen, dass der Fürst stets sehr genau entscheidet, von wem er sich wann beraten lässt. Man mag in diesem Zusammenhang auch an einen anderen Grenzbereich der Beratung denken, der dann erreicht ist, wenn sich das Beraten mit eigenen finanziellem Interesse verbindet: So nennen Finanzdienstleister oder Wirtschaftsunternehmen ihre Akquise-Strategien nicht selten ‚Beratung‘, obwohl es doch eigentlich um Verkaufen, Überreden und Manipulieren geht. Auch hier zeigt sich deutlich die dehnbare Breite des Beratungsbegriffs – und zugleich die darin enthaltene Gefahr, dass das Vertrauen des Beratungssettings missbraucht werden kann.[25]

Während belehrende, betreuende und befehlende Kommunikationen ihre Berechtigung einer institutionell verankerten Autorität oder einem geprüften Wissensvorsprung verdanken, gedeiht das freiwillige Beratungshandeln auf der Basis von Vertrauen. Dass dies seit Jahrhunderten so ist, konnten wir dem eingangs zitierten Wort Francis Bacons entnehmen. Gerade heute ist die Vertrauensfrage wieder virulent, wenn in der Beratung mehr und mehr die ‚Passung‘ (oder das ‚Matching‘) zwischen Berater und Beratenem als Erfolgsfaktor an die Stelle eines autoritären oder wissenden Ratgebers tritt. Daher gibt es beispielsweise im Coaching kostenlose Vorgespräche, die nicht zuletzt dazu dienen herauszufinden, ob die Chemie zwischen den am Beratungsprozess Beteiligten stimmt. Eine institutionelle Rahmung für dieses Vertrauen bildet in der Regel die Schweigepflicht. Sie garantiert Vertraulichkeit, indem sie dem Coach (nach dem Vorbild des Arztes oder Therapeuten) untersagt, ihm anvertraute Geheimnisse an Dritte weiterzugeben. Freilich kann auch diese Verschwiegenheit an Grenzen stoßen. Dass sich bei den *Sopranos* die Vertrauensbildung zwischen Tony Soprano und Dr. Melfi gelegentlich schwierig gestaltet, liegt nicht nur an dem prekären Berufsbild des Ratsuchenden („Berater in der Abfallwirtschaft"), sondern vor allem an der Tatsache, dass die Schweigepflicht, wie Dr. Melfi gleich in der ersten Folge verlauten lässt, nicht für Mord gilt.[26]

In den psychosozialen Beratungsstellen staatlicher oder gesellschaftlicher Einrichtungen steht dagegen eine Art „institutionelles ‚Vor-Vertrauen‘" zur Verfügung: Die entsprechenden Einrichtungen, so lesen wir im *Handbuch der Beratung*, „garantieren aufgrund ihrer öffentlich-staatlichen oder gemeinnützigen Einbindung in der überwiegenden Mehrzahl fachliche Qualität und damit auch einen gewissen ‚Vertrauensvorschuss‘."[27] Allerdings müssen die Beraterinnen und Berater diesen Vertrauensvorschuss dann auch einlösen, indem sie das institutionelle Vertrauensverhältnis in ein persönliches umwandeln. Gelingt dies nicht, weil kein persönliches Vertrauen entsteht, ist der Beratungsprozess zum Scheitern verurteilt.[28]

Doch Vertrauen ist auf beiden Seiten des Beratungsverhältnisses nötig. „Auf der einen Seite", so Adrian Steiner, „muss der Ratsuchende darauf vertrauen können, dass der Berater sein Versprechen ernst meint und gewillt ist, dieses nach Maßgabe seiner Kompetenzen zu erfüllen." Aber auch der Berater ist darauf angewiesen, dass der Ratsuchende ihn mit echten, zuverlässigen Informationen versorgt: „Er muss darauf vertrauen können, dass ihm der Ratsuchende einen authentischen, aufrichtigen Einblick in seine Problematik gewährt und ihm keine relevanten Informationen vorenthält – was wiederum Vertrauen aufseiten des Ratsuchenden voraussetzt."[29] Genau dies ist auch der Grund dafür, dass eine ‚Zwangsberatung‘ nicht wirklich funktionieren kann, wie Rainer Schützeichel weiß: „Einem erzwungenen Rat kann man nicht vertrauen und die Nachfrage nach Rat kann man ohnehin nicht erzwingen".[30]

Verschiedene Definitionen von Beratung gehen außerdem von einem *asymmetrischen* Verhältnis zwischen Ratgeber und Ratsuchendem aus. Der Politikwissenschaftler Alfons Bora etwa sieht Beratungssituationen durch eine Beziehung gekennzeichnet, „die eine hohe Autonomie der Beratungstätigkeit mit ihrer Ausrichtung an den Problemen des Beratenen kombiniert, der den Berater wegen dieser Probleme zu Rate zieht". Dadurch, so Bora weiter, begebe sich der Ratsuchende bewusst „in eine prinzipiell *asymmetrische Sozialbeziehung*" zu dem von ihm aufgesuchten Berater.[31] Diese strukturelle Ungleichheit der Rollen in einem Beratungsprozess ist aber nicht notwendig mit einem Mehrwissen des Beraters gleichzusetzen. Wäre dieser einfach nur ein Mehr- oder Besserwissender, den man wie eine Auskunftei benutzten kann – darauf weist Peter Fuchs zurecht hin –, dann hätte der Beratene „das Problem, schon wissen zu müssen, wie sein Problem beschaffen ist, damit der Berater Auskunft erteilen kann."[32]

Gerade in der neuen Unübersichtlichkeit der Spätmoderne ist diese Voraussetzung aber oft nicht gegeben. Auch deshalb haben in jüngerer Zeit Beratungsformate an Bedeutung gewonnen, in denen auf einen Wissensvorsprung des Beraters ausdrücklich verzichtet wird. Ziel dieser nicht-direktiven Beratungsformate ist es vielmehr, durch professionelle Gesprächsführung den Ratsuchenden beim Finden seiner eigenen Lösungen zu unterstützen – und dazu gehört auch das Finden und Formulieren der eigenen (und eigentlichen) Frage- oder Problemstellung. Ein Wissensvorsprung des Beraters besteht hier nur noch auf dem Feld der Kommunikations- und Methodenkompetenz. Mit der Systemtheorie könnte man diese merkwürdige Kommunikationsweise dahingehend fassen, dass dem Berater die Möglichkeit eines genaueren Beobachtens zugeschrieben wird: Wo der Ratsuchende unter dem Leidensdruck oder angesichts einer unübersichtlichen Gemengelage sein Problem zunächst vielleicht nur diffus wahrnehmen kann, unterstützt ihn der (professionelle) Berater mit seinem klaren, weil von außen kommenden Blick. Insofern ist der Berater, wie es auch Adrian Steiner fasst, zunächst ein Beobachter, und zwar ein Beobachter, der über eine andere Beobachtungsperspektive verfügt als der oder die (sich selbst beobachtende) Ratsuchende: „Der Berater ist der Beobachter des Entscheiders, er beleuchtet den blinden Fleck des Entscheiders. Beratung ist dann die Kommunikation, die sich zwischen Berater und ratsuchendem Entscheider vollzieht."[33] Der Blick des Beraters kann also andere Dinge sehen als der in der ‚Problemtrance' gefangene Blick des Ratsuchenden. „Was vom Berater erwartet wird", so noch einmal Peter Fuchs, „ist die Kompetenz, zu sehen, was der Beratene nicht sieht."[34]

Aber auch der Rat, um den man einen Freund oder Kollegen fragt, wird wohl nur selten von vornherein als der Rat eines Besserwissenden verstanden. Vielfach geht es hier lediglich darum, eine andere Meinung einzuholen oder eine andere Perspektive abzufragen, um die eigene Einschätzung damit abzugleichen. Im Grundsatz ist dem Ratgeben also nicht notwendig ein Kompetenzgefälle eingeschrieben, wohl aber eine *funktionale Asymmetrie*. Und die gilt auch dann, wenn – wie etwa im systemischen Coaching – eine prinzipielle „Gleichrangigkeit" von Coach und Coachee als Grundregel behauptet wird.[35] Eine solche kann es zumindest auf der Ebene der unterschiedlichen Rollen gar nicht geben, denn, so ist mit Rainer Paris festzuhalten: „Das Beraten des einen ist das Beratenwerden des anderen."[36] Und das gilt grundsätzlich auch in nicht-direktiven Beratungsformaten.

Zusammenfassend kann man die Beratung – mit einem Begriffsvorschlag aus der Informationstheorie – vielleicht als eine kommunikative Form beschreiben, die ‚lose gekoppelt' ist. Die Art und Weise, wie das Beratersystem und das Klientensystem in der konkreten Situation aufeinander wirken, ist relativ offen und in seinen Einzelheiten wenig festgelegt (ganz anders als etwa beim Befehl, der ein unmittelbares Gehorchen zur Folge hat). Die Beratung weist daher, wie Rudolf Helmstetter schreibt, eine Reihe charakteristischer „Lücken" auf, in denen zugleich aber Freiheit, Selbstbestimmung und Kontingenz wohnen: Da ist – *erstens* – die Lücke zwischen dem Rat-*Geben* und dem Rat-*Nehmen*, dann – *zweitens* – die Lücke zwischen dem *Annehmen* und dem *Befolgen* des Ratschlags. „Die dritte und gravierendste Lücke", so Helmstetter, „ist die zwischen Befolgen (des Rats) und dem (gewünschten) Erfolg, den sich der Ratsuchende und Ratnehmer davon verspricht".[37] Das Schließen dieser Lücke kann in der Beratung immer nur in Aussicht gestellt, doch niemals garantiert werden.

## Die bisherige Erforschung des Ratgebens

Wenn ich in den nachfolgenden Kapiteln dieses Buches den kühnen Versuch unternehme, eine Geschichte des Ratgebens und Beratens zu erzählen, dann greife ich dabei auf zahlreiche Vorarbeiten zurück, die Andere schon getan haben. Es handelt sich dabei vor allem um Studien zu einzelnen Aspekten des Ratens und Beratens, denn eine systematische Aufarbeitung der Geschichte des Ratgebens gibt es bisher nicht. Gut erforscht ist beispielsweise die Ratgeber*literatur,* um die sich bereits seit längerem die Text- und Buchwissenschaftler kümmern. Daneben beschäftigen sich Soziologen seit einigen Jahren mit den gesellschaftlichen Auswirkungen der Beratung. Die Perspektive liegt hier meist auf der Gegenwart, und sie ist überwiegend kritisch – wie überhaupt unter Intellektuellen ein beratungskritischer Gestus schick zu sein scheint. In vielen soziologischen Studien erscheint die Form der Beratung als ein Herrschaftsinstrument, das den Einzelnen für die Macht- und Verwertungsinteressen der spätkapitalistischen Ökonomie herrichten soll. Das „Subjekt der Beratung", so liest man dort, werde von seinen Beratern zu einem „unternehmerischen Selbst" gedrillt, um, mit den entsprechenden Strategien zur Selbstoptimierung ausgestattet, in die neoliberalen Markt- und Machtstrategien zu passen.[38] Diesem recht einseitigen, wenn auch nicht abwegigen Blick auf das Ratgeben begegnet man bisweilen auch in den Medien: „Coachen zum Zweck der Selbstoptimierung" hieß beispielsweise recht undifferenziert die vierte und letzte Folge der 2013 im Hörfunkprogramm von WDR 5 gesendeten Reihe *Die Berater.*

Doch es gibt auch ausgewogene soziologische Bücher zum Thema ‚Beratung': so etwa die ebenso gründliche wie theoretisch anspruchsvolle Zürcher Dissertation von Adrian Steiner (*System Beratung. Politikberater zwischen Anspruch und Realität*). Dieses 2009 erschienene Buch bietet weit mehr, als sein Titel verspricht – nämlich eine weit in die Semantik und Geschichte von Rat und Tat ausgreifende Beschreibung der Kommunikationsform Beratung, die trotz ihrer systemtheoretischen Diktion angenehm zu lesen ist. Das gleiche gilt für den Soziologen Peter Fuchs, der das Thema Beratung ebenfalls aus systemtheoretischer Perspektive seit nunmehr über 20 Jahren in zahlreichen Aufsätzen und Büchern kenntnisreich verfolgt. Auf seine äußerst originellen Beobachtungen werde ich im Folgenden immer wieder zurückkommen. Ähnliches gilt für die pointenreichen Aufsätze, in denen der Literaturwissenschaftler Rudolf Helmstetter das Thema umkreist. Insgesamt ist schließlich das weite Feld der Herrscher- und Politikberatung recht gut beforscht: meist aus aktueller Perspektive, im Spannungsfeld von Wissenschaftstransfer und Lobbyismus. Durchaus anregend ist aber auch das an Anekdoten reiche Buch *The Advisor* des ehemaligen RAND-Mitarbeiters Herbert Goldamer. Bereits in den 1970er Jahren geschrieben, entwirft die Monographie eine Art Weltgeschichte des Herrscher-Beraters vom Altertum bis zu Henry Kissinger.

Einer der Wenigen, die das Ratgeben und Beraten bisher in einem breiteren historischen Zusammenhang betrachtet haben, ist der Kulturwissenschaftler Thomas Macho. *Zur Ideengeschichte der Beratung* nennt er seinen knappen, aber erhellenden Überblick, der einem Lesebuch mit Textbeispielen aus drei Jahrtausenden zum Thema *Rat und Tat* als Einführung vorangestellt ist. Die zahlreichen Fallbeispiele dieser Anthologie lassen keinen Zweifel aufkommen, dass es sich beim Ratsuchen und Ratgeben um eine uralte Angelegenheit handelt, die es gibt, solange Menschen zusammenleben. Die Sammlung von Geschichten, Anekdoten und Sprüchen zeigt aber auch, dass das Raten und Beraten in grundverschiedenen Konstellationen vorkommt und dabei recht unterschiedliche Formen annehmen kann. Ist es angesichts einer solchen Buntheit und Vielfalt überhaupt möglich, *eine* Geschichte der Beratung zu schreiben? Macho jedenfalls betrachtet ein solches Unterfangen mit Skepsis. „Jede Ideengeschichte der Beratung", so schreibt er, „muß davon ausgehen, daß sie von einer Vielfalt möglicher Handlungen, Stile und Erfahrungen spricht, die schlechthin keine Generalisierung, keine einfache Antwort mehr zuläßt." Darum ist es wohl auch kein Zufall, so Macho weiter, „daß eine Kultur- und Ideengeschichte der

Beratung, gerade im Zeitalter der Neosophistik *par excellence*, noch nicht verfaßt werden konnte."[39]

Am ehesten noch lässt sich das vielgestaltige Thema in Sammelbänden darstellen. Geschieht dies aus interdisziplinärer Perspektive, wie in dem jüngst von Michael Niehaus und Wim Peeters edierten Band *Rat geben. Zu Theorie und Analyse des Beratungshandelns*, dann verzichten die Herausgeber aber meist auf eine Zusammenschau der Einzelperspektiven. Der genannte Sammelband aus dem Jahr 2014 enthält gleichwohl grundlegende Einzelstudien und zeigt überdies, dass das Thema Beratung nun auch in der kulturwissenschaftlichen Forschung angekommen ist. Eine ganz andere Form der Beratungsforschung firmiert dagegen seit der Jahrtausendwende unter dem Titel *Critical Consulting* – wie die gleichnamige Aufsatzsammlung von Timothy Clark und Robin Fincham heißt, die im Untertitel *New Perspectives on the Management Advice Industry* verspricht. Hier geht es im Wesentlichen um die kritische Erforschung von *Big Consulting*, der global operierenden Unternehmensberatungsfirmen und ihrer Geschichte. In diese Consulting-kritische Kerbe schlagen seit ein paar Jahren auch andere, weniger wissenschaftlich ausgerichtete Publikationen. Den Auftakt machte hier 1997 ein Buch mit dem vielsagenden Titel: *Dangerous Company. The Consulting Powerhouses and the Businesses They Save and Ruin* (verfasst von James O'Shea und Charles Madigan).

Damit sind einige Eckpunkte der bisherigen Erforschung des Ratgebens und Beratens benannt, die auf unterschiedliche Weise in mein Buch eingeflossen sind. Wenn ich nun, über 15 Jahre nach Machos Warnung, den Versuch unternehme, eine *Geschichte der Beratung* zu schreiben, dann erhebe ich darin keinen Anspruch auf Vollständigkeit. Das wäre auch gar nicht möglich in Anbetracht eines so vielgestaltigen Themas. Die vorliegende Geschichte der Beratung ist als historischer Streifzug durch die Jahrhunderte angelegt; ihr Ziel ist es, bedeutende Themen und Entwicklungen einer Kultur- und Ideengeschichte der Beratung ans Licht zu bringen. Mein Hauptinteresse gilt dabei dem Verhältnis von ‚alter' und ‚neuer' Beratung:

Was verbindet das Ratgeben, wie es seit vielen Jahrhunderten üblich war und ist, mit den neuen und neuesten Formen von Beratung, Coaching und Consulting – und was unterscheidet sie? Terminologisch gesehen, scheint es im Deutschen zwischen *Rat geben* und (jemanden) *beraten* keine bedeutsamen Unterschiede zu geben: Es handelt sich um weite Begriffe, die sich letztlich semantisch kaum unterscheiden lassen. Die Grenzen sind also – zumindest sprachlich – offen. Im Englischen ist das anders: Mit *(giving) advice* und *consulting* sowie der Variante *counseling* sind zwei bzw. drei Formen des Beratens begrifflich klarer unterschieden. Während mit *advice* eher der alltägliche Ratschlag gemeint ist, stehen *consulting* und *counseling* für das Beraten als Profession (wobei *consulting* eher für den Business-Bereich und *counseling* für das psychosoziale Feld gebraucht wird). Wenn man in England oder den USA eine *History of Consulting* (bzw. *Counseling*) konsultiert, beginnt ein solcher Überblick meist mit den staatlichen Beratungsprogrammen des ausgehenden 19. Jahrhunderts und reicht bis zu den Professionalisierungsbestrebungen psychosozialer Beratungsansätze in der Gegenwart. Das hängt wiederum mit der besonderen Situation zusammen, dass in der angelsächsischen Welt *counseling* seit längerem als eine fest umrissene Form der psychosozialen Beratung gilt: eine berufsständische Profession, für die man sich ausbilden lassen kann.

Von diesen Dingen wird im Folgenden noch ausführlich die Rede sein. Doch bevor wir uns die einzelnen Epochen einer Geschichte der Beratung anschauen, möchte ich noch einen anderen Aspekt beleuchten, der über Jahrtausende eine unabdingbare Voraussetzung für guten Rat war: das hohe Alter und die lange Erfahrung des Ratgebers.

## Die Kunst, ein gutes Leben zu führen: Beratung gestern und heute

Beratung, so haben wir gesehen, ist keine Belehrung oder Bekehrung, kein Bescheid und kein Befehl. Die Unterscheidung von Rat und Tat setzt vielmehr immer schon ein frei entscheidendes Subjekt voraus – also auch schon *vor* der Entdeckung und Hypostasierung des Individuums und seiner Autonomie! Daran möchte ich im Grundsatz festhalten. Und doch werden die nachfolgenden Streifzüge durch die Kulturgeschichte des Ratgebens zeigen, dass sich die Gewichte in den Akten des Ratens und Beratens durchaus verschieben können. Gerade in den alten Kulturen vor der Moderne hatte der Rat der alten und weisen Männer durchgängig einen stärker belehrenden und daher auch direktiven Unterton als der neuzeitliche Rat. Ich spreche ausdrücklich von Männern, weil Frauen seit der Antike als nicht ratsfähig galten (obwohl es doch immer wieder auch Königinnen gab). Ihre mangelnde Eignung zum Rat hing mit der – nach damaliger Auffassung – schwachen körperlichen und geistigen Konstitution der Frau zusammen. Man berief sich auch im Hinblick auf die nur unzureichend ausgeprägten rationalen Fähigkeiten der Frau gern auf den Philosophen Aristoteles, aber bei diesem hört sich das gar nicht so eindeutig an: So verfüge der Sklave gar nicht „über das planende Vermögen", schreibt er in seiner *Politik*, „das Weibliche besitzt es zwar, aber ohne Entscheidungskraft".[40] Was mit diesem letzten Begriff gemeint sein könnte, darüber ist die Forschung uneins. Offenbar geht es Aristoteles aber nicht darum, den Frauen grundsätzlich die Fähigkeit zur rationalen Abwägung abzusprechen. Dennoch tauchen Frauen in den offiziellen Beratungsdiskursen lange Zeit nicht auf, und dies gilt nicht nur für den Westen, sondern auch für den asiatischen Raum. Wir werden aber sehen, dass es in der Geschichte sehr wohl auch für Ehefrauen und Mätressen großer Staatsmänner möglich war, beratend auf die Landesgeschicke Einfluss zu nehmen.

Das Alter der ratgebenden Männer ist ebenfalls lange ein wichtiges Thema gewesen: Es sollte recht hoch sein, wenn auch nicht zu hoch. Schließlich hat sich in dem hohen Alter des Beraters eine unleugbare „Überlebenskompetenz" abgelagert, wie Thomas Macho vermerkt,[41] die sich in Form von Weisheit fortan als eine Ressource für Ratschläge nutzen lässt. Dies liegt auch daran, dass man über viele Jahrhunderte von einer gültigen Auffassung des ‚richtigen Lebens‘ ausgehen konnte. Auf diesem Gebiet hatten sich die Alten, ergo Lebenserfahrenen, unbestreitbar einen Wissensvorsprung erarbeitet, den sie an die Jungen weitergeben konnten. Schon früh, in den ältesten Überlieferungen unserer Kultur, wird daher gewissermaßen ein Mindestalter für Berater gefordert. Im vielleicht 4 000 oder mehr Jahre alten *Gilgamesch*-Epos schwelt ein Konflikt zwischen dem jungen, draufgängerischen König Uruk und seinen alten und erfahrenen, zur Vorsicht mahnenden Beratern. In der beinahe 3 000 Jahre alten *Ilias* ist es der greise Nestor, der vor dem Hintergrund langer Lebenserfahrung das Idealbild von Altersweisheit, Beredsamkeit und Wohlberatenheit abgibt.[42]

Bei dem Bischof Remigius von Reims können wir an der Wende vom fünften zum sechsten Jahrhundert lesen: „Mit den Jungen spiele, aber mit den Alten berate Dich!" (*Cum iuvenibus ioca, cum senibus tracta*) – ebenfalls ein geflügeltes Wort, das im Lauf des Mittelalters immer wieder zitiert werden wird.[43] Der tatendurstige Rat der Jungen scheint also nicht recht vertrauenswürdig zu sein – ja, bisweilen wird er sogar als ziemlich gefährlich eingestuft! „Diese drei Dinge zerstören Reiche und Städte", heißt in einem lateinischen Sprichwort des Mittelalters: „Eigennutz, Rat der Jungen (*consilia iuvenum*) und Feindschaft unter den Bürgern".[44] In der frühen Neuzeit findet sich diese Haltung nicht mehr ganz so monolithisch, wenn etwa Machiavelli oder auch Bacon der Jugend in der Politik auch positive Seiten abgewinnen. Schließlich könne ein Mann, der jung an Jahren ist, bei entsprechender Lerngeschwindigkeit durchaus alt an Stunden sein. Aber was den Rat anbelangt, ist beispielsweise Leonardo da Vinci noch sehr strikt, wenn er bemerkt, dass sich derjenige, der dem Rat der Jungen vertraue, auf ein Desaster gefasst machen solle.[45]

Das alles konnte man schon aus der Bibel wissen: Das 1. Buch der Könige berichtet, wie der gottlose König Rehabeam den Rat seiner weisen Berater verschmähte und stattdessen dem der Jungen folgte: Diese hatten dem ersten König von Juda vorgeschlagen, sein Volk noch mehr zu unterdrücken – worauf dieses aufstand und den unklugen König verjagte. Der eingangs erwähnte Philosoph Roger Bacon sieht in dieser Begebenheit gleich zwei Merkmale, „mit denen schlechter Rat für alle Zeiten gekennzeichnet ist: Es war ein jugendlicher Rat in Hinsicht auf den Ratgeber, und es war ein gewalttätiger Rat in Hinsicht auf die Art und Weise."[46] Noch heute, da sonst fast alle Zeichen auf Jugend stehen, finden sich Reste dieser gerontokratischen Haltung zur Beratung, wenn etwa in den gängigen Coaching-Verbänden ‚normale' (oder Junior-)Coaches von sog. ‚Senior-Coaches' unterschieden werden. Diesen wird qua Erfahrung, sprich: Überlebenskompetenz im Beratungsbusiness, ein höheres Maß an Beratungskompetenz (und eine entsprechend höhere Honorarerwartung) zugesprochen.

Doch zu alt sollte der Ratgeber auch nicht sein, wie der Blick in Mythologie und Literatur zeigt: Ideal sind bärtige Helden, die die Taten, zu denen sie raten, notfalls selber ausführen können – wie etwa der kluge Odysseus, der die List des trojanischen Pferdes ersann und zugleich ein tapfer kämpfender Held war. Ein anderes Beispiel für diesen heroischen Beratertypus bietet Hagen von Tronje aus dem *Nibelungenlied*. Als treuer Vasall der Burgundenkönige rät er seinen Herren dazu, Siegfried zu töten: Als König Gunther nach hartnäckigem Drängen den Rat endlich angenommen hat, führt der Ratgeber die Mordtat schließlich selber aus. Die Fähigkeit zum klugen Rat gilt neben der Fähigkeit zum Kampf als die Haupttugend des Helden in der Antike; darüber hinaus gilt das besonnene Ratgeben jedoch besonders als das ‚Ehrenteil der Alten'.[47] Wenn sich indes junge Männer dazu aufschwingen, einen klugen Rat zu erteilen, löst dies in der alten Welt dagegen Verwunderung und Erstaunen aus – auch wenn der Rat noch so gut ist. Denn die Differenz zwischen dem jungen Alter und der Klugheit des Rates ist erklärungsbedürftig. „Zum Abgleich des Möglichen und des Wirklichen", so beschreiben Peter Fuchs und Enrico Mahler diese Konstellation, „wird die Vergangenheit beansprucht. Das kommunikative Fundament des Rates ist die Berufung auf Regeln, die sich in der Vergangenheit schon an Taten bewährt haben. Eben deshalb bedarf das Raten eines Gedächtnisses, das weiter zurückreicht als das eines jungen Menschen."[48]

Entsprechend groß war die Erwartung an die Wirksamkeit solcher Ratgeber, die den Rat als bewährte Regel aus der Vergangenheit schöpfen oder gar auf eigene Heldentaten zurückblicken konnten. Davon zeugt die noch im Mittelhochdeutschen gebräuchliche Wendung *einer sache rât haben* (bzw. *werden*), die so viel bedeutet wie: ‚die Lösung für ein Problem haben (bzw. finden)‘.[49] Dem Rat, den man zur Lösung eines Problems einholt, also einem Rat der Alten, Weisen und Lebenserfahrenen, wird – so kann man den sprachgeschichtlichen Befund lesen – die Lösung bereits ziemlich sicher zugeschrieben. Wer gut beraten ist, braucht sich also um Problemlösungen gar nicht zu sorgen.

Hinzu kommt, dass zumindest im christlichen Mittelalter der gute Rat immer auch als eine göttliche Gabe angesehen wird. Die alten, weisen und verständigen Männer – und nicht zuletzt natürlich die Priester und Pastoren – sind letztlich von Gott inspiriert, der den Heiligen Geist ausschickt, um den Auserwählten die richtigen Worte und Ratschläge in den Mund zu legen. Ihre Rede ist dann, wie es Dhuoda, eine fränkische Adlige aus dem 9. Jahrhundert ausdrückt, „weißer als Schnee, süßer als Honig, purer als Gold oder Silber. Warum? Die Schrift sagt ja doch: Aus dem Mund des Klugen fließt Honig."[50]

Im Übergang zur Neuzeit freilich ist die normative Idee vom richtigen Leben, das man nach den Regeln einer Kunst erlernen konnte, allmählich verloren gegangen (und damit vorübergehend auch der feste Ort der Beratung in der Gesellschaft). In dem Moment nämlich, da jedem Einzelnen zugestanden wird, ein autonomes Subjekt zu sein und nach seiner eigenen Façon glücklich zu werden, büßen die alten Lebensberater ihren Wissensvorsprung und mithin ihre Legitimität ein. Die Akteure der Neuzeit pochen auf ihre Selbstbestimmung und wehren sich gegen überkommene Formen der autoritären Belehrung. Damit gerät auch eine Form der Beratung in die Krise, die auf den Wissens- und Erfahrungsvorsprung der Alten und Weisen setzt (auch wenn sich Residuen dieser Beratungtradition bis heute erhalten, wie etwa in den jährlich wiederkehrenden Prognosen der ‚Wirtschaftsweisen‘).

Doch auf der anderen Seite bilden sich gerade im Übergang zur Neuzeit Semantiken aus, die das Ratsuchen und Ratgeben auf eine neue Grundlage stellen. Ich denke hier vor allem an die Behauptung von Handlungsfreiheit, Individualität und Subjektstatus. Denn nur wenn die Menschen sich als autonome Subjekte wahrnehmen, die selbstbestimmt über ihr Leben entscheiden, können sie erst eigentlich als Ratsuchende in der oben beschriebenen Weise auftreten: Als Akteure nämlich, die – *erstens* – selbst entscheiden, ob sie einen Rat suchen oder nicht, und die – *zweitens* – selbst entscheiden, ob sie einen gegebenen Rat umsetzen oder nicht. Die Neuausrichtung der Beratung findet also in der Neuzeit ausdrücklich auf der Basis von Willensfreiheit, Individualität und Selbstverantwortung statt – auch wenn der Status eines autonomen, frei entscheidenden Subjekts in der Semantik von Rat und Tat auch zuvor immer schon mitgedacht wurde. Diese Neuausrichtung der Beratung auf dezidiert autonome Subjekte und eigensinnige Individuen führt in der zweiten Hälfte des 20. Jahrhunderts zur Ausbildung ressourcenorientierter, nicht-direktiver und systemischer Beratungsformate.

## Der gute Rat und seine Medien

Schließlich bedarf es noch einer Bemerkung dazu, wie ich es in diesem Buch mit den medialen Formen der Beratung halte. Raten und Ratgeben kann ja heute in ganz unterschiedlichen Medien stattfinden: In Form der Lektüre eines (Ratgeber-)Buches oder einer illustrierten Zeitschrift, als Gespräch am Telefon, sofern wir etwa die Nummer einer Telefonseelsorge gewählt haben, oder als Anruf in einer nächtlichen Ratgebersendung im Radio oder Fernsehen – man denke etwa an die legendäre Sendung *Eine Chance für die Liebe* mit Erika Berger bei RTL in den späten 1980er Jahren oder an die ebenfalls beliebte, seit 1993 ausgestrahlte *Call-in*-Sendung *Domian*, die vom Radiosender *1live* sowie vom WDR-Fernsehen gesendet wird. Seit der Mitte der 1990er Jahre verlagert sich das Ratsuchen dann auch stark ins Internet, wo zahlreiche Ratgeber- und *Do it yourself*-Foren entstehen. Im Beratungs-Chat lassen sich auch heikle Themen unter Wahrung größtmöglicher Anonymität ‚besprechen‘.

Diese Aufsplitterung und Erweiterung der Beratungsmöglichkeiten in verschiedenen Medien und Online-Netzwerken ist ein relativ neues Phänomen. Es beginnt, grob gesagt, mit der Neuzeit und ihren medientechnischen Entwicklungen wie Buchdruck, Telefon, Radio, Fernsehen und Internet. Doch das eigentliche Medium der Beratung ist und bleibt die Sprache: Ursprünglich denkt man sich den kommunikativen Akt des Ratgebens im gesprochenen Wort zwischen Anwesenden, sei es in der asymmetrischen Vier-Augen-Beziehung von Ratsuchendem und Ratgeber (*transitive* Beratung) oder aber im mehrstimmigen kollegialen Ratschluss einer Gruppe (*reflexive* Beratung). Hier, in diesen beiden Urtypen, hat das Ratgeben und Beratschlagen seinen Ursprung und seine Grundformen, und gerade diese interaktionsnahe Dimension der Beratung scheint in unserer Medien- und Computergesellschaft wieder an Bedeutung zu gewinnen. Vielleicht ist es sogar das besondere Kennzeichen der jüngeren Beratungsgeschichte seit den 1970er und 1980er Jahren, dass wir wieder vermehrt den persönlichen Kontakt zu Beraterinnen und Beratern suchen, wohingegen wir uns davor lange Zeit auf die Ratschläge der Ratgeberliteratur verlassen haben.

Mein Hauptinteresse gilt diesen Grundformen von Beratung im vertraulichen Gespräch zu zweit oder in der Gruppe. Die massenmedialen Auswüchse des Ratsuchens und Ratgebens werde ich dagegen nur am Rande behandeln. In der gesprochenen Sprache von Angesicht zu Angesicht kommt die Dialogizität des Ratgebens und Beratschlagens besonders klar zum Ausdruck. Aufgrund ihrer Reflexivität, der Möglichkeit also, über das Sprechen zu sprechen, eignet sich die Sprache außerdem gut dazu, Beobachtungen von Beobachtungen zum Gegenstand der Kommunikation zu machen. Zudem kann in der unmittelbaren Interaktion auch nonverbales Verhalten zum Thema des Dialogs werden. Und in der durch das Gespräch erzeugten physischen Nähe entsteht eine hohe Verbindlichkeit, die die Basis jeder Beratungsbeziehung bildet. Das sind nur die wichtigsten Vorzüge des herkömmlichen Gesprächs in der Beratung. Eine umfassende Berücksichtigung der massenmedialen Beratungsformen und -formate hätte aber auch den Umfang des Buches gesprengt. Die technischen Medien und Kanäle der Beratung nehme ich aber immer dann intensiver in den Blick, wenn sich daran ein epochaler Wandel im Beratungsverständnis ablesen lässt.

Ein Beispiel hierfür ist das massenhafte Entstehen von Ratgeber*literatur* in der Moderne, in einer Zeit, in der die Inanspruchnahme persönlicher Beratung plötzlich prekär wird. Beides hängt offenbar zusammen, denn in dem Maße, in dem der persönliche Ratschlag in den Verdacht gerät, die heilige Autonomie der neuen Subjekte infrage zu stellen, wendet man sich der niedrigschwelligen Form der Ratgeberliteratur zu. Schließlich wird guter Rat weiterhin benötigt, und hier ist er nun auch gar nicht mehr so teuer. Die intimen, in der stillen Lektüre aufzunehmenden Ratschläge der Ratgeberbücher, -hefte und Almanache, die nun das menschliche Gegenüber ersetzen (das ja nicht nur Rat erteilte, sondern auch Respekt verlangte!), lassen sich offenbar besser mit dem Selbstbestimmungsstreben der modernen Akteure vereinbaren. Es ist nämlich weniger peinlich, ein Ratgeberbuch zur Hand zu nehmen, als einen anderen Menschen zu eigenen Problemen um Rat zu fragen. Das wird nirgends so deutlich wie bei Themen rund um die Sexualität.

Eine andere spannende Frage wird man weiter beobachten müssen, nämlich inwieweit das Internet das Feld der Beratung verändert oder schon verändert hat. Gewiss tut sich hier ein ganz neues Universum für die Ratsuche auf, indem man jeden beliebigen Begriff, jedes Thema, zu dem man sich einen Rat wünscht, einfach in eine Suchmaschine eintippt – und schon öffnet sich ein Kaleidoskop an Selbsthilfeforen oder Ratgeberseiten. Auf diese Weise werden einerseits schon bekannte Formen des Ratsuchens und Ratgebens unterstützt: Wenn sich etwa über Bildtelefonie via Internet ein Coaching-Gespräch zwischen Personen realisieren lässt, die gerade weit voneinander entfernt sind, oder ein Meeting als Video-Konferenz stattfindet, um weite Anreisewege in einer globalisierten Ökonomie zu vermeiden. Auch kann man das Internet bequem als Auskunftei nutzen wie ehemals Bücher und Bibliotheken, wobei das zur Verfügung stehende Archiv nun bedeutend größer ist und sich leichter durchsuchen lässt. All dies geht schneller, erlaubt ungeahnte Vernetzungsmöglichkeiten und lässt riesige Entfernungen gnadenlos zusammenschrumpfen. Aber ändert sich allein dadurch schon etwas an der Form der Beratung?

Im Mittelpunkt dieser Geschichte der Beratung steht also das klassische Beratungsgespräch, sei es als Zwiegespräch zwischen einem Ratsuchenden und einer Ratgeberin, sei es als eine Versammlung der Vielen, die sich gemeinsam zu einer Sache beratschlagen. Hier, in der unmittelbaren Interaktion unter Anwesenden, kommt die auf wechselseitiger Beobachtung basierende Beratungskommunikation voll zum Tragen. Und diese uralte Praxis der leibhaftigen, mündlichen Beratschlagung unter Anwesenden erlebt ja gerade im Zeitalter der Digitalmoderne, in der wir sonst beinahe nur noch mit Bildschirmen kommunizieren, eine erstaunliche Renaissance. Offenbar handelt es sich um eine sehr langlebige, zähe Grundform des menschlichen Zusammenlebens, mit der wir heute wieder an die Tradition der antiken Philosophen, der mittelalterlichen Hoftage und der frühneuzeitlichen Fürstenberater anknüpfen.

# Kapitel 2

# Orakelsprüche, Prophezeiungen und Horoskope

## Alte Rezepturen gegen eine unsichere Zukunft

Wenn wir unseren Blick nun in die Geschichte des Ratgebens richten, dann werden wir feststellen, dass die oben aufgestellte Behauptung in aller Regel zutrifft: Der Rat kommt vor der Tat, doch es führt kein direkter Weg vom Rat zur Tat. Denn der Ratsuchende muss den Ratschlag erst bedenken, er muss mit sich selbst zu Rate gehen, ehe er gegebenenfalls zur Tat schreitet oder eine Entscheidung fällt. In diesem Sinne öffnet die Beratung ein Zeitfenster und regt erst einmal unsere Fähigkeit zur Selbstberatung an.

Dies gilt nun in besonderem Maße dort, wo die Ratschläge aufgrund ihrer unklaren und bisweilen rätselhaften Formulierung die Ratsuchenden vor größere Herausforderungen stellen. In vielen älteren Kulturen war es nämlich durchaus üblich, dass die Götter, Schamanen und anderweitig Inspirierten ihre Ratschläge nicht als Klartext formulierten, sondern sie derart verklausulierten, dass sie einer Auslegung bedurften. Anders gesagt: Der Rat wurde als Rätsel formuliert, dessen Bedeutung es zu erraten galt. Um die ‚richtige' Lesart dieses Rätsels herauszufinden, musste der Ratsuchende also entweder mit sich selbst besonders intensiv zu Rate gehen oder Experten aufsuchen, die sich auf eine solche Auslegung verstanden. Zugleich lockert sich in diesem Fall die ohnehin schon ‚lose Kopplung' von Rat und Tat, denn nun bleibt nicht nur die Entscheidung über die

Umsetzung des Rats, sondern auch die Entscheidung über das richtige Verständnis des Ratsspruchs beim Ratsuchenden. Wird die Erteilung rätselhafter Ratschläge zur Regel oder gar zu einem Massenphänomen, dann entsteht ein neuer Bedarf an Experten, die bei dem Verstehen kryptischer Ratschläge weiterhelfen können, weil sie sich auf das Deuten göttlicher oder mantischer Zeichen spezialisiert haben.

Es mag daher vielleicht gar nicht überraschen, dass der Rat auch sprachlich eng mit dem Rätsel verwandt ist. Das deutsche Verb *raten* lässt sogar prinzipiell offen, ob jemand einen Rat erteilt oder ein Rätsel löst: Es kann dem Duden zufolge ‚jemandem einen Rat geben‘ ebenso bedeuten wie ‚erraten‘ oder ‚die richtige Antwort auf eine Frage zu finden versuchen, indem man aus den denkbaren Antworten die wahrscheinlichste auswählt‘.[1] In der zweiten Bedeutung ist also ein Mit-sich-zu-Rate-Gehen gemeint, das ebenso dazu dienen kann, ein Kreuzworträtsel zu lösen wie die passende Bedeutung eines kryptischen Ratschlags zu ermitteln. Ist der Rat als Rätsel formuliert, dann stellt er aber nicht nur besonders hohe Anforderungen an die Selbstberatungskompetenz der Ratsuchenden. Seine Rätselhaftigkeit verleiht ihm oft auch die Aura eines besonderen, charismatischen und nicht selten göttlichen Absenders. Die Schwierigkeit im Verständnis wird auf diese Weise durch eine besonders hohe Wahrhaftigkeit kompensiert: Denn da die Götter die Zukunft kennen, wirkt der kryptische Ratschlag besonders gut gegen die Bedrohungen einer unsicheren Zukunft – sofern man ihn richtig deutet.

Der rätselhafte Rat muss also *gelesen* werden, was wiederum die Verwandtschaft zwischen dem englischen Verb *read* und dem deutschen Wortfeld des Ratens erklärt. Auch wenn wir lesen, gehen wir innerlich mit uns zu Rate, um uns einen Reim auf die Bedeutung bestimmter Zeichen, Wörter oder Sätze zu machen. Werden Rätsel in den alten Kulturen auf die in ihnen enthaltenen Ratschläge gelesen, dann sind es nicht nur Schriften oder Bilder, die gelesen werden müssen, sondern in der Antike zum Beispiel auch die Organe von Tieren, die zu prophetischen Zwecken geopfert wurden. Je nachdem, wie sich etwa die Leber eines Opfertieres verformt hat, fällt die Zukunft gut oder schlecht aus. Des Weiteren sind die Konstellationen von Planeten und Sternen, der Flug von Vögeln sowie Träume und Visionen beliebte Zeichen, die man im Laufe der Geschichte immer wieder auf verborgene charismatische Ratschläge hin untersucht. Grundsätzlich konnte (und kann!) jedes irgendwie ungewöhnlich erscheinende Zeichen eine göttliche Prophezeiung enthalten und mithin einen wertvollen Ratschlag darstellen.

## Orakelsprüche: Der Rat als Rätsel in der griechischen Antike

Beispielhaft für diese Form der rätselhaften Beratung ist das Orakel. In ihm finden wir eine Urszene des Beratungshandelns – daher stelle ich es an den Anfang dieser Geschichte der Beratung. In der griechischen Antike suchte man über Jahrhunderte hin eines der über sechzig Orakel auf, um Rat und Orientierung in wichtigen Entscheidungen und Lebensfragen zu erhalten. Nach einem festgelegten Ritus und zu ganz bestimmten Zeiten konnte man dem Orakel eine Frage stellen: Man erhielt dann einen Orakelspruch zur Antwort, der als eher weniger verständliche, immer aber göttliche Weissagung verstanden wurde. So befanden sich die Orakel an bestimmten Orten, an denen man die jeweilige Gottheit anwesend dachte. Der Historiker Georges Minois spricht mit Blick auf die Orakel von „wahren Informationsagenturen", einem effizienten „Informationsnetz", das die Griechen errichteten, „um die göttlichen Botschaften aufzufangen".[2]

In Dodona befand sich das älteste Orakel; von ihm erzählt bereits Homer in seinen Epen. Es war erst der Gaia und später dem Gott Zeus geweiht. In Delphi dagegen befand sich das berühmteste: Hier ließ sich der Gott Apollon durch den Mund der berauschten Pythia, einer weissagenden Priesterin, vernehmen. (Übrigens ein Beispiel dafür, dass Frauen dann zu hochoffiziellen Beraterinnen aufsteigen konnten, wenn sie als Medien des göttliche Wortes fungierten.) Georges Minois beschreibt Delphi als „eine

Art Genf der Mittelmeerwelt, wo man dank dem Kommen und Gehen der Diplomaten, Abordnungen, Händler, Touristen und Pilger über die politischen Ereignisse dieses Sektors bestens Bescheid weiß".[3] So schickte man vor (und nach) jeder wichtigen politischen Entscheidung aus Athen Abordnungen zu den Orakeln. Doch ging es nicht nur und gar nicht mal überwiegend um große Politik. In den allermeisten Fällen stellten die Ratsuchenden sehr konkrete Fragen an das Orakel. Eher selten ergingen Orakelsprüche hingegen ohne vorausgehende Fragen oder aufgrund von Gebeten oder anderen Sprechakten. Die Fragen, die die Ratsuchenden an das Orakel von Delphi herantrugen, gleichen klassischen Beraterfragen aus der Kategorie „Was soll ich tun?" In den meisten Fällen ging es um Entscheidungen: „Soll ich X tun? … Wie soll ich X tun? … Wie kann ich Kinder bekommen? … Was soll ich tun? … Was kann ich tun oder sagen, um die Götter zu erfreuen? … Wer oder was hat X verursacht? … Wer waren die Eltern? … Wen oder was soll ich wählen? … Wohin soll ich gehen und wo soll ich mich niederlassen? … Werde ich Erfolg haben? … Was ist die Wahrheit von X? … Ist es besser, X zu tun? … Welches ist die bessere Alternative? … Für welchen Gott soll ich opfern?"[4]

Ich möchte vorschlagen, die Orakelbefragung mit dem Historiker Veit Rosenberger als eine grundlegende Kulturtechnik anzusehen, die dem antiken Menschen half, sich Orientierung zu verschaffen: Angesichts einer unbekannten Zukunft mit einer verwirrenden Konkurrenz der Möglichkeiten und der ständigen Bedrohung durch Krankheiten und Krieg halfen ihm die Orakelsprüche, seine Unsicherheit im Schach zu halten. Schließlich ist der Mensch nicht erst heute darauf angewiesen, sich für sein Handeln einen hoffnungsvollen Zukunftsentwurf zu machen. Und da man damals davon ausging, dass die Götter die Zukunft bereits kannten, versuchten die Leute mit Hilfe der Orakel lediglich, ihnen wenigstens einen kleinen Teil dieses geheimen Wissens abzuluchsen.

Wenn nun aber Beratung ein Heilmittel gegen eine unsichere Zukunft sein soll, ein „Mechanismus der Unsicherheitsabsorption", wie Peter Fuchs und Enrico Mahler formulieren,[5] wie kann dann ausgerechnet ein kryptischer Orakelspruch, ausgesprochen von einer merkwürdigen Priesterin in Trance, dies gewährleisten? Eine überzeugende Erklärung dafür liefert der Altphilologe Walter Burkert: Der „Gewinn an Lebensmut", den Orakel und andere göttlich umwitterte Zeichen als Entscheidungshilfen einbringen, sei „so beträchtlich, daß gelegentliche Falsifizierung durch Erfahrung dagegen nicht aufkommt".[6] Wenn ein Gott sich persönlich mit den unbedeutenden Fragen eines Menschen beschäftigt, ist das zunächst einmal als eine Geste der Zuwendung zu verstehen. Entscheidend ist demnach, dass der Gott sich selbst um unsere kleinen Nöte sorgt – ganz unabhängig davon, welche konkreten Geräusche oder Botschaften er dann auch noch dazu ausstößt. Hinzu kommt, dass jeder, der das Orakel kritisierte – und Kritik an den Orakeln und anderen Praktiken der Wahrsagerei gab es immer –, schnell in den Geruch der Gottlosigkeit kam.

Das Orakel ist als Beratungssystem aber auch deshalb so lange unangefochten, weil es ihm gelingt, wie Thomas Macho zeigt, die Kontingenz der Entscheidungen durch die Kontingenz der Orakelsprüche gewissermaßen zu ersetzen.[7] Anders gesagt: Ein Orakelspruch konnte kaum je widerlegt oder als falsch erwiesen werden. Denn aufgrund seiner Rätselhaftigkeit war es möglich, dass jeder die Verantwortung für einen schlechten oder unpassenden Rat auf den anderen schob: das Orakel auf die Deuter der Orakelsprüche, die diese falsch verstanden hatten, und die Deuter wiederum auf das Orakel, dessen Worte unverständlich waren. Außerdem konnte ein Gott wie Apollon jederzeit beschlossen haben, aus persönlichen Gründen eine falsche Antwort zu geben.[8] Und schließlich waren auch die Götter nicht immer Herren des Schicksals. Falsche Ratschläge konnten aber auch der fehlenden Reinheit des Klienten bzw. der mangelnden Eignung des Opfertieres zugeschrieben werden.

Wie in jeder Beratungssituation scheint mir auch hier das Vertrauen von größter Bedeutung für einen erfolgreichen Beratungsprozess zu sein: das Vertrauen in die Institution des Orakels. Dieses war so groß, dass es den Betroffenen in der Regel gelang, sich und andere davon zu überzeugen, dass das Orakel am Ende doch Recht behielt – wenn auch bisweilen in einer anderen als der zunächst angenommenen Weise. Und kein Mensch konnte in diesem System für einen schlechten oder falschen Götterrat zur Verantwortung gezogen werden – auch das war ja kein Nachteil!

Bei der Beratung durch göttliche Orakelsprüche ging es also nur theoretisch um die Anwendung eines verbindlichen, göttlichen, also wahrheitsgeprüften Wissens auf eine konkrete Praxis. Für viel wichtiger halte ich die darin eingeschlossene Anregung zu Selbstreflexion und Selbstberatung. So mussten die Rätsel der Orakelsprüche gar nicht zwingend gelöst werden. „Wichtig war vielmehr", so schreibt der Historiker Veit Rosenberger, „dass man darüber nachdachte, debattierte und gelehrte Abhandlungen verfaßte."[9] So entstand schon durch die räumliche Entfernung zum Orakel und die Zeit, die eine entsprechende An- und Abreise erforderte, ein immenser Zeitgewinn im Zuge des Beratungsprozesses. In einer Ära langsamer Fortbewegungsmittel war man eine Weile unterwegs, allein mit sich und seinem Problem, das sich bis zur Ankunft beim Orakel in einem längeren Akt der Selbstreflexion vielleicht schon aufgelöst hatte. Gleiches gilt für die Rückreise: Der rätselhafte Spruch sorgte dafür, dass man über ihn debattierte und sich mit ihm auseinandersetzte.[10] Auch dies mag in dem einen oder anderen Fall zur Lösung des Problems beigetragen haben. Die Rätselhaftigkeit des Ratschlags durch das Orakel stimuliert also die inneren Stimmen der Selbstberatung, und das auslegungsbedürftige Gotteswort am fernen Ort öffnet ein recht großes Zeitfenster für das themenbezogene Mit-sich-selbst-zu-Rate-Gehen.

Vielleicht lässt sich sagen, dass in der Kulturtechnik des Orakels eine Form der Beratung vorliegt, in der das autoritäre Moment, das der Götterspruch erzeugt, und das Vertrauen, das ihn trägt, mit dem selbstreflexiven Moment des Rätsels zusammengeht. Man muss dabei bedenken, dass die Deutung von Zeichen der einzige Kontakt mit der höheren Welt war, da die Kultur der Griechen und Römer über keine religiösen Offenbarungsschriften verfügte.

Der gegebene Ratschlag des Orakels hatte daher maximale Autorität, freilich bei stark verminderter Eindeutigkeit bzw. Verständlichkeit. Und gerade diese charismatische Rätselhaftigkeit des Orakels erzeugte nun einen Bedarf nach immer neuen Orakelsprüchen und weiteren Beratungssequenzen – etwa, um die Unklarheiten des letzten Spruches zu präzisieren, aber auch, um zu sehen, ob das Orakel noch einmal genauso entscheidet! Bisweilen wurde eine Entscheidung dem Orakel so lange immer wieder vorgelegt, bis endlich der gewünschte Ratspruch herauskam.

In gewisser Weise scheint schon für die Orakel zu gelten, was wir gelegentlich dem (Über-)Angebot von Beratern in unserer Zeit attestieren: Als prestigereiche Beratungsinstitute mit langer Tradition erzeugten die Orakelsprüche eine kontinuierliche Nachfrage nach weiterer Beratung und brachten auf diese Weise die Probleme, zu deren Lösung sie sich anboten, immer wieder neu hervor. Sogar politische Entscheidungen, die bereits durch andere Beratungsinstitute – wie etwa die griechische Polis – ausführlich debattiert und beschlossen waren, konnten danach zusätzlich noch dem Orakel vorgelegt werden. Offenbar erhöhte es die Sicherheit und das Vertrauen, wenn die im gemeinsamen Ratschluss bereits getroffenen Entscheidungen nachträglich *auch noch* durch einen Götterspruch abgesegnet wurden.

Ähnliches trifft für den Krieg zu, in dem die großen Helden stets auch als Berater in Erscheinung treten. Die Fähigkeit zum klugen Ratgeben gilt neben der Fähigkeit zum Kampf als die Haupttugend des Helden in der Antike. In der *Ilias* und der *Odyssee*, den großen Epen Homers, wird diese Form der heroischen Beratung vor allem an dem gewitzten Odysseus deutlich, den man wegen seiner erfolgreichen Taten und klugen Ratschläge rühmte. So war Odysseus derjenige, der die Idee mit dem hölzernen Pferd hatte, durch das die Griechen den Trojanischen Krieg siegreich beenden konnten. Doch er war eben auch derjenige, der es wie kaum ein anderer verstand, im Angesicht immer neuer mythischer Gefahren mit sich selbst zu Rate zu gehen und die eigenen, richtigen Schlüsse zu ziehen, um am Ende seiner Odyssee heil nach Hause zu kommen. Dazu hat der kluge und wohlberatene Kämpfer, glaubt man den Homerischen Epen, seinerseits auf die Ratschläge der Orakel zurückgegriffen, genauer: auf das Zeus-Orakel von Dodona, das ihm Hinweise für seinen Heimweg nach Ithaka geben sollte:

> *Und er sagte, daß er nach Dodona gegangen war, damit er aus der hoch-belaubten Eiche des Gottes den Rat des Zeus vernähme: auf welche Weise er in die fetten Gefilde von Ithaka heimkehren möchte, der er schon lange entfernt war.*[11]

## Auguren und Haruspizien:
## Der Rat der Eingeweide- und Vogelflugbeschauer

In der römischen Antike veränderte sich zwar die Form der Mantik, nicht aber das Bedürfnis nach einer verlässlichen, von Experten vorgenommenen Vorhersage der Zukunft. Auch wenn man in Notfällen, in denen man sich gar nicht anders zu helfen wusste, immer noch gelegentlich das Orakel in Delphi befragte, so traten doch nun andere Formen der Herstellung von Zukunftssicherheit und der Beurteilung von Handlungsoptionen in den Vordergrund. Man suchte nun beispielsweise die verformten Eingeweide von Opfertieren nach verwertbaren Hinweisen der Götter ab. Aber auch alle anderen natürlichen Phänomene wie der Flug der Vögel oder das Fressverhalten der Haustiere konnten als Zeichen verstanden werden, die es zu lesen lohnte, wollte man etwas über die Zukunft wissen. Daneben behauptete aber auch die Astrologie ihren Rang als seriöse Wissenschaft, die Kunde von den in der Zukunft zu erwartenden Ereignissen bringt.

Die vielleicht wichtigste Neuerung bestand nun darin, dass die wahr-sagenden Formen der Beratung in der römischen Kaiserzeit gewissermaßen verstaatlicht wurden. Angefangen von Augustus untersagten die Kaiser derartige Formen der Zukunftsberatung für ihr Volk und behielten sich selbst die Befragung von Orakeln, Auguren und Astrologen vor. Unter Tiberius wurde das nicht autorisierte Wahrsagen sogar als gravierender

Verstoß gegen Recht und Gesetz geahndet, von dem auch die Astrologie betroffen war. Theodosius schließlich verhängte die Todesstrafe für all jene, die versuchten, aus den Eingeweiden eines Tieres unautorisiert die Zukunft herauszulesen. „Die Zukunft", so Georges Minois, „ist Staatsangelegenheit, mit deren Kenntnis nach und nach ein regelrechtes Ministerium betraut wird und die der Geheimhaltung unterliegt."[12] Das Ziel der Mächtigen war es offenbar, den Rat der Götter so zu kanalisieren, dass die Herrscher allein zu Herren über die Zukunft werden konnten. Wo dann doch in ihrem Auftrag Zeichen gelesen und Zukünfte gedeutet werden sollten, beauftragte man zunächst etruskische Experten. Diese befragten nicht mehr die griechischen Orakel, sondern deuteten alle möglichen Arten von Geschehnissen, die so überraschend oder außergewöhnlich waren, dass sie keine natürlichen Ursachen zu haben schienen. Dann nämlich konnten Himmelserscheinungen wie Meteore, aber auch einstürzende Statuen, missgebildete Kinder, Epidemien usf. für Hinweise der Götter gehalten werden. Eine wichtige Quelle für die Deutung des Götterwillens waren außerdem die Zeichen, die sich aus dem Vogelflug ablesen ließen und von sogenannten Auguren („Vogelschauern") ausgewertet wurden. Auch das Fressverhalten der Hühner wurde genau beobachtet und entschied bisweilen darüber, ob eine Schlacht geführt oder doch lieber verschoben wurde. Eine weitere Spezialität der Etrusker betraf die Deutung einschlagender Blitze. Je nachdem, wo der Blitz eingeschlagen und woher er gekommen war, wussten die Zukunftsdeuter, wer sein Absender war und was er zu sagen hatte – und konnten die Betreffenden entsprechend zu ihren Handlungsoptionen beraten.

Daneben befragt man nun die Eingeweide der Opfertiere, wobei insbesondere die Leber wichtige Aufschlüsse über die Zukunft geben kann. Spezialisten dafür waren die Haruspizien, professionelle „Eingeweideschauer", die die Innereien der Opfertiere auf auffällige Verformungen untersuchten. Die Auffassung, wonach das Verhalten, aber eben auch die Eingeweide der Opfertiere als göttliche Zeichen anzusehen seien, ist sehr alt und stammt ursprünglich aus dem Zweistromland. Von den Griechen, Etruskern und Römern wird sie gern aufgegriffen. Dort herrscht zum Beispiel die Ansicht vor, dass die Götter die Leber des Opfertieres während des Rituals so verformen, dass sie für die Menschen lesbar wird: „Ein fehlender Wulst am Ende des rechten Lappens, ‚Kopf' genannt", so Georges Minois, „ist ein Vorzeichen des Todes; ist er doppelt, so kündigt dies einen Konflikt an; liegt ein Riß vor, so bahnt sich Zwietracht an."[13] Freilich gibt es auch hier – wie beim Orakelspruch – alle Möglichkeiten, die Zeichen das bedeuten zu lassen, was man gerade will. Vor allem die Frage, *für wen* die Leberzeichen überhaupt gelten sollen – für den Gegner oder für denjenigen, der die Konsultation in Anspruch genommen hat –, bleibt von vornherein offen.

Im alten China hatte man sich bereits ganz ähnlicher Verfahren bedient: Man erhitzte zum Beispiel die Panzer von Schildkröten so lange, bis sie aufplatzten. Aus der Form der entstandenen Risse las man dann die Zukunft heraus und traf auf dieser Grundlage politische Entscheidungen von zum Teil beträchtlicher Relevanz.[14]

Wie bereits in der griechischen Welt die Orakel, so standen bei den Römern die Formen mantischer Zukunftsbefragung immer auch in der Kritik (gleiches gilt für die chinesische Schildkrötenpanzer-Prophezeiung). Insbesondere die pragmatisch argumentierenden Philosophen ließen kein gutes Haar an den – ihrer Meinung nach – abergläubischen Praktiken. Berühmt geworden ist in diesem Zusammenhang Ciceros Schrift *De divinatione* („Über die Vorsehung"), in der sich der berühmte Politiker und Rhetor über alle Formen der Zukunftsschau lustig macht: „Der Aberglaube, weltweit verbreitet, lastet auf dem Geist der Menschen und überwuchert ihre Schwäche", befindet er. Vom Befragen der Orakel über das Beschauen der Eingeweide von Opfertieren bis zur Astrologie – da sich ständig und überall irgendetwas ereigne, das von Zeichendeutern ausgelegt wird, woran soll man sich bei dieser Überfülle überhaupt noch orientieren? Aus Ciceros Sicht stiftet die Vielzahl der Zeichen gerade in ihrem Übermaß eher Unsicherheit als Sicherheit, denn „ob du opferst oder eine Vogelschau anstellst, ob du einen Astrologen, einen Beschauer besuchst, ob es blitzt oder donnert, ob es irgendwo vom Himmel her einschlägt, ob irgendetwas Wunderähnliches auf die Welt kommt oder sich ereignet. Es ist ja unausweichlich, daß fast pausenlos derartiges geschieht, so daß man niemals die Möglichkeit hat, sich ruhigen Sinnes zu fassen."[15]

## Der Bruch der Sophisten mit der charismatischen Beratung

Die Anrufung der Orakel und die Deutung natürlicher wie göttlicher Zeichen sind herausstechende, aber natürlich nicht die einzigen Formen der Beratung in der Antike. Besonders in der gegenwärtigen Diskussion um die ‚Beratungsgesellschaft‘ des späten 20. und frühen 21. Jahrhunderts ist immer wieder die Rede von einer Gruppe von Philosophen, die man die Sophisten nennt. Manch ein Zeitdiagnostiker sieht in unserer beratungsfreudigen Gegenwart gar eine Renaissance der Sophisten, und der Philosoph Peter Sloterdijk hat sie als ein „neosophistisches Zeitalter" beschrieben.[16] Jene Didaktiker und Rhetoriker der griechischen Antike, die man heute so nennt (auch wenn es sich kaum um eine geschlossene Schule oder philosophische Richtung handelte), werden vor allem deshalb gern als Vorbilder aktueller Beratungstrends herangezogen, weil ihr *pragmatischer* Beratungsansatz ganz bewusst mit dem *charismatischen* Anspruch der Orakel brach: Der gute Rat wurde von den Sophisten nicht mehr als ein geheimnisumwölktes göttliches Geschenk betrachtet, sondern als eine sehr irdische Dienstleistung von Philosophen, die sich ihres Verstandes bedienten.

Das hängt damit zusammen, dass die Sophisten stärker noch als Sokrates den Menschen zum Maß aller Dinge erklärten, wie es Protagoras und andere formulierten. Auf ihn und seine gelingende Tat richtet sich folglich ihr Ratgeben – und nicht mehr in erster Linie auf das Aufdecken eines verborgenen göttlichen Plans. Damit entsteht zugleich eine pragmatische, ‚relativistische‘ Haltung zur Wahrheit: Die Frage nach ‚richtig‘ und ‚falsch‘ ist nun eine Sache der Perspektive, aus der man ein Phänomen betrachtet.

Auch deshalb stellt man neben Sokrates auch gern die Sophisten als Urahnen unserer heutigen Coaches und Berater dar. Denn das Schicksal der von ihnen beratenen Menschen betrachteten sie in erster Linie im Hinblick auf die Wirksamkeit und Effektivität ihres Handelns. Dafür boten sie Rat und Hilfe. Ihr Ziel war es, wie Adrian Steiner formuliert, „den Ratsuchenden die Grundlagen und Voraussetzungen zu einem erfolgreichen Handeln in häuslichen und öffentlichen Angelegenheiten zu vermitteln."[17] Dazu gehörte das geschickte Handeln selbst, aber auch das wirkungsvolle Reden (über diese Handlungen).

Doch wer waren diese Leute? Als Sophisten fasst man eine Gruppe von gut ausgebildeten Männern, die ein besonderes Wissen in theoretischen und praktischen Bereichen aufwiesen und ihre Beratungsdienste öffentlich und gegen Bezahlung regelrecht zu Markte trugen. Mit ihnen trat zwischen 450 und 380 v. Chr. eine ganz bodenständige Philosophie in Konkurrenz zum göttlich inspirierten Orakelspruch, aber auch zu den etablierten Großphilosophen und ihrem in Stein gemeißelten Wahrheitsanspruch (während Platon wiederum den pragmatischen Umgang mit der Wahrheit für einen gefährlichen Irrtum hielt). Bereits Sokrates hatte seine beratende Philosophie als Dialog angelegt, in dem der Ratsuchende, unterstützt vom Philosophen wie durch eine Hebamme, seine eigenen Einsichten machen sollte. Gegenüber diesem nicht-direktiven Moment setzten die Sophisten stärker auf den gezielten Input. „Während also die sokratische Maieutik den Ratsuchenden mittels Dialogik zu vernünftigen und günstigen Einsichten und entsprechenden Taten befähigen will", so Adrian Steiner, „will die Sophistik die Schüler zur erfolgreichen Rede mittels Belehrung und Anweisung befähigen."[18]

Als Wanderlehrer in Athen und anderen aufstrebenden griechischen Städten unterwegs, unterrichteten die Sophisten vor allem junge Männer – und kamen dabei ganz ohne Opfertiere und Rauschmittel aus. Mit dem kulturellen Aufblühen der attischen Demokratie war ein immenses Bedürfnis nach Wissen entstanden, nicht zuletzt, um sich damit auf politische

Aufgaben vorzubereiten. Die sophistische Ratgeber-Tätigkeit konnte dabei verschiedene Formen annehmen: von der Lebensberatung über die Beratung in politischen und juristischen Fragen, die Erziehungstätigkeit in wohlhabenden Familien bis hin zu Vorträgen und öffentlichen Disputationen.[19] Im Unterschied zu den Orakelsprüchen fehlte den Sophisten (was ursprünglich ‚wissende Männer' bedeutet) zwar der *charismatische* Odem der Gewissheit, doch dafür konnten sie mit ganz konkreten Kenntnissen und Erfahrungen punkten und sich als *pragmatische* Ratgeber etablieren.[20] Wissen und Bildung wurde durch die sophistische Bewegung zu einem Allgemeingut befördert, das nun prinzipiell jedem – und nicht nur der Aristokratie – zugänglich war. Vorausgesetzt, man konnte (und wollte) sich die zum Teil wohl recht üppigen Honorare der sophistischen Berater überhaupt leisten. In der griechischen Polis führt dies zeitweise dazu, dass beinahe jeder Akteur, der eine Führungsrolle in der Öffentlichkeit anstrebte (oder bereits innehatte), einen oder mehrere Berater an seiner Seite wusste – Ärzte, Trainer, Erzieher oder Philosophen. Schon das sophistische Beratungswesen der griechischen Polis beruhte auf der Einsicht – und genau darin sieht der Philosoph Peter Sloterdijk die Parallele zu unserer aktuellen Beratungslandschaft –, „dass es keinen urbanen Leistungsträger gibt, der sich auf seinem Felde allein und unberaten betätigen konnte."[21]

Auf ungute Weise bekannt und in ihrem Ruf dauerhaft beschädigt wurden die Sophisten durch Platons polemische Fundamentalkritik. Platon warf ihnen einen oberflächlichen, strategischen, nur instrumentellen Umgang mit der Wahrheit vor. In der Tradition seines Lehrers Sokrates stehend, vermisste er am sophistischen Modell den eigenen Anteil des Ratsuchenden, sein ‚inneres Feuer' als Voraussetzung dafür, dass er dann im Dialog eigene, tiefe Einsichten mache.[22] Vor allem aber bemängelte Platon, dass sie ihre Beratungsdienste für Geld anboten. Dies trug den Sophisten den Ruf ein, käufliche und insofern korrumpierbare Denker zu sein. Lange wurden sie einseitig durch die platonische Brille betrachtet und entsprechend herabgewürdigt. Ihre Philosophie galt vielen Nachgeborenen

„als opportunistische Geschäftemacherei, Flohmarkt der Wahrheiten", ja, „als Verdrehung der Philosophie zur Rhetorik", wie Thomas Macho vermerkt.[23] Dass die Sophisten mindestens ebenso ein neues, demokratisches Wissens- und Wissenschaftsideal verfochten, tritt dagegen erst recht spät in den Blick der Historiker.

Aufschlussreich scheint mir schließlich, dass im Zusammenhang mit den Sophisten eine Kritik an der Beratung, oder besser: an einer bestimmten Form der Beratung aufkommt, die man ganz ähnlich auch heute noch – oder wieder? – zu hören bekommt: Ich meine die Unterstellung, dass professionelle Beratung zu einer manipulativen, instrumentellen Form der Einflussnahme missbraucht werde, der es am Ende lediglich um den eigenen Profit gehe. Hat dies alles bereits mit den Sophisten und ihren Gegnern begonnen? Adrian Steiner zufolge kann man bereits Sophisten wie Protagoras oder Gorgias „als Vorreiter des kommerziellen Politikberaters von heute" ansehen. „Ein Blick in die zeitgenössische Ratgeberliteratur macht die ungebrochene Aktualität der Sophistik deutlich, ebenso die Parallelen in der Kritik an den Beratern damals wie heute: überrissene Honorare, unethische Grundhaltung, Manipulation etc."[24]

Möglicherweise hängt Platons Ablehnung der Sophisten am Ende aber auch damit zusammen, dass deren Beratungsmodell seinen eigenen Ambitionen sehr erfolgreich Konkurrenz machte. Mehrfach hatte Platon selbst versucht, den Tyrannen von Syrakus zu beraten, allerdings spektakulär erfolglos (was er dem fehlenden ‚inneren Feuer' seines Klienten zuschrieb). Er zog sich daraufhin aus dem aktiven Beratungsgeschäft zurück und gründete eine Akademie, um künftige Staatsmänner, Gesetzgeber und politische Berater auszubilden. „Was auf direktem Weg nicht erreicht werden konnte", so schreibt Thomas Macho über Platons politische und philosophische Ambitionen, „sollte über den Umweg des ‚Trainings' neuer Führungsgenerationen bewirkt werden."[25] Eine namhafte Reihe von Technikern der Macht ist aus seiner Akademie hervorgegangen, deren Netzwerk in der Folgezeit tatsächlich äußerst wirksam Politik gestaltete. Ohnehin hielt Platon nicht viel von der philosophischen Beratung der oftmals recht beratungsresistenten Könige und Despoten. In seinem idealen Staat üben vielmehr die Philosophen selbst die Herrschaft aus, und sie können sich untereinander sehr gut über die Kunst der guten Staatsführung beraten.[26]

Nicht zuletzt spiegeln sich in dem Widerstreit zwischen Platon und den Sophisten aber methodische Unterschiede von weitreichender Bedeutung wider. Thomas Macho bringt sie auf den bereits erwähnten Gegensatz von *charismatischer* und *pragmatischer* Beratung. In seinem Modell steht Platon – wie die durch Rauschmittel begeisterte Priesterin des Orakels – auf der Seite der charismatischen Berater, während die Sophisten – wie die nüchtern kalkulierenden Experten der Orakel*auslegung* – auf der Seite der pragmatischen Berater stehen: „Die charismatischen Ratgeber", so Macho, „überzeugen durch ihre Weisheit und Präsenz, durch ihre suggestive Gewißheit, den richtigen Weg zu kennen; die pragmatischen Ratgeber überzeugen durch ihre Kenntnisse und Erfahrungen."[27] Die Beratungsstile korrespondieren hier am Ende den unterschiedlichen Philosophiestilen, die wiederum stark vom jeweiligen Kontext abhängen: „Ein Philosoph im Vollbesitz der letzten und höchsten Wahrheiten strebt charismatische Beratungsverhältnisse an", so noch einmal Thomas Macho, „ein Sophist auf dem Marktplatz muß dagegen – bei aller rhetorischen Brillanz, die sein Publikum in den Bann schlagen soll – die Pragmatik seiner öffentlich offerierten Ratschläge betonen."[28]

## Wann soll ich es tun? Wissen, das in den Sternen steht

Eine besonders langlebige Form der Zukunftsberatung stellt die Astrologie dar, deren Anfänge ebenfalls weit in die Welt des Altertums zurückreichen. Dabei ist zu beachten, dass *astrologia* in den alten Kulturen stets Astrologie *und* Astronomie umfasste (was wir heute geflissentlich zu unterscheiden trachten): Die Astronomie galt, genau genommen, als Hilfswissenschaft der Astrologie, denn sie berechnete die Planetenkonstellationen, die die

Astrologen dann interpretieren konnten. Erst im 16. Jahrhundert setzte eine rund hundert Jahre dauernde Entwicklung ein, in deren Verlauf sich die Astronomie von der Astrologie abkoppelte. Durch die Werke des Alexandriners Ptolemäus waren bereits in der hellenistischen Epoche die Grundlagen für eine Form der astrologischen Beratung geschaffen worden, die noch für die Horoskope der Frühen Neuzeit Gültigkeit hatte. Die Astrologie ist also ein Phänomen von langer Dauer. Ihr Grundprinzip, wonach ein entscheidender Einfluss der Planetensphären auf den Menschen besteht, war den Menschen seit der Antike hochgradig plausibel. Die Astrologie beanspruchte daher stets den Status einer seriösen Wissenschaft, die selbst im christlich geprägten Mittelalter fortlebte. Über Jahrtausende galt sie daher – anders als die ‚unnatürliche‘, weil nur durch göttliche Inspiration ermöglichte *Prophetie* – als naturwissenschaftliche Grundlage für die Beurteilung von in der Zukunft liegenden Handlungsoptionen und Ereignissen. Entsprechend gut eignet sie sich für die Beratung von Herrschern und anderen Politikern: „Für die Auftraggeber von Horoskopen und astrologischen Berechnungen", so der Historiker Daniel Carlo Pangerl, „nahm die Astrologie die Funktion einer naturwissenschaftlichen Methode der Politikberatung ein."[29]

Ein weiterer Unterschied zwischen Astrologen und Propheten besteht darin, dass es für den Sterndeuter stets ein Danach in derselben Welt gab, wohingegen sich die Prophezeiungen oftmals auf das Weltende und den Anbruch eines neuen Gottesreiches bezogen. Die Astrologie war dabei eng mit der Mathematik und – wichtiger noch – mit der Medizin verbunden. Ein guter Arzt hatte in den alten Kulturen stets auch ein guter Astrologe zu sein, denn schließlich stand jedes Organ des menschlichen Körpers in besonderem Kontakt zu einem der zwölf Tierkreiszeichen. Während also die Prophezeiungen von charismatischen, durch Gott erleuchteten Personen, sogenannten Propheten, ausgingen, galten Astrologen als sehr geerdete Naturwissenschaftler, die nicht selten auch als Mediziner tätig waren.

Im Mittelalter stand die aus der griechischen Antike überlieferte Astrologie gleichwohl in einem gewissen Widerspruch zur christlichen Religion und ihren Dogmen. Schon immer hatte sie gewichtige Gegner gehabt, wie etwa den Römer Cicero, der die Astrologie ausdrücklich in seine (oben skizzierte) Kritik mantischer Verfahren der Zukunftsdeutung einschloss. Auch das christliche Mittelalter hatte seine eigenen Vorstellungen von dem zukünftigen Heil des Menschen, dessen Geschick man allein in Gottes Hand wähnte – und die Wege des Herrn sind bekanntlich unergründlich. Zudem war es für den christlichen Glauben essentiell, dass der Mensch aufgrund seines freien Willens zu Gott findet. Eine in den Sternen bereits feststehende und daher lediglich abzulesende Zukunft, wie sie die astrologische Beratung suggeriert, passt also nicht wirklich zum Christentum. Und doch war ihre Wirkmacht so stark, dass die Astrologie sich auch im christlichen Zeitalter behaupten konnte. Allerdings war jeder Sterndeuter nun gehalten, in seiner Arbeit überzeugend darzulegen, dass diese nicht im Widerspruch zur christlichen Lehre der Willensfreiheit stand. Eine fortan beliebte Lösung für dieses Problem hatte bereits Ptolemäus geliefert, auf die nun immer wieder zurückgegriffen wurde (so auch von dem berühmten Astrologen Johannes Lichtenberger, den wir gleich noch ausführlicher hören werden): „Der Weise herrscht über die Sterne, denn diese neigen nur und nötigen nicht, daher können ihre Einflüße durch vernünftigen Ratschluß verhütet oder gemildert werden."[30]

Auf diese Weise konnten sich kirchliche Dogmatiker und sternenkundige Wissenschaftler über Jahrhunderte arrangieren: Nicht nur Kaisern und Königen, sondern sogar den Päpsten stand in aller Regel ein „astropolitischer Berater"[31] zur Seite, den sie vor wichtigen Entscheidungen konsultierten. Denn mit den zukünftigen Ereignissen, so schrieb Aristoteles in einem Ratgeberbuch an Alexander den Großen (das allerdings nicht wirklich von Aristoteles geschrieben war), könne man deutlich besser umgehen, wenn man über sie bereits vorher Bescheid wisse.[32] So floss der Rat der Astrologen in die politische Meinungsbildung ein, ohne sie jedoch eindimensional zu bestimmen. Die skizzierte Kompromissformel, wonach die Sterne „zwar neigen, aber nicht nötigen", sorgte dafür, dass astrologische Daten als

Grundlage für einen Beratungsprozess mit offenem Ausgang dienten, nicht aber – und dies scheint mir wichtig – als alternativlose Kundgabe einer schon feststehenden Zukunft.

Einen bedeutenden Aufschwung nahm die Astrologie dann zwischen dem 15. und 17. Jahrhundert. Es war nun regelrecht in Mode gekommen, dass sich weltliche Herrscher, aber auch Kardinäle und Päpste Hofastrologen hielten, um sich astrologisch beraten zu lassen. In dieser Zeit hatten die kirchlichen Prophezeiungen eines anbrechenden Gottesreiches schon stark an Überzeugungskraft verloren; man hielt sich lieber an ‚wissenschaftliche‘ Verfahren der Zukunftsdeutung. Dazu trugen Säkularisierungstendenzen innerhalb der protestantischen wie auch der katholischen Kirche bei. Dennoch konnten die neuen Wissenschaften mit ihren nachprüfbaren Methoden und vermeintlich genaueren Prognosen die durch den Wegfall der religiösen Prophezeiungen entstandene Lücke noch nicht füllen. Damit war eine günstige Situation für die Astrologie entstanden: Quer durch alle Bevölkerungsschichten vertrauten die Menschen nun ungehemmt in die Macht und das Wissen der Sterne. Dementsprechend nimmt die Zahl astrologischer Bücher und Schriften seit dem 15. Jahrhundert, auch durch die neue Medientechnologie des Buchdrucks, sprunghaft zu. So wurden beispielsweise seit 1470 jährliche „Vorherverkündigungen" gedruckt, die für fast jeden Tag des anbrechenden Jahres das Wetter, aber auch den Stand der Ernten sowie politische Ereignisse prognostizierten.[33]

Besonders an den Höfen der Mächtigen tummelten sich nun die Astrologen. Kein europäischer König konnte und wollte mehr auf diese angesagte Form der Beratung verzichten. Dass sich astrologische Vorhersagen auch im Volk großer Beliebtheit erfreuten, führte um die Mitte des 16. Jahrhunderts dazu, dass die Mächtigen – wie schon die alten Römer – versuchten, das Wissen über die Zukunft zu monopolisieren. In Frankreich wie in den Niederlanden wurde es von den Obrigkeiten verboten, in volkstümlichen Almanachen etwa politische Ereignisse vorherzusagen und dies entsprechend abzudrucken. Die Herrschenden hatten offenkundig große Angst vor den unabsehbaren Folgen von politischen Vorhersagen, die sie nicht selbst in Auftrag gegeben hatten.

## Der Astrologe Johannes Lichtenberger

Einer der bekannteren astropolitischen Berater des späten Mittelalters war Johannes Lichtenberger, dessen Wirken ich hier kurz beleuchten will. Als er im Jahr 1503 starb, hatte er eine ganze Reihe astrologischer Schriften für verschiedene Fürsten seiner Zeit verfasst; seine Schüler bezeichneten ihn als „den Ptolemäus seiner Zeit, als ein Wunder der Natur, als den Gelehrtesten in der natürlichen Mathematik".[34] Offenbar schaffte er es sogar, zeitweise bis zum Hofastrologen Kaiser Friedrichs III. aufzusteigen: Jedenfalls nennt er sich selbst in einer seiner Schriften voller Stolz *astrorum iudex sacri imperii*, „Sternendeuter des Heiligen Reiches". Weiter rühmt er sich, dem Kaiser und mehreren seiner Fürsten in den Jahren 1473 und 1474 gleich zu zwei Gelegenheiten schriftlich abgefasste astrologische Prognosen überreicht zu haben. Ob dies der Wahrheit entspricht und ob er den genannten Titel auch offiziell trug, bleibt unter Historikern umstritten.[35] Lichtenberger erstellte Horoskope, prognostizierte politische Ereignisse und verfasste größere Schriften wie die 1488 erschienene *Pronosticatio in latino*, in der er das heilsgeschichtliche Denken des Mittelalters mit seinen Prophezeiungen durch Ereignisse der Sternenwelt bis auf das Jahr 1576 zeitlich präzisierte. Konkreter Anlass dazu war eine besondere Konstellation Jupiters mit Saturn im November 1484. Der Saturn ist in der antiken und mittelalterlichen Astrologie für seine schädlichen Einflüsse besonders gefürchtet. Unter seinem Einfluss stehen die an Melancholie Erkrankten, wie man damals meinte, aber spezifische Konstellationen können auch politische Ereignisse beeinflussen. So beschloss Lichtenberger, das entsprechende Zeitfenster in einem astrologischen Gutachten eingehend zu analysieren und daraus weiterführende Ratschläge für die Herrschenden abzuleiten.

Dahinter stand eine wachsende Angst vor der Zukunft, die Lichtenberger mit seinen Zeitgenossen an der Wende vom 15. zum 16. Jahrhundert teilte. Nicht nur war im Lauf des 15. Jahrhunderts immer wieder die Pest ausgebrochen – mit all ihren verheerenden Folgen. Auch haben runde Jahreszahlen im 500er- oder 1000er-Bereich von jeher die wildesten Weltuntergangsphantasien befeuert: Prophezeiungen vom Auftauchen des Antichrist und dem Ende der Geschichte rückten also auch kurz vor dem Jahr 1500 wieder ins öffentliche Bewusstsein. Doch auch die sehr reale Bedrohung des Heiligen Römischen Reiches durch die Eroberungszüge der Türken trugen das ihre zu dieser grassierenden Zukunftsangst im ausgehenden 15. Jahrhundert bei.

Den verschiedensten Prophezeiungen ihre geschichtliche Stunde zuzuweisen und sie terminlich zu präzisieren, ist eine der Triebfedern für Johannes Lichtenbergers Handeln. Mit diesem Ansinnen und den Schriften, die daraus entstehen, wird er sogar noch Einfluss auf den Kirchenreformer Martin Luther haben. Auch der berühmte Mediziner Paracelsus zeigt sich von Lichtenberger beeinflusst. Aber selbst im 18. Jahrhundert gab es noch Menschen, die sich mit seinen Prognosen auseinandersetzten; die Familie des berühmten Mathematikers und Aphoristikers Georg Christoph Lichtenberg reklamierte Johannes sogar stolz als einen ihrer Ahnen.

Meist zielte die astrologische Politikberatung in jener Zeit darauf ab, den richtigen Zeitpunkt für eine Handlung zu ermitteln – sei es eine Eheschließung oder eine kriegerische Belagerung. Die Entscheidung über die Tat stand im Grunde schon fest, nur der richtige Zeitpunkt wurde noch gesucht. Die Kernfrage der astrologischen Beratung lautet daher nicht *was soll ich tun*, sondern *wann soll ich es tun?* Ein Beispiel: Als der Habsburger Friedrich III., der am längsten regierende Kaiser des Heiligen Römischen Reiches, zur Hochzeit mit Eleonore von Portugal schritt, ließ er zunächst ein Horoskop seiner Zukünftigen erstellen. Daraus ging auch ein idealer Zeitpunkt für die Eheschließung hervor, nämlich der Tag, an dem eine bestimmte, enge Verbindung von Venus und Sonne gegeben war. Da die Venus als Planet der Liebe galt und auch der Sonne positive Kräfte zugesprochen wurden, schien ein perfekter Moment für die Eheschließung gefunden – der aber leider nur alle 9,6 Monate eintritt. Der Hochzeitstag wurde entsprechend geplant, doch aufgrund von Verzögerungen bei der Anreise Eleonores lässt er sich nicht halten: Nach Unwettern und Piratenüberfällen trifft sie erst so spät ein, dass der Termin längst verstrichen ist. Dennoch hält man an der Verheiratung fest, doch der sternengläubige Kaiser verweigert zunächst den Vollzug der Ehe. Erst sein Beraterstab kann ihn davon überzeugen, aus Rücksicht auf die Staatsräson endlich Normalität einkehren zu lassen (und die Ehe zu vollziehen). Offenbar hatte der Kaiser vorgehabt, mit dem ‚Gültigwerden‘ der Ehe bis zur nächsten errechneten Konjunktion von Sonne und Venus zu warten.[36]

Doch kehren wir noch einmal zu Johannes Lichtenberger zurück, der sich neben seinen weltgeschichtlichen Erörterungen auch mit ganz alltagspraktischen Fragen befasste. Und das ist vielleicht einer der Hauptunterschiede zu unserem heutigen Umgang mit der Astrologie (abgesehen davon, dass sie mittlerweile ihren Ruf als seriöse Wissenschaft eingebüßt hat und vielen eher als esoterische Kunst gilt): Während wir uns, sofern wir das nötige Vertrauen in diese Form der Beratung haben, ein komplettes Horoskop erstellen lassen, ging man in der Frühen Neuzeit oft mit ganz konkreten Fragen zum Astrologen. Allerdings kehren auch solche Formen der themenbezogenen astrologischen Beratung heute wieder, etwa in Internet-Portalen oder in den Sendungen des *Astro-TV*, wo Zuschauer mit ihren Fragen anrufen und auf fachkundige Beantwortung hoffen können.

Johannes Lichtenberger stellte zu seiner Zeit gar eine Liste solcher Standardfragen zusammen, zu denen der astrologische Berater seinen Klienten dann konstellationsbedingte Antworten geben konnte. Diese Fragen an den astrologischen Berater unterscheiden sich gar nicht so sehr von denen, die die Griechen rund zwei Jahrtausende früher an ihre Orakel herangetragen hatten. Es sind Fragen aus dem ganz gewöhnlichen Leben der Leute:

*Ob dir das gut wird das du hoffest zu behalden*

*Ob Heusser oder Erbschaft dir werde oder nicht*

*Ob du Schaden nimbst oder wavon dir gutes kompt*

*Wie es umb dein oder seine Schwester oder Bruder stunde*

*Wie es dem Kauffmann gang underwegenn*

*Ob dein Weib auch Kinder hatt oder nicht*

*Ob sie einen Knaben oder Tochter tragt*

*Ob sie eines oder zwei Kinder trag*

*Zu wen der Briff sey geschick worden*

*Ob der Kranck sterb oder genese*

*Ob der Arzt den siechen heil … oder nicht*

*Was todes der mensch stirbt*

*Ob dein frau oder pul dich lieb habe oder einen andern neben dir*

*Ob das Kindt ein banchert* [Bastard] *oder elich geporn sey*

*Ob die das Geld von deinen schuldnern werde*

*Welcher dinst dir nutzt*

*Ob sich zwei Eheleut bal werden vertragen*

*Ob sie ein Jungfrau sei die du nemen wilt*

*Ob die lieb gannsz sei zwischen zweien*

*Ob der Dibstal wird gefunden werden*

*Wer der Dieb sei*

*Ob der Dibstal noch im haus sei und wo*

*Ob der in Krieg zeugt gesont wider kom*

*Wercher dem andern ob lig im krieg*

*Wo der fluchtig sey*

*Ob er im pesser sei das wider kom oder nicht*

*Ein weib fruchtbar zu machen*

*Ob ein verlorn Ross oder ander vich wider kom*

*Ob der furst so ausgetriben wider komme*

*Wo der herr hin vil so er aussgeritten ist*

*Ob das Weib oder Man erstlich sterb*

*Welche gehend die aller nutzlichest zu wannen oder handeln*
*Ob die potschaft war oder erlogen ist*
*Ob du Danck verdinest in dem ampt oder dinst so du animbst*
*Ob der Richter dir recht richte oder nicht*
*Ob din wittib ein ander man neme*
*Ob die jungfrau geschwecht*
*Was dir im schlaff traum*
*Wiltu mit grossen herrn reden*
*Zu handeln mit künigen*
*Zu handeln mit geistlichen*
*Zu handeln mit Jungkfrauen*
*zu handeln mit Kauffleuten.*[37]

Da Lichtenberger zu jeder dieser Fragen eine Reihe schematischer Antworten gleich mitlieferte, die je nach Sternenkonstellation entsprechend auszuwählen waren, eignete sich sein Handzettel auch hervorragend als Instrument zur astrologischen Selbstberatung.

Im 17. Jahrhundert stieg noch einmal das Bedürfnis in der Bevölkerung nach astrologischen Konsultationen, und dies betraf alle sozialen Schichten und ließ keine Länder oder Religionen aus.[38] Die astrologische Beratung entwickelte sich nun zu einem regelrechten Gesellschaftsphänomen, bei dem man nicht sehr wählerisch zu sein schien. Wahrsagerinnen und fahrende Leute, die aus der Hand lesen konnten und ihren Klienten dabei buchstäblich das Geld aus der Tasche zogen, wurden nun geradezu überrannt. Einige Zahlen mögen dies verdeutlichen: In London waren im 17. Jahrhundert rund 200 Astrologen namentlich bekannt, die zum Teil bis zu 40 Klienten täglich versorgten; einige Hundert boten ihre Dienste in der Provinz an. In Paris hatten sich um 1660 rund 400 Astrologen niedergelassen. Damit kam ungefähr ein Astrologe auf 100 Einwohner. Die Preise einer astrologischen Konsultation waren unterschiedlich und richteten sich nach der sozialen Stellung des Klienten, der Komplexität oder Schwierigkeit der gestellten

Frage sowie nach dem Renommee des Astro-Beraters. Die meisten dieser Astrologen kamen damit gerade so über die Runden, aber einige schafften es auch zu einem gewissen Reichtum.

Die Fragen, die die Ratsuchenden in England und Frankreich an die Astrologen richteten, ähneln in ihrer Vielfalt denen, die Johannes Lichtenberger zusammengestellt hat. Mal geht es um verschwundene Dinge oder Personen, mal fragen Geschäftsleute nach der zukünftigen Marktentwicklung und Rentabilität ihrer Investitionen. Daneben möchten Prozessbeteiligte oft den Ausgang des Verfahrens vorab erfahren; potentielle Erben erfragen den Todestag ihrer möglichen Erblasser; Frauen wollen wissen, ob sie schwanger sind und wie ihre Schwangerschaft verlaufen wird; und immer wieder fragen junge Leute nach ihrem zukünftigen Ehepartner. Aber natürlich sind auch politische Themen prominent: Wer wird den Krieg gewinnen; wird mein Sohn heil zurückkommen; wird diese oder jene belagerte Stadt fallen usf.

Die Funktion der Astro-Berater ist also grundsätzlich der des Orakels ähnlich. Entscheidend ist nicht, dass hier auf belastbare Weise Wahres über die Zukunft gesprochen würde. Wichtig ist vielmehr der psychologische Aspekt, dass die Menschen sich mit ihren Zukunftssorgen vertrauensvoll einer anderen Person zuwenden können (und von dieser wiederum Zuwendung erhalten). „Der Klient kommt vor allem deshalb", so schreibt der Historiker Georges Minois, „um sich jemandem anzuvertrauen und wieder Mut zu fassen."[39] Es geht mit anderen Worten darum, Handlungsfähigkeit zurückzuerlangen, sich wieder als Handelnder zu verstehen und seine Optionen kennenzulernen – nicht viel anders als in heutigen Beratungskontexten. Und dazu bedarf es in der Hauptsache einer tragfähigen Sinnkonstruktion, die das Zufällige und Willkürliche, die Kontingenz also, drosselt und in einen großen, zielgerichteten Gesamtzusammenhang einordnet. Dieser Bedarf scheint durch astrologische Konsultationen ebenso gedeckt zu werden wie durch Orakelbefragungen. Insbesondere charismatische Berater leisten hier gute Dienste, weil sie durch eine besondere Gabe im Kontakt mit eben den Mächten stehen, die für diesen großen Gesamtzusammenhang zuständig sind.

Die Rolle des astrologischen Beraters lässt sich daher auch mit der eines Priesters oder Beichtvaters vergleichen. Der Priester war ja im Zeitalter der Religionen ebenfalls zu einer wichtigen Beratungsinstitution in Zukunftsangelegenheiten geworden, der zwischen den Geboten Gottes und dem Rat der Menschen zu vermitteln hatte. In gewisser Weise vereinte er die Doppelrolle, die in der Antike die (charismatischen) Orakel *und* die (pragmatischen) Philosophen innehatten, in einer Person. Als Experte für die jenseitigen Angelegenheiten, zumal da er von Gott selbst eingesetzt war, schrieb man dem Priester einerseits besondere Kenntnisse über das göttliche Wort und das ewige Leben zu. Andererseits stand er aber auch zur Verfügung, wenn es um die kniffligen Fragen des ganz irdischen Lebens und Sterbens ging. Als Repräsentanten der Kirche oder einer anderen religiösen Organisation, die Orientierung in den wichtigen Fragen des Lebens bietet, waren und sind die Priester wichtige Akteure einer Geschichte der Beratung – und dies nicht nur in seelsorgerischer Hinsicht.

Schon früh übten beispielsweise geistliche Beichtväter auch politischen Einfluss aus. Seit dem ausgehenden 14. Jahrhundert kann man beobachten, wie sie mehr und mehr auch als politische Berater im Umfeld der europäischen Staatsmänner auftauchten. Seit dem 16. Jahrhundert rekrutierten weltliche wie geistliche Mächtige ihre Beichtväter insbesondere aus dem Orden der Jesuiten. Gerade im 30-jährigen Krieg wuchs der Einfluss der Jesuitenpatres auf die Fürsten beträchtlich. Über ein Beispiel sind wir gut informiert, weil Bartholomäus Richel, späterer Vizekanzler und Gemeiner Hofrat beim Kurfürsten von Bayern, darüber in mehreren Notizheften akribisch Buch führte: Im Jahr 1623 holt Maximilian, der damalige Kurfürst von Bayern, den Jesuitenpater Adam Contzen als Hofbeichtvater und ganz offensichtlich auch als engen politischen Berater nach München. Der radikale Katholik Contzen hat sich zuvor durch seine gegenreformatorischen Publikationen einen Namen gemacht und ist fortan mitverantwortlich für die kompromisslose Haltung Maximilians in Religionsfragen. „Item mit P. Contzen zu reden und ihr Durchlaucht hernach zu referieren", notiert der Geheime Rat Richel im November 1625.[40] Der Weg von der seelsorgerischen zur politischen Beratung war eben nicht weit, zumal in den Zeiten konfessioneller Kriege, und obwohl die Beichtväter ursprünglich einmal angewiesen waren, sich nicht in politische Dinge hineinziehen zu lassen, steckten sie bald mittendrin. Bisweilen saßen sie sogar mit im Geheimen Rat des Fürsten. Ihre (protestantischen) Gegner warfen ihnen folglich nicht ohne Grund vor, das Amt des Beichtvaters bewusst für politischen ‚Lobbyismus' zu missbrauchen. Doch dies zeigt lediglich, wie eng seelsorgerische und politische Beratung in der Frühen Neuzeit an den Höfen der Herrschenden immer schon miteinander verwoben waren.

Doch jenseits seiner Ausflüge in die Politik vermittelt der Beichtvater ebenso wie der Orakelspruch oder der Astrologe dem Ratsuchenden ein Grundgefühl des Aufgehobenseins in einer umfassenden Ordnung. Dies scheint mir der vielleicht wichtigste Grundzug jener manchmal rätselhaften, immer aber tröstlichen Formen der Zukunftsschau zu sein: Sie versichern den Ratsuchenden darin, dass er Teil eines sinnhaften kosmischen Geschehens ist. Alle drei Beratertypen, der Priester, der Astrologe und das Orakel, zeigen dem Menschen, der sie aufsucht, dass er mit seinen Sorgen in gütigen Händen ist: dass sein Schicksal, so Georges Minois, „nicht dem Zufall unterliegt, daß am Himmel Gott und die Sterne über ihn wachen, daß, wenn er Fehler begangen hat, ersterer sie vergibt und letztere sie erklären, und daß schließlich seine Zukunft zwar vorausgesehen ist, es ihm jedoch freisteht, sie zu akzeptieren oder zu verändern, kurz: daß er nicht allein ist, daß er eine Rolle zu spielen hat, daß er wichtig ist, daß er eine Person ist."[41]

# Kapitel 3

# *Consilium* und *Consensus*
## Die Suche nach dem einvernehmlichen Ratschluss im Mittelalter

Wenn ich nun einen großen Schritt von der Antike ins europäische Mittelalter mache, dann gilt es zu beachten, dass mit dem Untergang des römischen Reiches auch beträchtliche Teile der antiken (Beratungs-)Kultur verloren gehen: Das gilt für politische Einrichtungen wie die griechische Polis oder den römischen Senat ebenso wie für Orakel oder Eingeweidebeschauer. Keineswegs aber verschwindet das Bedürfnis, sich zu beraten und beraten zu lassen. Im Gegenteil: Das Christentum, das nun mehr und mehr an Bedeutung gewinnt, errichtet mit seinen Missionaren, Priestern und Gelehrten ein eigenes Netz von ‚Beratungsagenturen‘, die über das ganze Land verteilt sind. Sie verfolgen einen neuen Beratungsansatz, der das irdische Leben lediglich als ein Durchgangsstadium ansieht und stattdessen auf das Heil der Menschen im Jenseits gerichtet ist. Aber auch die schriftlos lebenden germanischen Volksstämme, die im Zuge der Völkerwanderung nach Mitteleuropa gekommen sind, beratschlagen sich regelmäßig in mehr oder weniger großen Versammlungen.

Der römische Historiker Tacitus berichtet in seiner *Germania* detailliert von solchen, regelmäßig stattfindenden Ratsversammlungen: Besonders scheint ihn dabei zu faszinieren, dass die Germanen ihre Beratungen meist aus einem festlichen Gelage hervorgehen ließen. Im Anschluss an Feste und Feiern habe man Streitigkeiten beigelegt, über die Versöhnung mit

Feinden oder das Knüpfen verwandtschaftlicher Beziehungen beraten. Was aber spricht für eine solche Art von Beratung in festlicher Stimmung und unter dem Einfluss eines vergorenen Getränks aus Gerste oder Weizen? Der römische Beobachter hat eine verblüffende Erklärung für das Verhalten der Germanen parat: Zu keiner anderen Zeit sei die Seele dieses einfachen Volkes ehrlichen wie bedeutenden Gedanken aufgeschlossener als in der fröhlichen Feier!

Es ist schon erstaunlich, dass der Historiker das Beraten unter Alkoholeinfluss lobt. Doch der Hintergrund ist durchaus ein ernster, denn worauf Tacitus hinaus will, ist, dass die Germanen zu einer Gelegenheit beratschlagen, bei der sie sich nicht verstellen können. Der Einsatz des Rauschmittels Bier dient also nicht dazu, wie im Fall der Pythia des Orakels, eine Beraterin oder einen Berater in einen ‚begeisterten‘ Zustand zu versetzen (in dem allein er oder sie dann das Gotteswort empfangen kann). Die Germanen beraten sich vielmehr aus einem ganz pragmatischen Grund beim Bier: weil dann alle ehrlich ihre Meinung sagen. „Dies Volk, das weder verschlagen noch durchtrieben ist“, so Tacitus weiter, „erschließt eben noch seine geheimsten Gefühle in ausgelassener Heiterkeit; so tritt die Gesinnung bei allen unverhüllt und offen ans Licht.“[1]

Dieser kuriosen Anekdote zum Trotz haben die Mittelalterwissenschaften die herausragende Bedeutung der Beratung allenfalls in Ansätzen herausgearbeitet. Das ist erstaunlich, weil man das Erstarken mündlicher Umgangsformen in jener Zeit seit einigen Jahren durchaus wahrnimmt – und dazu gehört auch das Raten und Beraten: „Die mündliche Beratung hat in so vielen Bereichen des mittelalterlichen Lebens eine Zentralfunktion“, so schreibt der Historiker Gerd Althoff, „daß es eigentlich verwundert, warum sie nicht zu den vorrangigen Themen mediävistischer Forschung gehört.“[2] Im Mittelpunkt stehen dabei meist die Ratsversammlungen, in denen eine Gemeinschaft, sei es der Hof eines Königs oder Herzogs, ein germanischer Volksstamm oder eine Stadtgemeinde, ihre eigenen Anliegen berät. An ihrem Beispiel möchte ich in diesem Kapitel die zweite große

Grundform der Beratung einführen, die neben die *transitive* Konstellation von Ratgeber und Ratsuchendem, Beratendem und Beratenem tritt: die *reflexive* Beratung oder die gemeinsame Beratschlagung der Vielen. Man könnte meinen, dass es sich dabei in gewisser Weise um die Selbstberatung einer sozialen Gemeinschaft handelt,[3] doch dient dieses kollektive Mit-sich-zu-Rate-Gehen einer Gruppe oder Gesellschaft im Mittelalter noch kaum dazu, eigene Beschlüsse zu fassen. Dies wird erst in den Volksversammlungen und Parlamenten der Neuzeit geschehen, die ich später behandeln werde. Die mittelalterlichen Ratsversammlungen bleiben dagegen dem Herrscher untergeordnet und auf den Herrscher bezogen, den sie zu beraten haben. Insofern wohnt ihnen noch immer ein transitives Moment inne. Und bei dieser mittelalterlichen Form der Beratung, so werden wir gleich sehen, spielt das Konsensprinzip eine wichtige Rolle: Man legte großen Wert darauf, Einigkeit zu erzielen – oder wenigstens der Öffentlichkeit einen solchen Eindruck zu vermitteln.

## Der Hof tagt: Beratung und Herrschaft im Mittelalter

In der mittelalterlichen Verfassungswirklichkeit ist das Raten und Beraten an zentraler Stelle verankert: Die bekannte Formel des *consilium et auxilium* („Rat und Hilfe") bezeichnet dort ein System gegenseitiger beratender und militärischer Hilfeleistung zwischen dem Herrn und seinen Vasallen. So hatten die hohen Adeligen, die Herzöge, Grafen und andere dem König nicht nur Kriegsdienst zu leisten, sondern ihn vor wichtigen Entscheidungen auch zu beraten. Dieser Dienst war verpflichtend: Die Beratung galt als notwendige Rechtshandlung. Der Herrscher konnte seine Großen bei Handlungsbedarf also einerseits verbindlich einbestellen, doch andererseits durfte er ihre Ratschläge, in die sich immer auch deren eigene politische Interessen mischten, nicht ignorieren. Es handelt sich also in zweifacher Weise um eine Art von ‚Zwangsberatung': Die Vasallen mussten ihren Herrn beraten, und er musste sich von ihnen beraten lassen. So jedenfalls lautete die Theorie.

Das bindende Prinzip, aber auch die politische Instrumentalisierung des *consilium* lassen sich sehr schön an einem Beispiel aus der Literatur verdeutlichen: Im Tristanroman Gottfrieds von Straßburg (um 1210) drängen die Barone des Landes ihren König Marke von England und Cornwall dazu, endlich eine Frau zu nehmen. Zu diesem Zweck solle er seinen Neffen Tristan im verfeindeten Irland um die schöne Königstochter Isolde werben lassen. Mit diesem vermeintlich wohlwollenden Ratschluss wollen die Barone in Wahrheit Tristan, den Günstling und Erben Markes, loswerden, denn es rechnet niemand ernsthaft damit, dass er heil von der Reise ins Feindesland zurückkehren würde: Es handelt sich um ein Himmelfahrtskommando. Doch obwohl das Manöver leicht zu durchschauen ist, beugt sich der König nach anfänglichem Widerstand schweren Herzens dem Ratschluss seiner Barone – auch weil Tristan sich seines Lebens angesichts der feindseligen Widersacher selbst im heimischen Cornwall nicht mehr sicher fühlt. Das einzige, was der König – wiederum nach eingehender Beratung mit seinem Neffen – herausschlagen kann, ist, dass die Barone Tristan auf der lebensgefährlichen Reise begleiten müssen (womit er durchaus elegant für ihren üblen Rat Rache nimmt).[4]

Das unmittelbar an der Instanz des Herrschers, also im Zentrum der Machtausübung ansetzende Beratungssystem des *consilium et auxilium* hat seit der Karolingerzeit Bestand und bildet durch das gesamte Mittelalter einen Grundpfeiler der Feudalgesellschaft. Schauen wir zurück in die Antike, dann können wir erkennen, welche Neuerung sich hier festsetzt: Der Gesetzgebung der spätrömischen Kaiserzeit war ein solches, auf Konsens ausgerichtetes Beratungssystem fremd. Überhaupt hatte der Senat im Laufe der Zeit als Beratungsgremium immer mehr an Bedeutung verloren; seine Beratungen besaßen am Ende wohl kaum mehr als rhetorischen Wert. Demgegenüber tauchen bereits in der Merowingerzeit des frühen Mittelalters zunehmend *consensus*- und *consilium*-Formeln in den schriftlich überlieferten Urkunden und Dokumenten auf. Für die neue politische Ordnung schien es wichtig zu sein, dass die Herren und Holden, der König und seine Adligen auch über sehr große räumliche Abstände hinweg in einem Beratungsprozess miteinander verbunden waren, in dem sie sich in regelmäßigen Abständen ihrer Treue und Einigkeit vergewissern konnten. Den besonderen Ort und Anlass für eine solche Beratung bildete der Hoftag, das *colloquium* (auch als *placitum, conventus, consilium* oder *curia* bezeichnet), aus dem sich im Übergang zur Neuzeit später der Reichstag und schließlich auch so eine Institution wie der Bundestag entwickelte.

Für den Hoftag, den der König einberief, gab es keine vorgegebenen Termine und auch keinen festen Turnus. Von Ludwig dem Frommen, Sohn und Nachfolger Karls des Großen, ist bekannt, dass er ein- bis dreimal im Jahr Hoftage einberief, je nach der Anzahl der anliegenden Konflikte, die zu lösen waren. Bei Kaiser Friedrich Barbarossa, also rund 300 Jahre später, sollen es etwa fünf Hoftage pro Jahr gewesen sein. Im späten Mittelalter, als die Beratung mehr und mehr auf spezialisierte Funktionseliten überging, fanden Hoftage dann deutlich seltener statt. Bei den Beratungen der Hoftage ging es um Themen wie Gesetze (die sog. Kapitularien), Friedensverträge, Treue-Eide, aber auch um die Rechtsprechung durch den obersten Richter, der der König zugleich war. Idealtypisch lief das *colloquium* wie folgt ab: Zuerst wurde der zur Entscheidung anstehende Sachverhalt dargelegt, dann gaben die Ratgeber ihre Voten ab; zum Schluss fällte der König seine Entscheidung.[5]

Im Mittelalter konnte der Hoftag, solange es keine feste Residenz des Königs gab und dieser seine Herrschaft als Reiseherrschaft ausübte, an verschiedenen Orten stattfinden. So hielt Ludwig der Fromme beispielsweise Hoftage in Aachen, Diedenhofen, Ingelheim und Attigny ab. Daraus resultiert auch die Besonderheit des mittelalterlichen *consilium*, dass es zunächst – zumindest in der Theorie – kaum einen festen oder gar professionellen Beraterkreis um den König gab. Vielmehr wurde dieser von den Adligen beraten, die er vor Ort antraf und die sich dorthin einbestellen ließen. Jedenfalls war dies die Form der Beratung, die die Beteiligten öffentlich ausstellten; intern und hinter verschlossenen Türen hatte der

Herrscher sehr wohl seine Vertrauten, die ihm ständig zu Rate waren. Wer zum Rat einberufen wurde, konnte aber auch vom Thema oder der konkreten politischen Konstellation abhängen.

Im Zusammenhang einer derartigen, reflexiven Form der Beratung scheint auch der Begriff des ‚Ratschlags' seinen Ursprung zu haben, allerdings schon weit vor dem hohen Mittelalter. Dem althochdeutschen Verb *ratslagon* (im Sinne von ‚erraten, vermuten') liegt wohl eine mobile Form der Beratung zugrunde, die gewissermaßen das Vorgängermodell der Rathäuser, Konzile und Parlamente darstellt. Solange der Herrscher mit seinen Leuten noch durch Land zieht und keine feste Residenz hat, benötigt man Beratungsstätten, die man an jedem beliebigen Ort und zu jeder Zeit auf*schlagen* kann. So bedeutet der ‚Ratschlag' ursprünglich jene (der eigentlichen Beratung vorausgehende) Tätigkeit, „den Kreis für die Beratung abgrenzen"[6] – und noch nicht, wie heute, den konkreten Vorschlag, dieses oder das zu tun (oder zu lassen). Mit diesem Kreis, den man beispielsweise in den Boden zeichnen kann, wird das Areal markiert, in dem die Beratschlagung stattfinden soll.

Die Hoftage der deutschen Könige spiegeln diese ursprüngliche Beweglichkeit und Veränderbarkeit der Beratungssituationen noch im Mittelalter wider (wenngleich dort wohl keine Kreise mehr in den Sand gezeichnet werden). Die Einladungen ergingen meist einige Wochen vor dem Ereignis. Oft blieben diejenigen, denen der Weg zu weit war (und die mächtig genug waren, es sich leisten zu können), dem Hoftag fern. Es wurde dann in der Regel eine Geldstrafe verhängt, deren Eintreibung indes wiederum eine Frage der realen Machtverhältnisse war. Dass die Hoftage auch hier noch Formen festlicher Zusammenkunft waren, unterstreicht den alten Zusammenhang von Beratung und Gelage, den schon Tacitus bei den Germanen beobachtet hatte. Die festliche Zusammenkunft, das Essen und Feiern, nutzten die Mächtigen zur vertraulichen Beratung wichtiger politischer oder rechtlicher Themen. In veränderter Form kennen wir diesen Zusammenhang noch heute: Die Leibesfülle, die der einstige Marathonläufer

Joschka Fischer in seinem Amt als Außenminister plötzlich an den Tag legte, schrieb er seinem Amt und den vielen Arbeitssessen zu, an denen er mit seinen Amtskollegen teilnehmen musste.

Auf den mittelalterlichen Hoftagen, die bisweilen auch in Kirchen oder auf Festwiesen improvisiert werden konnten, standen die offiziellen Beratungsakte meist am Schluss der Veranstaltung, so dass man sich auf den vorausgehenden Festen, Feiern und Ritterspielen schon einmal miteinander vertraut machen und informelle Vorabsprachen treffen konnte. Zuerst sprachen dann die jeweiligen Berater der unterschiedlichen Parteien miteinander und bemühten sich, die heiklen Fragen bereits vom Tisch zu räumen, damit es in der nachfolgenden öffentlichen Beratung keinen Anlass für spontane Streitigkeiten mehr gab. Doch man nutzte auch andere Gelegenheiten zum mehr oder weniger vertraulichen Beratungsgespräch: Wie schon Karl der Große soll auch der ostfränkische König Ludwig der Fromme neben seinen Söhnen sowohl die Vornehmen als auch seine Freunde, nicht selten sogar sein Gefolge und seine Leibwächter zum gemeinsamen Baden eingeladen haben. Der Kunsthistoriker Horst Bredekamp hat gezeigt, wie sich Herrscher von Kaiser Karl bis zu Mussolini oder Mao Tse-tung immer wieder als große „Vorschwimmer" inszenierten. Im Mittelalter diente dies wohl vor allem dazu, sich in die Tradition der großen Kaiser der Antike zu stellen, indem man an die römische Schwimmkultur anknüpfte. Daneben aber zeigte sich der schwimmende Souverän auch als Beherrscher des Elementes Wasser. Beim herrschaftlichen Schwimmen kann es um demonstrative Massenveranstaltungen ebenso gehen wie um intime Beratungen.[7]

Wir können dies noch in der jüngeren Geschichte beobachten: Von John F. Kennedy, dem bislang jüngsten aller amerikanischen Präsidenten, ist bekannt, dass er sich mit seinem engen Berater Dave Powers gern in den Swimmingpool des Weißen Hauses zum vertraulichen Austausch zurückgezogen habe. Man musste dann nur beim Brustschwimmen bleiben, damit die verbale Konversation bequem weitergeführt werden konnte. Überhaupt lebten die Herrscher und ihre Ratgeber oft auf engem Raum miteinander.

Ein berühmter „Live-in-Adviser" war Harry Hopkins, über Jahre hinweg eine Art personifiziertes *sounding board* für Präsident Roosevelt: Er kam zum Dinner ins Weiße Haus (am 10. Mai 1940) und blieb dreieinhalb Jahre, schreibt Herbert Goldhamer.[8] Der englische Premierminister Winston Churchill brachte seine Berater in der Downing Street Nr. 11 unter, so dass sie nur eine Tür von der Downing Street Nr. 10 trennte.[9] Freilich stieß das Ratgeben an intimen Orten des privaten Lebens auch an seine Grenzen. Von Kennedys Schatzkanzler C. Douglas Dillon hört man, er habe den Dienst unter dem neuen Präsidenten Lyndon B. Johnson quittiert, weil dieser darauf bestanden habe, Konsultationen auch in Badezimmern abzuhalten, und zwar, wie der Kennedy-Biograph Robert Dallek leicht angewidert notiert, „while Johnson performed a bodily function".[10]

Seit dem späten Mittelalter bilden sich dann feste Räume für die anstehenden Hof- und Reichstage: Die politische Selbstberatung der Gesellschaft bekommt nun eigene Orte, ohne dass dadurch allerdings die informellen Beratungen und Beeinflussungen ihrer Grundlage beraubt würden: Sie finden nun eben in den Vorzimmern und Lobbies der offiziellen Beratungssäle statt. Begriffsbildungen wie das ‚Antichambrieren' (von frz. *antichambre*, „Vorzimmer") oder der ‚Lobbyismus' (von engl. *lobby*, ‚Vorhalle') spiegeln diese Entwicklung wider. Einer der bekanntesten dieser neuen Beratungsorte dürfte der Kaisersaal im Frankfurter Römer sein. Hier haben wohl die meisten Wahlen zum römisch-deutschen König überhaupt stattgefunden; noch heute sind im Kaisersaal die Bilder aller 52 Kaiser des Heiligen Römischen Reichs zu sehen. Seit dem 15. Jahrhundert dient der Römer – die Herkunft des merkwürdigen Namens ist unklar – der Frankfurter Stadtverwaltung als Rathaus.

Gerade weil die Beratung im Lehnswesen des Mittelalters so eng mit der Herrschaftsausübung verknüpft ist, lassen sich Beratungshandlungen nicht immer klar von anderen Formen des Herrscherhandelns unterscheiden. So finden sich auf den mittelalterlichen Hoftagen stets Übergänge zwischen Beratung und Rechtsprechung, was daran liegt, dass es noch keine

Gewaltenteilung gibt und der König zugleich oberster Richter ist. Die Grenze zwischen *consilium* und *iudicium* ist also nicht immer leicht zu ziehen, solange der Hoftag immer auch Gerichtstag ist.[11] Ob man Fragen der Lehensvergabe diskutiert oder wie ein abtrünniger Fürst zu bestrafen sei – all dies wird von denselben Leuten in denselben Verfahren und denselben Räumen beraten. Noch heute gehört die Beratung (der Richter, der Schöffen oder der Jury) wesensmäßig zum Gerichtswesen dazu, wenn sich das Gericht ‚zur Beratung‘ zurückzieht. In vielen Gerichtsfilmen ist die dem Konsens verpflichtete Ratsversammlung der Geschworenen gar zu einem festen Sujet geworden: Man tagt so lange, bis die Geschworenen zu einem einstimmigen Ergebnis gekommen sind.

Zwar sind die Historiker bis heute uneins, ob das *consilium* für die Großen des Landes eher ein Recht oder eine Pflicht (oder beides gleichermaßen) war.[12] Auch ist umstritten, ob die Ratschläge der Fürsten im Mittelalter für den König wirklich bindend waren – oder ob sie „nur eine zusätzliche Selbstbindung durch Zustimmung seitens der Lehns- und Gefolgsleute bewirkten".[13] Im Grundsatz aber ist unbestritten, dass das Ratgeben der Vasallen im *consilium* des Herrschers eine wichtige Rechtshandlung darstellte, die aus einem Verpflichtungsverhältnis des Vasallen hervorging: Die Beratung ist fester Bestandteil der Lehnsordnung.[14] Wir haben also hier einen derjenigen Fälle, in denen eine Pflicht zur Beratung besteht – und zwar auf beiden Seiten. Der König *muss* sich beraten lassen, aber seine Vasallen *müssen* ihn auch beraten. Im Unterschied dazu liegt die Beratungspflicht in heutigen ‚Zwangsberatungen‘, etwa bei Studierenden, Hartz-IV-Empfängern oder Frauen, die eine Schwangerschaft abbrechen wollen, ausschließlich auf Seiten der Beratenen. Sie sind daher auch keine Ratsuchenden, sondern erhalten einen Rat, nach dem sie nicht gefragt haben.

## Vertrauenssache:
## Herrscherberatung hinter verschlossenen Türen

Wie sehr es dabei im Mittelalter stets auch um ganz konkrete Machtverhältnisse ging – das Ziel der Beratung im feudalen *consilium* war grundsätzlich die Herstellung eines *consensus*, der es allen an der Beratung beteiligten Parteien ermöglichte, die beratende Versammlung ohne Gesichtsverlust wieder zu verlassen. Um dies sicherzustellen, ließ man den öffentlich ausgestellten Beratungsszenen auf dem Hoftag in der Regel nicht-öffentliche Beratungen hinter verschlossenen Türen vorausgehen. Undenkbar wäre es gewesen, Entscheidungen per Mehrheitsbeschluss herbeizuführen, wie es seit dem 19. Jahrhundert in den Parlamenten der modernen Demokratien üblich ist. Die Unterlegenen hätten dies als schwer zu tilgende Schmach empfunden und mit entsprechenden Gewaltausbrüchen reagiert.

Gerd Althoff hat darauf hingewiesen, dass im Mittelalter grundsätzlich eine Unterscheidung zwischen öffentlicher und privater Beratung zu veranschlagen ist: Dem *consilium publicum* geht stets ein *consilium familiare* oder *secretum* voraus, in dem die wichtigen Fragen unter Ausschluss der Öffentlichkeit ausgehandelt werden. Die öffentliche Beratung danach hat also eher Inszenierungscharakter; hier wird verkündet, was vorher bereits beraten worden ist, auch wenn man so tut, als wäre noch alles offen. So kann jeder sein Gesicht wahren und es gibt keine öffentlichen Blamagen und Tumulte.[15] „Die Notwendigkeit, das Prestige der Beratenden zu wahren", so Althoff, „ließ eine öffentliche kontroverse Diskussion kaum zu. Also praktizierte man Formen, die dieser Bedingung Rechnung trugen: das *colloquium familiare* oder *secretum*, mit dem man die öffentliche Beratung vorbereitete. Die Herstellung von Vertraulichkeit aber erleichterten jene vielfältigen verwandtschaftlichen, freundschaftlichen und genossenschaftlichen Bindungen innerhalb der mittelalterlichen Gesellschaft, die genau die Möglichkeiten der informellen Kommunikation bereitstellten, derer diese Gesellschaft bedurfte, ehe sie öffentlich beriet."[16]

Will man das über Jahrhunderte recht stabile System von ‚Rat und Hilfe' in eine Typologie der Beratung einordnen, dann fällt zunächst auf, dass es sich vom Grundsatz her um eine Form der *internen* Beratung handelt: Der König lässt nur seinesgleichen zur Beratung zu, das heißt: hohe Adlige wie er selbst, am besten sind sie noch mit ihm verwandt, weil er nur nahestehenden Personen vertrauensvolle Ratschläge zutraut. Auch von hier lassen sich Linien bis zur jüngeren Vergangenheit ziehen: etwa in das amerikanische Präsidialsystem, das von seiner verfassungsrechtlichen Anlage viel beratungsaffiner ist als etwa die deutsche Bundesregierung. Präsident Bill Clinton machte beispielsweise seinen Freund Vernon Jordan zum engsten Berater im Weißen Haus, der den Präsidenten abschirmte und an Macht und Einfluss höchsten Regierungs- und Staatsbeamten gleichgestellt war. Und John F. Kennedy versammelte als Präsident der USA einen handverlesenen Beraterstab aus sachverständigen Intellektuellen um sich, den seine Witwe Jackie später mit dem Hof von König Artus in Camelot verglich. Die Schlüsselrolle hatte darin sein Bruder Robert „Bobby" Kennedy, der als eine Art Chef-Berater fungierte. Denn nur bei Familienangehörigen, so hatte schon Vater Joe Kennedy gepredigt, könne man darauf vertrauen, dass ihre Ratschläge wirklich völlig selbstlos und im Sinne des Beratenen sind.

Die Unterscheidung zwischen *interner* und *externer* Positionierung des Ratgebers ist ein wesentliches Moment in der Professionalisierungsgeschichte der Beratung. Sie ist bis heute ein wichtiges Kriterium bei der Auswahl der passenden Beraterin oder des passenden Beraters. Dabei geht es um Vertrauen *und* Wirksamkeit. Denken wir an das eingangs genannte Paar Tony Soprano und Dr. Jennifer Melfi, dann wählt der Mafiaboss eine Italo-Amerikanerin als Therapeutin aus, weil er ihr aufgrund der Zugehörigkeit zur selben Einwanderungsgruppe eher vertraut als einem anderen Kollegen, dass sie sich tatsächlich an ihre Schweigepflicht hält. Vielleicht denkt er auch, dass sie ihn aufgrund eben dieser gemeinsamen kulturellen Wurzeln besser verstehen und daher auch besser beraten kann. In gewisser Weise ist Jennifer Melfi als professionelle Therapeutin aber auch eine radikal *externe*

Beraterin – und darin besteht ja der eigentliche Witz der Konstellation: Im Zeitalter der ‚Beratungsgesellschaft' kann sich selbst ein Mafiaboss nicht mehr nur mit seinen Mafiakollegen (und mit seiner Ehefrau) beraten, sondern muss überdies wegen seiner Panikattacken einen professionellen *Shrink* hinzuziehen.

Die Frage ist von grundlegender Bedeutung: Ob ein Berater das zu beratende System von seiner Innenseite möglichst gut kennen sollte oder ob es vielleicht besser ist, wenn er von außen kommt und mit fremdem, geradezu ethnologischem Blick darauf schaut. Ist der Berater zu sehr ‚drinnen', zu sehr vertraut mit den internen Abläufen und Wirklichkeitskonstruktionen des Systems, dann vermag er dieses nicht mehr hinreichend zu irritieren: Er teilt dann mit ihm gewissermaßen seine blinden Flecke. Ist er andererseits zu sehr ‚draußen', dann lassen sich seine Ratschläge möglicherweise nicht ohne weiteres an die Systemoperationen anschließen: Sie kommen dem Beratenen unplausibel oder gar irrational vor. Es sei denn, der Berater kann dafür sorgen, dass sie intern als relevant wahrgenommen werden – zum Beispiel durch seinen heldenhaften oder besonders charismatischen Status als Berater-Guru. Angesichts der großen Kluft zwischen den Ratschlägen einer Psychologin und den Erfordernissen der organisierten Kriminalität erwägt denn auch Tony Soprano ein ums andere Mal, den Beratungsprozess abzubrechen (und tut dies auch zwischenzeitlich).

Das Bedürfnis nach Vertraulichkeit und Kontinuität in der Beratung führt nun dazu, dass selbst externe Berater im Lauf der Zeit immer mehr in das System integriert werden, den fremden Blick verlieren und schließlich ihrerseits ‚Berater der Beratung' engagieren (die dann zum Beispiel Supervisoren heißen). Oder sie werden gleich durch neue, frische Beraterinnen von außen ersetzt. Es gehört daher zu den Spruchweisheiten vieler Kulturen, dass der beste Rat oft aus der abseitigsten Position erteilt wird: von Unwissenden, Narren, Kindern oder anderen Randfiguren.[17] Wir werden im nächsten Kapitel sehen, dass auf kuriose Weise gerade der Hofnarr so eine radikal externe Beratungsposition einnehmen kann.

Für die Auswahl der herkömmlichen Berater war nun im System des *consilium et auxilium* gerade nicht ihr externer Status ausschlaggebend, und auch nicht eine besondere, funktional ausdifferenzierte Beratungskompetenz. Im Gegenteil: Hier ging es, gemäß den Prinzipien der Ständegesellschaft, allein um Zugehörigkeit: um ihre Zugehörigkeit zum ‚System‘ der frei und adlig geborenen Familien. Die Berater des Königs mussten Edelmänner sein wie dieser, der als *primus inter pares* verstanden wurde. Entscheidend war ihr hoher Stand, dann erst kamen ihre Weisheit und ihr Alter. Ob sie in der Sache besonders gute, qualifizierte Ratgeber waren, erschien dagegen nachrangig. Oder besser gesagt: Man erhoffte sich guten Rat gerade von denen, die einem verwandtschaftlich und gesellschaftlich nahestanden. Von der Beratung durch Nicht-Adlige oder gar Knechte wurde jedenfalls immer wieder eindringlich abgeraten. Diese würden, auch wenn sie noch so schlau wären, sich in ihren Ratschlägen am Ende gegen den Adel stellen.

Wir können also bei der Entscheidung für interne Berater, wie an diesem Fall ersichtlich, einen Vorrang des Vertrauens vor einer professionellen Kompetenz konstatieren. Denn was nützt einem ein brillanter Ratgeber, wenn man ihm nicht vertrauen kann? Dem Vertrauen zu den Ratgebern entspricht die Vertraulichkeit des Beratungsprozesses, wie sie – nicht nur – für das Mittelalter typisch ist. In einer Gesellschaft, die so sehr auf Rang, Status und öffentliches Ansehen abgestellt ist wie diese, musste eine Form der Beratung gefunden werden, die die Möglichkeit zur vertraulichen Willensbildung bot. Dies gelang, indem man wichtige Fragen so lange in nicht-öffentlichen Runden besprach, bis ein Konsens gefunden war, der dann im öffentlichen *colloquium* noch einmal publikumswirksam inszeniert wurde. Doch im Übergang zum späten Mittelalter wird sich diese Form der Beratung allmählich verändern: Es werden sich immer stärker Funktionseliten professioneller Berater herausbilden, die den König anstelle seiner Vasallen beraten: Man nennt sie die „täglichen“, „geschworenen“ oder „gelehrten“ Räte. Doch davon soll erst im nächsten Kapitel die Rede sein;

zuvor müssen wir noch einen Blick auf die Rolle der Frauen im mittelalterlichen Raten und Beraten werfen.

## Keine Selbstverständlichkeit: Frauen als Beraterinnen im Mittelalter

Die im Mittelalter wichtige Unterscheidung von öffentlicher und heimlicher Beratung kam nicht zuletzt den Frauen zugute. Sie ermöglichte ihnen, im Schutz der Heimlichkeit Einfluss auf das politische Geschehen zu nehmen – einen Einfluss, den sie im öffentlichen Geschehen nicht hatten. Hier, in den nicht-öffentlichen Vorabsprachen, im *consilium secretum*, hatten zumindest die hochadligen Damen durchaus die Möglichkeit, sich Gehör zu verschaffen und ihre Interessen wahrzunehmen. In der Öffentlichkeit konnten sie dies weit weniger gut, denn so wie Frauen im Mittelalter keine eigene Stimme vor Gericht hatten, war ihnen auch der Zugang zu den offiziellen Ratsversammlungen verwehrt. Die Fähigkeit zum Rat, so bestimmten es die einschlägigen Schriften der Zeit, wurde den Männern reserviert: Frauen galten wegen ihrer schwachen Konstitution als ungeeignet, *consilium* zu erteilen: Ihnen fehle dadurch der nötige Verstand. *Eine* Ausnahme gestand man ihnen allerdings zu: Einen raschen, noch nicht zu Ende gedachten Rat könne man von ihnen durchaus annehmen, sofern es die Situation erfordere. Denn Frauen seien ja ohnehin schneller, aber eben auch oberflächlicher mit dem Denken und Reden, so befand man. Und wie in der Natur gelte schließlich auch hier, dass unvollkommene Dinge schneller zur Reifung kämen. Daher sei man damit am Ende nicht wirklich gut beraten. Einen wahrhaft fundierten und richtig zu Ende gedachten Rat könnten daher nur Männer erteilen.[18]

Eine Ausnahme von dieser Regel wurde zugelassen, wenn es sich um in besonderer Weise begabte Frauen handelte, wie etwa bei der charismatischen französischen Nationalheldin Jeanne d'Arc. Im hundertjährigen Krieg zwischen England und Frankreich führte die visionäre junge Frau

Armeen ins Feld und mauserte sich zu einer Beraterin Karls VII. Aber auch den deutschen Mystikerinnen Hildegard von Bingen oder Mechthild von Magdeburg gestand man aufgrund ihrer göttlichen Visionen eine hohe Beratungskompetenz zu: Durch sie, so nahm man an, übermittelte Gott den Menschen seinen Rat. Als Äbtissin korrespondierte Hildegard seinerzeit sogar mit Kaiser Friedrich Barbarossa, dem mächtigsten Mann des Reiches. Frauen wie sie besaßen eine besondere Gabe, die sie zu charismatischen Beraterinnen machte – ähnlich wie schon die Pythia oder Sibylle des antiken Orakels. Hierbei kommt ihnen ihre schwache Konstitution sogar zugute, denn nach mittelalterlichem Verständnis sind gerade die körperlich und geistig ‚schwachen‘ Frauen besonders gut geeignet, göttliche Botschaften zu empfangen: Sie fungieren gewissermaßen als ‚Gefäße‘ oder ‚Medien‘, durch die sich Gott offenbart, ohne dass ein ‚starker‘ männlicher Geist seine Botschaften blockiert oder verfälscht.

Im hohen Mittelalter geraten die Rollenbilder dann vorübergehend in Bewegung. Troubadours und Minnesänger zeichnen in ihren Liedern nun ein spektakuläres neues Bild der höfischen Dame, das die Frau eher der Jungfrau Maria annähert als der Sünderin Eva: Schön, tugendhaft und anbetungswürdig sind die Damen, die die Minnesänger mit Inbrunst besingen. Die höfischen Ritterromane greifen dieses neue Frauenbild auf und ergänzen das weibliche Hauptmerkmal, die Schönheit, um von ‚innen‘ kommende Tugenden wie Klugheit und Redekunst. Gerade in der fiktionalen Literatur, in den Romanen und Kurzgeschichten, begegnen uns nun auffallend viele schlaue und wortgewandte Ratgeber*innen*, die meist im Umfeld hochgestellter Damen tätig sind. Doch auch in diesen Redegattungen gilt, dass sie ihren Rat meist im Verborgenen geben. Gleich in dem allerersten Exemplar des neuen Artusromans führt Chrétien de Troyes dies an der schönen, aber unschuldig verarmten Enide vor: Immer wieder muss die junge Frau ihrem Mann, dem Ritter und Königssohn Erec, aus der Patsche helfen, und zwar mit Rat und Tat, vor allem aber unter Einsatz ihrer Stimme. Am Ende wird klar, welchen immensen Nutzen es für den männlichen Herrscher hat, wenn die Frau an seiner Seite nicht nur stumm und schön ist, sondern ihm auch als kluge und wortgewandte Ratgeberin zur Seite steht – auch wenn ihr erster Ratschlag, ungefragt und im Schlafzimmer gegeben, noch für einen handfesten Ehekrach gesorgt hatte. Die Literaturwissenschaftlerin Sally Musseter hat hier einen Erziehungsprozess der jungen Adligen nachgezeichnet, an deren Ende sie ihre Rolle als „intelligent counsellor" ihres Mannes, des Landesherrn Erec, gefunden hat.[19]

Auch wenn es sich hier um einen fiktionalen Roman handelt, der kaum die realen Lebensverhältnisse der mittelalterlichen Oberschicht widerspiegelt, zeigt sich darin doch ein Wandel des Frauenbildes. Denn dass die Frau des Königs seine Geheimnisse teilen und ihm – wenngleich jenseits der Öffentlichkeit – mit Rat zur Seite stehen sollte, verlangten mehr und mehr auch die nun aufkommenden Fürstenspiegel. Dabei handelt es sich um meist noch in Latein, aber bald auch in den Volkssprachen geschriebene Ratgeberbücher für angehende Herrscher. Im späten Mittelalter finden wir dann sogar erste Ratgeberbücher speziell für Frauen. Die französische Berufsautorin Christine de Pizan, berühmt geworden mit ihrem *Buch von der Stadt der Frauen*, richtet sich in ihren Schriften an die Frauen aller Stände und kämpft ausdrücklich gegen das männliche Vorurteil von der Unwissenheit der Frauen an. Zugleich entwickelt sie Strategien, mit denen es ihren Leserinnen am Ende doch gelingen kann, ihren Mann von ihrem Rat zu überzeugen: „die kluge Frau wird sich bemühen, ihn durch Sanftmut an sich zu ziehen, und wenn sie meint, es sei das beste, ihm etwas zu sagen, wird sie das unter vier Augen tun, in sanftem, freundlichem Ton. Mal wird sie ihn an die religiösen Gebote erinnern, mal an das Mitleid, das er mit ihr haben sollte, ein anderes Mal wird sie lachend und spielerisch davon sprechen. Oder aber sie wird es ihm durch Vertraute oder durch seinen Beichtvater sagen lassen."[20]

## Reflexive Beratung:
## Vom Ratschlag zum gemeinsamen Ratschluss

Die Frau, die ihren Mann berät, und die Ratsversammlung, auf der der Herrscher sich mit seinen Fürsten berät – darin lassen sich zwei recht unterschiedliche Grundtypen des Ratens und Beratens ausmachen. Sie entsprechen den beiden Hauptbedeutungen des Lexems ‚beraten'. Man kann sie auf den Gegensatz von *transitiver* und *reflexiver* Beratung bringen.[21]

Die erste, *transitive* Form der Beratung bezieht sich auf ein Objekt und meint so viel wie ‚jemand anderen beraten', ‚jemand anderem einen Rat geben'. Zwischen dem Ratsuchenden und dem Ratgeber liegt hier eine dyadische, transitive Beziehung vor, und oftmals besteht darüber hinaus zwischen den Interaktionspartnern ein Kompetenzgefälle. In jedem Fall aber gibt es eine klare Rollenaufteilung: Der eine sucht Rat, und der andere gibt ihn. Die zweite, *reflexive* Form der Beratung bezieht sich auf eine Art der kollektiven Selbstberatung und meint so viel wie ‚sich beratschlagen', ‚gemeinsam Rat halten'. Auch der aus dem Lateinischen abgeleitete Begriff der „Deliberation" (vom Substantiv *deliberatio* mit dem Verb *deliberare*) meint diese Form der kollektiven Form der Selbstberatung. Sie steht grundsätzlich auch dem Individuum offen, denn wenn der Einzelne das Beratschlagen nach innen nimmt und sich dort mit seinen inneren Stimmen ins Benehmen setzt, dann geht auch er in einem deliberativen Sinn ‚mit sich selbst zu Rate'. In dieser Form der Beratung herrscht also grundsätzlich eine „monadische, reflexive Beziehung" der an dem Beratungsprozess Beteiligten, wie es Alfons Bora ausdrückt.[22]

Meist wird es sich um eine Gruppe handeln, die gemeinsam ein Thema erörtert, das alle betrifft. Diese Form der kollektiven Selbstberatung kann dem nahekommen, was der Philosoph Jürgen Habermas einmal als ideale Kommunikationssituation entworfen hat: eine Situation, in der alle Beteiligten die gleichen Rechte sowie die gleichen Chancen haben, sich einzubringen. Dies hat auch Rainer Paris im Sinn, wenn er das Beratschlagen als

„Konsensmodell" beschreibt: „An die Stelle der persönlichen Adressierung des Rats tritt hier das Zur-Diskussion-Stellen von Lösungsvorschlägen in einer größeren Runde. Die Dyade ist aufgesprengt, die Redebeiträge sind grundsätzlich an alle Anwesenden gerichtet. Nicht die Quasi-Intimität zwischen Ratgebendem und Empfänger prägt den Beziehungsaspekt der Kommunikation, sondern die kollektive Verbundenheit der Gruppe."[23]

Nun mag man einer solchen Form der herrschaftsfreien Kommunikation im günstigsten Fall vielleicht in Bürgerinitiativen oder Vereinsversammlungen nahekommen, doch am Hof eines mittelalterlichen Herrschers kann davon nicht wirklich die Rede sein. Hier herrscht der König, der sich zu diesem Zweck beraten lässt und dabei doch auch im Auge haben muss, dass er seine Berater, die zugleich seine Vasallen sind, angemessen am Herrschaftshandeln beteiligt. In den mittelalterlichen *consilia* und *colloquia* liegt daher eine Mischform vor, in der die reflexive Form der kollektiven Selbstberatung der (Adels-)Gesellschaft mit der transitiven, persönlich adressierten Beratung des Königs in eine Synthese gebracht ist. Ein treffendes literarisches Symbol für diese Synthese ist die berühmte Tafelrunde des sagenhaften Königs Artus, der im Hochmittelalter zu einer beliebten Romanfigur wird: Es handelt sich um einen runden Tisch, der aufgrund seiner Form keine Rangunterschiede berücksichtigt und eine prinzipielle Gleichberechtigung aller Anwesenden signalisiert (das Motiv des ‚runden Tischs', der allen Beteiligen den gleichen Zugang zur kollektiven Meinungsbildung einräumt, taucht später in den Verhandlungen zur deutschen Einheit wieder auf). Gleichwohl steht außer Frage, dass König Artus hier als *primus inter pares*, als Erster unter Gleichen, eine herausgehobene Stellung innehat: Er ist der König, der am Ende der Beratung die Entscheidung über Krieg oder Frieden treffen muss.

Der Herrscher ist also derjenige, der letztendlich allein verantwortlich entscheidet, aber dabei die Interessen aller Beteiligten zu berücksichtigen hat – und dies für alle sichtbar ausstellen muss: Er ist der Ratsuchende, der die anderen als seine Ratgeber öffentlichkeitswirksam herbeizitiert. Die zur Beratung einberufene Versammlung ist also noch immer eine echte

*Rats*versammlung und keine, die etwa nach dem Mehrheitsprinzip ihre eigenen *Beschlüsse* fasst, wie es in modernen Parlamenten der Fall ist. Und so herrscht im *consilium* des Mittelalters zwar ein Machtgefälle, aber nicht notwendig ein strenges Kompetenzgefälle, denn der König ist nicht unbedingt *ratlos*. Er mag ebenso von dem Bestreben getrieben sein, die anstehenden (oder bereits getroffenen) Entscheidungen mit seinen Vasallen abzustimmen. Dem König, Abt oder Bischof obliegt am Ende zwar die Entscheidung, doch können seine hochadligen Berater ihre eigenen Interessen einbringen, so dass faktisch eine Willensbildung der Führungselite stattfindet, bei der allen eine relative Ratkompetenz unterstellt wird.

Zwar werden auf Hoftagen gelegentlich auch Beschlüsse ohne den König oder sogar gegen ihn gefasst, doch stellt der politische Ratschluss am Hof des Königs, im Konzil der Kirche oder im Konvent der Klosterbrüder vom Grundsatz eine historische Form der sozialen Selbstberatung unter den Bedingungen der *stratifikatorischen*, also nach Schichten hierarchisch gegliederten Gesellschaft (Adel, Klerus, Bürger, Bauern, Besitzlose etc.) dar: Die reflexiven Beratungsversammlungen des Mittelalters bleiben auf die Herrscherberatung bezogen und sind noch keine Institutionen einer demokratischen Selbstberatung der Gesellschaft. Die wird sich aber später daraus entwickeln, wenn diese Gremien im 19. Jahrhundert das Mehrheitsprinzip einführen und eigene Beschlüsse fassen.

Freilich wurde diese Form der kollektiven, reflexiven Beratung nicht in den *colloquia* des Mittelalters erfunden. Ihre Geschichte ist viel älter. Wir finden entsprechende Institutionen im römischen Senat ebenso wie in der griechischen Polis oder im germanischen Ting. Ein schönes Beispiel dafür, wie alt die Instanz der Ratsversammlung ist, liefert Homer in seiner *Odyssee*: Er eröffnet die Handlung seines Epos mit einer Ratsversammlung der Götter, die unter der Leitung des Zeus auf dem Olymp über die Heimkehr des Odysseus beratschlagen. Eigentlich sind sich alle einig, lediglich Poseidon will dies noch verhindern – und wird von Zeus entsprechend ermahnt: „Aber wir wollen uns alle zum Rat vereinen", spricht dieser, „die

Heimkehr / Dieses Verfolgten zu fördern; und Poseidon entsage / Seinem Zorn: denn nichts vermag er doch wider uns alle, / Uns unsterblichen Göttern allein entgegen zu kämpfen!"[24] Diese Beratungsszene scheint eine Art Mischung aus Konsens- und Majoritätsprinzip abzubilden: Was Zeus hier in Gang setzt, ist ein konsensualer Mehrheitsbeschluss aller im Rat versammelten Götter gegen den nicht anwesenden Poseidon, der dadurch gleichsam überstimmt wird.

Im Umfeld des römischen Senats setzt sich für ein solches Beratungsgremium der Begriff *consilium* durch, der mit seinen verschiedenen Wortbildungen bis heute ein internationaler Schlüsselbegriff des Beratens ist: Man denke nur an Konzile und Konsulate, Konsultanten und Konsultationen, Counselling und Consulting. Abzuleiten wohl von der idg. Wurzel *sel*-(3) (‚nehmen, ergreifen‘), wird der Begriff in der Zeit des römischen Senats schon im Sinne des Beratungshandels verwendet. Die zugehörige Wendung *consulere senatum* bedeutet zunächst ‚den Senat zusammennehmen‘, dann auch ‚den Senat um Rat fragen‘ und schließlich ‚beratschlagen‘. *Consilium* selbst ist sowohl als ‚Beratung, Beratschlagung‘ wie als der (erfolgte) ‚Ratschluss‘, die (vorliegende) ‚Beschlussfassung‘ zu verstehen (und darin dem altgriechischen *boulé* wie dem deutschen Sprachgebrauch von ‚Rat‘ ähnlich). Schon früh wurde der Begriff dann auch auf das beratschlagende Gremium, insbesondere den Senat selbst bezogen (*id est orbis terrae consilium*).[25] Nicht nur das Deutsche, sondern auch das Griechische und Lateinische unterscheiden also in ihren Beratungsbegriffen nicht streng zwischen der reflexiven (‚sich beraten‘) und der transitiven Bedeutungskomponente (‚jemand beraten‘).

Es handelt sich beim *consilium* und den davon abgeleiteten Modellen des kollektiven Ratschlusses im Grundsatz um Formen *sozialer Selbstberatung*. Auf verschiedenen Ebenen verstetigen sich diese Ratsversammlungen zu politischen Institutionen – eine Entwicklung, die sich bis in die neuzeitlichen Kammern und Häuser der parlamentarischen Demokratie verfolgen lässt. Aber auch die Städte bilden seit dem 12. Jahrhundert eigene Ratsgremien aus. Als selbständige Organe repräsentieren und fördern diese Räte zuerst in Basel, Straßburg, Utrecht oder Lübeck in der Auseinandersetzung mit den adligen oder bischöflichen Stadtherren das städtische Streben nach Autonomie. Um die Mitte des 13. Jahrhunderts hatten 150 Städte entsprechende Räte, und im 14. Jahrhundert hatte sich die Ratsverfassung in den Städten vollständig durchgesetzt. Behandelt werden alle die Stadt betreffenden Fragen, und wie im Bereich des aristokratischen *consilium* geht auch hier die politische Beratung mit der Beratung und Aburteilung in Rechtsfragen Hand in Hand. In den italienischen Stadtstaaten – wie zum Beispiel in Florenz – kam hinzu, dass man zu bestimmten, drängenden Themen *Ad-hoc*-Kommissionen einberief, sogenannte *pratica*. Zunächst als Ergänzung der herkömmlichen Ratsgremien in schwierigen Fragen gedacht, traten sie im Lauf der Zeit immer mehr an ihre Stelle und übernahmen ihre Befugnisse. Die *pratica segreta* gerieten zu Geheimregierungen unter der direkten Kontrolle des *signore*.[26]

Schließlich kennt auch die mittelalterliche Kirche das Prinzip der synodalen Versammlung auf verschiedenen Ebenen. Wie beim Hoftag des Königs und im Rat der Stadt werden dabei Beratungen (*consilium*) und Urteilssprüche (*iudicium*) nebeneinander bearbeitet. Und selbst bei den Mönchen im Kloster wird erwartet, bei wichtigen Fragen den Rat der Brüder einzuholen.[27] So sieht die dritte Benediktinerregel ausdrücklich vor, dass der Abt, sobald es eine Angelegenheit von allgemeiner Bedeutung gibt, alle Brüder zusammenruft, um zunächst darzulegen, worum es geht. Dann solle er den Rat der Brüder anhören und über das Gehörte mit sich selbst zu Rate zu gehen, um schließlich das zu tun, das ihm selbst am nützlichsten erscheint (*audiens consilium fratrum tractet apud se et, quod utilius iudicaverit, faciat*).[28] Das mag vielleicht überraschen, weil man ja meinen könnte, dass in einem religiös konzipierten System wie dem Kloster der Abt per se als der von Gott besonders Inspirierte und daher als weise angesehen werde. Doch gerade weil eben dies nicht ganz sicher ist, weil man nicht weiß, wen Gott gerade mit seiner Gnade und seinem Geist heimsucht, ist der gemeinsame Ratschluss wichtig, in dem alle zu Wort kommen können.

## Der mittelalterliche Beratungsimperativ – ein Propagandatrick?

Der Rat hat also im christlichen Mittelalter immer auch eine geistliche, religiöse Implikation: Die Fähigkeit zum klugen Ratgeben gilt den Zeitgenossen als eine göttliche Gabe, und dies betrifft auch die Ratsversammlungen des *consilium* oder *colloquium*. Doch bevor wir dies näher beleuchten, möchte ich dieses Kapitel mit einem letzten Blick auf den mittelalterlichen ‚Beratungsimperativ' beschließen. Damit meine ich die in den Quellen geradezu notorische Aufforderung an die Herrscher und Vasallen, sich wechselseitig zu beraten. Der Historiker Jürgen Hannig hat dazu vor einigen Jahren die These entwickelt, dass die Karolingerkönige (oder besser: ihre Berater!) die Idee einer Herrschaft, die auf dem Konsens der Getreuen (*consensus fidelium*) beruht, letztendlich der Bibel entnommen hätten: und zwar mit der Zielrichtung, ihre schiere Machtergreifung als konsensbasiert und also legitim erscheinen zu lassen. Fortan hätten die Karolinger die aus der Bibel entnommene Pflicht zur Beratung mit den Großen hochgehalten, um die eigensinnigen, nach Autonomie strebenden Vasallen unter Verweis auf eine dezidiert christliche Ethik bei der Stange zu halten. In dem Maße, in dem es darum ging, einer göttlich gestifteten Herrschaftsordnung zu genügen, sei dann auch den Vasallen zunächst nichts anderes übrig geblieben, als wohl oder übel ihre (Berater-)Rolle zu spielen, wollten sie nicht ganz aus dem Bild fallen. Später allerdings, so Hannig, seien die karolingischen Herrscher jene Geister, die sie einst gerufen hatten, nicht mehr losgeworden: Einmal ins Boot geholt, konnten die Großen fortan darauf pochen, bei jeder Entscheidung gehört zu werden, denn die Verpflichtung zum Ratsuchen und Ratgeben bestand ja wechselseitig. Der Feudaladel deutete den karolingischen Beratungsimperativ also bald in eine nachhaltige Untermauerung seines Beratungs- und also Mitherrschaftsanspruchs um.

Interessant ist an dieser Argumentation zweierlei: Zum einen, dass man Beratung offenbar schon im Mittelalter strategisch einsetzen konnte, nämlich um damit etwas zu erreichen, was eigentlich mit Beratung gar

nichts zu tun hat (sondern mit der Durchsetzung von Machtansprüchen).
Zum andern zeigt die These, und zwar ganz unabhängig davon, ob man
ihr auf ganzer Linie zustimmen mag, dass tatsächlich schon in der Bibel
eine sehr beratungsaffine Herrschaftsstrategie beworben wird. Hannig stellt
nämlich bei seiner Durchsicht zahlreicher Kapitularien, Urkunden und
Erzählungen aus der Karolingerzeit fest, dass die besondere Wertschätzung
der Beratung geradezu formelhaft auf die alttestamentarischen Könige der
Heiligen Schrift zurückgeführt wird: „Ohne Rat sollst du nichts tun, so
wirst du nachher nichts bereuen" (*sine consilio nihil facias et post factum non
poenitebis*), lautet die Schlüsselstelle (*Sirach 32,19*). Der heilige Benedikt
von Nursia, Begründer des westlichen Mönchtums, hatte diesen biblischen
Beratungsimperativ seinerseits bereits in seiner Klosterregel fest verankert.
Und seit dem frühen Mittelalter gehörte es zum festen Bestandteil jeder
lobenden Lebensbeschreibung einer großen Persönlichkeit des geistlichen
Lebens, dass die betreffende Person niemals etwas Wichtiges getan habe,
ohne sich vorher beraten zu lassen.

Unter den Karolingern, so Hannig, sei diese biblische Beratungspflicht
von den meist geistlichen Reformkräften systematisch auf die weltliche
Herrschaft übertragen worden. Die Entscheidungen eines jeden vorbild-
lichen Königs erscheinen in den Quellen von nun an stets als sorgfältig
mit den Großen des Landes abgestimmt – und vermittelt über diese auch
vom *populus*, vom virtuellen ‚Volk' getragen. Umgekehrt gehörte es zum
Sündenregister eines gescheiterten Königs, dass er die *consilia seniorum*, die
Ratschläge der Alten und Weisen, ausgeschlagen hätte. Vor allem seit der
Herrschaft Karls des Großen gilt in den schriftlichen Quellen der Grundsatz:
„Der fränkische König handelt nicht, ohne sich zuvor mit seinen Großen
beraten zu haben."[29]

Vielleicht ist die These insgesamt zu stark, die Karolinger hätten die
Beratungskultur des auf *consensus* abzielenden *colloquium* unter Verwendung der Beratungskultur der alttestamentarischen Könige ‚erfunden',
um ihre usurpatorische Herrschaft lediglich zu kaschieren. Dafür ist die

Praxis der (kollektiven) Beratschlagung wohl eine zu weit verbreitete Form der politischen Willensbildung in den alten Kulturen, die zudem auch im römischen Recht wie in der germanischen Gefolgschaft fest verankert ist. Und doch fällt auf, dass erst die Quellen der Karolingerzeit die Handlungen des Königs konsequent an die Beratung und Zustimmung durch seine weltlichen wie geistlichen Großen bindet. Auch die biblische Grundlage dieses Beratungsdispositivs lässt sich kaum von der Hand weisen: Das *nihil fac sine consilio* wird in der folgenden Zeit zu einem geradezu allgegenwärtigen Merkspruch des Mittelalters: Die fränkische Aristokratin Dhuoda zitiert ihn in ihrem Handbüchlein für den eigenen Sohn, der eingangs zitierte Hofkleriker Thomasin von Zerklaere stützt sich darauf in seinem *Welschen Gast*, und Geoffrey Chaucer variiert die Bibelstelle gleich dreimal in seinen berühmten *Canterbury Tales*. Freilich schreibt er sie nicht, wie die Bibel selbst, Jesus Sirach zu, sondern Salomon: *Werk al by conseil, and thou shalt nat rewe.*[30]

Zusammenfassend lässt sich sagen, dass Beratungshandlungen im Mittelalter eine überaus wichtige Rolle spielen, vor allem in der Politik: Das feudale Gesellschaftssystem koppelt die Herrschaft des Königs eng an die konsultierende Abstimmung mit seinen Vasallen. Wie sehr man sich im Einzelfall an den daraus resultierenden Ratschluss gehalten hat (und halten musste), hing aber wohl – wie fast alles im Mittelalter – von den konkreten Machtverhältnissen ab. Wie wichtig die Instanz der Beratung für eine funktionierende Herrschaft im Mittelalter dennoch war, zeigt sich daran, wie hoch ihr Ansehen im Denken der Zeit stand: So wurden fehlerhafte Entscheidungen oder unüberlegte Handlungen über Jahrhunderte geradezu reflexartig auf schlechte Ratgeber oder fehlende Beratungsrunden zurückgeführt. Hartmann von Aue, der den oben erwähnten Artusroman um Erec und Enite ins Deutsche überträgt, findet dafür ein besonders starkes Bild: Als Enite ihren ohnmächtig vom Pferd gefallenen Erec für tot hält und herzzerreißend um ihn trauert, beginnt sie einen Disput mit dem Tod. Darin wirft sie ihm vor, schlecht beraten zu sein: „Du hast viele schlechte Ratgeber, daß Du so plötzlich einem Mann das Leben nimmst, den die Welt nicht entbehren kann".[31] Selbst der Tod scheint im Mittelalter seine Entscheidungen nicht ohne vorherige Abstimmung mit seinen Beratern zu treffen.

Ganz langsam und fast unbemerkt wächst aber bereits im Schatten des Feudalsystems eine neue Beraterelite heran, mit der allmählich auch ein neuer Typus der Konsultation die Vorherrschaft gewinnt: Es sind die ebenso professionellen wie geheimen Berater, die dem Herrscher tagtäglich und unabhängig von den turnusmäßig einberufenen Versammlungen mit Rat und Tat zur Seite stehen. Sie hat es im Prinzip immer schon gegeben, im hohen und späten Mittelalter werden sie wichtiger. Von ihrem Aufstieg handelt das nächste Kapitel.

# Kapitel 4

# Hofnarren, Sekretäre und Geheime Räte

## Beratung auf dem Weg zur Profession

„Ein Herrscher, der selber nicht gescheit ist", so Niccolò Machiavelli, „kann auch nicht gut beraten werden."[1] Machiavelli muss es wissen, denn er ist um 1500 selber als eine Art Meisterberater in den italienischen Stadtstaaten unterwegs. Mit seinem Werk *Il principe* („Der Fürst"), in dem er 1513 seine Erfahrungen zusammenfasst, hat er zudem ein bahnbrechendes Ratgeberbuch für Herrscher verfasst (erschienen ist die Schrift erst nach seinem Tod im Jahr 1532). Es handelt sich zweifellos um *das* Führungshandbuch der frühen Neuzeit, in dem Machiavelli mit der Tradition der Fürstenspiegel radikal bricht und die Herrschaft an den Grundsätzen der Staatsräson neu ausrichtet: Der Fürst ist hier kein Erbmonarch und Herrscher von Gottes Gnaden mehr, sondern ein machtbewusster Politiker, der sich dann durchsetzt, wenn er im politischen Ränkespiel erfolgreich taktiert. Moralisch gutes Handeln kann dabei kontraproduktiv sein, wohingegen moralisch schlechtes Handeln dem Staat zugutekommen kann. Welche Grundsätze der Herrscher dabei noch zu beachten habe, zeigt Machiavellis Buch *en détail* auf.

Wir befinden uns in einer Zeit, in der sich das mittelalterliche System von Rat und Hilfe, *consilium et auxilium*, überlebt hat. Nach und nach sind die Hoftage ergänzt und schließlich abgelöst worden durch eine Form der ständigen Herrscherberatung, die ihrerseits schon eine längere Tradition hatte. Denn dass sich einige herausragende Hofleute dauerhaft in der Nähe des Königs aufhalten und so eine Art von *ständigem Hofrat* bilden, lässt sich bis zu den Merowingern zurückverfolgen. Verfassungsmäßig war eine solche Form der Beratung kaum je geklärt. Sie findet daher im Gegensatz zu den öffentlich inszenierten Hoftagen und Konzilen eher im Verborgenen statt. Mit der Vorherrschaft dieser Art der Beratung bricht die Ära der ‚geheimen Räte‘ an, das Zeitalter der Sekretäre.

## ‚Geheime Räte‘: Das Zeitalter der Sekretäre

Auch hier kann uns ein Blick in die Urkunden und Schriften der Zeit helfen, den sich anbahnenden Wandel zu erkennen: Schon im 12. Jahrhundert bezeichnete man jene Personen, die besonders häufig in beratender Funktion am Hofe tätig waren, als *consules* oder *consiliarii*.[2] Neben den Adligen, den ‚geborenen Räten‘, die aufgrund ihrer Abstammung zu den Beratern des Königs zählten, gewinnen im Lauf der Zeit die ‚gelehrten Räte‘ (engl. *counsellors learned*) an Einfluss. Es handelt sich um Kleriker und später auch Laien, die aufgrund ihrer – meist juristischen – Bildung zu Beratern von Fürsten und Bürgermeistern aufsteigen. Die politische Beratung ist auf dem Weg, eine Profession zu werden.

Verschiedene Faktoren fördern diesen Trend. So finden die Hof- und Reichstage, auf denen bislang politische Beratung ausgeübt und nicht zuletzt öffentlichkeitswirksam inszeniert wurde, seit dem hohen Mittelalter immer seltener statt. Das hängt damit zusammen, dass die Herzöge und Landesfürsten mittlerweile so mächtig geworden waren, dass sie es nicht mehr nötig hatten, sich an den Hof des Königs beordern zu lassen. Sie konzentrierten sich nun vielmehr auf ihre eigene Landesherrschaft, wozu sie ihrerseits professionelle Ratgeber anheuern und kollegiale Ratsorgane einrichten ließen. Ein Beispiel mag beleuchten, wie sich dadurch die herrschaftliche Beratungspraxis verändert: Für Kaiser Karl IV. weisen die Quellen im 14. Jahrhundert insgesamt

184 Konsultanten aus, von denen jedoch nur 15 auf den kaiserlichen Hoftagen nachgewiesen sind.[3] Daran wird deutlich, dass sich das eigentliche Tagesgeschäft der Beratung von den politischen Großversammlungen in den Kreis der ständigen Königsberater verlagert hat. Man beratschlagt kaum noch öffentlich, sondern zunehmend hinter verschlossenen Türen. Zwar hatte man auch im feudalrechtlichen *consilium* die wichtigsten politischen Entscheidungen vorab heimlich abgesprochen, doch der Akt des Beratens musste in seiner Bedeutung stets öffentlich demonstriert werden. Das ist nun immer seltener der Fall: Staatstragende Konsultationen finden fortan mehr und mehr unter Ausschluss der Öffentlichkeit statt, und diese Heimlichkeit erhält sogar einen neuen, positiven Klang.

Heimlichkeit und Beratung sind also spätestens seit dieser Zeit zwei Seiten einer Medaille – und als Begriffe nahezu austauschbar! Denn die neuen Beraterrollen und Beratertitel, die sich nun ausbilden, entstammen begrifflich überwiegend dem Wortfeld der Heimlichkeit: Sie sind abgeleitet von mittelhochdeutsch *heimlich*, *heimliche* und *heimlîchaere* bzw. von lateinisch *secretum*, *secretus* und *secretarius*. Bereits um 1210 ist beispielsweise im Tristanroman Gottfrieds von Straßburg mit dem *heimlîchaere*, dem ,Heimlichen' des Königs, ein enger Vertrauter des Herrschers gemeint. Die lateinische Entsprechung lautet *secretarius* und ist bedeutend älter. Von nun an heißen die engsten Berater der Könige und Fürsten ,Heimliche' (oder *secretarii*), später dann Sekretäre.

Da die Verwaltungsaufgaben der neuen Landesherrschaft stark angewachsen waren, führte mittlerweile fast jeder Fürst eine ganze Reihe nicht nur gelegentlicher, sondern ,täglicher Räte'. In ihrer Hand lagen mehr und mehr die politischen Geschicke der sich bildenden Staaten. Ihre beratende Tätigkeit war in der Regel nicht auf das Amt bezogen, sondern verdankte sich einer persönlichen Beziehung zum Herrn. Vertrauen und Vertraulichkeit waren die tragenden Pfeiler dieser Beratungsbeziehung. Daneben entwickelten sich aber auch aus den klassischen Hofämtern (Kämmerer, Marschall, Truchsess und Mundschenk) allmählich feste Beraterinstanzen. Sie weisen von der Sache wie vom Begriff auf die späteren ‚Minister‘ voraus, denn es waren im Mittelalter meist Personen aus dem Stand der ‚Ministerialen‘, einer Art Dienstadel, die diese Ämter bekleideten. Auch dies lässt sich bis in das amerikanische Präsidialsystem der Gegenwart verfolgen, wo die ‚Minister‘ noch heute eine den Präsidenten beratende Funktion ausüben: Als *Secretary of State*, *Secretary of Defense* usf. sind sie dem Staatsoberhaupt zugeordnete ‚Sekretäre‘ für Äußere Angelegenheiten oder für die Verteidigung.

Lange Zeit scheinen die neuen Beraterrollen und Beratertitel noch relativ unfest gewesen zu sein. Doch im 16. Jahrhundert wird im Heiligen Römischen Reich durch Kaiser Maximilian I. das Organ und die Amtsbezeichnung des ‚Hofrats‘ offiziell eingeführt: Sie bezeichnet den Amtsträger des gleichnamigen Kollegialorgans. Es handelt sich dabei um eine gerichtliche Revisionskammer, die – anders als der ‚Geheimrat‘ – nicht unmittelbar dem Souverän unterstand. In Österreich hat sich der Titel eines Hofrats bis in die Gegenwart erhalten. Von seiner ursprünglichen Funktion abgelöst, dient er heute zur Auszeichnung für hohe und höchste Beamte. Erst recht spät entwickelten sich feste Zuständigkeiten bestimmter Räte, woraus im Übergang zur Neuzeit schließlich Institutionen erwuchsen, die wir heute als Ämter und Behörden kennen. Die meist aus bürgerlichen Kleriker-Juristen gebildeten ‚gelehrten Räte‘ gewannen dabei zunehmend an Einfluss gegenüber den alteingesessenen adligen Standes-Räten. Die Habsburger und die königsnahen süddeutschen Fürsten zählten zu den ersten, die bereits um die Mitte des 15. Jahrhunderts weltliche Juristen als Räte engagierten. Da diese zuvor nicht selten einige Jahre in Italien oder Südfrankreich verbracht hatten, fanden mit den Gelehrten Räten zugleich humanistische Vorstellungen Eingang in die Fürstenhöfe. Der Einsatz gelehrter Juristen für diplomatische Aufgaben und für die Neuordnung des Gerichtswesens diente nicht zuletzt dazu, den eigenen Hof in der Konkurrenz mit anderen Fürsten- oder Bischofshöfen als besonders ‚modern‘ dastehen zu lassen.

Um Missverständnissen vorzubeugen: Mit den neuen Geheimen und Gelehrten Räten wird die alte, öffentlich-kollegiale Beratung des Herrschers nicht abgeschafft, sondern lediglich verändert. In Form des Hofrats wie auch der geheimen fürstlichen und später städtischen Räte entwickeln sich die kollegialen Organe des Ratschlusses im ausgehenden Mittelalter sogar zu festen Einrichtungen, die bald ein eigenes Gewicht gegenüber dem Monarchen gewinnen. Dabei war entscheidend, dass die sporadisch einberufenen Hoftage und ihre Beratungsgremien im Zuge komplexer werdender Verwaltungsaufgaben zu festen Einrichtungen heranwuchsen, die dauerhaft tagten. Aus den landesfürstlichen Räten entstanden auf diese Weise im späten Mittelalter ‚Regierungen‘, die nach dem Vorbild des königlichen Rats die Verwaltung der Landesherrschaft übernahmen. Seit dem 13. Jahrhundert sollten die Landesfürsten keine Neuerungen mehr einführen, ohne zuvor den ‚Großen Rat‘ um Zustimmung zu fragen, in dem die *maiores et meliores terrae* versammelt waren.

Die Begriffe Heimlicher Rat, Geheimer Rat oder *consilium secretissimum* waren also nicht nur auf eine Person zu beziehen, sondern ebenso auf eine zusammentretende Versammlung entsprechender Personen: eine Kollegialbehörde, in der geheime, große und besonders wichtige Sachen abseits vom offiziellen Fürstenrat erörtert wurden.[4] Dazu zog man sich *in abditas cameras*, in ‚abgelegene Kammern‘, zurück. Freilich warf dies bisweilen Legitimationsprobleme auf, war doch das Verhältnis zum ‚offiziellen‘ fürstlichen Rat ungeklärt. Der Kurfürst von Brandenburg führte daher 1647 die ‚Wirklichen Geheimen Räte‘ ein. Was aber soll damit gemeint sein? Lucian Hölscher versucht, das Durcheinander der Räte zu entwirren: *Wirkliche Geheime Räte* werden demnach „diejenigen geheimen Räte genannt, die nicht außerhalb der Residenz die Geschäfte des Fürsten besorgten, sondern tatsächlich im fürstlichen Rat anwesend waren.“[5] Später nutzt man den Titel dazu, verdiente Mitglieder des Kollegialorgans gegenüber den einfachen Geheimräten besonders auszuzeichnen.

Ein Berater des Souveräns ist also seit dem Spätmittelalter per Definition ein Heimlicher oder Geheimer Rat. Der Begriff des Sekretärs taucht im Deutschen dagegen erst recht spät auf, nimmt dann aber die ältere Bedeutung des vertrauten Ratgebers auf: So findet sich ein früher Beleg im 15. Jh.: *sîn heimlicher rât und secrêtâri.*[6] Das Mittelhochdeutsche Wörterbuch führt als Übersetzung für den ‚Secretarius‘ zwei Bedeutungen an: einerseits ‚schreiber, geheimschreiber, beeidigter Schreiber‘, andererseits aber auch den Vertrauten des Fürsten, also ‚einer mit dem ein fürst oder herr etwas heimlichs redt‘.[7] Hier deutet sich eine Bedeutungsverschiebung an, die zu dem uns vertrauten Begriff des Sekretärs (und dann der Sekretärin) überleitet – und später auch zu dem gleichnamigen Möbelstück: Denn in dem Maße, wie die Verwaltung im Umfeld des Herrschers auf Schriftlichkeit umgestellt wird, übernehmen die vertrauten Berater zunehmend auch Schreibaufgaben. Der Medienwandel beeinflusst hier ganz direkt die Beratungsverhältnisse: Unter den Bedingungen der Mündlichkeit koordiniert der Sekretär die heimlichen Beratungen. Mit dem Übergang zur Schriftlichkeit wird er zum (Geheim-) Schreiber, der für die Abwicklung und Geheimhaltung des königlichen Schriftverkehrs sorgt. Dass dieses Buch nicht wirklich von dem berühmten Philosophen stammt, tut dabei nichts zur Sache. Entscheidend ist, dass hier, im 13. Jahrhundert, der königliche Berater zu einer Art Geheimschreiber erklärt wird. Später, mit Einführung der Schreibmaschine, die das Schreiben zu einer Art Manufakturarbeit macht, wird der Sekretär durch die Sekretärin ersetzt. Wollte man ausdrücken, dass der (männliche) Sekretär mehr als ein subalterner Angestellter war, musste man ihm schon den Titel eines *Staats*sekretärs oder *General*sekretärs verleihen, der selber wiederum Sekretäre und Sekretärinnen unter sich hatte. Wieder anders verhält es sich mit dem (ebenfalls männlichen) *Privat*sekretär: Diese Funktion bleibt bis heute von Schrift, Geheimnis und persönlicher Nähe umwittert.

Den Wandel des Sekretärs vom vertrauten Berater zum Geheimschreiber des Königs sollte man jedoch nicht zu früh ansetzen: Wohl bis zum Ende des 13. Jahrhunderts bezeichnet *secretarius* im staatlichen Bereich den vertrauten königlichen Berater; ab dem 14. Jahrhundert wird damit wohl zunehmend der Geheimschreiber oder Sekretär gemeint sein. Um 1500 genießen diese fürstlichen oder Stadtschreiber hohes Ansehen und gehören von nun an fest zur Funktionselite der frühneuzeitlichen Staaten. Die Sekretäre bilden dabei selbst ein hohes Ethos aus, das, wie Jan-Dirk Müller zeigt, einerseits auf der Teilhabe an dem Geheimwissen der Herrschaft beruht und andererseits auf der – eher weltfremden – Idee, in direkter Nachfolge der umfassend gebildeten antiken Rhetoren zu stehen.[8] Als kultivierte Männer im direkten Umfeld des Königs sind sie aber stets mit reichen Privilegien ausgestattet, um ihrem Herrn notfalls auch in Sondermissionen dienen zu können.

In den Selbstdarstellungen der königlichen Sekretäre stilisieren sich diese gern als enge Berater des Souveräns. Anthoine de Laval etwa, Geograph des französischen Königs und nicht eigentlich sein Sekretär, sieht doch in der Profession des ebenso weltläufigen wie verschwiegenen, gebildeten wie im Studium der Machtpraktiken geübten Sekretärs den idealen Königsberater: „Indem wir unseren Sekretär Gestalt annehmen sehen, mag es uns naheliegend erscheinen, ihn uns plötzlich als großen Staatsmann zu wünschen: als jemanden, der nicht nur sein eigenes Amt auszufüllen vermag, sondern auch das eines Kanzlers, eines Ratgebers des Staats".[9] Die „Sekretärsdämmerung", von der Peter Sloterdijk im Hinblick auf den Humanismus des 15. und 16. Jahrhunderts spricht, geht im Wesentlichen mit der Entstehung von Akten und Archiven ganz neuen Ausmaßes einher. Deren Anwachsen – nicht nur, aber auch durch den Güterverkehr mit der Neuen Welt – führt zu einer Flut neuer Posten. In Frankreich beispielsweise steigt die Zahl der königlichen Sekretäre in der Großen Kanzlei von der Mitte des 16. Jahrhunderts bis 1661 von 60 auf 509. Diese Posten sind so lukrativ, dass sie zum Gegenstand eines regen Handels werden, über den sich nun auch Bürgerliche Zutritt in den engsten Machtbereich erkaufen.[10]

Das Thema Heimlichkeit bleibt dabei virulent, denn neben der Ablage, sprich: Archivierung, geht es in den Verwaltungsstrukturen des frühneuzeitlichen Staates immer auch um die Geheimhaltung der politisch relevanten Briefe, Depeschen und Urkunden des Königs. Der vertraute Berater und verschwiegene Geheimnisträger bleibt also auch im neuen Typus des Sekretärs erhalten, und diese Heimlichkeit wird in der politischen Theorie des frühneuzeitlichen Fürstenstaates weiterhin entschieden positiv gefasst. Noch für Georg Philip Harsdörffer, der im 17. Jahrhundert eine Schrift über den *Teutschen Secretarius* verfasst, „sind die Secretarii Fürstliche und Gräfliche Räthe / weil sie allen geheimen Rathschlägen beywohnen." Und ihr Ansehen ist nicht eben gering, wie Harsdörffer hinzufügt: „Das Ambt und die Würde eines Secretarii ist so hoch geachtet / Daß es von Francesco Sansovino und anderen mit der Engel Dienste / verglichen." [11]

## Meister der paradoxen Intervention: Hofnarren als Berater

Ich möchte nun noch einen weiteren Typus von Berater vorstellen, auf den man im Rahmen einer Geschichte der Beratung vielleicht nicht ohne weiteres kommen würde: den Hofnarren. Er ist seit dem späten Mittelalter immer häufiger ein fester Bestandteil der königlichen Hofhaltung in Europa.

Narren scheint es an vielen Herrscherhöfen gegeben zu haben, im Altertum, im Mittelalter und bis weit in die Neuzeit hinein. Ihr Ursprung liegt möglicherweise in den besonders rigiden Despotien des Orients, wo, wie Clemens Amelunxen es ausdrückt, „die Herrscher absolut und die Untertanen meistens gehorsam sind".[12] Wohl durch die Kreuzzüge erfahren sie dann eine Renaissance auch im Westen, wo wir seit dem hohen und besonders seit dem späten Mittelalter wieder Narren an den Höfen finden. Wie die Geheimen Räte hat auch der Narr direkten und dauerhaften Zugang zum König, doch anders als sie ist er mit dem Privileg einer schier unbegrenzten Redefreiheit ausgestattet. Da er selbst nicht adlig ist, kann er wie die gelehrten, bürgerlichen Juristen-Räte als ein *Externer* gelten, der es gleichwohl bis in den innersten Zirkel der Macht geschafft hat. Dabei ist auch für ihn das Vertrauen des Monarchen die entscheidende Lebensversicherung: Und wie die Gelehrten Räte muss auch er stets befürchten, dass der Fürst ihm sein Vertrauen von heute auf morgen entzieht.

Die Geschichte des Hofnarren ist aber auch deshalb für unsere Geschichte der Beratung aufschlussreich, weil es heutzutage in Beraterkreisen seltsam beliebt ist, Coachs und Consultants als moderne Hofnarren zu titulieren, die die – oft undankbare – Aufgabe hätten, ihren Auftraggebern auf geistreich-erhellende Weise einen Spiegel vorzuhalten (ohne dass sich dadurch aber in der Organisation viel verändern würde).[13]

Was aber zeichnet den Narren als Berater aus? Zunächst einmal scheint er eine besondere Beziehung zur Wahrheit zu haben, weiß doch schon der Volksmund, dass Kinder und Narren gewöhnlich die Wahrheit sprechen. Das freimütige Aussprechen scheint denn auch eine Haupteigenschaft des Narren zu sein, von der man bereits in der Bibel lesen konnte. In *Sirach* 21,29 heißt es, dass ein Narr seine Zunge nicht im Zaum halten könne. In bildlichen Darstellungen wird ihm daher oft der Finger auf den Mund gelegt. Im Mittelalter, das Wert darauf legte, erst zu denken und dann zu reden, war dies alles andere als ein Kompliment. Und doch scheint die beratende Funktion des Narren gerade mit seiner Fähigkeit zum Aussprechen von Dingen zusammenzuhängen, die ein anderer vielleicht niemals gesagt hätte! Den Narren berechtigt dazu seine sprichwörtliche „Narrenfreiheit", die – im Zeitalter von Status, Hierarchie und strenger Etikette – im Kern eine beinahe unbegrenzte Redefreiheit war.

Das Wort ‚Narr' ist etymologisch mit der Narbe verwandt und geht auf die verwachsene Frucht ohne Kern, die taube Nuss zurück. Das englische *fool* und das Französische *fou* (von lat. *follis*) im Sinne von ‚leerer Sack ohne Inhalt' geht in die gleiche Richtung. Im übertragenen Sinn meint ‚Narr' also eine missgebildete menschliche Kreatur, der die zur Gotteserkenntnis nötige Seele fehlt. Dabei unterscheidet man im Mittelalter zunächst *natürliche* und *künstliche* Narren. Natürliche Narren sind Menschen, die wir heute als (geistig) Behinderte bezeichnen würden. Im Mittelalter werden sie oft zusammen mit körperlich Verkrüppelten dargestellt. Hauptmerkmale dieser Narren sind ihre geistigen Defizite, weshalb der natürliche Narr *insipiens* oder *instultus* genannt wird. Dies geht regelhaft mit einer Leugnung Gottes und seines Heilsplans einher, wofür sich einmal mehr eine Grundlage in der Bibel finden lässt. So heißt es am Anfang von Psalm 52: „Der Narr sprach in seinem Herzen: Es gibt keinen Gott." (*Dixit insipiens in corde suo: Non est deus.*).

Seit dem 13. Jahrhundert bilden sich feste Darstellungsformen für den Narren heraus. Zunächst trägt er eine Keule, dann die typische Marotte: einen Stab mit Narrenkopf, wahrscheinlich als eine Art Pendant zum Zepter des Königs. Später wird daraus ein Spiegel, in dem der Narr sich selbst betrachtet, was auf seine Selbstverliebtheit und mangelnde Gotteserkenntnis verweisen soll. Die Schellen an seiner bunten, Patchwork-artigen Kleidung und die Narrenkappe, bald mit den typischen Eselsohren, ergänzen das Bild. Im ausgehenden Mittelalter wird der Narr schließlich zur allegorischen Chiffre für den neu entdeckten Menschen und zum Signum einer Epoche. Es entsteht eine breite Narrenliteratur: Sebastian Brants populäres *Narrenschiff* (1494) wie auch das *Lob der Torheit* (1511) des Erasmus von Rotterdam sind Schlaglichter dieser neuen Mode. Mit der humanistischen Inflationierung der Narrenidee verliert aber der Berufsnarr zwangsläufig an Bedeutung. Denn wenn prinzipiell alle Menschen Narren sind, braucht es keine professionellen Hofnarren mehr. Fortan lebt der Narr vor allem im Karneval weiter, in der närrischen Zeit einer verkehrten Welt, in der für ein paar Tage die Ordnung auf den Kopf gestellt wird.

Doch in welcher Weise können nun die Narren eigentlich als Berater verstanden werden? Bereits die behinderten, die ‚natürlichen Narren‘, dienten am Hof nicht nur zur kuriosen Belustigung. Sie hatten darüber hinaus eine mahnende und warnende Funktion, sollten sie doch den Herrscher an seine Vergänglichkeit erinnern. So wird berichtet, dass bereits in der Antike dem siegreichen Herrscher auf dem Schlachtfeld bisweilen ein entstellter Sklave folgte, um jenen daran zu erinnern, dass bald schon alles ganz anders kommen kann. Wichtiger aber wurden im Spätmittelalter die *künstlichen* Narren, solche also, die ihre Dummheit nur vortäuschten.

106

Die Quellen berichten nun immer wieder von herausragenden, klugen und geistreichen Narren, deren Wortwitz den Hof auch zum Nachdenken brachte. Einige von diesen Spezialisten der närrischen Beratung erlangten eine gewisse Berühmtheit, und bisweilen muss wohl auch die Bezahlung durchaus üppig gewesen sein. Berühmte Vertreter waren etwa Kunz von der Rosen, Lieblingshofnarr von Kaiser Maximilian I., von dem verschiedene geistreiche Streiche überliefert sind; Joseph Fröhlich, der Hofnarr Augusts des Starken mit dem sprechenden Namen; oder die französische Närrin Marthurine, die sogar den Hofklatsch drucken ließ und auf eigene Rechnung verkaufte.

Besonders anschaulich kommt das Verhältnis des närrischen Beraters zu den professionellen Räten des Königs in einer Erzählung des Johann Kurtz zum Ausdruck, die sich auf einem Straßburger Einblattdruck von 1510 findet: Der König will einen Krieg führen, worin ihn der eigens einberufene Rat seiner weisen Ratgeber einmütig bestärkt. Lediglich Heinz Narr, der diese Beratung hinter einer Tür stehend mit spitzen Ohren verfolgt, ist anderer Meinung. Als er später wieder mit dem König allein ist, rät er ihm unter Hinweis auf die Folgen des Kriegszugs – Tod, Verwüstung und Niedergang – dringend von dem Unternehmen ab. Den Beratern wirft er vor, nur schmeichelnde Günstlinge zu sein, die dem König nach dem Mund reden. Der König sieht seinen Fehler ein und folgt schließlich dem Rat seines Narren. Die Weisen mit ihren unausgegorenen, falschen Ideen dagegen lässt er mit ihrem Rat sitzen – was dem Land ein lange währendes Glück beschert. Kurzgefasst: *Ein narr gab seinem herren ain guten rat / was guts auß frid und übels auß krieg erstat / Der herr volgt dem narren und kainem seinem rat / als dann yetz in der welt umbgat.*[14]

Der Narr erscheint in der Perspektive als externer Berater, der gerade deshalb seine Unabhängigkeit und seinen klaren Blick bewahren kann, weil er nicht eigentlich dazu gehört – und daher auch nicht korrumpierbar ist. Ihm gegenüber stehen die Höflinge und offiziell bestellten Räte aus dem Umfeld des Königs, die sich als rückgratlose Schmeichler entpuppen und ihrem Herren nach dem Mund reden, weil sie sich unmittelbare Vorteile aus dem Kriegszug versprechen. Die Herrschenden, so lässt sich der Appell lesen, sollten öfter mal auf unabhängige Stimmen hören als auf ihre unkritischen Günstlinge. Der Inbegriff einer solchen unabhängigen Stimme ist der Hofnarr.

Später werden Hofnarren sogar verbeamtet. In Frankreich gibt es erstmals um 1500 einen „Fou du Roi en titre d'office", also ein offizielles Amt als königlicher Hofnarr. Der Narr bekommt einen Hofrang und wird in das komplizierte Zeremonialschema aufgenommen. Man könnte meinen, dass damit auch sein Status als Externer in Gefahr ist, doch behält er auch innerhalb des höfischen Zeremoniells eine Sonderstellung und ist direkt dem Fürsten unterstellt. Im 17. Jahrhundert gibt es kaum einen Herrscher, der keinen Narren hält, wobei der sächsische Hof in Dresden als narrenfreudigster gilt. Im deutschsprachigen Raum taucht mit der einsetzenden Titelinflation dann ebenfalls eine neue Amtsbezeichnung auf: Die Hofnarren werden in den Rang eines „kurzweiligen Tischrates" erhoben und mit den entsprechenden Privilegien ausgestattet. Wenn jeder einen Titel hat, kann auch der Spaßmacher nicht mehr einfach nur Hofnarr heißen. Davon träumt auch Hans Jakob Christoffel von Grimmelshausens Simplicius, wenn er sich (in dem 1668 in Nürnberg erschienen *Simplicissimus*) vorstellt, er würde wohl, wenn man ihn nur genug foppen täte, „mit der Zeit einen großartigen Tischrat abgeben, mit dem man auch die größten Herrscher der Welt erfreuen und selbst Sterbende zum Lachen bringen könne."[15]

Versucht man, die Form der närrischen Beratung zu beschreiben, dann stößt man auf einen wichtigen Unterschied zu den ansonsten im Mittelalter üblichen Formen des *consilium*. Denn der Narr besitzt eine Sonderstellung am Hof, weil er aufgrund seiner Außenseiterrolle keinen eigenen Platz in der feudalen Ordnung hat und dennoch – oder gerade deswegen – ganz nah am König sein kann. Systemtheoretisch (und mit Walter Schwertl) formuliert, „ist der Narr zwar Aktant am Hofe, aber in seiner schwachen Verkoppelung ist die Interaktionsdichte zwischen ihm und den anderen höfischen Kommunikanten wenig ausgeprägt."[16] Der mit dem Rechtsprivileg der Redefreiheit ausgestattete Narr gehörte also dazu und zugleich nicht dazu, weswegen an ihm sehr schön das erkennbar wird, was man mit Alfons Bora die „paradoxe Aufgabe" der Beratung nennen könnte: „zugleich ‚drinnen' und ‚draußen' sein zu können, dem Beratenen zu helfen, dies aber nicht um den Preis des Verlusts der Autonomie des Beraters".[17]

So ist der Hofnarr als Berater zugleich *extern* und *intern* positioniert: Er besitzt Narrenfreiheit, weil er aufgrund seines Geburtsmakels außerhalb der sozialen Hierarchie steht und daher mit seinen Reden die feudale Ordnung nicht in Frage stellen kann – selbst nicht in ihrem Zentrum, beim König. Er darf daher das, was niemand sonst darf, der Teil dieser Ordnung ist – und schon gar nicht die zur Beratung einbestellten Vasallen: das gekrönte Oberhaupt duzen, kritisieren, verlachen. Als Außenstehender und also von außen Beobachtender, der zugleich ein Insider mit Stabsstelle beim König ist, kann (und muss!) der Narr alles aussprechen, was ihm auf der Zunge liegt. Er kann munter sein gefährliches Halbwissen einsetzen und dabei, sofern er es raffiniert genug anstellt, auch unangenehme Wahrheiten vor den König bringen. In der Regel erwächst ihm daraus keine Gefahr, weil er als Narr ja nicht an die Etikette und die Konventionen des Systems gebunden ist, in dem er agiert. Auf diese Weise kann er Dinge artikulieren, die innerhalb der höfischen Gesellschaft eigentlich nicht besprechbar sind.

Damit hält der Narr einen durchaus nützlichen „Kontingenzspielraum" offen, wie Peter Fuchs dies gut systemtheoretisch nennt: einen Raum für durchaus irritierende „Alternativenkommunikation", die in der starr hierarchischen, gottgegebenen Ständegesellschaft eigentlich nicht vorgesehen ist.[18] Man könnte auch sagen: Der Narr weiß – und darf es aussprechen –, dass am Ende alles vielleicht ganz anders kommt und dass die herrschende Ordnung eigentlich eine Unordnung ist. Aufgrund seiner Externalität, die ihm gestattet, das System von außen zu beobachten, vermag er etwas, das wir heute als die spezifischen Leistungen eines Beraters erkennen können, nämlich routinierte Abläufe in produktiver Weise zu verstören. Irritationen und Überraschungen taugen oftmals mehr, will man den Beratenen zum Umbau operativer Handlungsschemata bewegen, als Beifall und Affirmation.

Die soziale Sonderstellung des Narren verbindet sich dabei mit einer kommunikativen Eigentümlichkeit der närrischen Beratung, die man die ‚Uneigentlichkeit' der Ratschläge nennen könnte. Das, was der Narr dem König rät, streicht er durch sein anschließendes Lachen gleich wieder durch. Wir kennen dieses Prinzip heute noch aus der karnevalistischen Büttenrede, wo jede Invektive mit einem „Tätää-tätää-tätää" abgeschlossen und zugleich als komisch, also nicht ernst zu nehmen markiert wird. In der närrischen Beratung konnte auf diese Weise, so hat Peter Fuchs das Prinzip in die Terminologie der Systemtheorie übersetzt, „die Selektion der Information durch die Selektion der Mitteilungsform konterkariert werden". Das heißt: „Der kommunikative Anschluss (Lachen) löschte die Information (etwa die Invektive) und bestätigte, dass das Närrische (die Raffinesse einer durch die Mitteilung *zugleich gegebenen wie eliminierten Information*) gelungen war."[19] Der Rat war auf diese Weise gegeben und doch auch wieder zurückgezogen. Auf jeden Fall aber war er ausgesprochen und damit in der Welt. Der König musste nun selbst entscheiden, was er damit machte.

Ein närrischer Rat konnte auch die Form einer paradoxen Intervention annehmen. Von Nasreddin Hodscha, einem Hofnarren des türkischen Kaisers, der möglicherweise im 13. Jahrhundert gelebt hat und noch heute im Orient mit seinen Schelmengeschichten weit bekannt ist, wird folgende Anekdote berichtet: Als sein Herr ihn um Rat gebeten habe, ob er eine Gruppe von in Ungnade gefallenen Offizieren exekutieren lassen solle oder nicht, habe Nasreddin empfohlen, mit den Todesurteilen nicht zu zögern; schließlich würden er, Nasreddin, und sein Kaiser mit den anrückenden Feinden leicht allein fertig werden. Der Kaiser habe daraufhin eine Weile nichts mehr gesagt und die untreuen Offiziere schließlich begnadigt.[20]

Ein Hofnarr konnte seinen Rat aber auch in ein Rätsel verpacken. Kunz von der Rosen soll einmal, als er von Kaiser Maximilian I. nach seiner Meinung zu einem Friedensangebot gefragt worden war, mit einer

Gegenfrage geantwortet haben: Wie alt man ihn, Kunz, denn schätze. Nach einigem Raten habe er dann gesagt, er müsse über 200 Jahre alt sein, denn er habe immerhin schon zwei (!) Friedensabkommen erlebt, die jeweils für 100 Jahre abgeschlossen worden seien. Der Kaiser musste sich auch hier seinen eigenen Reim auf diesen im Rätsel verklausulierten Rat machen.

Das Besondere an der närrischen Beratung ist also ihre ausgeprägte Unverbindlichkeit: Kein Rat kommt weniger direktiv daher und lässt sich leichter überhören als der Rat des Hofnarren. Konnten die Vasallen den Herrscher mit ihren Ratschlüssen politisch gehörig unter Druck setzen, so hatte der Rat des Hofnarren keinerlei Autorität – ja, er war vielfach als Ratschlag gar nicht einmal zu erkennen. Allenfalls, wenn denn der König so wollte, als abwegige Hypothese eines Außenseiters, spielerisch-witzig dahingeworfen, in der sich aber vielleicht doch eine Wahrheit verbirgt? Der Ball ist damit jedenfalls wieder beim König, der ganz allein mit sich zu Rate gehen muss, welche Bedeutung er dem durchgestrichenen Ratschlag seines Hofnarren beimessen will.

## Der Untergang der Hofnarren und der Aufstieg der Mätressen

Es ist ohne Zweifel die Aufklärung, die das endgültige Aus des Hofnarren an den Höfen der frühen Neuzeit einläutet. Im anbrechenden Zeitalter der Vernunft passen die lustigen Possenreißer nicht mehr recht ins Bild einer amtlichen Hofhaltung. Nach und nach müssen die einst vom Hof nicht wegzudenkenden Hofnarren ihren Platz räumen. Gelegentlich wird aber noch ein anderer Grund für ihr Verschwinden angeführt: Die immer stärker werdende Stellung der fürstlichen Mätressen nämlich, die, wie der Historiker Rainer A. Müller dramatisch formuliert, „zum Todfeind des Hofnarren avancierten".[21] Der Rechtshistoriker Clemens Amelunxen sieht das ähnlich: „Die Hofnarren, erprobte Käpfer gegen Firlefanz, Eitelkeit und Aberwitz der Hofkamarilla, werden nicht von Männern, sondern von Frauen besiegt."[22]

Außereheliche Favoritinnen der Fürsten hatte es immer gegeben, und sie waren ein beliebtes Ziel des närrisches Spottes. Noch im 16. Jahrhundert mussten derartige Beziehungen aufgrund der vorherrschenden restriktiven Moralvorstellungen allerdings geheim gehalten werden. Das ändert sich im späten 17. und 18. Jahrhundert, als das intime Verhältnis zur Mätresse mit der Liberalisierung der Sitten und dem neuen Ideal der „Galanterie" rasch enttabuisiert wird. Man dispensiert den Fürsten nun von dem allgemein herrschenden Sittenkodex, wodurch seine Mätressen plötzlich einen ungeheuren Einfluss am Hof erlangen können. Einige von ihnen machen regelrecht Karriere und treten gar in direkte Konkurrenz zur Fürstin oder zum Premierminister. Vorreiter ist auch hier Frankreich, wo es analog zum verbeamteten Hofnarren bald so etwas wie eine ‚verbeamtete Mätresse‘ gibt, wie der offizielle Titel „Maitresse du Roi en titre" anzeigt.

Und dies betrifft nicht zuletzt ihre Funktion als Beraterin: Durch ihre ständige, intime Nähe zum Herrscher, als „Herrin des fürstlichen Schlafzimmers", so Clemens Amelunxen, kann sie nicht nur direkten Einfluss auf die Regierungsgeschäfte nehmen. Sie ist nun endlich auch in der Lage, sich für den erlittenen Spott an ihrem Erzfeind, dem Hofnarren, zu revanchieren und den Monarchen vor die Alternative zu stellen: „Er oder ich".[23] Aufgrund dieser engen, vertrauensvollen Nähe zum Herrscher dürfte die Mätresse spätestens im 18. Jahrhundert eine Institution darstellen, die in einer Geschichte der Beratung nicht fehlen darf. Und dies zumal, da es sich um eine Einrichtung handelt, bei der die Frauen endlich zu politisch einflussreichen Beraterinnen aufsteigen konnten (und dies nun nicht mehr nur im Schutz der Heimlichkeit).

Meist handelt es sich bei den Mätressen um erwachsene Frauen, die schon einmal mit einem Mann aus dem niederen Adel verheiratet waren und mit diesem an den Hof gekommen waren. Man kann sie daher als soziale Aufsteigerinnen bezeichnen, die über eine Liebesaffäre einen Karrieresprung anpeilten. Nicht selten unterstützten ihre Männer sogar den Aufstieg nach Kräften, weil sie dadurch ihrerseits zu Günstlingen an den absolutistischen Fürstenhöfen avancierten. Erst später, im 19. Jahrhundert, wird die Mätresse mit der bürgerlichen Revolution und dem heraufdämmernden Puritanismus zur Prostituierten herabsinken.

Die wohl berühmteste aller Mätressen war Madame de Pompadour. Für König Ludwig XV. fungierte sie als eine Art Privatsekretärin und gehörte so zu seinen engsten politischen Beratern, die einen ganz eigenen Zugang zum König hatte: Bei ihr fallen gewissermaßem Schriftverwaltung und Liebesverwaltung zusammen. Sie unterstützte darüber hinaus Wissenschaftler, Schriftsteller und Künstler, ließ Schlösser und Sommerhäuser errichten und wurde nicht müde, im Schloss von Versailles rauschende Feste zu veranstalten. Sie schuf aber auch ein Theater und inszenierte sogar ihre eigenen Stücke, Opern und Ballette. Freilich wurde eine derart in der Öffentlichkeit exponierte Frau schnell auch für nationale Misserfolge verantwortlich gemacht. So schoben die Franzosen „der Pompadour" im Siebenjährigen Krieg mit England gern einmal die Schuld für Niederlagen in der Schlacht zu und bewarfen ihre Kutsche mit Dreck und Steinen, wenn sie durch die Stadt fuhr. 1750 kam es zur Trennung vom König. Die Gründe dafür wurden nie vollends aufgeklärt, aber man vermutet heute einen wachsenden Einfluss der Kirche. Madame de Pompadour wurde von der Geliebten zur Freundin des Königs herabgestuft, was ihren Einfluss kaum schmälerte.

Es gibt freilich schon ältere Beispiele dafür, dass die Mächtigen dieser Welt sich im Zweifelsfall lieber ihren Frauen als ihren Beratern und Helfern anvertrauen. So erzählt der mittelalterliche Roman von Alexander dem Großen, wie dieser sich einst eine Taucherglocke bauen ließ, um nach seinem Siegeszug um die Welt endlich auch den Meeresboden zu erkunden. Bei der Frage, wem er die Kette, an der die Glocke hängt (und damit sein Leben), in die Hand geben soll, entscheidet er sich gegen seinen vertrauten Ratgeber und für seine Frau, die Königin (Mätressen waren in dieser Zeit des Hochmittelalters als Gegenstand des Erzählens noch kaum vorstellbar). Doch damit ist die Geschichte noch nicht zu Ende, denn die Königin kann (oder will?) die Kette nicht halten und lässt sie durch ihre Hände gleiten. Es wäre nun um ihn geschehen gewesen, wenn Alexander nicht doppelt Vorsorge getroffen hätte: Für den Fall der Fälle hat er nämlich einen Hahn mit an Bord genommen, dem er sogleich den Kopf umdreht, als er merkt, dass da oben etwas schief gegangen ist. Er, der Weitgereiste, kennt nämlich die Geheimnisse der Seefahrt und weiß, dass das Meer kein Aas in seinen Tiefen duldet und daher die Tauchglocke mit dem toten Federvieh umgehend an die Oberfläche befördern wird.

So viel zum Thema Vertrauen. Es scheint also hilfreich, dass der beratene Akteur stets noch über ein paar weitere Geheimnisse verfügt, die er von niemandem verwalten lässt, „von keinem Sekretär und keiner Favoritin", wie Horst Wenzel anmerkt.[24]


## Machiavelli & Co: Die neuen Fürstenberater leben gefährlich

Wir haben sehen können, wie das alte System von ‚Rat und Hilfe‘ sicherstellte, dass die Berater adlig und also aus demselben Holz geschnitzt waren wie der Beratene, der König. Auf diese Weise bestand ein überindividuelles Vertrauensverhältnis zwischen dem Ratsuchenden und seinen Ratgebern, das sich durch ihre Zugehörigkeit zur selben gesellschaftlichen Schicht ergab. Ich habe die typische Beratungssituation im mittelalterlichen *consilium* daher der *internen* Beratung zugeordnet, da die Berater vorrangig nach Zugehörigkeit ausgewählt wurden und (noch) nicht nach Kompetenz. Dies ändert sich, als seit dem hohen Mittelalter neben den adligen Räten zunehmend auch ‚Gelehrte (bürgerliche) Räte‘ aufsteigen, für die der Geburtsadel kein Einstellungskriterium mehr ist. Bei ihnen sind nun vielmehr Beratungskompetenz und juristische Expertise gefragt. Doch mit dem Aufstieg dieser neuen, *externen* Berater wird plötzlich das Vertrauensverhältnis zwischen dem Fürsten und seinen Beratern prekär. Denn wie soll der Fürst herausfinden, ob sein Berater ihm wirklich sagt, was er denkt? Möglicherweise wird er ihm nur das sagen, wovon er glaubt, dass er es hören will, oder wovon er denkt, dass es ihm nützt, wenn er danach handelt.

Diese Frage beschäftigt auch den Diplomaten und Fürstenberater Niccolò Machiavelli. Das 23. Kapitel seines Traktates *Il principe* widmet sich den Beratern des Fürsten, deren Auswahl für Machiavelli von höchster Bedeutung ist. „Schmeichler muß man meiden" lautet der programmatische Titel des Kapitels, der das Hauptproblem der Beraterauswahl gleich beim Namen nennt. Um das Schlimmste zu vermeiden, schlägt der Florentiner folgendes Verfahren vor: „Es gibt nämlich kein anderes Mittel, Schmeicheleien zu vermeiden, als den Menschen beizubringen, daß sie dich nicht beleidigen, wenn sie dir die Wahrheit sagen. Doch wenn dir jeder die Wahrheit sagen darf, so fehlt es dir gegenüber an der Ehrerbietung." Ein kluger Fürst, so Machiavelli, müsse daher entsprechend vorsorgen und einen dritten Weg einschlagen, nämlich „für seine Regierung weise Leute auswählen, denen allein er die Freiheit geben soll, ihm die Wahrheit zu sagen, und dies auch nur über die Dinge, nach denen er fragt. Doch soll er sie auf jeden Fall um Rat fragen, ihre Meinungen anhören und dann seine Entscheidung nach Belieben fällen." Wichtig sei, dass er ihren Ratschlägen stets die entsprechende Wertschätzung entgegenbringt: „Gegen jeden einzelnen dieser Ratgeber soll er sich so verhalten, daß jeder merkt, daß er ihm um so willkommener ist, je freimütiger er redet. Außer diesen soll er niemandem Gehör schenken."[25]

Es hört sich also ziemlich kompliziert an, die passenden Berater auszuwählen, und wenn einem dies nicht gelingt, dann wird auch manch anderes danebengehen. Denn die Klugheit der Berater hängt für Machiavelli von der Klugheit des Fürsten ab: „Daraus ist der Schluss zu ziehen, daß gute Ratschläge, woher sie auch kommen mögen, meist auf die Klugheit des Herrschers zurückzuführen sind und nicht seine Klugheit auf gute Ratschläge."[26] Dass gute Beratung gleichwohl das A und O einer gelingenden Herrschaft ist, wird aber nicht in Frage gestellt. Im Gegenteil: „Ein Herrscher soll sich daher stets beraten lassen, aber nur, wenn er es selber will, und nicht, wenn es die anderen wollen; vielmehr soll er jedem den Mut nehmen, sich ihm mit einem Rat zu nähern, wenn er nicht gefragt ist. Doch soll er selber unentwegt Erkundigungen einziehen und bei allem, was er fragt, geduldig die Wahrheit anhören. Und wenn er merkt, dass man sie ihm aus Rücksicht nicht sagt, so sollte er sich darüber erregen."[27] Der Fürst muss sich also an eine Reihe von Grundsätzen halten und vor seinen potentiellen Beratern generell auf der Hut sein. Wir sehen in diesem Misstrauen gegenüber den Räten bereits erste Anzeichen einer Entwicklung, die in der Neuzeit voll zum Tragen kommen wird: Das Ratgeben und Rat-Einholen gerät immer mehr zum Problem, denn es kann dem Fürsten nun als Schwäche ausgelegt werden. Daher ist es für diesen wichtig, seine Ratgeber klein und stets in Schach zu halten.

Darauf insistiert auch Rainer Paris, der eine eigentümliche Beziehungs-struktur von Macht und Beratung in Machiavellis Theorie hervorhebt: „Der Ratgeber ist hier nicht nur Ratgeber, sondern auch Knecht. Wissensüber-legenheit und überragende Fähigkeiten sind legiert mit Abhängigkeit und Mindermächtigkeit, die Ehrgeiz und Intriganz züchten. Deshalb muß der Fürst grundsätzlich mißtrauisch sein und sich genau überlegen, wem er Zugang gewährt."[28] Wir sehen nun klarer: Dieses Problem konnte im mit-telalterlichen Vorgängersystem des *consilium et auxilium* gar nicht auftreten: Da der Herrscher dort keine Knechte als Berater zuließ, sondern nur Adlige wie ihn, am besten Verwandte und Getreue, konnte er mit guten Gründen darauf hoffen, dass sich Ehrgeiz und Intriganz in engen Grenzen hielten (wenngleich das Hoffen auch hier nicht immer geholfen hat).

Das ist herausfordernd für den Fürsten, aber kaum weniger heikel für seine Ratgeber. Denn um überhaupt Zugang zum Machthaber zu gewinnen, muss der Berater ihn davon überzeugen, dass sein Rat nützlich und gewinn-bringend für ihn ist. Er muss, so Rainer Paris, seinen Sachverstand zeigen und dabei doch unterwürfig bleiben; „er muß sich in die Weltsicht, Sorgen und Stimmungen des Fürsten einfühlen, ohne ihm das Gefühl zu geben, er wolle sich einschmeicheln."[29] Und selbst im Erfolgsfall konnte der Fürst sein Vertrauen jederzeit wieder entziehen und den Berater zur Rechenschaft ziehen. Dafür musste ein Rat gar nicht immer ins Debakel geführt haben; oft reichte schon der leiseste Verdacht, um den Berater, gelinde gesagt, vom Hof zu jagen. Gerade die frühere Intimität des Vertrauensverhältnisses kann hier in hemmungslose Wut und Rage des Herrn umschlagen.

Beispiele dafür, was passieren kann, wenn der Herrscher seinem bevorzugten Berater plötzlich das Vertrauen entzieht, lassen sich leicht finden. Ich gebe eines aus dem ausgehenden 15. Jahrhundert, als der Welfenherzog Heinrich der Ältere als Gelehrten Rat einen bürgerlichen Juristen, nämlich den Leipziger Bürgersohn Johannes Stauffmel (*Stoffmel*), einstellte. Der neue Rat wurde mehr als ordentlich ausgestattet und zu Ostern 1497 sogar mit einem Schloss belehnt. Damit war er faktisch fast in den Rang eines Adligen aufgestiegen. Er verstand es offenbar schnell, das Vertrauen des Herzogs zu gewinnen, denn im fürstlichen Rat zog der Herzog ihn allen anderen vor. Es gab niemanden, auf den er mehr hörte, keinen anderen Berater, der dem Herzog vertrauter gewesen wäre. So konnte der Leipziger Bürgersohn stolz auf ein quasi-adeliges Leben und eine angesehene Stellung im inneren fürstlichen Rat blicken – bis sein Aufstieg plötzlich ein jähes Ende fand.

Die Historikerin Eva Schlotheuber, die die Prozessakten des Falles im Niedersächsischen Staatsarchiv Wolfenbüttel auswerten konnte, erzählt das, was im Juli 1499 geschah, wie einen Krimi:[30] „Es war hoher Morgen des 15. Juli 1499, als der Herzog bewaffnet auf Schloss Neubrück ritt und in die Kammer stürzte, wo der Doktor gemeinsam mit seiner Gemahlin im Bett lag. Der Rat wollte eben nach seinem Hemd greifen, da er nichts anderes als den gewohnt vertrauten Besuch erwartete, als der Herzog den Überraschten ergriff. Er hätte ihn auf der Stelle ohne jede gerichtliche Untersuchung (*sine iudicio et absque examinatione*) mit eigener Hand zu Tode gebracht, hätten ihn seine Begleiter nicht daran gehindert. So ließ der Herzog den Rat in der Residenz Wolfenbüttel einkerkern und durch den Henker der Stadt Braunschweig unter Folter verhören.“

Freilich war das Schicksal des Angeklagten längst besiegelt: „Wenige Tagen später kam das Ende: Stauffmel wurde gerädert und geviertelt, erlitt eine *mors turpissima,* einen unehrenhaften Tod." Vierteilung und Rädern waren zu jener Zeit Strafen für Untreue und Hochverrat, und genau dies wurde dem Rat vorgeworfen: dass er geheime Pläne des Herzogs an seine Gegner verraten und ihm anvertraute Schriftstücke weitergegeben habe. Gleichwohl wurden diese Anschuldigungen nie bewiesen, sondern nur durch ein (unter Folter erzwungenes) ‚Geständnis' belegt. „Das schreckliche Ende des herzoglichen Vertrauten", so Eva Schlotheuber weiter, „erschütterte die Region, der Hildesheimer Bürgermeister Henning Brandis schreibt mit einem Seufzer des Entsetzens, die Schuld oder Unschuld Stauffmels sei niemals geklärt worden: [...] *unde en wort nicht openbare warhaftig edder schynlike schult vor gerichte entopent. Here got.*"

Das Leben eines in den inneren Zirkel der Macht aufgestiegenen bürgerlichen Rats ist also nicht ungefährlich – für beide Seiten. Auch Herzog Heinrich der Ältere zog aus dieser unschönen Episode Konsequenzen und verzichtete danach für geraume Zeit auf die Neueinstellung gelehrter, nicht-adliger Räte.

Nicht ganz so drastisch, aber ebenfalls wenig erfreulich endete die Karriere von Niccolò Machiavelli selbst, dem vielleichten bekanntesten Fürstenberater überhaupt. Sein Buch *Der Fürst*, in gewisser Weise „selbst ein Beratungsangebot an den Fürsten Lorenzo de Medici"[31], zogen noch viele spätere Generationen von Herrschenden zu Rate. Als das bahnbrechende Werk erschien, das ihm den Ruf eines bedeutenden Staatsphilosophen einbrachte, war sein Autor jedoch schon einige Jahre tot. Zuletzt führte er ein Leben in Armut auf dem Lande, nachdem er der Verschwörung bezichtigt und aus seinen Ämtern entfernt worden war. Wie Stauffmel wurde auch er gefoltert, doch danach nicht umgebracht, sondern auf seinen ererbten Bauernhof verbannt.

Dabei bekam dieser „Patriarch der skrupellosen Machtkonsultanten"[32] am eigenen Leib nicht so sehr den Vertrauensverlust seiner alten Herren zu spüren, sondern die Folgen eines unerwarteten Machtwechsels. Als die Medici wieder das Ruder in Florenz übernahmen, stand Machiavelli plötzlich ganz oben auf einer Säuberungsliste. Zuvor hatte er in den oberitalienischen Stadtstaaten über Jahre im Konzert der Mächtigen mitgemischt und die Position von Florenz als Berater und Gesandter zu sichern gesucht. 1498 vom Großen Rat von Florenz zum Sekretär und Leiter der Zweiten Staatskanzlei ernannt, wurde der humanistisch gebildete Sohn eines verarmten Anwalts schnell mit dem rauen Klima der Realpolitik konfrontiert. Er avancierte zum Verhandlungsführer und Gesprächspartner der Großen, einer Art „Hypersekretär" (Peter Sloterdijk), der sich auf internationalem Parkett bestens bewegte und vor seinem Sturz sogar mit Kaisern und Päpsten verhandelte.

In der Widmung an Lorenzo de Medici skizziert der aus dem politischen Leben verbannte Machiavelli in seiner Fürstenlehre am Ende noch einmal ganz unbescheiden den Nutzen, den gerade „ein Mann aus drückendsten und niedrigsten Verhältnissen" als Berater für den Fürsten haben kann. Dazu wählt er einen Vergleich mit der zu jener Zeit beliebten Malerei: „denn wie die Landschaftszeichner ihren Standpunkt in der Ebene suchen, um die Beschaffenheit der Berge und hochgelegenen Orte zu überschauen, und auf Berggipfel steigen, um die Beschaffenheit der Täler zu betrachten", deklamiert Machiavelli, „so muß man Herrscher sein, um das Wesen der Völker zu durchschauen, und man muß ein Mann des Volkes sein, um das Wesen der Herrscher zu erkennen."[33]

Aufs Innigste vereint Machiavelli, der Hinausgeworfene, hier noch einmal den Fürsten und seinen Berater zu einem Traumpaar gelingender Herrschaft im Zeichen sich wechselseitig erhellender Beobachterperspektiven. „Was der Berater dem Machthaber anbieten kann", so kommentiert Heinz Bude die Stelle, „ist die Vervollkommnung seiner selbst in der Perspektivenverschränkung von oben und unten. Die Macht bedarf einer ‚Beobachtung zweiter Ordnung', wodurch sie ein Verhältnis zu sich selbst gewinnt."[34]

## „Paradiesvögel der Bürokratie":
## Zum Beispiel der Geheimrat Goethe

Bald erhebt man die Heimlichen Räte nicht nur in Frankreich, sondern auch in Deutschland in den Rang von Beamten. Das Grimm'sche Wörterbuch notiert entsprechend: „beamtete, die wichtige und geheim zu haltende ratschläge in staatssachen ertheilten, heiszen heimliche räthe".[35] Unter den Männern (immer noch keine Frauen!), die man nun zu Geheimräten im unmittelbaren Umkreis der Fürsten ernennt, finden sich bedeutende Schriftsteller, Philosophen und Naturwissenschaftler – wie etwa der Philosoph und Wissenschaftler Gottfried Wilhelm Leibniz oder der Romantiker-Dichter Joseph Freiherr von Eichendorff. Durch die Verbindung ihrer bürokratischen Amtspflichten mit zum Teil herausragenden künstlerischen oder wissenschaftlichen Leistungen stechen hier Persönlichkeiten hervor, die Peter Sloterdijk recht treffend als „Paradiesvögel der Bürokratie" bezeichnet hat.[36] Den wohl berühmtesten dieser Künstler-Räte will ich zum Schluss dieses Kapitels kurz vorstellen – auch weil er sich später als ein scharfer Kritiker des Ratgebens erweisen wird: Johann Wolfgang Goethe.

Am 7. November 1775 verlässt der bereits studierte Jurist und erfolgreiche Schriftsteller Goethe seine Frankfurter Heimat und macht sich auf nach Weimar. Hier will er sich als Ratgeber im Umfeld des jungen, charismatischen Herzogs Karl August von Sachsen-Weimar und seiner Mutter, der den Künsten zugetanen Herzogin Anna Amalia, bewähren. Ganz gezielt sucht „der genialische Überflieger" nun eine Tätigkeit „auf platter Erde", wie Rüdiger Safranski in seiner Goethe-Biographie bemerkt, um sich selbst vor den Einseitigkeiten eines Literatenlebens zu schützen.[37] Aber er schätzt es natürlich auch, nicht lediglich von seinen unregelmäßigen Dichter-Honoraren leben zu müssen. Der junge Fürst des Miniatur-Herzogtums, das gerade mal 80 000 Seelen zählt, ist seinerseits glücklich, seinen Hof mit dem berühmten Dichter und Denker, einem Repräsentanten des neuen, aufgeklärten Geistes, schmücken zu können – einer Art „Rockstar" des

Sturm und Drang.[38] Fast scheint es, als eifere er dem großen Preußenkönig Friedrich II. nach, der den berühmten französischen Philosophen Voltaire für eine Weile als Ratgeber und Begleiter an seinen Hof in Potsdam holte (ehe beide im Streit wieder auseinandergingen). Goethe findet bei dem jugendbewegten Herzog Karl August, dem er bald in einer lebenslangen Freundschaft eng verbunden ist, ein durchaus unterhaltsames Leben mit Jagden, Mädchen und Trinkgelagen vor. Und schon bald führt Goethe diesen Kreis als kurzweiliger Unterhalter und Ideengeber an.

Er stellt die Literatur einstweilen zurück (abgesehen von den Gedichten, die er in seine zahlreichen Briefe einstreut), um sich den ihm obliegenden Amtsgeschäften zu widmen. Neben der Literatur, den Künsten und den Wissenschaften auch das „Regieren" zu erlernen, ist sein erklärtes Lebensprogramm für die Weimarer Zeit. Hier wird er – gemeinsam mit Johann Gottfried Herder, Christoph Martin Wieland und Friedrich Schiller – die Literaturepoche der *Weimarer Klassik* prägen. Nach einigen Monaten zur Eingewöhnung ernennt der Herzog Goethe im Juni 1776 zunächst zum ‚Geheimen Legationsrat' und macht ihm großzügige Geschenke. Das noch unter dem vollen Geheimrat angesiedelte Amt beinhaltet immerhin ein Gehalt von 1200 Talern und einen Sitz sowie eine Stimme im ‚Geheimen Consilium', dem höchsten Regierungsorgan des Herzogtums. Für die alteingesessenen Räte ist das ein Affront! Der Vorsitzende des Geheimen Consiliums tritt zunächst aus Protest gegen die Berufung eines ‚Schöngeistes' ohne Berufserfahrung zurück; der Herzog kann ihn nur mit Mühe zum Weitermachen bewegen. Kurz darauf überträgt der Herzog Goethe die Zuständigkeiten für alle Bergwerksangelegenheiten des Landes. Im Jahr 1779 befördert man ihn endlich zum ‚(Wirklichen) Geheimen Rat'. Er steht nun auch der Kriegs- und Wegebau-Kommission vor. An Charlotte von Stein, seine langjährige Geliebte, schreibt er voller Stolz: „es kommt mir wunderbar vor daß ich so wie im Traum, mit dem 30ten Jahre die höchste Ehrenstufe die ein Bürger in Teutschland erreichen kann, betrete."[39]

Der Herzog belohnt das politische Engagement seines Freundes außerdem damit, dass er 1782 den Kaiser Josef II. ersucht, den bürgerlichen Goethe in den erblichen Adelsstand zu erheben. Von nun an kann er sich Johann Wolfgang *von* Goethe nennen und auch offiziell an der herzoglichen Tafel speisen. Er wird nun außerdem zum Kammerpräsidenten – eine Art Finanzminister – ernannt (allerdings ohne den Titel des Präsidenten) und erhält vom Herzog ein standesgemäßes Haus. Auf verschiedenen diplomatischen Reisen begleitet Goethe Karl August und fungiert dabei u. a. als Geheimschreiber, also eine Art Sekretär.

Goethe ist nun, im Jahr 1782, auf dem Gipfel seiner Amtskarriere: Mehr als das, was er erreicht hat, kann ein Bürgerlicher in Weimar nicht erreichen. Seine politischen Erfolge jedoch sind mäßig. Immerhin kann er für sich verbuchen, dass er in dem ständig klammen, immer nah am Staatsbankrott segelnden Kleinstaat Weimar eine Reduzierung der Streitkräfte von über 500 auf 136 Mann durchsetzt (wodurch der Herzog sein bescheidenes Kriegsspielzeug verloren hatte). Nicht immer fällt Goethe die Doppelexistenz zwischen dem Schriftsteller und dem Regierungsbeamten leicht, kann er dafür sorgen, dass sich „Amtsschimmel und Pegasus" (Rüdiger Safranski) nicht in die Quere kommen. Nach einigen Jahren, als seine poetische Quelle zu versiegen droht, nimmt er schließlich mit Zustimmung des Herzogs eine Auszeit und reist 1786 für beinahe zwei Jahre nach Italien. Dort will er sich von dem südlichen Lebensstil neu inspirieren lassen. 1788 kehrt er gestärkt zurück und gibt die meisten seiner politischen Funktionen ab, behält aber Ämter und Titel. Er widmet sich nun vorrangig seiner literarischen und wissenschaftlichen Tätigkeit. Erst 1791 nimmt er wieder regelmäßig am Geheimen Consilium teil.

Die ganz großen politischen Herausforderungen stehen freilich erst noch bevor: die Französische Revolution im Jahr 1789 (die Goethe entschieden ablehnte) und die anschließenden Kriege gegen Napoleon sowie, in deren Folge, die Niederlage Preußens und der Untergang des Heiligen Römischen Reiches Deutscher Nation im Jahr 1806. Nach der Schlacht bei Jena und Auerstedt, die nahe an Weimar heranreicht, gerät Goethe in unmittelbare Gefahr, alles zu verlieren: den Herzog, seine Ämter, sein Leben. Nach der siegreichen Schlacht ziehen die Franzosen plündernd in Weimar ein. Goethe hat Glück und kommt glimpflich davon; auch das Herzogtum Weimar wird am Ende von Napoleon verschont und darf unter der Führung seines Herzogs bestehen bleiben. Schließlich wird Goethe für sein literarisches Schaffen sogar von Napoleon persönlich geadelt und – ebenso wie Wieland – 1808 mit dem Orden der Ehrenlegion geschmückt (den Goethe fortan öfter trägt, als seinem Herzog lieb ist). Mit der Restauration und Neuordnung durch den Wiener Kongress nach Napoleons Niederlage erhält Weimar den Rang eines Großherzogtums zugesprochen. Dies geht mit erheblichen Gebietszuwächsen einher, und Goethe darf sich nun ,Staatsminister' nennen, obwohl er von vielen Tätigkeiten nach wie vor befreit ist. Er gehört dem Ministerrat faktisch gar nicht mehr an, sondern wirkt nun – bei steigendem Gehalt – lediglich beratend im Hintergrund. Im Jahr 1825 feierte erst der Großherzog Karl August und dann sein Freund und Berater Goethe ihr 50-jähriges Dienstjubiläum in Weimar. Drei Jahre später stirbt Karl August überraschend auf der Rückreise von Berlin. Am 23. März 1832 stirbt Goethe mit 83 Jahren in Weimar.

Wir können an seinem Beispiel sehen, dass die Vervielfältigung der Geheimnisträger in den Archiven, Kanzleien und Bibliotheken im 17. und 18. Jahrhundert zu einer regelrechten Titelschwemme in der Behördenorganisation führt. Die ursprüngliche Funktion des Geheimen Rates, wichtige Informationen auf einen kleinen Kreis von Geheimnisträgern zu beschränken, verliert schnell an Bedeutung. Der Geheimrat wird stattdessen zum Regierungsbeamten, später zum Minister. Gleichwohl halten sich die alten Titel zum Teil bis heute. So avanciert der Hofrat, der zunächst den Angehörigen der gleichnamigen, von Kaiser Maximilian I. errichteten Behörde meinte, im Jahr 1765 zum Titel für hohe österreichische Beamte. Zwischenzeitlich wieder abgeschafft, wird der Hofratstitel in Österreich bei der Behördenreform 1873 wiederbelebt und für nachgeordnete Dienststellen erneut eingeführt (etwa für Leiter zentraler Ämter, hohe Beamte der Statthalterei oder als Auszeichnung für Hochschul- und Gymnasiallehrer). Noch heute findet er als Amtstitel (Hofrat, Wirklicher Hofrat) Verwendung, so in der Finanzlandesdirektion, bei der Polizei oder in der Universitätsverwaltung. Bis heute verleiht der österreichische Bundespräsident den Berufstitel *Hofrat* an Verwaltungsbeamte.

Und so ist es am Ende vielleicht gar kein Widerspruch, dass auch der Wirkliche Geheimrat Johann Wolfgang von Goethe dem Ratgeben in persönlichen Dingen – wie viele seiner Zeitgenossen – ziemlich kritisch gegenüberstand. Denn das Ratgeben, so gibt er im Gespräch mit Eckermann zu Protokoll, verstoße gleich zweifach gegen die Regeln einer aufgeklärten Gesellschaft selbstbestimmter Individuen: Es liege darin „von dem, der einen Rat verlangt, eine *Beschränktheit*, und von dem, der ihn gibt, eine *Anmaßung*."[40]

Besser lassen sich die wachsenden Vorbehalte der Moderne gegen das Ratgeben wohl nicht auf den Punkt bringen. Von dieser anwachsenden Kritik am Raten und Beraten handelt das nächste Kapitel.

# Kapitel 5

# Das aufgeklärte Subjekt geht mit sich selbst zu Rate

## Krise und Kritik des Ratgebens auf dem Weg in die Neuzeit

„Ich frage mich verwundert, wer euch diesen Unsinn geraten hat, dass ihr, der ihr mir so viel Leid angetan habt, glauben könnt, dass ich jemals eure Frau werde?", fragt Königin Laudine den Ritter Iwein, der ihr soeben seine Liebe gestanden hat. „Mit riet es niemand anderes als ich selbst", antwortet Iwein. „Und wer riet es Euch, um Gotteswillen?" „Das tat das Gebot meines Herzens." „Wer aber riet es nun dem Herzen?" „Dem rieten es die Augen." „Und wer riet es den Augen?" „Ein Rat, über den ihr froh sein könnt: eure Schönheit und niemand sonst."[1]

Der Held des mittelalterlichen Iwein-Romans beruft sich in seiner Liebeserklärung auf eine seltsame Beratung, die er ganz mit sich allein abgemacht hat. Die Autorität, die von diesem Ratschluss ausgeht, ist enorm – fast ein Gebot. Sie unterstreicht das Gewicht, das das Mittelalter dem Beraten beimisst. Mit dem Hinweis auf den bindenden Rat in seinem Inneren bringt Iwein rhetorisch geschickt die Alternativlosigkeit seines Tuns zum Ausdruck: Weil er an den Rat gebunden ist, kann er gar nicht anders, als Laudine zu lieben, auch wenn dies zu jenem Zeitpunkt eine abwegige Idee ist – immerhin hat er kurz zuvor ihren Mann im Kampf getötet. Und doch gelingt es ihm mit diesen Worten, die umworbene Königin am Ende von der Aufrichtigkeit seiner Absichten zu überzeugen. Es handelt sich bei dieser ‚inneren Beratung‘, technisch gesehen, um eine Allegorie, einen poetischen Kunstgriff also, mit dem der liebende Dichter einen unsichtbaren, nämlich psychischen Prozess in das vertraute Bild einer äußerlich sichtbaren Beratung kleidet. All jene Instanzen, die nach mittelalterlichem Verständnis am Zustandekommen der Liebe beteiligt sind – Schönheit, Augen, Herz und Geist – werden als handelnde Personen vorgestellt, die einen gemeinsamen Ratschluss treffen, der Iwein, den ‚Herrscher‘ über die Affekte und Persönlichkeitsanteile, bindet. Wir würden heute vielleicht sagen: Das Votum seiner ‚inneren Stimmen‘ hat ihm keine andere Wahl gelassen. Der über 800 Jahre alte Roman zeigt sehr schön auf, wie wir uns Beratung auch als einen inneren Prozess vorstellen können. Doch von dieser Art des übertragenen Sprechens im Hinblick auf das Raten und Beraten macht keineswegs nur die Literatur Gebrauch. Ich möchte in diesem Kapitel vielmehr zeigen, dass in der Geschichte der Beratung schon sehr früh die Idee auftaucht, dass man sich ja auch mit sich selbst beraten kann und dass diese Form des inneren Mit-sich-zu-Rate-Gehens sogar Vorteile gegenüber den herkömmlichen Prozeduren der externen Beratung haben kann. Im Übergang zur Neuzeit scheint sich diese Idee dann flächendeckend durchzusetzen – jedenfalls in den ‚aufgeklärten‘ Gesellschaften des Westens. Das klassische Beratungsgespräch gerät dabei sogar in eine ernste Krise, weil plötzlich die Selbstberatung den als autonom vorgestellten Individuen als höchstes Ziel gilt.

Aber was soll das eigentlich heißen: „mit sich selbst zu Rate gehen“? Das Ratschlagen und Beraten stellt man sich im Grundsatz doch als ein mehrstimmiges, interaktives, also von mindestens zwei Menschen erzeugtes Kommunikationssystem vor: Das Orakel will befragt werden, bevor es eine Antwort gibt, und auch die kostenpflichtige Beratung der Sophisten findet im Gespräch statt. Vor allem Sokrates ist berühmt dafür geworden, dass er sein beratendes Philosophieren in Form des Dialogs betrieb: als einen Prozess des Entfaltens (*dia-légein*) eines Themas im Gespräch zwischen zwei oder mehr Personen. Für einen ‚normalen‘ Beratungsprozess braucht es daher im Prinzip mindestens zwei Mitspieler – dies gilt für *transitive* wie für *reflexive* Formen der Beratung gleichermaßen: einen Ratsuchenden und einen Ratgeber, die heute, je nach Kontext, Patient und Therapeut, Klient und Berater, Coachee und Coach heißen können (im Fall eines Ratgeberbuches auch Autor und Leser). Denkt man an eine Ratsversammlung wie beim mittelalterlichen Hoftag oder der Versammlung der Eidgenossen in Schillers *Wilhelm Tell*, beim Business-Meeting oder in der Bürgerinitiative, dann sind sogar noch mehr Stimmen an der Beratung beteiligt.

Die Vorstellung, dass wir auch in uns selbst einen Ratschluss treffen können, setzt voraus, dass wir in unserem Inneren mehrere Stimmen (oder gar Persönlichkeitsanteile) antreffen und aufrufen können. Dass eine innere Reflexion des Ratsuchenden notwendiger Bestandteil jedes Beratungsprozesses ist, konnten wir schon sehen: Jeder Ratschlag, den wir erhalten, stimuliert bei uns einen inneren Prozess des abwägenden Nachdenkens über diesen Rat. Denn die Ratsuchenden werden innerhalb der Semantik von Rat und Tat grundsätzlich als autonom gedacht: Sie bestimmen zu jedem Zeitpunkt selbst, was sie tun oder lassen wollen. Daher stimuliert und intensiviert die (externe) Beratung stets auch eine Form der (internen) Selbstberatung, ein Mit-sich-zu-Rate-Gehen der Ratsuchenden. Die in der zweiten Hälfte des 20. Jahrhunderts entstehenden, nicht-direktiven und ressourcenorientierten Beratungsansätze setzen, wie wir noch sehen werden, ganz gezielt auf die Stärkung dieses autokonsultativen Moments.

Doch der grundsätzliche Zusammenhang zwischen *Konsultation* und *Autokonsultation* ist so alt wie das Beraten selbst: „Die Fähigkeit, den Rat anderer Menschen einzuholen“, so Thomas Macho, „hängt zusammen mit der Fähigkeit, mit sich selbst zu Rate zu gehen“.[2] Es wundert daher nicht, dass sich die Philosophen schon früh mit der Verbindung von Beratung und Selbstberatung befasst haben. Bereits im Altertum gibt es Ansätze, den Rat auch und sogar zuvörderst als eine dem Subjekt innewohnende, also *innerpsychische* Tätigkeit zu verstehen: als ein abwägendes Nachdenken,

Überlegen oder Entziffern, wie wir es noch heute im deutschen Verb *raten* (im Sinne von ‚ein Rätsel lösen') oder im englischen Verb *read* finden können. Nicht zuletzt zeugt eben jene schöne Redewendung des Deutschen davon, dass man „mit sich zu Rate geht", wenn man über ein Thema abwägend nachdenkt.

Man kann diese Form der Selbstberatung, bei der eine einzelne Person vor einer Entscheidung mit ihren inneren Stimmen (oder Persönlichkeitsanteilen) in ein virtuelles Beratungsgespräch eintritt, auch als die Fähigkeit zum (mehr oder weniger stummen) Selbstgespräch bezeichnen. Sie kann integraler Bestandteil eines Beratungsprozesses sein, wie oben beschrieben, oder aber für sich stehen und die externe Beratung überflüssig machen, wie es auf dem Weg in die Neuzeit mehr und mehr geschehen wird. Je tiefer die Tatsache ins Bewusstsein der Leute eindringt, dass der Mensch mit der „Spezialfähigkeit zur Reflexion" ausgestattet ist, wie es der Soziologe Niklas Luhmann einmal formuliert hat,[3] umso mehr gerät die alte Kunst des Ratgebens unter Sonderbeobachtung. Denn wenn der Mensch imstande ist, einen Dialog mit der Stimme der Vernunft in seinem eigenen Inneren zu führen, dort also, wo er der Herr im Haus ist – wozu braucht er dann noch teure und überdies möglicherweise sogar unzuverlässige ‚Fremd'-Berater?

Außerdem kennt man sich doch selbst bekanntlich am besten! Was liegt also näher – ist die Fähigkeit zur Selbstreflexion einmal erkannt –, als sich selbst mit guten Ratschlägen zu versorgen? Das ganze Ratgebergeschäft wird damit plötzlich zweifelhaft, und zwar umso mehr, je weiter man die Reflexionsfähigkeiten des Menschen ausspannt: Je mehr geistige Potentiale sich in seinem Inneren auftun, umso unpassender scheint es zu werden, ihm Ratschläge von außen aufzudrücken – auch wenn sie gut gemeint sind. Letztendlich handelt es sich bei gutem Rat dann eher, wie Goethe es im Gespräch mit Eckermann nennt, um eine „Anmaßung".

Die von Humanismus und Aufklärung eingeleitete, stetig fortschreitende Säkularisierung trägt dann wohl das ihre zu dieser Entwicklung bei. In dem Maße nämlich, wie die Verweltlichung des Lebens die Abhängigkeit von charismatischen Ratgebern wie Priestern oder Propheten reduziert, wächst der Druck auf die neuen Subjekte, die Taten und Entscheidungen, die von ihnen erwartet werden, mit sich selbst abzuklären. So haben sich die Verhältnisse an einem bestimmten Punkt unserer Geschichte radikal verändert: Galt in den alten Kulturen derjenige als geistesschwach, der in wichtigen Fragen auf Rat verzichtete, so kehrt die Neuzeit diesen Grundsatz um: Wer über das Mit-sich-selbst-zu-Rate-Gehen hinaus noch andere Ratgeber braucht, offenbart eine bedenkliche Geistesschwäche, eben eine „Beschränktheit", um bei Goethes Wortwahl zu bleiben. Immer öfter wird nun die Nachfrage nach Rat und Hilfe als Unfähigkeit zur Selbstreflexion, sprich: Selbstberatung interpretiert.

Ich möchte zunächst einmal verstehen, was das eigentlich genau heißen soll: „mit sich zu Rate gehen"? Wie hat man sich das vorzustellen? Offensichtlich handelt es sich ja, wie der mittelalterliche Iwein-Roman zeigt, um eine Metapher – denn wir können uns ja nicht *wirklich* in mehrere Personen aufteilen, um unsere Teilpersönlichkeiten miteinander beratschlagen zu lassen. Auch wenn neuere Beratungsmethoden genau dies suggerieren, wenn sie mit ‚inneren Stimmen', einem ‚inneren Team' oder mit ‚inneren Ratgebern' arbeiten, gilt es festzuhalten, dass das lediglich Vorstellungen sind, sprachliche Bilder oder eben Metaphern. Wenn wir sagen, dass wir mit uns selbst zu Rate gehen, dann tun wir genau das, was wir beim Ritter Iwein beobachten konnten: Wir modellieren einen *inneren* Prozess, nämlich das abwägende Nachdenken, nach dem Vorbild einer *äußeren* Beratung. Da der in unserem Inneren stattfindende Prozess selbst im Zeitalter der bildgebenden Verfahren unsichtbar bleibt, nehmen wir einen uns vertrauten, sichtbaren Prozess zur Hilfe, um uns das Unvorstellbare vorstellbar zu machen. Die Mehrstimmigkeit der externen Beratung nehmen wir uns zum Modell einer vermeintlichen Konferenz der inneren Stimmen, mit deren Hilfe das Subjekt sich selbst berät.

Vor diesem Hintergrund könnte man also Thomas Machos oben zitierten Satz, wonach das Beraten stets eine Fähigkeit zur Selbstberatung voraussetzt, auch umkehren: Denn die Vorstellung, dass wir *mit uns selbst zu Rate gehen* können, hängt damit zusammen, dass wir aus Erfahrung wissen, wie es ist, *mit anderen Menschen zu Rate zu gehen!* Die Beratung stimuliert also nicht nur eine Selbstberatung, sondern sie liefert auch ein Modell dafür, wie wir uns diese innere Selbstberatung bildlich vorstellen können – bis plötzlich jemand auf die Idee kommt, dass die innere Selbstberatung ja eigentlich ausreicht, dass wir sie auch selbst in Gang setzen können, ganz ohne äußeren Anstoß.

Ich möchte im Folgenden einige Stationen in der Geschichte der Beratung abschreiten, an denen recht erfolgreich daran gearbeitet wird, die uralte, hoch vertraute Praxis der Konsultation auf Autokonsultation umzustellen. Denn das, was ich den *Selbstberatungsimperativ der Neuzeit* nennen möchte, fällt nicht einfach vom Himmel. Er hat vielmehr eine Geschichte.

## Euboulía: Die Wohlberatenheit der griechischen Bürger

Sucht man nach den kulturellen und sprachlichen Wurzeln der Vorstellung, Beratung finde auch (oder sogar vor allem) in uns selbst statt, dann landet man wieder im antiken Griechenland, der Wiege unserer Kultur. Schon hier ist nämlich die Beratung sprachlich eng mit einer abwägenden Form der Selbstreflexion verknüpft: ‚Rat‘, griech. *boulé*, wird hier als Verbalnomen zum Verb *boúlestai* (‚wollen‘, ‚wünschen‘, ‚sich werfen auf‘) gebildet. Der Begriff meint, nach Auskunft des Historischen Wörterbuchs der Philosophie, „nicht in erster Linie den R[at], den man jemandem gibt (wie im Deutschen), sondern den R[at], den man selbst hegt: ‚Erwägung‘ und ‚Ratschluß‘.“ *Euboulía* heißt dementsprechend ‚Wohlberatenheit‘. Die Grundbedeutung von Rat in der griechischen Antike lässt sich daher als „sammelndes Innehalten angesichts des menschenbetreffenden Laufes der Dinge“ beschreiben. Daraus ergeben sich für den Begriff *boulé* (‚Rat‘) folgende Grundbedeutungen: „a) Eintritt in die Sammlung: ‚Erwägung, Überlegung‘, b) ihr Ausgang: ‚überlegter Wille, Ratschluß‘, c) ihre Situation selbst: ,Beratung, R[at]-Versammlung' und d) ihr Organ: R[at] als politische Institution.“[4]

Es gibt also, wie es scheint, im Griechischen gar keine von der Selbstberatung gänzlich unabhängige Vorstellung von Beratung. Und so, wie die ,innere Sammlung' das Sprachfeld des Rates im Altgriechischen dominiert, werden die Philosophen und Redner nicht müde, ihre geistige Reflexion am Bild eines inneren Gesprächs oder eben einer inneren Ratsversammlung zu modellieren. Platons oft zitierter Satz, das Denken sei „das Selbstgespräch der Seele“, bringt dies treffend zum Ausdruck, zumal dieses Selbstgespräch hier gerade nicht als Monolog gedacht ist, wie Klaus Oehler zeigt, sondern als Dialog, „der als solcher auf die alles Sprechen und Denken tragende Gemeinsamkeit mit den Mitmenschen und damit auf den Grund der Möglichkeit von Verständigung verweist.“[5]

Von dem Philosophen Sokrates berichtet sein Schüler Xenophon, er habe gar über eine Art ,inneres Orakel' verfügt. So soll Sokrates stets behauptet haben, von einer inneren „geistigen Kraft“ beraten zu werden – womit er sich völlig zu Unrecht eine Anklage wegen der Einführung neuer Götter eingehandelt habe. Denn diese geistige Kraft habe ihm lediglich Hinweise gegeben, wie er sich verhalten solle – gerade so, wie andere Menschen in Vogelzeichen, prophetischen Stimmen oder Orakelsprüchen nach Hinweisen für ihre Entscheidungen suchen.[6]

Aristoteles hat dann in seiner *Nikomachischen Ethik* die innere Fähigkeit zur Selbstberatung geradezu als ein sittliches Handlungsprinzip entworfen: als die Tugend der guten Überlegung oder „Wohlberatenheit“ (*euboulía*). Er meint damit die Fähigkeit des Menschen, durch innehaltendes und planendes Überlegen im Fluss des Zufälligen und Kontingenten das Richtige zu finden: „Der schlechthin Wohlberatene“, so Aristoteles, „ist der, der durch Nachdenken das höchste dem Menschen durch Handeln erreichbare Gut zu treffen weiß.“[7] Dieser Konzeption von Wohlberatenheit entspricht bei Platon die „Klugheit in eigenen Angelegenheiten“: Sie beruht auf vernünftiger Einsicht, die man im Zuge des dialogischen Philosophierens entweder von anderen gelernt oder selbst gefunden hat.[8] Auch Aristoteles versteht das Mit-sich-selbst-zu-Rate-Gehen, wie er es in der Theorie der Wohlberatenheit beschreibt, nicht als Gegensatz zur Beratung durch andere Menschen. Der Einzelne, der mit sich zu Rate geht, kann in schwierigen Fällen durchaus zusätzlich andere um Rat bitten, die dann mit ihm zu Rate gehen: „Bei den großen Sachen nehmen wir Berater hinzu, da wir uns selbst mißtrauen und uns nicht für fähig halten, allein zu entscheiden."[9]

Der Redner Isokrates, den man den Sophisten zurechnet, beschreibt die Fähigkeit zum autokonsultativen Selbstgespräch sogar als Kernkompetenz des menschlichen Geistes (oder der Seele): „Die spezifische Leistung der Seele besteht darin, in privaten und öffentlichen Belangen mit sich zu Rate zu gehen (*boúlestai*)". Und weiter: „Für wohlberaten (*eúboulous*) halten wir Leute, die *im Gespräch mit sich selbst* über die jeweiligen Angelegenheiten am besten befinden".[10]

Der mittelalterliche Dominikaner Thomas von Aquin, einer der einflussreichsten Philosophen und Theologen seiner Zeit, wird später an Aristoteles' Modell der ‚Wohlberatenheit' anknüpfen. Er gelangt zu der Auffassung, dass das *consilium* – die lateinische Entsprechung der *euboulía* – in der Untersuchung der Vernunft bestehe „über die Dinge, die zu tun sind". Dabei gehe es beim Beraten im Grunde darum, das eine mit dem anderen zu vergleichen. Das Beratschlagen sei mithin seinem Wesen nach „ein Vergleichen, was zwischen Mehreren stattfindet". Dieses *consilium* stellt er sich daher ebenfalls wie eine ‚innere Versammlung' vor, was er mit der (falschen) etymologischen Verwandtschaft von *consilium* und *considium* begründet: „Beratschlagung besagt eigentlich einen Vergleich, den mehrere anstellen. Ein Zeichen dafür ist auch das Wort selber: man spricht nämlich von consilium gewissermaßen als einem considium deswegen, weil viele zusammen sitzen zu einer gleichzeitigen Zusammentragung."[11]

So orientiert sich das Menschenbild des griechischen Altertums am Ideal des ‚wohlberatenen' Bürgers, der mit sich selbst zu Rate geht und vielleicht hie und da, wenn es wirklich kompliziert wird, den Rat eines Sophisten oder ‚echten' Philosophen in Anspruch nimmt. Als unverantwortlich gilt lediglich der, welcher *gar keinen* Rat hören will. Dies hatte vor fast drei Jahrtausenden bereits der Philosoph Hesiod zu Protokoll gegeben: „Freilich, der Treffliche ist, wer selber sich in allem Rat weiß … Tüchtig jedoch auch ist, wer horcht auf den klugen Berater. Doch wer der Einsicht bar, auch dem Rat aus anderem Munde sich zu verschließen begehrt, ist ganz unfähig und töricht."[12]

## Aufschlussreiche Sprachgeschichte: Rat, Vorrat und Hilfe im Deutschen

Nun hängt das Beraten auf den ältesten Sprachstufen nicht nur mit dem Sich-selbst-Beraten eng zusammen, sondern auch mit dem Anlegen eines *Vorrats*, dem vorausschauenden *Sich-Bevorraten*. Ehe sich die Bedeutungsspanne von ‚Rat' im Übergang zum modernen Deutsch verengt, war noch im Mittelalter der verbale ‚Rat' ein direkter Nachbar des materiellen ‚Vorrats'. ‚Rat' ist also in den alten Zeiten vor allem eine Ressource, und es ist reizvoll, von hier aus eine Linie zur Ressourcen-Orientierung der neueren, vor allem systemischen Beratungsansätze zu ziehen. Wir kennen heute noch den ‚Hausrat', aber auch das ‚Gerät' (das im Mittelalter ebenso eine Mehrzahl von Ratschlägen bezeichnen kann wie die materielle Versorgung). Ursprünglich bezeichnet der ‚Rat' wohl im weitesten Sinne die „(Besorgung der) Dinge, die zum Lebensunterhalt notwendig sind".[13] Noch im Mittelhochdeutschen steht *rât* als verbaler Ratschlag gleichberechtigt neben der materiellen Bevorratung.[14] In den ältesten Belegen, so meldet das *Deutsche Wörterbuch* der Brüder Grimm, nutzen Götter und Herrscher das Verb ‚raten', „um ihre Fürsorge für ihr Reich zu bezeichnen".[15]

Der ‚Rat' ist also ursprünglich ein uneingeschränkt positiver Begriff aus dem Sinnbezirk der lebensnotwendigen Versorgung, dem ‚Unrat', ‚Schaden' und ‚Verlust' gegenüberstehen. Er bezieht sich auf die lebenswichtigen Dinge, deren Bereitstellung lange Zeit in der Verantwortung des Stammesfürsten oder Königs lag. Innerhalb der aus dem Germanischen stammenden Wortfamilie von ‚Rat‘ lässt sich dann eine sprachliche von einer materiellen Form von ‚Rat‘ unterscheiden, wenn auch zunächst nicht scharf. Zu der ersten gehört neben dem ‚Ratschlag‘ und der ‚Ratsversammlung‘ auch der ‚Verrat‘ und der ‚Missrat‘. Zu der zweiten, materiellen Schicht zählt die ‚Bevorratung‘, aber auch der ‚Hausrat‘, der ‚Unrat‘ und das ‚Gerät‘.[16] In der Schweiz ist mit der landwirtschaftlichen ‚Beratung‘ der Bevölkerung noch heute die landwirtschaftliche Versorgung gemeint.

Versucht man, von diesem Begriffsfeld eine Verbindung zur griechischen ‚Wohlberatenheit‘ herzustellen, dann fällt wohl am ehesten der Aspekt von Fülle und Versorgung ins Auge. Die alte Vorstellung von ‚Rat‘ scheint an der Idee eines Reservoirs oder eben einer Ressource orientiert zu sein, die man von Zeit zu Zeit auffüllen muss, um gut oder wohlberaten vorangehen zu können. Der (nach germanischem Verständnis) ‚gut Beratene‘ wie der (nach griechischem Verständnis) ‚Wohlberatene‘ müssen eine ungewisse Zukunft nicht fürchten. Dazu hilft es, wenn nicht nur Rat, sondern auch Vor-Rat zuhanden ist, also überlebensnotwendige Dinge nicht gleich aufgebraucht, sondern angespart werden. Es schien den alten Kulturen unbedingt ratsam, einen Vorrat anzulegen – an Dingen wie Gedanken und Techniken, um in einer Zukunft, die sicher auch karge Zeiten bringen würde, überlebens- und handlungsfähig zu bleiben. Dazu trägt auch der verbale Ratschlag bei, den wir oben als gespeicherte (Über-)Lebenserfahrung gefasst haben.

Im Falle des Ratgeber*buches*, dessen Vorläufer bereits im Mittelalter auftauchen, ist der alte Zusammenhang von (sprachlichem) *Rat* und (sachlichem) *Vorrat* noch heute unmittelbar einsichtig. Das gilt einerseits, insofern das Buch, einmal angeschafft, als ‚stummer‘ Ratgeber im Regal stets ‚vor-rätig‘ bleibt. Zum andern geht die Produktion, wenn auch vielleicht nicht die Anschaffung des Ratgeberbuches, der konkreten Ratsuche voraus: „Der schriftliche, buchförmige Rat ist Vor-Rat“ auch in diesem Sinn, so Rudolf Helmstetter, denn „er kommt der Ratsuche zuvor.“[17] Wir werden unten sehen, dass Ratgeberbücher gar keine einzelnen Ratschläge erteilen, sondern immer schon eine Sammlung vorhalten, ein Kompendium oder eben einen Vorrat an nützlichem Rat.

Wie sehr das Mittelalter dieser ‚Be(vor)ratung‘ als erfolgversprechender Strategie der Reduktion von Zukunftsunsicherheit vertraut hat, zeigt eine weitere sprachliche Auffälligkeit: Der mittelalterliche Sprachgebrauch rückt ‚Rat‘ in unmittelbare Nähe zur ‚Hilfe‘ (mittelhochdeutsch *helfe*). ‚Rat und Hilfe‘ taucht nicht nur oft als Doppelformel auf (so etwa, wie wir sehen konnten, im Rechtssystem des *consilium et auxilium*), sondern die Begriffe sind auch semantisch nahezu austauschbar: Der Rat schließt die Hilfe gewissermaßen ein, ebenso die Hilfe den Rat, wie die Formulierung *ez wirt rât* zeigt: Sie hat die Bedeutung ‚es wird Abhilfe geschaffen‘. Ist guter Rat in Sicht, so weiß das Mittelalter, dann ist auch Hilfe auf dem Weg.

In der deutschen Wortgeschichte der Beratung bilden also die Versorgung, Bevorratung und helfende Unterstützung den Kernbereich eines weit aufgefächerten Begriffsfelds. Nahezu alle Bedeutungsaspekte des Ratens und Beratens sind darauf gerichtet, das Überleben zu sichern und die Unsicherheit der Zukunft wenigstens ein wenig einzudämmen. „Hinter allem steht die unstillbare Hoffnung“, so Bernhard Pesendorfer, „das Leben berechenbar, die Zukunft erratbar zu machen, die Zeichen der Zeit lesen zu können und Vorsorge treffen zu können gegen Not und Schicksal, Bosheit und Krieg.“[18]

## Gelassenheit:
## Der Heilige Geist als Ratgeber der mittelalterlichen Christen

Die Idee der ‚Wohlberatenheit‘ des Menschen, wie sie die griechische Antike hervorbringt, scheint auf den ersten Blick innerweltlich gedacht zu sein. Doch spätestens dann, wenn ein derart weiser Mensch mit sich über seine Zukunft zu Rate geht, stößt er auf die göttliche Vorbestimmung jedweden Schicksals. Er macht die Erfahrung, dass auch die griechische *eubolía* letztlich religiös fundiert ist, wie Adrian Steiner anmerkt: „Die Quelle der Wohlberatenheit liegt im Jenseits, in der Transzendenz des Ratschlusses der Götter."[19] Diesen ewigen und doch unergründlichen Ratschluss der Götter zu treffen, ist daher stets letztes Ziel aller menschlichen Beratungstätigkeit. Im christlichen Mittelalter nimmt dieser göttliche Beigeschmack der Wohlberatenheit dann noch einmal merklich zu. Über die Zukunft und das Leben des Menschen entschied nun voll und ganz der strenge, aber auch liebende Gott. An seinen Geboten hatten sich die Ratschläge der Menschen zu orientieren. Aber damit nicht genug: Mit Hilfe des Heiligen Geistes fungiert dieser dreieinige Gott sogar selbst als Ratgeber, der den Gedanken der Menschen Orientierung verleiht! „Hier rät er beständig zu Demut und Güte, das ist seine Form der Unterstützung", so beschreibt ein Laienprediger, der sich *Der arme Hartmann* nennt, im 12. Jahrhundert die Rolle des Heiligen Geistes. „Denn er rät alle die Dinge, die gut und richtig sind."[20]

Schon der Bibel galt das *consilium*, der Rat, als eine der sieben Gaben des Heiligen Geistes (*Jesaja* 11,2-3). Der Geist war und ist im katholischen Glauben neben dem (Gott-)Vater und dem (Gott-)Sohn dritter und ebenfalls unverzichtbarer Bestandteil der göttlichen Trinität. Über ihn kommuniziert der christliche Gott mit den Menschen. Stark vereinfacht kann man sich die mittelalterliche Vorstellung von der Arbeitsteilung der dreieinigen Gottheit etwa so vorstellen: Hatte Gott-Vater die Welt erschaffen, in die Gott-Sohn später hinabgestiegen war, um die sündige Menschheit zu erlösen, so wirkt Gott seit der Himmelfahrt des Sohnes durch den Heiligen Geist: Durch ihn eint er die Gläubigen unter dem Dach der Kirche, reinigt er, vor allem in der Taufe, ihre Seelen und stattet sie mit den wichtigsten Tugenden aus.

Die sieben Gaben des Heiligen Geistes sind erst in der Frühscholastik systematisiert worden, doch finden sie sich schon bei frühmittelalterlichen Autoren – wie etwa dem einflussreichen Bischof Isidor von Sevilla. Dieser präsentiert ein Modell, das sich in den folgenden Jahrhunderten weitgehend durchsetzen wird. Er stellt darin die sieben Gaben des Geistes wie folgt zusammen: Weisheit (*sapientia*), Verstand (*intellectus*), Rat (*consilium*), Tapferkeit (*fortitudo*), Wissen (*scientia*), Frömmigkeit (*pietas*) und Gottesfurcht (*timor*).

Doch wie können wir uns diese Gaben genau vorstellen, und wie speziell den Rat? Wird hier die zwischenmenschliche Beratungskommunikation durch einen inneren, göttlichen Rat ersetzt? Thomas von Aquin hat versucht, die dahinter liegende Vorstellung für das Alltagsleben der Christen verständlich zu machen.[21] Im Unterschied zur benachbarten Gabe der Weisheit, so führt er aus, geht es bei der Gabe des Rates um die Applikation der Klugheit auf das Tun, das sich in konkreten Handlungen vollzieht. „Was soll ich tun?" ist also auch für Thomas die Kernfrage der Beratung, und er ist mit seiner Erklärung recht nah bei Aristoteles' *euboulía*-Konzept. Stellt man nun die Frage nach dem richtigen Tun, so steht man unweigerlich vor einer Vielzahl von Unwägbarkeiten: Wir wissen eben nicht, was in der Zukunft passieren wird, und daher können wir auch nicht wissen, welches Handeln dort das Beste wäre. Und dennoch müssen wir uns für eine Option entscheiden.

Wir haben dieses Dilemma oben als generelle Zukunftsunsicherheit des Menschen erkannt, aus der zu jeder Zeit ein mehr oder weniger starkes Bedürfnis nach Rat erwächst. Aus Sicht der christlichen Religion ist dies nun besonders dramatisch, weil der Mensch den göttlichen Plan, der alles bestimmt, nicht kennen kann und doch auf Gedeih und Verderb von ihm abhängig ist. Theologisch lässt sich dies als eine „mangelhafte Zurüstung des Menschen" beschreiben, „angesichts der höchst komplexen Wirklichkeit, in der er sich ohne eine letzte Vervollkommnung nicht bewähren kann", so der Theologe Ulrich Horst.[22] Das heißt, der Mensch ist ein Mängelwesen, in dem selbst dann, wenn er sich durch seinen Glauben vollständig in die Hand Gottes gibt, ein Rest an Ungewissheit und Ungeborgenheit verbleibt. Die Gabe des Rates als Geschenk Gottes an die Gläubigen bewirkt nun, so Thomas von Aquin, dass genau diese Unsicherheit schwindet. Sie sorgt dafür, dass der mit sich zu Rate gehende Christenmensch eine wunderbare, durch göttliche Gnade gestiftete Gewissheit verspürt, die ihm auch noch den letzten Rest an Zweifel nimmt. Dabei handelt es sich um einen im eigentlichen Sinn charismatischen Rat (von griechisch *cháris*, ‚Gabe‘, ‚Geschenk‘), der eine Grundgewissheit spendet, die letztlich göttlichen

Ursprungs ist. Sie erlaubt dem Ratsuchenden, Entscheidungen zu treffen oder Handlungen auszuführen, für die ihm vorher vielleicht die Klarheit oder der Mut gefehlt hat.

Der Heilige Geist ist also ein sehr freundlicher Ratgeber, der mit seinem Rat zugleich eine Art Versicherung gegen Fehlentscheidungen mitliefert. Etwa nach dem Motto: Welche Wahl du auch triffst, am Ende wird alles gut werden. Außerdem ist er in paradoxer Weise externer und interner Berater zugleich: Von außen kommend, lässt er sich im Innersten des Herzens nieder, um dort den Boden zu bereiten, dass der Mensch gute Entscheidungen trifft. Die menschliche Beratung, innerpsychisch wie zwischenmenschlich, wird vom Geist nicht ersetzt, sondern durch ihn vorbereitet, unterstützt und zum Abschluss gebracht. Denn so, wie der Rat des Geistes dem Ratsuchenden die letzte Gewissheit verleiht, so geht auch der ursprüngliche Anstoß, sich angesichts einer Entscheidung Rat zu holen, das *initium consiliandi* also, auf eine Fügung des göttlichen Geistes zurück. Man könnte auch sagen: Der Heilige Geist versetzt den Christen erst in einen beratungsfähigen Zustand – was sowohl aktiv wie passiv zu verstehen ist. Bei den häufigen Ratsversammlungen des Mittelalters konnte das ein Problem sein, denn bei vielen widerstreitenden Meinungen war man nie hundertprozentig sicher, welche nun genau den ‚richtigen‘ Rat enthielt, wessen Stimme diejenige war, die der Heilige Geist inspiriert hatte. Man konnte nur darauf hoffen, dass sie sich am Ende von allein durchsetzen würde.

Später greifen die Mystiker die Tradition des *donum consilii* auf und geben ihr eine leicht veränderte Bedeutung. In ihrem religiösen Streben geht es im Kern darum, über die Abwendung von der äußeren Welt und die Hinwendung zu ihrer Innenwelt eine Vereinigung mit dem Göttlichen zu erreichen. In diesem Zusammenhang interpretiert der Dominikaner Johannes Tauler im 14. Jahrhundert die von Thomas von Aquin als göttliches Geschenk der Gewissheit verstandene Gabe des Rates nun als „Gelassenheit". Der Begriff, der heute, im Zeitalter von Arbeitsüberlastung und Burnout, zum neuen Schlüsselbegriff einer auf Entschleunigung zielenden Lebensberatung geworden ist,[23] wurde zuvor als *gelâzenheit* von dem Mystiker Meister Eckhart in mittelhochdeutscher Sprache geprägt. Um Gott zu finden, solle der Mensch die Abgeschiedenheit suchen. Dort habe er sich nur auf sich selbst zu konzentrieren, bis er schließlich auch von sich selbst ablasse. Er vergesse dann die Dinge um sich herum und endlich auch sich selbst (jedenfalls tendenziell, denn niemandem gelinge das vollständig). So habe er nicht nur von den Dingen gelassen, sondern auch von sich – und sei auf diese Weise in einem umfassenden Sinn „gelassen" geworden. Diese neu gewonnene Gelassenheit ist dann bei Meister Eckhart die Voraussetzung dafür, dass Gott in den frei gewordenen Raum des Geistes gleichsam ‚einzieht', so dass der Gläubige sich ihm dort – in seinem Inneren eben – ganz zuwenden kann.

Johannes Tauler koppelt nun die neue Vorstellung der Gelassenheit als Technik, um sich Gott zu nähern, an die Gabe des Rates an: „Der Rat hilft ihm, wenn Gott ihm alles nimmt und den Menschen auf sich selbst stellt; dann lernt er Gelassenheit; dann auch kann er durch die dunkle Nacht ziehen; die Gelassenheit, von der Gabe des Rates getragen und in der dunkeln Nacht geübt, führt zu der Beschauung Gottes, zum ewigen Leben auf Erden schon!"[24]

Versuchen wir, das Einwirken des Heiligen Geistes auf die menschliche Beratung auf eine Formel zu bringen, dann könnte die etwa so lauten: Der göttliche Geist sorgt für ein Grundvertrauen in die Sinnhaftigkeit der Welt, des Kosmos und des Lebens. Er verleiht denjenigen, die vor einer schwierigen Entscheidung stehen, die Gewissheit und den Trost, dass sie sich in Gottes schützender Hand befinden. Der Rat als göttliche Gabe drosselt also genau diejenige Kontingenzerfahrung noch einmal herunter, die bereits der menschliche Rat abwenden soll – und genau dabei erst recht immer wieder neu spürbar macht. Denn in dem bewussten Bemühen, die Zukunft durch Beratung verlässlicher zu machen, tritt uns ihre unabwendbare Offenheit schonungslos vor Augen.

## „Unruhige Selbstreferenz":
## Die autokonsultativen Subjekte der frühen Neuzeit

Die Gelassenheit der Mystiker hält allerdings nicht lange vor, und sie ist ohnehin weit davon entfernt, zur vorherrschenden Geisteshaltung zu werden. Es handelt sich eher um ein gesellschaftliches Randphänomen, das jedoch nie ganz in Vergessenheit gerät. In der frühen Neuzeit, also grob gesagt zwischen 1500 und 1800, stehen gravierende soziale Veränderungen an, die in die entgegengesetzte Richtung weisen. Denn das neue Menschenbild, das hier allmählich an Kontur gewinnt, ist eher von innerer Unruhe als von Gelassenheit geprägt.

Schon seit längerem hatte sich im Gesellschaftssystem Europas ein Wandel angekündigt, den der Soziologe Niklas Luhmann als einen Umbau von einer *geschichteten* („stratifikatorischen") in eine *funktionale* Differenzierung der Gesellschaft beschreibt. Für unsere Fragestellung ist dabei entscheidend, dass in der neuen sozialen Ordnung die gesellschaftlichen Teilsysteme – wie Politik, Religion, Wirtschaft, Wissenschaft und Kunst – tendenziell autonom werden. Luhmann beschreibt diesen Prozess – der sich über Jahrhunderte hinzieht und hier sehr gerafft dargestellt wird – als eine Umstellung der sozialen (Sub-)Systeme auf Selbstreferenz: Politische Entscheidungen werden nun aus den Erfordernissen der Politik begründet (und nicht mehr in erster Linie aus der Vorstellung einer göttlichen Ordnung der Welt), die Wirtschaft orientiert sich zunehmend an den Erfordernissen des Profits, die Wissenschaft an der nach bestimmten Regeln erzeugten Wahrheit, das Recht begründet seinen Geltungsanspruch daraus, dass es rechtmäßig gesetzt ist, usf.[25]

Dieser Wandel hat Folgen für die Konzeption des Menschen, der nun ebenfalls zunehmend auf seine ‚Selbststeuerung' (sprich: Subjektivität) hin betrachtet wird – und nicht mehr so sehr auf sein Verhältnis zu Gott oder seine Reaktion auf äußere Stimuli. Selbstinteresse, Selbsterkenntnis, Selbstliebe oder Selbstzweifel werden nun zu beliebten Themen von Literatur und

Wissenschaft. Auch die 'moderne' Anthropologie stellt also auf Selbstreferenz um. Spätestens seit René Descartes' berühmtem Diktum „Ich denke, also bin ich" wird der Mensch als das reflektierende Wesen verstanden, dessen Geist alles und jedes wahrnimmt und neugierig in sich spiegelt, was ihm durch die Sinne in den Sinn kommt.

Nur gibt es ein Problem, welches der fortschreitenden Selbstreflexion des frühneuzeitlichen Menschen Grenzen setzt, und das ist das christliche Dogma des Sündenfalls. Man ging damals nämlich noch davon aus, dass der Mensch durch die Ursünde Adams und Evas befleckt war, die sich auf jeden Neugeborenen weitervererbte. Aufgrund seiner sündigen Veranlagung sei sich der Mensch auf Dauer selbst unerträglich, so meinte man: Er könne daher seinen eigenen Anblick nicht lange ertragen. Aus diesem Grund konnte die neue, gewissermaßen sozial erwünschte Selbstreferenz des Menschen nicht als eine ruhige oder gar – im Sinne der mittelalterlichen Mystiker – *gelassene* Selbstbeobachtung vorgestellt werden. Solange der Selbstbezug des Menschen einen religiös motivierten, negativen Grundton hatte, kann er, mit Niklas Luhmanns Formulierung, lediglich im Modus der „unruhigen Selbstreferenz" ausgeführt werden. Damit ist die Fähigkeit der neuzeitlichen Akteure gemeint, denkend jede mögliche Perspektive einzunehmen und geradezu sprunghaft „von Aktivität zu Aktivität, von Meinung zu Meinung, von Rolle zu Rolle zu wechseln".[26]

Die innere, existentielle Unruhe wird nun zu einem Kennzeichen des neuen Menschen, dessen beständiges Reflektieren einer Umstellung von Konsultation auf Autokonsultation Vorschub leistet. Wir finden nun eine Reihe von Schriften über den Menschen und seinen Bezug zu sich selbst, die Luhmann unter der Rubrik einer „Anthropologie der selbstreferentiellen Unruhe" zusammenfasst.[27] Besonders interessant ist hierbei die neu entstehende Gattung des *Essays*, die diese neue Kulturform geradezu beispielhaft ausfaltet: Autoren wie Michel de Montaigne, Francis Bacon oder Blaise Pascal bringen unter dem Dach der neuen literarischen Form Texte hervor, in denen sie über Gott und die Welt nachdenken, dabei von einem Thema zum nächsten springen und die Ordnung der Dinge der Perspektive eines reflektierenden Individuums unterwerfen. Zugrunde liegt dieser neuen Haltung Descartes' *cogito ergo sum*, von dem aus sich über alles und jedes mit beliebiger Gewissheit räsonieren lässt. Man kann nun an allem zweifeln – nur nicht an sich selbst.

Und ebenso wie der *Essay* als typische Literaturform der „unruhigen Selbstreferenz" gelten kann, ist er die „autokonsultative Literaturgattung"[28] schlechthin, wie Peter Sloterdijk zeigt. In dem unablässigen Reflektieren der Welt durch ein unruhiges Subjekt lässt sich eine Urszene moderner Selbstberatung entdecken, in der das bipolare Verhältnis von Ratsuchendem und Berater regelrecht nach innen gezogen ist. Sie gewinnt ihre prägnante Gestalt in der „Figur der essayistischen Autokonsultation", einem literarischen Selbstgespräch, in der Peter Sloterdijk „die Matrix der späteren romantischen Endodialogik" sieht, auf die wiederum wichtige gegenwärtige „Egotechniken" zurückgehen:[29] „Das moderne essayistische Subjekt", so Sloterdijk, „spaltet sich selber auf in den Ratgeber und den Ratnehmer und verwandelt sich intern in eine Bühne, auf der ein bewegtes Gespräch zwischen den beiden Polen möglich wird." Und gerade weil der Essayist in seinem Räsonieren über Gott und die Welt vom Zwang zur Handlung oder Entscheidung befreit ist, „kann er das Privileg der Unentschiedenheit literarisch ausarbeiten".[30] Nirgendwo sonst kann sich ein wohlberatenes Subjekt im Modus des Mit-sich-zu-Rate-Gehens öffentlich so schön zur Schau stellen wie hier, im Essay.

Wenn das Subjekt aber zum Angelpunkt des Weltbezugs wird, dann hat das Institut des Ratgebens eine schwere Zeit vor sich. Das wird teilweise sogar in den Essays selbst verhandelt: „ich hole mir selten Rat bei anderen, es sei denn anstands- oder ehrenhalber, ausgenommen wenn ich sachlicher Belehrung oder Ausschluß über Tatsachen bedarf", notiert Michel de Montaigne, den man gern als den ersten wahrhaft modernen Menschen charakterisiert. „Aber in Dingen, in denen ich *nur meine Urteilskraft zu gebrauchen* habe, können fremde Erwägungen zwar dazu dienen, mich zu bestärken, aber selten, mich umzustimmen." Wie als Ratsuchender halte er sich auch als Ratgeber zurück: „Wenn ich keinen Rat nehme, so gebe ich erst recht keinen", fährt Montaigne fort. Ihm stehe vielmehr der Sinn nach Selbstbespiegelung, und die ist ganz und gar lustvoll besetzt: *„mich ganz in mir zu sammeln und zu genügen*; es ist mir eine Lust, mit fremden Angelegenheiten unbehelligt und ihrer Wahrung enthoben zu sein".[31] Damit gibt Montaigne einen beratungskritischen Ton vor, der sich im Laufe der kommenden Jahrhunderte noch verstärken wird.

Zwar gibt es gelegentliche Gegenstimmen – wie etwa die des englischen Philosophen Francis Bacon, von dem wir schon am Anfang dieses Buches hören durften, dass er es für den größten Vertrauensbeweis überhaupt hält, dass die Menschen sich voneinander beraten lassen. Für Bacon hat der Rat, der von anderen kommt, entscheidende Vorteile gegenüber dem Rat, den wir uns selbst geben. Denn „es ist sicher, daß das Licht, welches einer vom andern durch Ratschläge empfängt, trockner und klarer ist als das, was von seinem eigenen Verstand und Urteil ausstrahlt, da dieses immer von persönlichen Leidenschaften und Besonderheiten getrübt und verfälscht wird."[32] Der Rat, den wir uns selbst geben, steht für Bacon auf einer Ebene mit dem Rat eines Schmeichlers, der dem König nach dem Munde redet.

Doch der beratungskritische Ton gewinnt nun mehr und mehr Anhänger. Ist es bei Montaigne der Eigensinn des beratungsresistenten Essayisten, der den guten Rat für lästig und unpassend erachtet, so verweist ein Jahrhundert später François de la Rochefoucauld in seinen *Maximen und Reflexionen* auf die Beliebigkeit und Nutzlosigkeit selbst gut gemeinter Ratschläge: „Mit nichts ist man freigebiger als mit gutem Rat",[33] meint er und unterstellt damit eine gewisse Inflation der Ratschläge, die von einer Unverantwortlichkeit der Ratgeber herrührt: Denn die müssten ja ihren eigenen Rat selbst nicht befolgen und hätten daher gut reden.

Die Auffassung, dass es allzu leicht sei, gute Ratschläge zu geben, und daher einen leichtfertigen Umgang mit dem Ratgeben begünstige, findet sich übrigens schon bei Thales von Milet, der den Griechen als erster Philosoph überhaupt galt. Auf die Frage „Was ist schwer?" soll er geantwortet haben: „Sich selbst erkennen." Und auf die Gegenfrage: „Was ist leicht?" lautete seine Antwort: „Einem andern einen Rat erteilen."[34] Wir stoßen, wie bei anderen griechischen Philosophen, auch hier auf eine Abwertung des Anderen zugunsten des Eigenen: Selbsterkenntnis, und das heißt immer auch: Wohlberatenheit, ist schwierig, also wertvoll; die Beratung anderer ist leicht, also weniger wertvoll. An diese Lobpreisung des Subjekts und seiner Selbstberatungskräfte, die die griechische Philosophie erfunden hat, knüpfen nun auch die neuzeitlichen Beratungskritiker an.

Dabei taucht nun eine ganze Palette von Argumenten gegen das Ratgeben wie auch das Ratsuchen auf, welche die Jahrhunderte alten Einsichten vom Nutzen des guten Rats geradezu auf den Kopf stellen. Man hört nun immer häufiger die Auffassung, dass dem gerade *nicht* zu helfen sei, der sich in seinen Entscheidungen von anderen beraten lasse. Wenn einmal jemand wirklich einen guten Rat auf Lager hat, so meint der Dichter Jean Paul im *Leben Fibels*, dann wäre man auf den doch sicher auch selbst gekommen: „jeder sorge für sich, kanns der Ratgeber, so kanns ein anderer Narr auch".[35] Goethe, den wir dazu ja schon hörten, meint, man solle überhaupt nur in Dingen Rat geben, in denen man selbst mitwirken wolle. „Bittet mich ein anderer um guten Rat, so sage ich wohl, daß ich bereit sei ihn zu geben, jedoch nur mit dem Beding, daß er versprechen wolle, nicht danach zu handeln" (13. Februar 1831).[36] Wieder andere lassen sich vernehmen, sie gäben gute Ratschläge einfach weiter, denn das sei das Beste, was man mit ihnen tun könne. Der deutsche Maler Anselm Feuerbach erklärt (ebenfalls im 19. Jahrhundert): „Gibt Dir jemand einen sogenannten guten Rat, so tue gerade das Gegenteil, und Du kannst sicher sein, dass es in neun von zehn Fällen das Richtige ist."[37] Und für den Earl of Shaftesbury erscheint schon im 18. Jahrhundert sogar die lange Zeit unangetastete Fürstenberatung prekär: Denn nur ein Monarch, der *unfähig zum Selbstgespräch sei*, verkündet er, benötige Berater – oder, schlimmer noch, Gesetze.[38]

Der Schriftsteller Ambrose Bierce nimmt den Rat später sogar in sein *Wörterbuch des Teufels* auf, eine Sammlung satirischer Aphorismen aus dem

Jahr 1911. Unter dem Lemma ‚Rat‘, also im Englischen *advice*, ist dort verzeichnet: „The smallest current coin" („die kleinste gängige Münze"), gefolgt von einem bissigen kleinen Text:[39]

> *„The man was in such deep distress,"*
> *Said Tom, „that I could do no less*
> *Than give him good advice." Said Jim:*
> *„If less could have been done for him*
> *I know you well enough, my son,*
> *To know that's what you would have done."*
>
> Jebel Jocordy

Dass eine Kritik des Ratgebens bei einem Satiriker wie Bierce keineswegs automatisch auf ein Lob der Selbstberatung hinauslaufen muss, zeigt immerhin sein Eintrag zum Lemma *alone*: „in bad company".[40] In schlechter Gesellschaft möchte man keinen Rat abhalten.

Ist der Ratschlag für Bierce das Mindeste, was man für den anderen tun kann – und zwar wörtlich verstanden: das Allerwenigste, so führt Ernst Moritz Arndt, ein deutscher Professor zur Zeit des Vormärz, ein anderes Argument gegen das Ratgeben an – und zwar eines, dessen innere Logik wir nun schon kennen. Der nationalistische Verleger, der wegen seiner anti-napoleonischen Flugschrift *Geist der Zeit* nach Stockholm fliehen musste, hat zu dem Thema ein eigenes Gedicht in seine *Denksprüche, Erinnerungsblätter* aufgenommen:

> *Trau nicht zuviel auf fremden Rat,*
> *Wie's bei dem eig'nen dir auch bangt;*
> *Denn endlich mußt du doch zur That,*
> *Die man als deine ganz verlangt.*
> *Leicht trägt die eigene Lust das Herz,*
> *Die eigne Lust den eignen Fehl,*
> *Doch unverwindlich bleibt der Schmerz,*
> *Sahst du mit fremden Augen scheel.*[41]

Hier wird sehr schön deutlich, was die Beratungskritiker des 16. bis 19. Jahrhunderts im Wesentlichen umtreibt: Die Leitdifferenz des Gedichts ist leicht als die von Eigenem und Fremdem zu erkennen, die wiederum auf den Gegensatz von Autokonsultation und Konsultation projiziert wird. Während Arndt die anstehende Tat und den Entschluss dazu (mit Hilfe einer inneren Selbstberatung: *dem eignen Rat*) auf der Seite des positiv besetzten Eigenen verbucht, ordnet er den Ratschlag auf der Seite des negativ assoziierten Fremden ein, das den Text wie eine Klammer umfasst: *auf fremden Rat* im ersten folgt *mit fremden Augen* im letzten Vers. Die Aufwertung des Eigenen setzt sich fort, und hier steht ihr nicht mehr bloß das Andere, sondern das Fremde gegenüber: Der Andere wird zum Fremden, und der Ratschlag des anderen Menschen zum „fremden Rat" (schon Montaigne wollte nichts mit „fremden Angelegenheiten" zu tun haben).

Den Rat als etwas Äußeres, Fremdes, also dem Individuum nicht eigentlich Zugehöriges; das Ratsuchen als Ausweis von Beschränktheit und einer fatalen Unfähigkeit zum inneren Selbstgespräch; das Ratgeben schließlich als anmaßende Bevormundung, die die heilige Autonomie des Menschen verletze (und im günstigsten Fall einfach nur nichts bewirke) – dies sind die Grundlinien einer neuzeitlichen Beratungskritik, die seit dem 18. Jahrhundert nicht mehr abreißt. Die Jahrtausende alte Praxis, bei seinen Mitmenschen Rat zu suchen, gerät in eine tiefe Krise, aus der sie sich, wie es scheint, erst seit der zweiten Hälfte des 20. Jahrhunderts allmählich wieder befreien wird. Dabei scheint auch die Einsicht vorübergehend in Vergessenheit zu geraten, dass uns Beratung helfen kann, unserer manchmal schwer erträglichen Selbstbezüglichkeit zu entkommen – ein Problem, das jede Form der *internen* Beratung früher oder später aufwirft. Roger Bacon hatte dieses Argument am Ende des 16. Jahrhunderts noch einmal für das Ratgeben ins Feld geführt, und Wolfgang Looss wird es später, wie wir sehen konnten, als Vorteil des Coachings gegenüber dem Selbstgespräch anführen. Und doch scheint in dieser Zeit das Pendel weit auf die Seite der Selbstberatung auszuschlagen.

Mir scheint, dass zwei Schlüsselereignisse am Ende des Mittelalters bzw. zu Beginn der frühen Neuzeit die beschriebene Umstellung von Konsultation auf Autokonsultation im Leben der Menschen besonders begünstigten: zum einen die Erfindung des Buchdrucks mit beweglichen Lettern durch Johannes Gutenberg in der Mitte des 15. und zum andern die Reformation durch Martin Luther in der Mitte des 16. Jahrhunderts. Ich will das kurz erläutern.

Mit dem neuen Medium des Buchdrucks konnten Schriften in großer Zahl und zunehmend erschwinglich unter die Leute gebracht werden. Alte und neue Wahrheiten und Meinungen ließen sich nun erstmals systematisch vergleichen – und damit auch kritisieren. Dies führte zu einer Vielfalt und auch Widersprüchlichkeit von Sinnangeboten, die von den Menschen und ihren essayistischen Vordenkern nun rege diskutiert wurden. Die solcherart durch den Buchdruck induzierte „Produktion von Überschusssinn", so Dirk Baecker, befeuert die „Kulturform der ‚unruhigen Selbstreferenz'" weiter: Denn vorrangiges Ziel ist nun nicht mehr (wie noch im Mittelalter), die überbordende Vielzahl der Sinnangebote unter das Dach *eines* geschlossenen Weltbilds zu bringen. Die neue Lösung besteht jetzt vielmehr darin, die „Identität des Individuums zum primären Kriterium der Ablehnung und Annahme des Sinns" zu machen.[42]

Doch der Buchdruck hat noch einen anderen Effekt, der für die Geschichte der Beratung wichtig ist – abgesehen davon, dass erst mit dieser Technologie der Buchherstellung die neuen *Essays* öffentlichkeitswirksam publiziert werden konnten. Mit ihr ließ sich eine neue Ratgeberliteratur entwerfen, die die Formen der Beratung in der Neuzeit nachhaltig verändern sollte. Neben dem guten Rat von Freunden lobt schon Francis Bacon besonders die Ratschläge der längst Verstorbenen, also diejenigen, die die weisen Männer vergangener Zeiten in ihren Büchern für die Ratsuchenden der Gegenwart hinterlassen haben: „Die besten Ratgeber sind die Toten" (*Optimi consiliarii mortui*), lautet sein Lob der (Ratgeber-)Literatur: „Bücher reden ohne Umschweife, wo Ratgeber Ausflüchte machen."[43]

Doch es gibt noch einen weitaus subtileren Effekt des Buchdrucks: Durch die wachsende Zahl an Schriften und die damit zusammenhängende Notwendigkeit, mehr und schneller zu lesen, fand nun das *stumme* und *individuelle* Lesen immer mehr Verbreitung. Dieses war zwar auch in der Antike und im Mittelalter schon bekannt, aber noch ziemlich suspekt. Der Kirchenvater Augustinus berichtet jedenfalls erstaunt davon, wie er seinen Lehrer dabei ertappt habe, zu lesen, ohne die Lippen zu bewegen. Stattdessen las man in den Zeiten vor der Moderne auch allein meist laut und besonders gern in Gemeinschaft.

Das stumme Lesen, bei dem der Leser mit sich und dem Buch allein ist, erzeugt gegenüber dem lauten Lesen einen *inneren* Redefluss, der die Tendenz noch verstärkt, in ein inneres Selbstgespräch mit sich selbst einzutreten – stimuliert durch das Buch. Denn in gewisser Weise tun wir beim stillen Lesen ja nichts anderes als *uns selbst in unserem Inneren etwas vorzulesen*. Dieses neue ‚Sich-selbst-im-Inneren-Vorlesen‘ entspricht gewissermaßen dem cartesischen Rückzug des Geistes auf ein (Dauer-)Gespräch mit sich selbst (dessen antike Vorläufer wir bereits kennengelernt haben).[44] Wie der reflektierende Mensch so spaltet sich nun auch der lesende Mensch auf: in einen ‚inneren Vorleser‘ und einen ‚inneren Zuhörer‘, deren fortgesetzter Dialog Ähnlichkeiten mit der von Sloterdijk oben beschriebenen „Figur der essayistischen Autokonsultation" hat.

Die Reformation trägt schließlich das ihre zum Siegeszug des inneren Selbstgesprächs bei, indem sie das Selberlesen der Bibel propagiert und den Glauben, zugespitzt formuliert, von einer zwischenmenschlichen zu einer innermenschlichen Angelegenheit macht. Man kann dies beispielhaft an der Abschaffung der Beichte sowie an Martin Luthers Übersetzung der Bibel ins Deutsche beobachten. In beiden Fällen werden die zwischen Gott und den Gläubigen vermittelnden Priester eingespart, charismatische *und* pragmatische Berater zugleich, bei denen man sich in schwierigen Situationen Rat und Lebensmut holen konnte. Anstatt wie früher von Zeit zu Zeit einen Beichtvater aufzusuchen, um sein Gewissen zu erleichtern, steht der reformierte Christ allein da, allein mit seinem Gewissen und allein vor Gott. Nicht anders ist es mit der Heiligen Schrift: Auch mit ihr muss er sich allein auseinandersetzen und sich – mehr und mehr in stummer Lektüre – seinen eigenen Reim auf ihre vielen merkwürdigen Geschichten machen.

So stellt auch die Kirche, zumindest in ihren reformierten Teilen, von Beratung auf Selbstberatung um – jedenfalls in der Tendenz, denn auch dort gibt es ja noch Pastoren. Der frühneuzeitliche Mensch wird gleich an mehreren Fronten darauf eingeschworen, dass er künftig nicht nur, aber vor allem sein eigener Ratgeber zu sein habe. Dazu muss er gar nichts weiter tun, als die vertrauten Beraterstimmen nach innen zu nehmen, um dort seine eigene, innere Ratsversammlung abzuhalten. Und dies hat ja gleich mehrere große Vorteile: Die innere Selbstberatung verspricht – *erstens* – ein weit höheres Maß an Passung, weil der Ratgeber, wenn man so will, extrem nah dran ist an dem Ratsuchenden und seine Bedürfnisse am besten kennt. Es handelt sich um eine Form der *internen* Beratung, bei der der Berater wahrlich Teil des Systems ist. Dass der Ratgeber gewissermaßen aus dem ‚eigenen Haus‘ kommt, zahlt – *zweitens* – auf das Konto der Selbstbestimmung ein: Wann und wie er kommt und rät, entscheiden wir selbst. *Drittens* können wir in unserem Inneren auch die Stimme der Vernunft einbestellen, die im Wirrwarr der Einzelinteressen bei realen Ratsversammlungen nicht notwendig zugegen sein muss. Obwohl äußerst subjektiv angelegt, verspricht die aufgeklärte Selbstberatung paradoxerweise eine größere Objektivität als die zufällig einberufene Ratsversammlung. Und zu guter Letzt ist das Ganze noch äußerst niederschwellig: Eine Autokonsultation lässt sich im Nu einrichten und kostet fast nichts.

Den Impuls zur Tat, den Weg zur Handlung, den die Beratung seit jeher vorbereitet hat, verlegt die Neuzeit also weiter in das Subjekt hinein. Damit verschiebt sich der Schwerpunkt von der Beratung zur Selbstberatung. Der Befehl zur Handlung oder der Rat zur Tat, so will es die Idee von Freiheit und Selbstbestimmung, kommt idealerweise nicht mehr von außen (wie noch in den dunklen, vordemokratischen Zeitaltern, von denen man sich nun mehr und mehr abgrenzt); sie kommt vielmehr ganz „frei" von innen – frei von Gewalt und aus freiem Willen. „Wer seine Interessen richtig zu deuten weiß", so Peter Sloterdijk, „gehorcht, der Sprachregelung der modernen Philosophie zufolge, niemand anderem als der ‚Stimme der Vernunft'."[45] Eine besonders wirkmächtige Instanz dieser neuzeitlichen Selbstberatung ist Immanuel Kants kategorischer Imperativ, der, im urteilenden Subjekt verankert, diesem den Maßstab zur gerechtfertigten Handlung liefern soll: „Handle nur nach derjenigen Maxime, durch die du zugleich wollen kannst, dass sie ein allgemeines Gesetz werde."[46]

Im 18. Jahrhundert schreibt die Aufklärung dann den *Selbstberatungs-imperativ* der Neuzeit endgültig fest. Der aufgeklärte Mensch solle über sich und sein Leben fortab in Mündigkeit und Eigenverantwortung selbst bestimmen. Kant hatte in seinem berühmten Aufsatz zur *Beantwortung der Frage: Was ist Aufklärung* diese als den „Ausgang des Menschen aus seiner selbst verschuldeten Unmündigkeit" definiert: „Unmündigkeit" bedeutet für ihn das Unvermögen, „sich seines Verstandes ohne Leitung eines anderen zu bedienen." „Selbst verschuldet" ist diese Unmündigkeit für Kant, „wenn die Ursache derselben nicht am Mangel des Verstandes, sondern der Entschließung und des Mutes liegt, sich seiner ohne Leitung eines anderen zu bedienen." Spätestens mit dieser Losung bekommt die Beratung ein massives Problem: „Sapere aude! Habe Mut, dich deines eigenen Verstandes zu bedienen!'" ist nicht nur für Kant der „Wahlspruch der Aufklärung."[47]

## Von Sigmund Freud zum „inneren Team": Das Wirrwarr der inneren Stimmen ordnen

Wir können aus heutiger Sicht sagen, dass das Vertrauen in die beinahe unbegrenzten Selbstberatungs- oder Selbstüberredungskräfte der modernen Akteure nicht von langer Dauer war. Kaum ein Jahrhundert nach Kant meldeten die ersten Philosophen wie Arthur Schopenhauer oder Friedrich Nietzsche ihre Bedenken an, ob der Mensch wirklich so selbstbestimmt und ausschließlich von der Vernunft geleitet durchs Leben gehe, wie von der Aufklärung behauptet. Die neuen psychologischen Strömungen des 19. Jahrhunderts verstärkten diese Skepsis, ehe Freuds Psychoanalyse der schönen Idee vom autonomen Subjekt um 1900 den (vorläufigen) Todesstoß versetzte.

Für die Psychonanalyse Sigmund Freuds, Alfred Adlers, Carl Gustav Jungs, Wilhelm Reichs oder anderer ist es nämlich mit der friedlich abwägenden inneren Ratsversammlung der aufgeklärten Subjekte nicht weit her. Was sich in unserem Inneren abspielt, ist aus ihrer Sicht vielmehr ein fortwährender Kampf der menschlichen Psyche mit sich selbst. Das liegt im Wesentlichen daran, dass Freud einen recht großen Bereich des Unbewussten in unserem Inneren ausgemacht hatte, von dem er annahm, dass er den Stimmen der Vernunft gar nicht oder nur sehr schwer zugänglich sei. Die weitgehende Unbewusstheit unserer Haupttriebfedern, die Freud vor allem im Bereich des Sexuellen sah, brachte hier einiges durcheinander und ließ das Bild der inneren Ratsversammlung allzu optimistisch erscheinen – auch wenn seine Nachfolger die Bedeutung des Sexuellen für das Unbewusste wieder stark relativierten.

Auch die Psychoanalyse arbeitet also mit der metaphorischen Vorstellung, dass in unserem Inneren verschiedene Stimmen oder Instanzen zu finden seien, die zudem miteinander um Vorherrschaft ringen. Doch mit dem Bild einer friedlichen, nach Maßgabe der Vernunft arbeitenden inneren Ratsversammlung hat das kaum noch etwas zu tun. Statt eines konstruktiven Mit-sich-zu-Rate-Gehens von *Es*, *Ich* und *Über-Ich* beobachtet Freud in unserem Inneren eher ein Drama mit stark tragischen Zügen. Er hat seine Erkenntnisse einmal in dem berühmten Satz zusammengefasst, „daß das Ich nicht Herr sei in seinem eigenen Haus“,[48] und beschreibt dies als die dritte große Kränkung der Menschheit. Zuvor hätten wir bereits zur Kenntnis nehmen müssen, dass – *erste* Kränkung – unser Planet, die Erde, nicht Mittelpunkt des Weltalls sei und dass – *zweite* Kränkung – der Mensch aus dem Tierreich abstamme. Die *dritte* Kränkung könnte man für unsere Belange vielleicht so formulieren, dass der neuzeitliche Selbstberatungsimperativ nun doch nicht ausreicht, um ein fröhliches und selbstbestimmtes Leben zu führen.

Wir befinden uns hier an einer weiteren Wendemarke in der Geschichte der Beratung: An dem Punkt nämlich, wo der neuzeitliche Aufruf zur Autokonsultation radikal an Überzeugungskraft verliert und neue Formen der externen Beratung, der Unterstützung von außen, wieder salonfähig werden: Zunächst in Gestalt eines psychoanalytischen Therapeuten, der uns hilft, in unserem Inneren wieder ein wenig für Ruhe und Ordnung zu sorgen. Mit einer aufwendigen *talking cure* leistet er Hilfestellung dabei, den Konflikt unserer inneren Stimmen wenigstens etwas zu entwirren. Zwar geschieht dies zunächst noch unter dem Vorzeichen des Pathologischen, ganz nach dem Motto: Nur wer ‚krank‘ ist, braucht einen Therapeuten-Berater. Und da ‚Krankheit‘ ein Sonderfall ist, der nach eigenen Gesetzen bearbeitet wird, gerät bei dieser Form der ‚heilenden‘ Beratung die Autonomie des Subjekts noch nicht in Gefahr. Doch waren und sind die Grenzen zwischen dem, was als krank, und dem, was als gesund angesehen wird, nie leicht zu ziehen. Und in dem Maße, in dem Freud die Psychoanalyse selbst zu einer allgemeinen Persönlichkeits- und sogar Kulturtheorie weiterentwickelte, lag bald jeder Zeitgenosse potentiell bei einem der neuen Psychoanalytiker auf der Couch.

Auch wenn die Therapie einen Grenzbereich bildet und nicht grundsätzlich zur Beratung zählt, ist die Psychoanalyse dennoch für unsere Geschichte der Beratung wichtig: weil sie den neuzeitlichen Selbstberatungsimperativ ins Wanken bringt und dem modernen Menschen wieder – und zwar in erheblichem Ausmaß – Beratungsbedarf unterstellt. Die Beratung, die sie anbietet, heißt freilich (noch) Therapie, oder genauer: Analyse. Denn das innere Durcheinander, die Kakophonie der inneren Stimmen, da sind sich die Psychoanalytiker einig, kriegt der moderne Akteur allein nicht mehr geregelt. Dazu braucht er ein beratendes Gegenüber, eine Stimme von außen, die ihn darin versichert, dass alles gut werden wird und ihm mit den passenden Interventionen beim Sortieren der inneren Stimmen hilft.

Die Psychoanalyse bereitet auf diese Weise einer Renaissance der Beratung den Boden, ohne sich selbst schon so zu nennen. Bald folgen andere psychologische Moden und Methoden auf diesem Weg, bis um die Mitte des 20. Jahrhunderts der Gegensatz von Therapie und Beratung immer mehr an Bedeutung verliert. Spätestens mit Carl Rogers und der Gesprächstherapie haben sich die Settings von Therapie und Beratung weitgehend angeglichen. Man liegt nun in der Regel nicht mehr auf der Couch, sondern sitzt seinem Berater bzw. Therapeuten auf Augenhöhe gegenüber. Alle seither aufkommenden Beratungsformate, auch das seit den 1980er Jahren immer beliebter werdende Coaching, ruhen letztlich jenen psychologischen bzw. psychotherapeutischen Therapieformen auf. Doch das werde ich unten ausführlicher zeigen.

Zum Abschluss dieses Kapitels bleibt noch die Frage zu klären, was aus der Metapher der inneren Stimmen geworden ist, jenem Modell einer inneren Ratsversammlung, die der Wohlberatene einberuft, um mit sich selbst und der Stimme der Vernunft zu Rate zu gehen. Diese Vorstellung hat immerhin für rund 2500 Jahre das abendländische Konzept der Subjektivität entscheidend mitgeprägt – und die alte Kulturtechnik des Ratgebens zu Beginn der Neuzeit in eine schwere Krise gestürzt. Wir finden es heute im Rahmen von Therapie- und Beratungsansätzen wieder, die die inneren Persönlichkeitsanteile ihrer Klienten oder Patienten wieder in einen konstruktiven Austausch bringen wollen (und dabei mehr oder weniger deutlich auf Freuds Modell der psychischen Instanzen rekurrieren): Nicht als Alternative zur Beratung, sondern als Teil von ihr begegnet uns das Modell der inneren Selbstberatung hier. Die externe Beratung dient dabei zur Anleitung und Einübung in besonders geeignete Techniken des autokonsultativen Selbstgesprächs. Zur Not kann man hier auch zum Ratgeberbuch greifen.

So gibt es heute eine ganze Reihe von Therapie- und Beratungsansätzen, die mit den verschiedenen Stimmen, die angeblich in unserer Brust wohnen, arbeiten. Und dabei geht es nicht etwa um Schizophrenie, dissoziative oder multiple Persönlichkeiten, sondern um die verschiedenen Ich-Anteile einer ganz normalen Psyche. Ich gebe nur einige Beispiele: So arbeiten die neuerdings beliebten Verfahren der Hypnotherapie oder des Hypnocoachings wie auch verschiedene Formen der geführten Meditation mit geleiteten Innenreisen. Bei denen hat der Klient nicht nur die Möglichkeit, verschiedenen Persönlichkeitsanteilen zu begegnen (wie etwa seinem ‚inneren Kind‘), sondern auch sogenannte ‚innere Ratgeber‘ oder ‚innere Helfer‘ aufzusuchen, die ihm bei seinen Problemen beratend zur Seite stehen. Nach der Therapie soll er sie dann auch allein aufrufen können, um immer dann, wenn er vor schwierigen Situationen steht, seinen ‚inneren Ratgeber‘ einzubestellen.

Auch die Transaktionsanalyse, eine Therapierichtung der humanistischen Psychologie, arbeitet mit verschiedenen Ich-Zuständen, in denen sich je nach Situation unterschiedliche familiäre Konstellationen bemerkbar machen können: Das *Eltern-Ich*, das *Erwachsenen-Ich* und das *Kindheits-Ich*. Der Widerstreit der drei inneren Instanzen erinnert auch inhaltlich an die Freudsche Trias von *Es*, *Ich* und *Über-Ich*. Ziel der Transaktionsanalyse ist es, die inneren Rollen in ein harmonisches Miteinander zu bringen, um so die Autonomie und Beziehungsfähigkeit des Klienten wieder herzustellen. Das Konzept ist heute weit verbreitet und wird auch im Coaching sowie in der Team- und Organisationsberatung eingesetzt.

In jüngerer Zeit sind weitere Therapie- und Beratungsformen entstanden, die mit inneren Stimmen und Persönlichkeitsanteilen arbeiten. In den 1980er Jahren hat das amerikanische Psychologen-Ehepaar Hal und Sidra Stone die Methode des *Voice Dialogue* entwickelt und damit den Blick einmal mehr auf die Teil-Persönlichkeiten unserer Psyche gelenkt. Der amerikanische Familientherapeut Richard C. Schwartz arbeitet mit dem Modell einer inneren Familie, des *Internal Family System* (IFS), um die Vielfalt der inneren Stimmen und Glaubenssätze darstellen und beratend beeinflussen zu können. In gewisser Weise variiert er das Modell der Transaktionsanalyse und verbindet es mit Methoden der systemischen Familientherapie.

Einer gewissen Beliebtheit erfreut sich hierzulande schließlich die Beratungsmethode des *inneren Teams*, die der Kommunikationspsychologe Friedemann Schulz von Thun in den 1990er Jahren entwickelt hat, um der Mehrstimmigkeit des menschlichen Innenlebens Ausdruck zu verleihen. Die Metapher des ‚inneren Teams' soll dem Ratsuchenden helfen, die Selbstklärung in zwiespältigen Situationen zu unterstützen. Man kann dieses ‚innere Team' auch mit Figuren aufstellen oder anderweitig visualisieren: So tritt die Versammlung derer, die in seinem Inneren mit ihren Ratschlägen um die Gunst der Entscheidung konkurrieren, dem Ratsuchenden besonders plastisch vor Augen.

Doch wie in einem ‚richtigen' Team gibt es hier (wie auch im Modell von Schwartz) einen Team*leiter*, und der ist für Schulz von Thun das übergeordnete *Ich*, das den Zusammenhang herstellt. Das Ich in Gestalt des Teamleiters oder des Oberhaupts hat am Ende das letzte Wort in dieser „inneren Ratsversammlung", wie er die innere Teamsitzung auch ausdrücklich immer wieder nennt: „Zu vollständiger Einigkeit gelangt die innere Ratsversammlung nie. Das Oberhaupt muss gleichwohl entscheiden – und damit die Rolle des bloßen Moderators wieder verlassen."[49] Mittlerweile wird diese Methode, die der Kommunikationspsychologe Schulz von Thun eher für Coaching- und Beratungskontexte entwickelt hatte, in die psychologischen Therapieformen gleichsam re-importiert.

Wem das alles entweder zu aufwendig, zu esoterisch oder zu peinlich ist, der kann schließlich auch bei diesem Thema zur Ratgeber*literatur* greifen. *What to Say When You Talk to Yourself* (New York 1990) heißt ein Erfolgsratgeber des US-Amerikaners Shad Helmstetter (der, wen wundert es, auch einen *Self-Talk Store* betreibt): ein Ratgeber für das kultivierte Selbstgespräch also? Nicht ganz. Das Buch verspricht Rat und Hilfe für all jene, die Einfluss auf die ohnehin ständig in unserem Inneren ablaufenden Selbstgespräche erlangen wollen. Denn das innere Selbstgespräch ist ja ohnehin immer schon da und – was das eigentliche Problem ist – eher schwer auszuschalten: eben jenes „hartnäckige Gelaber unter der Schädeldecke", wie

Shads virtueller Neffe Rudolf Helmstetter bemerkt, „das zerebrale Begleitgeräusch, die innere Kommentatorentätigkeit, die all unser Tun begleitet".

Das Ziel dieser Anleitung zur Selbstüberredung aus dem Labor amerikanischer Selbstoptimierungsstrategen ist klar: Mehr Erfolg im Leben! Es geht nämlich nicht etwa darum, wie Rudolf Helmstetter beklagt, in seinem Inneren „schönere, geistreichere und unterhaltsamere Monologe zu führen", sondern einzig und allein darum, „sich selbst dazu zu überreden, dass man alles erreichen kann, was man erreichen möchte, ganz gleich, was das sein mag (eine Psychotherapie kann man auch später noch machen)."[50]

# Kapitel 6

# Das Buch als „stummer Freund und Lehrer"

## Ratgeberliteratur als Antwort auf die Krise der Beratung

„Glaubt ihr, daß ich in der Welt bin, um Rat zu geben?", ruft Mittler empört aus, der von den Eheleuten Eduard und Charlotte in Goethes *Wahlverwandtschaften* zu Hilfe gebetene Gast. „Das ist das dümmste Handwerk, das einer treiben kann. Rate sich jeder selbst und tue, was er nicht lassen kann. Gerät es gut, so freue er sich seiner Weisheit und seines Glücks; läufts übel ab, dann bin ich bei der Hand."[1]

Dass sich die Haltung gegenüber dem Ratgeben und Beraten in der Neuzeit bedenklich eintrübt, haben wir schon beobachten können. Umso erstaunlicher ist es, dass man heute immer wieder hört und liest, das Phänomen der Beratung stelle „eine elementare Signatur der Moderne" (Thomas Macho) dar. Noch weiter gehen bekanntlich Soziologen, die die moderne Gesellschaft per se als eine „Beratungsgesellschaft" (Peter Fuchs) beschreiben. Meist argumentieren sie mit der oben skizzierten Umstellung der Gesellschaft von *stratifikatorischer* (‚geschichteter') auf *funktionale* Differenzierung: Durch die zwar aneinander gekoppelten, aber letztlich auf sich selbst gestellten Teilbereiche der modernen Gesellschaft (wie Politik, Wirtschaft, Recht, Wissenschaft, Kunst, Erziehung etc.) würden in großem Maßstab neue Übersetzungs- und Anpassungsleistungen nötig. Dazu stünden bald Legionen von Beratern bereit, die ihre Vermittlungsleistungen in der Regel den jeweiligen Funktionssystemen zuordnen: Wirtschaftsberater, Politikberater, Rechtsberater, Erziehungsberater etc.[2] „Wenn man von Beratungsgesellschaft spricht", so Peter Fuchs, „kann man eigentlich nur meinen, dass die Gesellschaft sich überall und in wachsendem Maße Beratungsinstitutionen gönnt, die an den Orientierungsproblemen, die temporär und lokal anfallen, weil es die Gesellschaft mit dieser Form gibt, hospitieren und parasitieren."[3]

Noch weiter holt der Philosoph Peter Sloterdijk aus, der schon mit den großen Entdeckungen am Ende des Mittelalters „ein neues anthropologisches Dispositiv" und eine geradezu „advokatorische Anthropologie" aufziehen sieht: „Der *homo consultandus* tritt auf den Plan. Im Zeitalter der Entdeckung der Welt und des Menschen wird der Mensch vor allem als ‚das zu beratende Wesen' entdeckt – mithin als das Wesen, dessen Eigenforschungskompetenz niemals ausreichen könnte, um sich im Horizont des entgrenzten Wissens zureichend zu orientieren." Seither, meint Sloterdijk, trete die „Ergänzungsbedürftigkeit" des Menschen immer offener zutage und rufe eine Schar von Konsultanten auf den Plan.[4]

So einleuchtend derartige Diagnosen eines mit dem Anbruch der Neuzeit und der Ausdifferenzierung moderner Gesellschaft sprunghaft wachsenden Beratungsbedarfs auf den ersten Blick sein mögen – sie haben das große Problem, dass sie sich mit den Selbstbeschreibungen der neuzeitlichen Menschen nicht decken. Im Gegenteil: Rat und Beratung werden in den Äußerungen der Zeitgenossen im Übergang zur Moderne zunehmend kritisch gesehen – dafür haben wir eine lange Reihe von Beispielen betrachten können. Das Ratgeben erscheint als Relikt aus einer vergangenen Zeit, das zur neuen Realität der aufgeklärten Subjekte nicht mehr recht passt – oder frei nach Goethes Mittler: Es ist „das dümmste Handwerk, das einer treiben kann".

Auf der anderen Seite stellt die vernünftige Autokonsultation des wohlberatenen Subjekts, wie sie die Aufklärung gefordert hatte, den modernen

Menschen in seinen komplexer werdenden Lebenswelten zunehmend vor unlösbare Aufgaben. Folglich gerät er in ein Dilemma, das sich – beratungsgeschichtlich gesehen – als *das* Dilemma des modernen Menschen beschreiben lässt: Beratung wäre hilfreich und nötig, ist aber vom Menschenbild des selbstbestimmten Subjekts nicht zugelassen. (Wie gesagt: Es geht hier um Beratung in Fragen der Lebens- oder auch der Staatsführung, nicht um Experten- oder Fachberatung im engeren Sinne.) Die Folge: Der moderne Mensch ist in einer Weise *ratlos*, wie sie bis dato kaum denkbar war. Diesen Eindruck muss man jedenfalls bekommen, wenn man sich die Literatur der Moderne anschaut: „Die Geschichte der Selbstthematisierung der Moderne ist eine Geschichte der Ratlosigkeit", stellt Rudolf Helmstetter fest, „und eine Geschichte von Versuchen, sie zu beschreiben, zu beraten oder gar zu beheben."[5]

Es bleibt also ein auffälliger Widerspruch zwischen der Außensicht von Soziologen und Historikern auf eine vermeintlich beratungsfreudige Neuzeit und der Erfahrung einer existenziellen „Unberatenheit" ihrer Akteure. Dieser Gegensatz wird allerdings dadurch zumindest teilweise abgemildert, dass sich das Ratgeben in der Moderne neue Kanäle sucht: neue Beratungsformen, die die Autonomie der Menschen weniger stark in Frage stellen. Um dies zu zeigen, will ich mich der widersprüchlichen Lage des Ratgebens in der Moderne in diesem Kapitel aus zwei Richtungen nähern: Zuerst frage ich danach, wie der auf Autonomie geschaltete Mensch der Neuzeit die grassierende Ratlosigkeit wahrnimmt, und nehme dann eine neue, nämlich literarische Form der Beratung genauer in den Blick: Ich meine die in der Moderne explodierende Gattung der Ratgeber*literatur*.

## Der „denkende Mensch" der Neuzeit – ratlos oder beratungsresistent?

Glaubt man dem Philosophen Walter Benjamin, dann ist das Ratgeben spätestens um die Mitte des 20. Jahrhunderts völlig aus der Mode gekommen.

In einem berühmten, im Pariser Exil entstandenen Essay über den Niedergang der Kunst des Erzählens stellt Benjamin die Frage, wie es kommen konnte, dass eine Formulierung wie „(sich oder anderen) Rat wissen" schon zu jener Zeit – der Essay wurde 1936 verfasst – seltsam altmodisch klingt. Es muss hinzugefügt werden, dass Benjamin auch und gerade den literarischen Erzähler, genauer gesagt: den ‚alten' Erzähler, als einen Mann versteht, der mit seinen Geschichten „dem Hörer Rat weiß". Und zwar aus dem Grund, dass er in und mit seinen Geschichten Erfahrungen weitergebe, die für jedermann nützlich seien.[6]

Die Krise des Erzählens in der Moderne ist für Benjamin insofern symptomatisch für eine Krise des Ratgebens schlechthin. Beides schreibt er einer tiefer liegenden *Krise der Erfahrung* zu, wie sie für das anbrechende 20. Jahrhundert mit seinen Kriegen und Revolutionen charakteristisch war: Die Erfahrung, so Benjamin (im Bild der Börse), „ist im Kurse gefallen. Und es sieht aus, als fiele sie weiter ins Bodenlose." Es waren die ungeheuren technologischen und lebensweltlichen Veränderungen im ersten Drittel des zwanzigsten Jahrhunderts, die den Wert des Erfahrungswissens dramatisch reduziert hatten – vor allem das Erleben des ersten Weltkriegs und der krisengeschüttelten Weimarer Republik. „Denn nie sind Erfahrungen gründlicher Lügen gestraft worden", so Benjamin weiter, „als die strategischen durch den Stellungskrieg, die wirtschaftlichen durch die Inflation, die körperlichen durch die Materialschlacht, die sittlichen durch die Machthaber."[7] Die Erfahrungen der Alten sind für die Jungen kaum noch hilfreich. „Infolge davon wissen wir uns und anderen keinen Rat".[8]

Auf dem Feld der Literatur sieht Benjamin diese charakteristische ‚Unberatenheit der Moderne' im Siegeszug des Romans gespiegelt. Anders als in den älteren Gattungen des Erzählens, also den Heldenepen, Schwänken und Legenden, sei der Held des Romans „das Individuum in seiner Einsamkeit"; dieses sei „selbst unberaten" und könne daher auch anderen „keinen Rat geben". Ganz anders war dies in den älteren Literaturgattungen, wo der ‚alte' Erzähler noch Rat für seine Leser gewusst habe, indem er auf ein ganzes Leben mit exemplarischen Erfahrungen zurückgreifen konnte. Der Erzähler im modernen Roman, so Benjamin, bekunde nichts anderes als „die tiefe Ratlosigkeit des Lebenden".[9]

Doch die Entwertung des Erfahrungswissens angesichts des enormen Modernisierungstempos seit der vorletzten Jahrhundertwende ist nur ein weiterer Schlag, den das einstmals unumstrittene Ratgeben einstecken musste. Wir konnten sehen, dass sich schon seit längerer Zeit Zweifler zu Wort gemeldet hatten: Sie fragten lange vor den Verwerfungen des zwanzigsten Jahrhunderts danach, ob die Erfahrungen der Alten und Weisen den Jüngeren überhaupt noch weiterhelfen können; oder ob das, was man als freier und für sich selbst verantwortlicher Mensch als richtig beschlossen habe, durch den bloßen Verweis auf die Weisheit des Alters von einem Ratgeber in Frage zu stellen sei.

Einer derer, die sich sehr ernsthaft mit dieser Frage beschäftigen, ist Heinrich von Kleist. An der Wende vom 18. zum 19. Jahrhundert fragt er seinen Lehrer Christian Ernst Martini in einem Brief, „ob ein Fall möglich sei, in welchem ein denkender Mensch der Überzeugung eines andern mehr trauen soll als seiner eigenen? Ich sage: ein *denkender Mensch*, und schließe damit alle Fälle aus, in denen sich ein blinder Glaube der Autorität eines anderen unterwirft."[10] Kleists eigene Antwort ist klar: Sie lautet *nein*. Es sei unmöglich, gegen seine eigene Überzeugung den Rat „eines älteren und weiseren" anzunehmen; allenfalls könne dieser dazu führen, die eigene Überzeugung noch einmal neu und streng zu prüfen. Das große Gewicht, das man nun der eigenen Überzeugung beimisst, habe letztlich zur Konsequenz, so Kleist weiter, dass man eigentlich niemanden mehr um Rat fragen solle „als sich selbst, als die Vernunft".[11]

Eine entscheidende Frage in der Beratung scheint ja zu sein, woher jemand die Autorität nimmt, einem anderen Menschen einen Ratschlag zu erteilen. Beim fachlichen Rat ist das klar: Derjenige, der sich mit dem Steuersystem besser auskennt, kann anderen als Steuerberater dienen – eben aufgrund seiner Kompetenz. „Aber was gibt die Autorität zum Ratgeben im

Bereich der ‚Praxis', d. h. der Führung des menschlichen Lebens?", fragt der Politikwissenschaftler Wilhelm Hennis. „Wo erwächst Kompetenz, Berechtigung zum Ratgeben im Bereich der Lebensführung?"[12] In der Moderne, in der es kein allgemein verbindliches Modell des guten, richtigen Lebens mehr gibt, wo ein jeder nach seiner eigenen Fasson glücklich werden muss, da fehlt dieser Ort, dort gibt es diese Autorität nicht mehr. Insofern kommt Hennis zu dem Schluss, dass die über Jahrtausende bewährte Praxis des Ratens und Beratens in der Moderne zutiefst diskreditiert sei, und zwar „sowohl von den ethischen Prinzipien, die für sie leitend waren, wie von ihren politisch-konstitutionellen Begriffen und Prägungen".[13]

Er meint damit, dass sich neben der individuellen Lebensführung auch die Politik in den modernen Gesellschaften von der Beratung verabschiedet habe. Dies steht im krassen Widerspruch zu über 2 000 Jahren Regierungshandeln, das ohne die eminente Bedeutung der Beratung gar nicht zu verstehen ist. „Und manches, was uns am modernen Staat problematisch und fragwürdig erscheint", so Hennis, „ist nichts anderes als der Reflex der Zurückdrängung des Beratens, der geringen Erwünschtheit des Ratgebers und der so gut wie völlig fehlenden Verpflichtung zum Einholen von Rat in der modernen politischen Ordnung." Wenn man sich nun anschaut, in welchem Umfang das Ratgeben und Beraten heute wieder salonfähig geworden ist, dann ergeben sich daraus zwei spannende Fragen. *Wie ist es möglich gewesen, dass sich die Haltung gegenüber dem Beraten in nur rund fünfzig Jahren so grundlegend ins Positive wandeln konnte?* Das ist die erste Frage, die gewissermaßen eine Leitfrage des ganzen Buches ist und die ich aus verschiedenen Perspektiven in den verbleibenden Kapiteln zu beantworten versuche. Auf den nachfolgenden Seiten soll es zunächst um die zweite Frage gehen, die sich aus der oben gemachten Beobachtung ergibt: *Welche Lösungen sind in der Moderne entwickelt worden, um den dringenden Beratungsbedarf der Menschen zu decken, ohne mit ihrer notorischen Beratungsresistenz in Konflikt zu geraten?*

Schauen wir zunächst auf das Individuum, dann liegt die Aufgabe, vor der die Moderne steht, auf der Hand: Sie muss Beratungsformen (er-)finden, die die Autonomie der Menschen nicht oder nicht zu sehr in Frage stellen. Denn grundsätzlich ist ja ein Beratungsbedarf angesichts der komplexen Aufgaben, vor denen die Individuen nun stehen, durchaus erkennbar. „Die Verlegenheit, ein Subjekt zu sein", schafft Peter Sloterdijk zufolge durchaus „Märkte für Intellektuelle, die der notleidenden, unter-informierten und unter-motivierten Subjektivität als Ergänzer zur Seite stehen".[14] Nur taugen dazu eben die alten und weisen, in der Hauptsache lebenserfahrenen Ratgeber-Figuren der Vergangenheit nicht mehr. Beratung muss ihr Gesicht verändern, um für die neuen Subjekte wählbar zu werden: Sie muss sich neu aufstellen, um diejenigen zu unterstützen, die nun handlungs- und überlebensfähig werden, indem „sie sich selbst beraten, sich selbst überreden und sich selbst das Zeichen zur Tatenthemmung geben".[15]

Und in der Tat findet sich da etwas: ein neuer Beratertyp mit einem ganz anderen, nämlich *medialen* Gesicht: Die idealen Berater der Moderne sind ‚stumme Ratgeber', die ganz ohne Körper und Antlitz auskommen, sich dafür aber perfekt an die vertrauten und vertraulichen Formen der Autokonsultation anschließen lassen. Es handelt sich um gedruckte Ratgeber, Ratgeber*bücher*, die bald auch als Kalender, illustrierte Zeitschrift oder Broschüre zu haben sind.

## Ratgeberliteratur: Die ‚stummen Experten' der Neuzeit

„Die Geschichte der *Medien* des Rates beginnt erst in der Neuzeit."[16] Mit dieser Feststellung unterstreicht Alfred Messerli, dass Beratung recht spät in ihrer Geschichte zu einer Angelegenheit der Medien wird. Denn dazu bedarf es gewisser technologischer Voraussetzungen, man benötigt Kommunikationsmedien wie den Buchdruck, später auch das Telefon, Radio, Fernsehen und schließlich das Internet. Diese Medien stehen erst in der Neuzeit bereit, und es dürfte kein Zufall sein, dass sich genau in dieser Zeit die Ratgeber*literatur* als neues Genre mit Macht durchsetzen kann: Nicht nur erlaubte die Erfindung der Buchdruckerkunst im 15. Jahrhundert,

Bücher in größerer Zahl und zunehmend preiswert unter die Leute zu bringen. Nun entstand auch ein wachsendes Bedürfnis, den nötigen Rat in verschiedenen Lebenslagen von der Begegnung mit leibhaftigen Ratgebern abzulösen und auf die ‚stummen Lehrer' zu verlagern, die mehr und mehr in Form gedruckter Bücher vorlagen.

Ein wichtiger Grund dafür ist schnell gefunden: Von einem schriftlichen Text können die neuen, auf ihre Autonomie bedachten Subjekte einen Rat leichter annehmen (oder auch ablehnen) als von einem Menschen, dem sie von Angesicht zu Angesicht gegenüberstehen und der sie dabei erwartungsvoll oder streng, fragend oder hilfsbereit ansieht. Genau darin besteht der Trick: Mithilfe eines Ratgeberbuches können wir uns beraten lassen, ohne dass wir dazu eine Beziehung mit einer anderen Person eingehen zu müssen!

Außerdem decken die neuen Ratgeberbücher ein Thema nun mehr oder weniger systematisch ab. „Guter Rat", so hat Rudolf Helmstetter den Sachverhalt treffend formuliert, kommt in Buchform „selten allein, sondern als Teil eines *Vorrats* an Wissen, dem er bei Bedarf zu entnehmen ist, der aber auch eine sozusagen präventive Lektüre ermöglicht."[17] Einerseits ist dadurch die Grenze zu Fach- und Sachbüchern fließend, andererseits verdichten die Ratgeber das dargestellte Wissen zu Handlungsanweisungen. Es geht hier nicht um die Neuheit oder Wahrheit eines Wissens, sondern um seine zweckmäßige Zurichtung auf eine Handlung hin: als ein Rat – oder eben eine ganze Verhaltenslehre –, der zu einer Tat oder zu einem bestimmten Verhalten (ver-)führen soll. Noch heute unterscheidet der Buchhandel dementsprechend seine Warengruppen jenseits der Belletristik in Fachbücher, Sachbücher und Ratgeber.

Das alles setzt in größerem Maßstab erst in dem Moment ein, als die Druckerpresse im 15. Jahrhundert das Produzieren von Büchern zu einer quasi-industriellen Angelegenheit macht. Diese mediale Revolution führt zu einer enormen Aufwertung des Buchwissens – nicht nur im Feld der Beratung. Auf breiter Front wird nun Wissen in Buchform zugänglich, das sich zuvor mündlich oder durch Nachahmung verbreitet hatte. Dies betrifft eben auch das Wissen darüber, wie man dieses oder jenes tut. So entstehen seit dem ausgehenden Mittelalter Ratgeber- und Lehrbücher – oft noch in Dialogform, aber auch schon als enzyklopädische Fachprosa geschrieben –, die das Wissen ganz unterschiedlicher Lebens- und Arbeitsbereiche über den Buchmarkt jedem Interessierten zugänglich machen. Schon unter den Frühdrucken des 15. Jahrhunderts befindet sich beispielsweise ein Koch-buch: *Die Küchenmeistery* wird erstmals 1485 in Nürnberg gedruckt und in der Folge 56-mal aufgelegt. Wie überhaupt das Essen ein Lieblings- und Dauerthema der Ratgeber zu sein scheint: Schon die ältesten schriftlich niedergelegten Ratschläge sollen religiösen Essvorschriften gegolten haben.[18]

Doch Vorläufer der Ratgeberliteratur gab es bereits im Mittelalter, als jedes Buch noch einzeln und von Hand geschrieben werden musste. Schon im hohen Mittelalter hörte man immer wieder Kritik an der Unzuverlässigkeit des mündlichen *consilium*, das, wie wir sehen konnten, durchaus anfällig für unliebsame, politisch motivierte oder eigennützige Ratschläge war. Auch erwartete man von den Königen mehr und mehr, dass sie nicht mehr nur qua Geburtsrecht herrschten, sondern auch und vor allem aufgrund von Leistungen. Dazu mussten sie sich und ihre Nachfolger (aus)bilden lassen, und hierzu kommen nun Bücher langsam in Mode. Wir haben bereits vom *Secretum Secretorum* gehört, einem fingierten Brief, in dem der Großphi-losoph Aristoteles seinen Schüler Alexander den Großen an der persischen Front mit Ratschlägen zur angemessenen Herrschaftskunst versorgt haben soll. Die Ordensschwester Hiltgart von Hürnheim übersetzt den Text im 13. Jahrhundert ins Deutsche – in wessen Auftrag ist nicht bekannt. Am Ende desselben Jahrhunderts entstand mit dem Werk *De regimine principum* ein weiterer, sehr erfolgreicher Fürstenspiegel, den sein Autor Aegidius Romanus dem französischen Kronprinzen Philipp dem Schönen widmete.

Die Fiktion des Ratgeberbuches für den mächtigsten Herrscher der Welt aus der Hand des klügsten Philosophen funktioniert so gut, dass man es noch bis in die frühe Neuzeit speziell für hochrangige Herrscher übersetzt: für Heinrich VIII. und Edward VI. von England im 16. Jahrhundert oder

Philip IV. im 17. Jahrhundert. Mit gewisser Berechtigung kann man hier von einem der ersten Ratgeberbücher sprechen. Es lässt sich der Gattung der beliebten Fürstenspiegel und Prinzenerziehungsbücher zuordnen, in denen katalogartig die von einem angehenden Fürsten zu erwartenden Tugenden aufgelistet werden – eine Art vormoderner Führungsratgeber also.

Dabei war gar nicht mal sichergestellt, dass die damaligen Machthaber solche Ratgeberbücher überhaupt gelesen haben. Allein der Akt, ein derartiges Werk in Auftrag zu geben und es nach seiner Fertigstellung feierlich entgegenzunehmen, verspricht ja dem Herrscher Renommee. Er kann hoffen, allein dadurch als weiser Fürst zu gelten, der in seinen Entscheidungen offenkundig gut beraten ist. Daran wird aber auch ein Nachteil der neuen ‚stummen Ratgeber' deutlich: Da ihre Ratschläge nicht individuell adressiert sind und keine Interaktivität zulassen, erwarten sie auch keine Rückmeldung über den erteilten Rat. Sie bleiben stumm. So kann man sich den Ratschlägen der Bücher viel leichter entziehen als denen eines Menschen, dem man von Angesicht zu Angesicht gegenübersteht und der vielleicht fragt, wie man sich denn nun entschieden habe und welche Ergebnisse die Entscheidung zeitige. Kurz gesagt: Man lässt die Bücher einfach im Regal stehen, denn Papier ist bekanntlich geduldig. Der Humanist Aeneas Sylvius Piccolomini spricht daher bereits um 1450 wohl ein weises Wort, wenn er all jene als Narren bezeichnet, die ernsthaft glaubten, ein König ließe sich von Traktaten oder Büchern allein zu irgendetwas bewegen.[19]

Doch das ist alles nichts im Vergleich zu der ungeheuren Explosion, die die Gattung der Ratgeberbücher im Übergang zum 20. Jahrhundert erlebt. Auf die barocken *Complimentierbücher*, die aus den mittelalterlichen Fürstenspiegeln entstanden, folgt im ausgehenden 18. Jahrhundert Adolph Freiherr Knigges gattungsprägender, in aufklärerischem Gestus geschriebener und noch heute immer wieder aufgelegter Traktat *Über den Umgang mit Menschen*. Daneben prägen bereits periodisch erscheinende Kalender und Zeitschriften, später auch Zeitungen und Magazine die Ratgeberliteratur. Im ‚ratlosen' 19. Jahrhundert findet diese neu aufgestellte ‚Verhaltensliteratur' reißenden Absatz, ehe man im 20. Jahrhundert noch weitere Bereiche erschließt: die Berufsberatung, die Management- und Unternehmensberatung oder die Gesundheits- und Sexualberatung, die es in Buch- oder Zeitschriftenform, aber nun auch wieder als Beratungsstellen gibt, in denen man mit einem leibhaftigen Berater oder einer Beraterin sprechen kann.

Die Vielzahl der Bücher, Hefte und Almanache, die guten Rat für alle Lebenslagen sammeln, um sie an ein anonymes, mutmaßlich ratsuchendes Publikum zu verteilen, ist aus den Massengesellschaften der Moderne also nicht wegzudenken. Schließlich setzt sich das Phänomen des massenmedial aufbereiteten Ratgebers im Radio, Fernsehen und Internet fort, bis hin zum beliebten ‚Beratungsentertainment‘ in Talkshows. Das Phänomen des Ratsuchens und Ratgebens verschwindet also in der Moderne nicht etwa, sondern es verändert sein Antlitz. Man könnte vielleicht sagen: Es verliert sein *individuelles* Gesicht und wird zu einer anonymen Großveranstaltung, der sich nun die Massenmedien annehmen. Das liegt zum einen sicher daran, dass angesichts eines immensen Modernisierungstempos, das die westlichen Gesellschaften durcheinanderwirbelt, längst nicht mehr für alle Lebensbereiche menschliche Ratgeber zur Verfügung stehen, die sich auf ihr Erfahrungswissen stützen können. Wir haben dieses Argument oben von Walter Benjamin gehört: Aufgrund der neuen, polyvalenten Erfahrungskontexte geraten die menschlichen Ratgeber an ihre Grenzen. Je schneller sich das Leben verändert und je mehr sich die klassischen Biographien auflösen, umso schwerer wird es, im eigenen Umfeld noch jemanden zu finden, der vor dem Hintergrund seiner eigenen Erfahrungen Ratschläge erteilen kann. Die Lehren der Alten sind schon in der Gegenwart nutzlos geworden; für die Zukunft scheinen sie vollends unbrauchbar. Hier kann das Buch Abhilfe schaffen, indem es auf systematische Weise das nötige Wissen für die sehr verschiedenen und sich schnell wandelnden neuen Herausforderungen des jeweiligen Berufs-, Familien- und Privatlebens zusammenstellt.

Doch hinzu kommt noch etwas anderes. Die menschlichen Ratgeber verlieren ja auch deshalb jene Schlüsselrolle, die sie Jahrhunderte lang innehatten, weil ihr Rat, wie wir sehen konnten, die Kompetenz und Autonomie der modernen Akteure infrage stellt. Der mündige, das heißt: zur Selbstberatung fähige Bürger sucht keine Ratschläge von anderen mehr, weil er deren kognitive Überlegenheit dann zumindest situativ anerkennen müsste. Die ‚stummen Lehrer' der Ratgeber*literatur* dosieren ihren Rat dagegen anders, gewissermaßen *autonomieverträglich*. Denn streng genommen gibt die Ratgeberliteratur ja gar keine Ratschläge. Da sie sich an ein anonymes Publikum wendet, formuliert sie recht allgemein gehaltene Vorschläge und Empfehlungen, die von der konkreten Situation des einzelnen Ratsuchenden gar nichts wissen. Es handelt sich also eher um eine Art „massenmedial vermittelter Kollektivbelehrung", wie Rainer Paris formuliert hat, die zwar gelegentlich mit Einzelfällen arbeitet und durchweg auf die Praxis ausgerichtet ist, aber eben keinen persönlichen Rat offeriert.[20]

Insbesondere die persönliche Adressierung des Ratschlags, aber auch das Einfühlen des Ratgebers in das Problem des Ratsuchenden kennzeichnet von jeher die Beratung von Mensch zu Mensch.[21] Aus diesem ‚Beratungssystem' erwächst unweigerlich eine soziale Beziehung, eine Nahbeziehung sogar, in der keiner der Beteiligten *nicht* kommunizieren kann. Auf diesen Adressierungs- und Beziehungsaspekt muss die Ratgeberliteratur notgedrungen verzichten – und das ist zugleich ihr Segen. Die Schrift ist ein Distanzmedium; ihre evolutionäre Errungenschaft besteht gerade darin, die Kommunikation von der Interaktion abzulösen: Wir können uns, seit es die Schrift gibt, austauschen, ohne dass wir uns dazu zur selben Zeit am selben Ort befinden zu müssen. Aus diesem Grund ist es möglich, dass Buchautoren ihren Lesern Ratschläge erteilen, ohne auch nur einen einzigen von ihnen je gesehen zu haben. Doch das Manko, dass sie über die konkrete Situation des einzelnen Lesers nichts wissen, gleichen sie dadurch aus, dass sie ihre Themen in enzyklopädischer Vollständigkeit und systematischer Gliederung aufbereiten: Sie bieten ihren Abnehmern einen üppigen *Vorrat* an potentiell nützlichen und hilfreichen Verhaltensweisen. Auswählen müssen diese daraus selber, und wenn es der Ratgeberbücher zu viele gibt, wird genau dies zum Problem: „Schon eine Mehrzahl von Ratgeberbüchern", so Rudolf Helmstetter, „kann die Ratlosigkeit und Orientierungslosigkeit, derenthalben man nach Rat sucht, verstärken."[22] Der Satz „weniger ist mehr" gilt im Bereich der Ratgeberliteratur also ganz besonders.

Im Mittelalter, als geschriebene Bücher für viele noch neu und unvertraut waren, irritierte die fehlende Interaktion die Leute – nicht nur im Feld der Beratung. Zu stark war noch die Gewohnheit, bei anderen Menschen Rat zu suchen und von erfahrenen Leuten zu lernen – und eben nicht aus ‚stummen' Büchern. Die Autoren der frühen, damals noch von Hand geschriebenen Ratgeberliteratur reagierten darauf, indem sie die Personen des Ratgebers und des Ratsuchenden in den Text hineinnahmen. Dies konnte etwa in Form eines Lehrer-Schüler-Dialogs geschehen, wie man ihn in vielen mittelalterlichen Lehrbüchern findet. Oder dadurch, dass sich der weise Ratgeber – zum Beispiel der Philosoph Aristoteles – in seiner Herrscherlehre direkt an seinen Schüler – zum Beispiel den Weltherrscher Alexander – wendet. Der Text erscheint auf diese Weise als lebendiges *Gespräch* mit einem Experten, das mit Hilfe der Schrift lediglich festgehalten ist.

In einem noch älteren Ratgeber, dem lateinischen *Manuale* der Dhuoda, einer fränkischen Adligen aus dem 9. Jahrhundert, richtet sich die Mutter direkt an ihren noch jungen Sohn, Wilhelm von Septimanien, der als Adliger später für den „Rat unter den Großen" (*consilium inter magnatum*) prädestiniert war. Sie versorgt ihn in ihrem Handbüchlein mit Hinweisen für ein gottgefälliges Leben, aber auch dafür, wie er sich als weiser Berater seines Königs zukünftig zu betragen habe. Dazu führt sie eine ganze Reihe guter wie auch schlechter Ratgeber aus dem Alten Testament als positive wie negative Vorbilder auf. Der Leser wird hier, im Zeitalter der handgeschriebenen Texte, also noch ganz persönlich adressiert. In Fall der Dhuoda scheint es sogar nur einen einzigen Adressaten zu geben, nämlich den eigenen Sohn. Dass sie zu Feder, Tinte und Pergament greift, um ihrem Kind Ratschläge zu übermitteln, mag damit zusammenhängen, dass sie Wilhelm nur selten zu sehen bekommt. „Du also, Wilhelm, mein Sohn", so schließt sie ihr Kapitel über gute und schlechte Ratgeber, „hüte dich, und meide die Bösen und ihresgleichen, die ich oben genannt habe! Halte dich an die Rechten, die den Guten nachfolgen, die durch aufrichtige Unterwerfung unter die Willensäußerungen ihrer Vorgesetzten den besten Rat erteilen und sich würdig erweisen, von Gott und der Welt einen entsprechend großen Lohn zu empfangen."[23]

Die verloren gegangene dyadisch-persönliche Beratungsbeziehung wird in Büchern also mit rhetorischen Mitteln in Szene gesetzt. Das kann auch dadurch geschehen, dass die Bücher selbst zu Personen werden. So gelten Romane zeitweise als ‚stumme Lehrer' und Ratgeberbücher als ‚Freunde', die zu uns ins Haus kommen, um dort zu ‚sprechen', zu ‚lehren' oder eben ihre Ratschläge zu geben. Bereits im frühen 13. Jahrhundert nennt der in Friaul ansässige Thomasin von Zerclaere seine Hoflehre *Der Wälsche Gast*, also „Der Gast aus Italien", um die Fiktion aufrechtzuerhalten, mit seinem Buch käme tatsächlich ein Ratgeber aus dem (in Sachen Höflichkeit fortschrittlichen) Süden an die deutschen Höfe. Und noch in den 1950er Jahren vertreibt der Rat und Hilfe-Verlag in Sonthofen ein ebenso genanntes Heftchen, eben *Rat und Hilfe*, das sich im Untertitel als *Ein Berater und Helfer für die ganze Familie* ausweist (tatsächlich aber vor allem „Hausfrauen und Müttern" gewidmet ist). Unter dem Motto „Ein guter Rat zur rechten Zeit erspart Dir Sorgen, Geld und Leid" finden sich hier Haushaltstipps gegen alle möglichen Widrigkeiten von A (*Absterben der Finger*) bis Z (*Zweige eines Baumes, die auf ein anderes Grundstück hinüberreichen*).

Der große Vorteil dieser ‚stummen' Freunde und Lehrer, Doktoren und Berater zeichnet sich ab: Man kann von den papiernen „Freunden im Bücherschrank" immer denjenigen auswählen, der gerade passend scheint, und niemals müssen wir uns ihnen gegenüber rechtfertigen. Zwar kommen die Ratschläge der Bücher ziemlich direktiv daher, aber sie belehren uns „ohne Ruthe, ohne Zorn, ohne Lohn", wie 1889 der Professor und Präfekt Pater Placidus Rigert in seiner Abhandlung *Ueber die Lektüre* schreibt: „Wenn du zu ihnen kommst, so schlafen sie nicht, wenn du sie frägst, so verstecken sie sich nicht, machst du einen Fehler, so murren oder lachen sie nicht".[24] Ja, man könne frank und frei und ohne Scham vor ihnen seine eigene Unwissenheit bekennen! Allen Carr preist dies in seinem sehr erfolgreichem Longseller *Endlich Nichtraucher!* – 1998 erschien bereits die 55. Auflage! – als Vorteil gegenüber den (ebenfalls von ihm angebotenen) Kursen zur Rauchentwöhnung an: „Das Buch ist billiger, und Sie können es zur Hand nehmen, wann immer Sie Lust dazu haben." Es gibt aber auch Nachteile: „Bei den Kursen erstatten wir tatsächlich das Geld zurück, wenn wir einem Teilnehmer nicht helfen können. Leider können wir mit dem Buch nicht ebenso verfahren."[25] Eigentlich schade.

Auf lange Sicht erweist sich gerade der Mangel an Nähe und persönlicher Adressierung als Segen für die Ratgeberliteratur: Und zwar weil er eben die Kommunikanten von der Interaktion entlastet – einer Interaktion, die stets die Gefahr der Peinlichkeit enthält. Dies gilt besonders für das Feld der Manieren und des guten Umgangs, das seit dem 19. Jahrhundert, angeführt vom Freiherrn von Knigge, zu einem Eldorado der Ratgeberliteratur wird. Zwischen 1870 und 1970 erscheinen etwa sieben- bis achthundert solcher Manierenbücher, die zum Teil exorbitante Auflagen erreichen. Sie versprechen ihren Leserinnen und Lesern Rat und Hilfe in allen Lebenslagen – und zwar ohne sich der Gefahr einer Peinlichkeit auszusetzen. Darauf weist Constanze von Franken in ihrem beliebten *Katechismus des guten Tons und der feinen Sitten* aus dem Jahr 1890 ausdrücklich hin: „Es bleibt stets peinlich einzu-gestehen, dass man die Formen der guten Gesellschaft nicht kennt." Sollte man sich dieser Gefahr als junger Mensch wirklich aussetzen, zumal wenn es Alternativen gibt? „Nein, in allen diesen Fällen ist es weit angenehmer und bequemer, einen Ratgeber zu haben, der zuverlässig und verschwiegen jedem, der Rat bei ihm sucht, diesen Rat jederzeit willig und ohne Ansehen der Person giebt. – Solch ein Ratgeber will dieses Büchlein dir sein!"[26]

Wenn man mit dem Ratgeber nicht mehr in einer persönlichen Bezie-hung steht, wie es in der klassischen Beratungssituation der Fall ist, sondern anonym adressiert wird, dann fällt eben jene Inkompetenzunterstellung weg, die dem Ratschlag bisweilen innewohnt. Denn wenn man jemandem etwas rät, dann sagt man ihm ja nicht nur, was er möglicherweise tun und lassen solle, sondern – zumindest in der Tendenz – auch, dass man davon ausgehe, dass er es selbst nicht wisse. Rainer Paris nennt dies „das Selbsterhöhende jedes Ratschlags", bei dem der Ratgebende eine kognitive Überlegenheit gegenüber dem Ratsuchenden beanspruche.[27] Dem aufgeklärten, „mündigen Bürger", der zur Selbstberatung angehalten ist und erzogen wird, mag diese implizite Unterstellung von Inkompetenz als Angriff auf seine Autonomie, nämlich als Bevormundung erscheinen – selbst dann, wenn er es ist und bleibt, der am Ende über den Rat zu entscheiden hat.

Diese Geste der Bevormundung fehlt der Ratgeberliteratur völlig, und zwar weil sie sich nicht an einen Einzelnen richtet, sondern eine ganze Palette nützlicher Tipps und Informationen für die Allgemeinheit bereithält. Eben weil dies alle lesen (können), muss sich niemand besonders inkompetent fühlen! Außerdem kann jeder Mensch selbst entscheiden (und zwar von der Öffentlichkeit wie von seinem ‚Berater' unbeobachtet!), welche Beratungsbücher er auswählt, welche Tipps er ihnen entnimmt und welche er überliest, weil sie ihm unpassend erscheinen. Dass man ein Problem hat, bemerken die Leute bei dieser Form der Beratung gar nicht – es sei denn, man verlegt die Lektüre in die Öffentlichkeit und liest, wie ich unlängst beobachten durfte (kein Witz!), seinen *Ratgeber für Messies* in der Berliner U-Bahn.

Das Erfolgsrezept der Ratgeberbücher besteht also darin, dass sie gerade nicht besserwisserisch daherkommen, sondern dem Leser bzw. Ratsuchenden in vornehmer Zurückhaltung und ohne ihn in eine ‚echte', nämlich interaktive Beratungsbeziehung zu verstricken, einige nützliche Informationen anbieten: „Die darin vorausgesetzte Asymmetrie", so Rainer Paris, ist „so dosiert, daß sie dem Selbstbild des modernen Menschen als eines autonomen und selbstverantwortlichen Handlungs- und Entscheidungssubjekts noch nicht zuwiderläuft und damit grundsätzlich kompatibel ist."[28]

Es gibt aber noch einen dritten Aspekt, der den Erfolg der Ratgeberliteratur erklären kann: Ich meine die Mühelosigkeit, mit der sich die neue Beratung in Schriftform an das Ideal der Selbstberatung anschließen ließ. Denn in dem Maße, in dem Beratung an die Schrift delegiert wird, verlagert sie sich zugleich direkt ins Subjekt. Das klingt paradox, ist aber darin begründet, dass wir den Zustand des unmittelbaren Bei-uns-Seins verlassen müssen, um mit uns selbst in Beziehung zu treten. Genau dazu verhelfen uns Medien. So ist uns ein Buch zwar äußerlich, wenn wir es in der Hand halten, aber mit ihm sind wir allein: Wenn wir es lesen, führen wir eine Art von innerem Selbstgespräch; wir lesen uns selbst in unserem Inneren vor. Dies hatte schon Marcel Proust im Sinn, als er schrieb: „In Wirklichkeit ist jeder Leser, wenn er liest, ein Leser nur seiner selbst." Das Werk des Schriftstellers sei lediglich „eine Art von optischem Instrument", das er dem Leser reiche, damit dieser sich selbst besser erkennen könne.[29]

Der Umweg über die Äußerlichkeit des technischen Mediums eröffnet uns also ganz neue Wege, um mit unserem Selbst in Kontakt zu treten, innerlich zu reflektieren und mit uns selbst zu debattieren. Auf diese Weise unterstützt die Lektüre von Ratgeberliteratur immens das Ideal des Mit-sich-selbst-zu-Rate-Gehens. Die Beratschlagung findet in unserem Geist statt: als Konferenz unserer inneren Stimmen. Dieser Effekt verstärkt sich noch, wenn mit den regelmäßig erscheinenden Ratgeberkolumnen in Zeitschriften und Magazinen das Schreiben von Leserbriefen in Mode kommt. Mit dem Zwang zur schriftlichen Formulierung einer Fragestellung oder eines Problems wird dieses immer schon auf eine gewisse Weise reflektiert. Untersuchungen zeigen, dass vielen Leserbriefschreibern schon dadurch geholfen ist, dass sie ihr Problem auf dem Papier oder auf dem Bildschirm vor sich sehen – gerade auch dann, wenn ihnen das Schreiben besonders schwer gefallen ist. Durch die Notwendigkeit, präzise zu beschreiben, worum es geht, erzwingt das Schreiben also schon ein intensives Maße an Mit-sich-zu-Rate-Gehen, das ein Problem bisweilen wie von selbst auflöst.[30]

Selbst heute, im Zeitalter der Digitalmoderne mit ihren zahllosen Internetforen, ist die Ratgeberliteratur noch immer ein beliebtes Genre mit entsprechend markierten Regalen in den Buchläden, zunehmend auch als

E-Books, mit durchaus hohen Auflagen und ständig neuen Titeln. Und dies, obwohl Kritiker nicht müde werden, auf ihre ‚normierende' Dimension hinzuweisen. Schon Theodor W. Adorno hatte in seinem *Résumé über die Kulturindustrie* die Ratschläge der Ratgeberbücher und -zeitschriften als „nichtssagend, banal oder schlimmer; die Verhaltensmuster schamlos konformistisch" abgeurteilt.[31] Ähnliche Einwände, dass Ratgeber gewissermaßen „Anleitungen zur Angleichung" und „Hilfestellungen zur Konformität" liefern, sind seither immer wieder geäußert worden. Dass der Marktanteil der Ratgeberbücher, die 2007 zur eigenen Warengruppe ernannt wurden („Hauptwarengruppe 4"), seither leicht, aber stetig sinkt, dürfte jedoch andere Gründe haben: Hier ist vor allem an Internetportale (z. B. *gutefrage.net*, *frag-mutti.de*) oder die Websites populärer Fernsehmagazine (z. B. *ARD-Ratgeber*, *WiSo*) zu denken, die den *How to*-Büchern Konkurrenz machen. So bieten die zahlreichen Online-Ratgeberforen oft einen schnelleren, präziseren und auch günstigeren Rat als ein gedrucktes Buch, der zudem eine gewisse Interaktivität zulässt. Im Zeitalter der Medienkonvergenz gewinnen außerdem crossmediale Vernetzungen zwischen Buch- und Internetratgebern (z. B. Apps oder Online-Portale als Bucherweiterungen) an Bedeutung. Besondere Markierungen auf den Buchseiten zeigen an, zu welchen Themen man zusätzliches Material oder Übungen auf Websites finden kann. Bisweilen ist es sogar möglich, per Chat oder E-Mail direkt mit dem Autor des Ratgebers in Kontakt zu treten. Aber auch die bloße Anzahl der Ratgebersendungen im Fernsehen ist in den letzten Jahren stark angestiegen.[32] Gemessen an dieser Konkurrenzsituation sowie an den insgesamt heute wieder breiter gestreuten Beratungsmöglichkeiten hält sich der ‚stumme', völlig interaktionsfreie Ratgeber in Buchform also gar nicht schlecht.

Zusammenfassend lässt sich sagen, dass das Massenphänomen der Ratgeberliteratur mitsamt ihren medialen Erweiterungen den Legitimationsverlust der Beratung im Übergang zur Moderne in gewisser Weise kompensiert, aber auch verschoben hat. Die Suche nach Rat in allgemeinen Lebensfragen findet seit dem Beginn der Neuzeit mit ihren neuen Massenmedien mehr und mehr in Büchern und Zeitschriften, Radio, TV und Internet statt. Hier lässt sich das benötigte Wissen von Fachexperten systematisch aufbereiten und für alle ‚User' gleichermaßen zugänglich machen. Dabei verändert sich die Form der Beratung gewaltig, der nun das Einfühlen und Nachfragen durch den Berater verloren geht, die körperliche Gegenwart von Ratsuchendem und Ratgeber in einem Raum, sowie die Intimität, die dadurch erzeugt wird. Doch hinter dem fundamentalen Nachteil der fehlenden Interaktivität und der persönlichen Adressierung – zwei Aspekte, die eigentlich für das Ratgeben unerlässlich scheinen – kommen wenigstens zwei unschätzbare Vorteile ans Licht: Durch eben diese Entpersönlichung des Beratungsverhältnisses fällt zum einen die Gefahr weg, sich durch das Eingeständnis seines Nichtwissens einer peinlichen Situation auszusetzen. Zum andern ist es gerade die Äußerlichkeit des Mediums, die auf paradoxe Weise unseren Selbstbezug, unsere innere Form der Selbstberatung stimulieren kann.

## Sexualberatung in Zeitschriften und anderen Medien

In der zweiten Hälfte des 19. Jahrhunderts laufen die periodisch erscheinenden Druckerzeugnisse wie Zeitungen, Zeitschriften oder Illustrierte den Büchern den Rang ab. Sie enthalten nun Ratgeberkolumnen, die den Ratgeberbüchern erhebliche Konkurrenz machen. Ihr Vorteil: Sie ermöglichen nun über das häufigere Erscheinen, vor allem aber über die Möglichkeit des Leserbriefschreibens eine gewisse Form von Interaktion. Die Leserinnen und Leser können Fragen an die Redaktionen schicken, auf die dann in der nächsten Ausgabe Bezug genommen wird. Dabei können auch fingierte, von der Redaktion frei erfundene Fragen beantwortet werden, um diesen Schein des Interaktiven aufrechtzuerhalten und spannende Themen im Blatt zu diskutieren. Und all dies bleibt unterhalb der Peinlichkeitsschwelle, weil die Leserbriefschreiber – wie später die Teilnehmer an einem Chat oder Blog – anonym bleiben können.

Mit dieser neuen Form der interaktiven Ratschläge in und durch Massenmedien erwächst den Beratern außerdem eine ganz neue Aufgabe: Sie müssen nicht nur den einzelnen Ratsuchenden in seinen Sorgen ernst nehmen, sondern mit ihren Ratschlägen zugleich die (anderen) Leserinnen und Leser *unterhalten*. Das Bedürfnis der Einzelnen nach Beratung und der Wunsch der großen Masse nach Unterhaltung gehen hier eine neue Symbiose ein, die sich später in dem Beratungs*entertainment* der Talkshows und Internetforen fortsetzt. Das Beraten des Einen ist hier nicht nur, wie bisher, das Beratenwerden des Anderen; es dient vielmehr zugleich zur kurzweiligen Belustigung eines Dritten. Das hat wiederum Folgen für die Verbindlichkeit des Rats: Da man diese Ratschläge immer auch ‚nur' als Unterhaltung lesen kann, verlieren sie zwangsläufig an Autorität. Der gefühlte Druck, sie befolgen zu müssen, ist bei den Hilfestellungen des Beratungsentertainment nicht sehr groß. Wer weiß schon genau, ob sie wirklich ernst gemeint sind – und nicht *ausschließlich* der Unterhaltung dienen? Und wenn man sie liest, muss man noch gar nicht sofort entscheiden, ob man sich selbst von einem Thema angesprochen fühlt oder sich nur für die Probleme der anderen interessiert. Die hieraus resultierende Freiheit scheint gerade im Bereich der Sexualberatung, die ja besonders stark von Peinlichkeit und Scham bedroht ist, eine wichtige Voraussetzung für die auf Autonomie geschalteten Subjekte zu sein, eine derartig normierende und entindividualisierende Form der Beratung überhaupt zu akzeptieren.

Die Ehe-, Liebes- und Sexualberatung etabliert sich als ein für die Moderne besonders typisches Feld der Beratung. Sie kommt in dem Moment neben bürgerlichen Gesundheits- und Eheratgebern (z. B. *Das Weib als Gattin*) ans Licht, als sich die starren Sexualnormen zu lockern beginnen. Zu Zeiten rigider sexueller Reglementierung bestand Sexualberatung im Wesentlichen noch aus Aufklärungsbüchern mit der wiederholten Warnung vor Onanie sowie Hinweisen zur Hygiene. In der Hygiene- und Hausarztliteratur des 19. Jahrhunderts wuchsen sich die moralischen Maßregelungen zu einer regelrechten „Mäßigungspropaganda" aus.[33] Erst im frühen 20. Jahrhundert lassen sich eine Abkehr von der Mäßigkeitsdoktrin und eine Aufwertung der Sexualität beobachten. Nach dem Ersten Weltkrieg entstehen erste Beratungsstellen für Probleme des Geschlechts- und Liebeslebens. Aufklärungsfilme und Sexualratgeber richten sich von nun an statt auf Hygiene mehr und mehr auf sexuelle Praktiken und Techniken. Ein Beispiel dafür, wie sehr die Zeitungsmacher im 20. Jahrhundert „zum Seelenführer der im Unbehausten stehengelassenen Menschen" geworden sind, wie es der Zeitungswissenschaftler Hans Braun formuliert,[34] ist die Ratgeberkolumne der amerikanischen Journalistin Ann Landers. Seit 1955 erschienen ihre Ratschläge zu Familie, Moral und Sexualität zunächst dreimal wöchentlich in der *Chicago Sun-Times*, später über 40 Jahre lang in über 1 200 Zeitungen. Insgesamt dürfte sie rund 90 Millionen Leserinnen und Leser erreicht haben.[35]

Im Zeitalter der sexuellen Revolution in den 1970er Jahren wird diese Form der Beratung eine mächtige Renaissance erleben: Nun insbesondere auch in dem Format einer fiktiven ‚Ratgebertante' oder eines ‚Ratgeberonkels' einer Zeitschrift, an die oder den man Briefe schreiben kann: „Frau Irene", „Dear Abbey", „Dr. Sommer" (in der Jugendzeitschrift *Bravo*) oder die „Liebe Marta" in der schweizerischen Boulevardzeitung *Blick* sind bekannte Beispiele. Die Fragen, die über Jahrzehnte an diese Ratgeberinstitutionen gestellt werden, zeigen ein starkes Bedürfnis danach, die eigene sexuelle Erfahrung verorten zu können – im Angesicht von rasant schwindenden gesellschaftlichen Normen. Ohne Orientierung stehen die Einzelnen vor ihren Trieben und wenden sich im Schutz der Anonymität an „Dr. Sommer" oder die „Liebe Marta".

„Beratung scheint das Schicksal einer Gesellschaft zu sein", so schlussfolgern die Herausgeber des Bandes *Fragen Sie Dr. Sex!*, „die ihre Normen verflüssigt hat, um sie aus dem medialisierten Mund einer Ratgebertante wieder zu empfangen: zurechtgemacht für den Sprachgebrauch der (Boulevard-)Medien und maßgefertigt für die ratsuchenden Einzelnen", die am Ende – zumindest im Fall der Sexualberatung – nur noch wissen wollen, ob sie „normal" sind.[36]

## Das Internet und die Online-Beratung

Beratung findet seit rund 20 Jahren auch im Internet statt. Mittlerweile kann man sich sogar zum Online-Berater aus- und weiterbilden lassen. Seit 2006 bietet die *Deutsche Gesellschaft für Online-Beratung* (DGOB) „Richtlinien zur Anerkennung für Online-Berater/innen (DGOB)" an. In dem neuen Meta-Medium des Internets erwächst der Beratung eine Vielzahl neuer Möglichkeiten. Man könnte darüber ein eigenes Buch schreiben und käme damit wohl immer noch nicht zurande. Immerhin liegt seit 2009 ein *Handbuch der Online-Beratung* vor,[37] so dass ich mich hier darauf beschränken kann, einige wichtige Aspekte zu benennen, in denen sich die Online-Beratung von traditionellen Formen der Beratung unterscheidet.

Je nach dem, welchen Zugang man wählt, kann es einem so vorkommen, als sei das Internet einfach ein riesiges Ratgeberbuch, eine weiterhin auf geschriebener Sprache basierende Auskunftei, die man aufsucht, wenn man einen guten Rat braucht. Und tatsächlich ist die Online- und auch die Mobile-Beratung auch heute noch vorwiegend textbasiert: Das Hauptmedium der Beratung bleibt auch in den elektronischen Netzen die Sprache. Zusätzlich können nun aber Fotos und vor allem Filme *zeigen*, wie man dieses tut oder jenes verfertigt. Wir können also, wenn wir es denn wollen, denjenigen Menschen, der uns einen Rat gibt, sprechen, hören und gestikulieren sehen. Interessanterweise ist aber genau diese mediale Abbildung einer ‚realen' Beratungssituation eher ein Randphänomen. Man experimentiert im Netz vielmehr mit neuen Formen des Ratgebens, wie sie weder in der klassischen Ratgeberliteratur noch in der Beratung im klassischen Zwiegespräch möglich sind. Die folgenden vier Aspekte scheinen mir dabei besonders wichtig zu sein.

Zum *einen* erlaubt das Internet als Medium der Beratung eine weitreichende *Anonymität* – und zwar sowohl des Ratsuchenden wie des Ratgebers. Schon beim Leserbrief brauchte man sein Gesicht und seine Stimme nicht zu zeigen und konnte seinen Namen in einer Initiale verbergen. Auf diese

Weise konnten die Ratsuchenden sich auch mit hochgradig peinlichen Themen offenbaren. Im Internet vervielfachen sich nun die Möglichkeiten der Maskierung: Der Zugang zur Beratung findet hier auf einem Spielfeld virtueller Identitäten statt, wodurch sich aber zugleich die Autorität des Ratgebers relativiert. Denn wenn ich den Klarnamen des Ratgebers nicht kenne, woher soll ich dann wissen, ob der wirklich weiß, wovon er redet? Bisweilen geben die Ratsuchenden sich *Nicknames*, die Anonymisierung wird zur Pseudonomisierung. Es bleibt dabei der einzelnen Person überlassen, was sie in der pseudonomisierten Welt des Internets von sich preisgeben und welche Teilidentitäten sie einsetzen oder verdecken will. Besonders in der Sexualberatung fällt es erfahrungsgemäß leichter, prekäre Themen online „auf den Tisch" zu bringen. Die Ratsuchenden sind ehrlicher, wenn sie den Grad der Offenheit und Verschwiegenheit selbst (mit-)bestimmen können. Da die Emotionalität auf diesem Kanal weitgehend ausgeblendet ist, müssen Gefühle wie Scham oder Angst gar nicht erst überwunden werden. Die Ratsuchenden bekommen auf diese Weise eine niederschwellige Alternative zur persönlichen Beratung: „Wer über sein (sexuelles) Problem nicht reden kann, kann darüber schreiben",[38] so Stefanie Duttweiler, die das Phänomen der Online-Beratung eingehend untersucht hat. Anonymisierung und Pseudonomisierung erweisen sich nicht als Hindernis für die Kommunikation, im Gegenteil: Beides scheint sogar stimulierend zu wirken und die Niederschwelligkeit der Online-Beratung zu bestätigen. Es gilt als eine der wichtigsten „Online-Paradoxien", dass die Freiheit, seine Identität zu maskieren, eine schnellere Problemkommunikation ermöglicht, als wir dies oft in der persönlichen Beratung von Angesicht zu Angesicht erleben.[39]

Oftmals werden die einzelnen Fälle solcher Beratungsforen dann in Archiven gesammelt, so dass man auch gleich dort nach passenden Lösungen für das eigene Problem suchen kann. Ein ähnliches Phänomen kennen wir schon aus der Leserbrief-Kultur der Zeitschriften und Magazine. So wurden schon in der *Bravo* die Einzelberatungen von „Dr. Sommer" bald durch längere Artikel von „Dr. Korff" ergänzt, die immer wiederkehrende Themen aus den Leserbriefen in umfassenderer Form behandelt. Diese Form der Ratsuche nähert sich dann in gewisser Weise wieder der Lektüre von Ratgeberbüchern an: Die Identifizierung des Problems (und seiner möglichen Lösungen) wird hier nicht in der Interaktion zwischen Ratsuchendem und Ratgeber gesucht, sondern, wie Stefanie Duttweiler vermerkt, „im Abgleich mit vorgegebenen Fällen und Kategorien".[40]

Eine *zweite* Neuerung der Online-Beratung liegt in der *Wiedereinführung der Interaktivität.* Grundsätzlich kehrt mit dem Internet und anderen Formen der E- und M-Beratung die Interaktivität in die Medien der Beratung zurück. Was im Zeitalter der Ratgeberliteratur noch eine Einbahnstraßenkommunikation gewesen war, erhielt bereits durch das Leserbriefe-Schreiben und Anrufen bei den Redaktionen von Ratgeber-Sendungen erste Möglichkeiten der Rückmeldung. Bei der Online-Beratung oder gar beim beratenden Chatten ist die mediale Interaktivität viel weiter fortgeschritten. Hier ist eine Reaktion in kurzer Zeit, beinahe simultan möglich. Daneben lassen sich nun auch nicht-sprachliche Signale zum Beispiel durch Emoticons in gewissem Umfang einbeziehen. Dies zeigt sehr schön der folgende Ausschnitt aus einem Beratungs-Chat mit einer 22-jährigen Klientin:[41]

| | |
|---|---|
| *10:31:57_berater:* | *wir haben ja* |
| *10:32:09_berater:* | *alle unterschiedliche innere stimmen in uns.* |
| *10:32:15_berater:* | *scheinbar übernimmt bei dir eine bestimmte stimme die oberhand, fast wie eine solostimme ;-)* |
| *10:32:30_blueorange:* | *hm, ja genau :-)* |
| *10:32:58_berater:* | *eine möglichkeit wäre es, die stimmen miteinander sprechen und verhandeln zu lassen, nach dem motto: ich mache manchmal etwas für dich und du machst manchmal etwas für mich. Sie haben ja beide ihre berechtigung.* |
| *10:33:30_blueorange:* | *hm und wie soll ich das machen?* |

| | |
|---|---|
| *10:33:40_berater:* | *\*denkt kurz nach, wie er es am besten erklären kann.\** |
| *10:34:10_berater:* | *welche namen würdest du denn den stimmen geben?* |
| *10:34:20_blueorange:* | *na ja, der zweifler und die sehnsucht.* |
| *10:34:32_berater:* | *\*denkt sich: eine männliche und eine weibliche stimme also\** |
| *10:34:40_blueorange:* | *\*g\* [= grinst; HW]* |
| *10:34:47_berater:* | *hast du eine idee, was die sehnsucht dem zweifler anbieten könnte?* |
| *10:34:52_berater:* | *\*gespanntwartet\** |
| *10:35:31_blueorange:* | *ok, ich versteh schon, da muss ich mal nachdenken.* |

Dieser Chat zeigt, wie eine immer noch schriftliche Beratung durch die elektronische Interaktivität starke Züge einer mündlichen Sprache der Nähe annehmen kann: Die Situation ähnelt, was die gefühlte Nähe und die auch nicht-verbalen Kommunikationssignale angeht, beinahe einer Beratung von Angesicht zu Angesicht – dies aber eben unter Beibehaltung der Anonymität von Ratsuchendem und Ratgeber!

Ein *dritter* Aspekt, der in der Online-Beratung an Gewicht gewinnt, ist die *Zunahme der Selbstreflexion* infolge ihrer Bindung an Schriftlichkeit. Wir haben schon gesehen, dass die Schriftlichkeit in der Beratungskommunikation die Selbstreflexion des Ratsuchenden anregen kann. Ein Hotelangestellter beschreibt diesen Effekt in einem Brief an die „Liebe Marta" des schweizerischen *Blick* folgendermaßen: „Ich muss das einmal niederschreiben, um die Wahrheit auf dem Papier zu sehen."[42] Diese Form der Selbsterkenntnis in der Schrift funktioniert auch ohne Papier, nämlich mit einem blinkenden Cursor auf dem Bildschirm oder auf dem Display eines Smartphones. Zwar müssen wir unsere Texte hier nicht mehr so genau durchdenken, überarbeiten und korrigieren wie zur Zeit der Leserbriefe, weil das Chatten und Bloggen längst einen schnellen und abkürzenden Schreibstil, gewissermaßen ein ‚mündliches' Schreiben (sowie eine höhere Fehlertoleranz) etabliert hat. Man könnte fast meinen, es entstehe hier eine neue Mischung aus mündlicher und schriftlicher Sprache, eine bleibende Schriftlichkeit, die die fluide Interaktivität des Mündlichen annimmt.

Und doch zwingt uns die Schrift zur Reflexion – und dann auch zur Festlegung, weil das, was einmal abgesendet worden ist, tendenziell für immer in der Welt bleibt – und nicht, wie das gesprochene Wort, sogleich wieder verschwindet. E-Mails und Chats kann man wieder lesen, was ebenfalls zu einem tieferen Eindringen in das Problem beiträgt. Durch dieses Mehr an Reflexivität steigt der Anteil der Autokonsultation am Beratungsprozess: Für viele Leserbriefschreiber ist es schon viel wert, ihr Problem aufgeschrieben vor sich zu sehen. Dieser Effekt, den wir schon aus der Zeit des Leserbriefeschreibens kennen, setzt sich in der Online-Beratung fort, wie Stefan Kühne und Gerhard Hintenberger feststellen: „In der Mailberatung erfolgt die Verschriftlichung der ersten Anfänge zunächst in einem Dialog mit sich selbst. Die so angeregten selbstreflexiven Prozesse führen automatisch in eine exzentrische Position, die dem Klienten eine Problemdistanzierung, meist einen Überblick und im günstigsten Fall sogar einen Expertenblick ermöglichen".[43] Im sich anschließenden Dialog mit der Beraterin oder dem Berater wird diese Mehrperspektivität dann erweitert.

*Viertens* schließlich bietet das Internet die Möglichkeit, *Netzwerke* zu bilden, in denen sich Laien gegenseitig mit Tipps und Ratschlägen versorgen. Ein Experte als Ratgeber ist hier nicht mehr vorgesehen, oder besser gesagt: Die Laien, die sich in diesen Netzwerken organisieren, werden durch die intensive Beschäftigung mit einem bestimmten Thema selbst zu Experten, die ihr Wissen an die anderen weitergeben. Man kann das im medizinischen Bereich gut beobachten, wo sich diejenigen, die von einer bestimmten Erkrankung betroffen sind, zusammentun, um ihre Erfahrungen auszutauschen. Es entsteht dann so etwas wie ein kollektives ‚Schwarm'-Wissen von Betroffenen – hier: von Patienten –, das sich von gängigem Handbuchwissen dadurch unterscheidet, dass es aus der Perspektive Betroffener aufbereitet ist und auf Erfahrungen beruht, die allerdings nicht repräsentativ ausgewählt sind. Den Einfluss solcher Ratgeberforen auf das Gesundheitsverhalten der Menschen sollte man wohl nicht unterschätzen.[44]

Gerade an diesem letzten Punkt wird aber etwas deutlich, das für das Phänomen der Ratgeberliteratur insgesamt zutrifft – und dazu zähle ich unter diesem bestimmten Aspekt eben auch das Internet: *Ein Zuviel des guten Rats vergrößert am Ende die Ratlosigkeit eher, als dass es sie behebt.* Jeder, der einmal im Internet nach Rat für ein konkretes Problem gesucht hat, weiß, was ich meine: Man kann dabei durchaus Glück haben und schnell auf den gesuchten Rat stoßen. Man kann aber auch in einer Überfülle an sich widersprechenden Informationen geradezu ertrinken. Denn mit dem guten Rat hat es die Bewandtnis, dass er aus der Sicht des Ratsuchenden abnimmt, je mehr Menschen sich um ihn bemühen. Wo *ein* guter Rat mir Orientierung bieten kann, lassen mich zehn Ratschläge wieder ratlos werden. Und da die Ratgeberliteratur wie auch die Ratgeberforen des Internets dazu tendieren, Ratschläge zu sammeln und systematisch zu ordnen, ist diese Gefahr hier immer schon gegeben. Je mehr gedruckte oder Online-Ratgeber es zu einem Thema gibt, umso schwieriger wird es, aus der Vielzahl der ähnlichen oder auch widersprüchlichen Ratschläge den passenden auszuwählen. Wenn also schon für die Ratgeberliteratur gilt, dass ein Mehr an Ratgeberbüchern ein Weniger an Rat bedeutet, dann dürfte sich dieser Effekt in der gigantischen Auskunftei des Internets wohl noch verstärken: Man kann dort alles finden, was man sucht, und zu jeder Meinung gibt es garantiert auch eine oder sogar viele Gegenmeinungen.

Mit der Auslagerung in Bücher und später auch Zeitschriften erwachsen dem Raten und Beraten also ganz neue Möglichkeiten: Man kann sich Rat holen, ohne einen Menschen aufsuchen und eine Beziehung mit ihm eingehen zu müssen. Die individuelle Passung des Ratschlags geht dabei zwar ein wenig verloren, und man hat den Eindruck, dass es sich bisweilen eher um Belehrung und Information handelt als um konkretes Ratgeben. Doch der große Vorteil ist, dass wir uns nicht mehr schämen müssen, weil wir uns niemandem mehr in unserer Unberatenheit zumuten.

Insofern scheint der ‚stumme Ratgeber' in Form eines Buches oder einer Ratgeberkolumne eine maßgeschneiderte Lösung für das Problem der Moderne zu sein, die einerseits Ratlosigkeit erzeugt und ihren Akteuren andererseits ‚verbietet', sich ratsuchend an ihre Mitmenschen zu wenden. Das Netz mit seinen vielfältigen Möglichkeiten der Online-Beratung setzt diesen Trend zur Anonymisierung des Ratgebens fort – und fächert ihn mannigfach auf: Es verspricht seinen Benutzern einen niederschwelligen Zugang zur Beratung, die im Netz jedermann und jede Frau mit noch so abwegigen Fragestellungen aufsuchen kann, ohne dass dabei eine peinliche Situation entsteht. Der im realen Gespräch oftmals langwierige Aufbau von gegenseitigem Vertrauen vollzieht sich hier im Handumdrehen. Und indem sich die Anonymität mit der elektronisch erzeugten Interaktivität verbindet, findet das Beratungsgespräch auch noch annähernd in Echtzeit statt. Das ist das Neue gegenüber dem Ratgeberbuch und auch gegenüber der Leserbriefseite einer Zeitschrift: In einem Beratungs-Chat kann extrem schnell eine verblüffende Intimität entstehen, die derjenigen einer Beratung von Angesicht zu Angesicht in nichts nachsteht.

# Kapitel 7

# Parlamente, Politiker und Lobbyisten

## Die mit sich zu Rate gehende Gesellschaft und ihre Ratgeber

„Politiker als Berater: Die Bundestag Consulting Group" titelt *Spiegel Online* am 19. September 2014. In Anspielung auf die *Boston Consulting Group* zeigt der Artikel von Sven Becker, dass sich viele Politiker nicht nur beraten *lassen*, sondern ihrerseits gern als Berater anheuern. Und dies nicht erst nach Beendigung ihrer Karriere, sondern immer häufiger auch schon während ihres politischen Mandates. Durch eine Lücke im Gesetz müssen sie nicht einmal ihre Klienten offenlegen, wodurch der Verdacht des Lobbyismus zusätzlich befeuert wird. Die notwendige Vertraulichkeit des Beratungsverhältnisses tritt hier in einen Konflikt mit dem Anspruch der Bürger auf Transparenz, was die wirtschaftlichen Verquickungen und daraus folgenden Abhängigkeiten ihrer Abgeordneten betrifft.

Grundsätzlich denken wir uns das Verhältnis von Politik und Beratung jedoch eher umgekehrt: in dem Sinne nämlich, dass sich Politiker von Fachexperten beraten lassen. Seit Jahrtausenden gilt schließlich der Grundsatz, dass ein guter Herrscher nicht zuletzt daran zu erkennen sei, dass er sich mit weisen Beratern umgibt. Der König und seine Ratgeber – das ist in vielen älteren Kulturen eine untrennbare Einheit.[1] Diese Affinität von Politik und Beratung rührt daher, dass es die Herrschenden tagtäglich mit Entscheidungen zu tun haben, die ganze Gemeinwesen oder sogar Staaten betreffen. Politik stellt, wie Adrian Steiner formuliert, „qua Entscheidung kollektive Verbindlichkeiten her, was nicht nur mit einer großen Verantwortungslast, sondern auch mit einem hohen Legitimationsbedarf" einhergeht – und dies alles „bei stets gegebenem Willkürverdacht". Dieser besondere Entscheidungsbezug, so Steiner weiter, mache die Politik von jeher „anfällig für Beratung".[2]

Vor diesem Hintergrund möchte ich im Folgenden die Frage klären, ob und inwieweit im Übergang zur Neuzeit auch das Beraten im Feld der Politik Brüchen und Veränderungen ausgesetzt war (und noch ist). Einerseits ließ sich hier seit den Anfängen unserer Geschichte eine beeindruckende Kontinuität feststellen: Stets suchten Herrscher den Rat kluger Männer (und hinter verschlossenen Schlafzimmertüren auch den Rat ihnen nahestehender Frauen). In Antike und Mittelalter war die Ausübung von Herrschaft, wie wir sehen konnten, sogar institutionell eng an Beratungsprozesse geknüpft. Andererseits gerät das Ratgeben und Beraten, zumindest was den Einzelnen angeht, auf dem Weg in die Moderne unter Generalverdacht. Erstreckt sich also die beobachtete Krise des Ratgebens auch auf den politischen Bereich? Der oben bereits konsultierte Politikwissenschaftler Wilhelm Hennis hat diese Frage bejaht. Er hält dafür, dass Beratung nicht nur im Bereich der individuellen Lebensführung, sondern auch in der Politik der modernen Gesellschaften prekär geworden sei. Denn „manches, was uns am modernen Staat problematisch und fragwürdig erscheint", so Hennis weiter, „ist nichts anderes als der Reflex der Zurückdrängung des Beratens, der geringen Erwünschtheit des Ratgebers und der so gut wie völlig fehlenden Verpflichtung zum Einholen von Rat in der modernen politischen Ordnung."[3]

Prekär geworden ist die Beratung im Feld der Politik ja bereits in der frühen Neuzeit, als die Auswahl von passenden, und das heißt vor allem: vertrauenswürdigen Beratern als ein großes Problem erkannt wurde. Kaum einer der Gelehrten, die nun über das Ratgeben schrieben, ließ den Punkt aus, wie wichtig es für den Fürsten sei, gute Berater zu haben, wie schwierig aber auch, sie zu finden. Den Grund für dieses Dilemma haben wir bereits kennengelernt: Er liegt in der Umstellung von *interner* auf *externe* Beratung. In dem Moment, da der Herrscher seine Räte nicht mehr unter seinesgleichen, nämlich aus dem hohen Adel rekrutiert, sondern aus studierten Fachleuten der nichtadligen Stände, kommt dem Auswahlverfahren eine besondere Bedeutung zu: Denn externen, also fremden Beratern kann man bekanntlich nicht mehr uneingeschränkt vertrauen.

Bis dahin war das gemeinsame Beratschlagen der Mächtigen im *consilium* fest in den politischen Ordnungen der alten Kulturen verankert. Die Redner der griechischen Antike unterschieden ihre Aufgabenfelder in drei Kategorien: die Gerichtsrede, die Feier- oder Prunkrede und die politische Rede, die als *genus deliberativum* bezeichnet wurde, als „Beratungsrede" also. Dies unterstreicht die Bedeutung des Beratschlagens im politischen Geschäft des Altertums. Zeiten autokratischer Kaiser- oder Despotenherrschaft konnte man genau daran erkennen, dass sie mit diesem Grundsatz brachen. Der Gewaltherrscher zeichnet sich dadurch aus, dass er allein aus eigener Willkür – und also ohne Beratung – seine Entscheidungen trifft. Legitimen politischen Entscheidungen geht dagegen in der alten Welt in aller Regel ein Beratungsprozess voraus, den die mittelalterlichen Könige sogar gern festlich inszenieren. Im Prinzip gehen alle parlamentarischen Versammlungen der westlichen Welt auf diese feudalen Hof- und Reichstage des Mittelalters zurück – mit dem kleinen, aber feinen Unterschied, dass aus den einstmals *beratenden* Gremien im Laufe der Zeit *beschließende* Versammlungen geworden sind.[4]

## Beratung und Beschluss in den Parlamenten des 19. Jahrhunderts

Wie ist aber die These von Wilhelm Hennis zu verstehen, wonach das Ratgeben und Beraten auch im politischen System der Moderne dramatisch an Akzeptanz eingebüßt habe? Ist das Beraten wirklich aus den europäischen Verfassungsinstitutionen verdrängt worden? Treten denn nicht unsere Kreis-,

Land- und Bundestage regelmäßig zur Beratschlagung zusammen? Ein Blick in die politische Wissenschaft des 20. Jahrhunderts zeigt, dass hier an einer kleinen, aber wichtigen Stellschraube gedreht worden ist: Die Kategorien des Rats und der Beratung, die seit Jahrhunderten einen festen Platz in den Staatslehren hatten, sind beinahe vollständig durch die Kategorien des ‚Willens‘, der ‚Entscheidung‘ oder der ‚Dezision‘ ersetzt.[5] Dahinter verbirgt sich der angesprochene Übergang von der beratenden zur beschließenden Versammlung in den konstitutionellen Staaten der Moderne. Er ist eine Folge der revolutionären Umstellung von der mehr oder weniger absoluten Herrschaft des Königs auf Volkssouveränität: Die Parlamente beraten nun nicht mehr den Fürsten – und auch nicht mehr die Regierung –, sondern fällen ihre eigenen Beschlüsse: eben als Repräsentanten des nun herrschenden Volkswillens. Im Jahr 1881 führte das englische Unterhaus den Mehrheitsbeschluss ein, mit dem fortan eine Debatte beendet wurde. Ein Mehrheitsentscheid widerspricht aber eklatant dem Wesen der Beratung, denn hier geht es bekanntlich um Argumente – und nicht um die Anzahl von Stimmen. Wir haben sehen können, wie wichtig in den Ratsversammlungen des Mittelalters der gemeinsame Ratschluss der Getreuen war, in dem am Ende notwendig ein Konsens erzielt werden musste.

Mit dem Übergang zum Majoritätsbeschluss, so zeigt Hennis, hatte sich das englische Unterhaus, „die Mutter der Parlamente“, am Ende des 19. Jahrhunderts endgültig von einer beratenden zu einer beschließenden Versammlung gewandelt. Als Repräsentanten der Volkssouveränität *entscheiden* die Parlamente seither selbst (nachdem sie sich zuvor beraten haben). Sogar die Regierungen, also die Organe der Exekutive, sind aus den alten, ursprünglich beratenden Gremien der Monarchien hervorgegangen. Dies lässt sich ebenfalls an den englischen Verhältnissen gut zeigen: „Das Kabinett war ursprünglich ein kleiner Ausschuß des Privy Council, und rechtlich wird es auch heute noch so gesehen. Privy Council, Geheimer Rat. Aus dem Geheimen Rat des Monarchen wuchsen auch unsere Staatsministerien heraus.“[6]

Nun könnte man gegen Hennis' Argumentation einwenden, dass sie ein wenig zu weit geht, denn die Beratung verschwindet ja nicht vollends aus den Parlamenten (wie er selbst einräumt). Zwar wird dort nun final *entschieden*, aber davor auch eingehend *beraten*. Nur beraten diese Organe des konstitutionellen Staats eben nicht mehr einen Herrscher oder eine Regierung, sondern die Volksvertreter gehen mit sich zu Rate, um auf der Grundlage dieses Ratschlusses am Ende eine Entscheidung zu fällen. Die Parlamente der konstitutionellen Staaten, so ließe sich mit einer oben eingeführten Unterscheidung vielleicht sagen, stellen im 19. Jahrhundert von *transitiver* Beratung auf *reflexive* Beratung um: Sie beraten nicht mehr *jemanden* (einen Monarchen oder eine Regierung), sondern *gehen mit sich selbst zu Rate* (um danach auch selbst zu entscheiden, also Beschlüsse zu fassen). Die Parlamente bilden unter den Bedingungen der Volkssouveränität in gewisser Weise den Ort der *Selbstberatung der Gesellschaft*. Wenn aber die Beratung der Gesellschaft auf diese Weise als demokratisch legitimierte Selbstberatung verstanden wird, dann muss dieses Beratungs-Monopol gegen jede andere Form der Einflussnahme verteidigt werden: Es gibt nur einen Ort, an dem diese Beratung stattfindet, und der ist im Parlament (sowie in den entsprechenden Städte- oder Landtagen). Alle Versuche, im 19. Jahrhundert sogenannte „Staatsräte" neben den Parlamenten zu verankern, haben die Parlamentarier bekämpft und am Ende auch verhindert. Der jahrelange Kampf Bismarcks gegen die ‚Nebenregierung' der kaiserlichen Berater Wilhelms I. und Wilhelms II. ist ein bekanntes Beispiel für dieses Ringen. Am Ende ist der Kanzler deswegen zurückgetreten. Ein anderes Beispiel kommt aus den USA: Als dort Henry Kissinger, Berater des amerikanischen Präsidenten Nixon und Leiter des *National Security Council*, dieses Gremium auf über 70 Köpfe hat anwachsen lassen, kam es unweigerlich zum Konflikt mit dem Außen- und Verteidigungsministerium, die in dem Beraterstab eine unzulässige Konkurrenzveranstaltung sahen.[7] Zumal Kissinger wohl der gesamten Weltöffentlichkeit jahrelang als Außenminister galt, obwohl er es gar nicht war; erst ab 1973 bekleidete der Präsidentenberater auch offiziell dieses Amt. „Unter der Herrschaft der Parlamentssouveränität und der Ministerverantwortlichkeit", so resümiert Wilhelm Hennis, „wird alle Beratung degradiert zu unverantwortlicher Nebenregierung, Schattenkabinett, *kitchen cabinet*".[8]

In dem Moment also, da in einer Demokratie alle Macht vom Volk ausgeht, haben eben nur noch die gewählten Volksvertreterinnen und Volksvertreter ein Beratungsmandat. Jede andere Form der Konsultation erscheint dagegen als problematisch, die nicht durch Wahlen legitimiert ist. Allenfalls die Ministerialbürokratie soll die Entscheider nun beraten. Tauchen in diesem System plötzlich doch externe Berater auf, um – gefragt oder ungefragt – Einfluss auf die Abgeordneten oder Regierungen zu nehmen, handeln sie sich, zumal in Europa, schnell den Vorwurf des Lobbyismus ein. Heute sehen wir die Gefahr von illegitimen ‚Nebenregierungen' eher in diesem Bereich, weil immer öfter etwas als Beratung ausgegeben wird, das in Wahrheit lobbyistische Interessenvertretung ist.

In den parlamentarischen Systemen der Moderne ist also jegliche Form der *externen* Politikberatung grundsätzlich prekär – und zwar in Deutschland viel stärker als in dem etwas anders gestrickten Präsidialsystem der USA. Hier wird etwa die Politikberatung durch Lobbyisten und *Think Tanks* bis heute weitaus weniger kritisch gesehen als hierzulande. Das hängt damit zusammen, dass das amerikanische Verfassungssystem sich in gewisser Weise Teile der guten alten Fürstenberatung erhalten hat (was kein Wunder ist, denn es basiert auf der englischen Verfassung unter George III. im 18. Jahrhundert). So darf der Präsident neben seinen Ministern – wie wir am Beispiel Kennedys sehen konnten – beliebig viele Berater berufen. Die Souveränität liegt hier nicht im Parlament, sondern beruht auf einer strikten Gewaltenteilung zwischen dem Präsidenten und dem Kongress, dem System der *checks and balances*. In diesem System sind auch die Minister nicht dem Parlament verantwortlich, sondern sie sind ihrerseits Berater des Präsidenten, der sie jederzeit verabschieden kann. Die Folge ist, dass sich nicht nur der Präsident allumfassend beraten lässt, sondern auch der

Kongress eine Vielzahl gebetener wie ungebetener Berater anzieht, die sich buchstäblich in seiner Lobby versammeln. Ich komme darauf noch zurück.

Versuchen wir die moderne Ambivalenz gegenüber der Beratung zusammenzufassen, dann fällt eine Parallele besonders ins Auge: Der Wandel von der Konsultation zur Autokonsultation, vom Beraten-Werden zum Mit-sich-selbst-zu-Rate-Gehen, findet gleichzeitig im Großen wie im Kleinen statt, auf der Ebene der Individuen *und* der Gesellschaft, in den ethischen Vorstellungen *und* in der politischen Ordnung. Auf beiden Ebenen bricht die Moderne mit der alten Tradition des externen Ratgebens und stellt auf *interne Selbstberatung* um. Sie führt dazu eine Unterscheidung von ‚Fremdem‘ und ‚Eigenem‘ ein, in der sie das ‚Eigene‘ (das Innere) prämiert und das ‚Fremde‘ (das Äußere) diskreditiert. Selberdenken, Selberentscheiden und Selbertun sind nun die Losungen einer Zeit, in der die autonomen Individuen und ihre repräsentativen Demokratien die Herrschaft übernehmen.

Allerdings ging das nur eine gewisse Zeit lang gut. Ob bereits Wilhelm Hennis ein erstes, zartes Moment des Wandels spürte, als er im Jahr 1962 seinen Vortrag auf der Jahresversammlung des *Deutschen Vereins für öffentliche und private Fürsorge* hielt, können wir nicht sagen. Immerhin hatte er sich dafür entschieden, über das Beraten als solches zu sprechen und das Thema in einen großen historischen Rahmen zu stellen. Hennis sprach damals vor Beraterinnen und Beratern, die auf der Grundlage des seinerzeit ganz neuen *Bundessozialhilfegesetzes* tätig waren. Dieses Gesetz, das auch eine Beratung von Behördenseite einschloss, hatte recht lange Bestand. Erst 2005 wurde es im Zuge der Hartz-Reformen von der damaligen Bundesregierung aus SPD und Grünen durch neue gesetzliche Regelungen ersetzt. Doch bevor wir uns näher anschauen, wie im Laufe der 1960er Jahre eine ganz *pragmatische*, geradezu wissenschaftliche Form der Beratung in die Politik Einzug hält, sei noch eine andere Tradition in Erinnerung gerufen, der sich nicht nur antike Kaiser bedienten: Ich meine die Angewohnheit von Herrschenden, sich mit *charismatischen* Beratergestalten zu umgeben.

## Macht, Geist und Charisma: Philosophen als Politikberater

Neben den sie beratenden Kollegialorganen sowie den mehr oder weniger geheimen Räten, die sie tagtäglich begleiteten, hatten die Mächtigen immer auch ein Faible für *charismatische* Beratertypen: So etwa, wenn sie bei den großen Philosophen oder Dichtern ihrer Zeit Rat suchten. Dabei sind spektakuläre Paarungen entstanden (wie etwa die zwischen Goethe und dem jungen Herzog Karl August von Sachsen-Weimar, von der wir schon hörten). Sie faszinieren uns bis heute, weil sich in ihnen das Charisma des Philosophen mit dem Talent des visionären Politikers kongenial zu verbinden scheint. Heute ist das etwas aus der Mode gekommen: In der unübersichtlichen politischen Lage des 21. Jahrhunderts scheinen Intellektuelle und Philosophen den Entscheidern keine große Hilfe mehr zu sein (und dies auch gar nicht mehr zu wollen). Eher tauchen Politiker als Berater auf der Gehaltsliste von Wirtschaftsunternehmen auf. Doch dabei dürfte es weniger darum gehen, an der ‚Gabe' großer Geister teilzuhaben; hier steht vielmehr das Abschöpfen von Kontakten und Netzwerken im Mittelpunkt. Und nicht zuletzt zeigt man damit auf dezente Weise, dass man es sich leisten kann.

Dabei steht der Philosoph als Berater vor besonderen Herausforderungen: Wie soll er sich als Neuer und sozusagen ‚Externer' zu den eingesessenen, ständigen Beratern des Königs verhalten – und wie werden die auf seine Ratschläge reagieren? Goethes Berufung in den Geheimen Rat des Herzogs von Sachsen-Weimar, so konnten wir sehen, hat dort ein mittleres Erdbeben ausgelöst. Aber auch andere Komplikationen sind denkbar: Wird der philosophische Ratgeber tauben Ohren predigen, weil die ‚internen' Berater sich längst mit dem System arrangiert haben, dem König nach dem Mund reden und ihre Ratschläge vor allem nach ihrem eigenen Profit ausrichten? Wie soll er da zum Fürsten durchdringen? Und was soll er tun, wenn dessen Ratgeber „den widersinnigsten Meinungen derer beipflichten und liebedienerisch zustimmen, die sie durch ihren Beifall um der Gunst der Fürsten willen sich gewinnen wollen"?

Diesen Einwand äußert der englische Schriftsteller, Politiker und Fürstenberater Thomas Morus, der selbst Mitglied des Geheimen Rats und zeitweise Lordkanzler unter Heinrich VIII. war (der ihn später wegen Verrats hinrichten ließ). Aber der Humanist Morus, der in seinem Buch *Utopia* ein ideales, utopisches Staatswesen beschreibt, gibt noch etwas anderes zu bedenken: So gebe es „keinen unter den Ratgebern der Könige, der nicht entweder wirklich so weise ist, daß er fremden Rat nicht benötigt, oder sich selbst für so weise hält, daß er ihn nicht gutheißen will". Theoretisch ist ein Philosoph als Fürstenberater also ein Segen, denn, so Morus, „wie aus einer nie versiegenden Quelle ergießt sich von einem Fürsten ein Sturzbach von Gutem und Bösem auf das ganze Volk".[9] Praktisch sind seinem Einfluss dagegen wohl enge Grenzen gesetzt, denn als Externer droht er entweder in der Konkurrenz mit den internen Räten zerrieben zu werden oder in der Bedeutungslosigkeit zu versinken. Bei den Fürsten, so lautet sein frustriertes Resümee, „ist kein Raum für Philosophie".[10]

Morus schwebt dagegen eher Platons Konzept vor, der es bekanntlich für die beste Lösung hielt, wenn gleich die Philosophen das Staatsschiff lenkten. Zumindest aber müsse sich der König seinerseits mit Philosophie beschäftigen, um für philosophische Beratung überhaupt offen zu sein. „Wie fern aber ist das Glück", so klagt Morus, „wenn die Philosophen nicht einmal geruhen, den Königen ihren Rat zu erteilen!"[11] Platons eigene Versuche, den Tyrannen Dionysius von Syrakus zu beraten, waren bekanntlich auch nicht von großem Erfolg gekrönt. Ein erfolgreicheres Duo, ja ein regelrechtes *dream team*, bildete dagegen sein Kollege und Nachfolger Aristoteles mit dem makedonischen Weltherrscher Alexander: Der vielfach bewunderte, noch sehr junge Herrscher, der sich die gesamte Welt unterwarf, hatte als Lehrer und Berater den unbestrittenen Meister-Philosophen seiner Zeit! Die Legenden, die sich um diese Paarung bilden, schlagen sich auch literarisch nieder: Seit der Spätantike kursieren (fiktive) Briefe, die Alexander von seinen militärischen Expeditionen an die Grenzen der bekannten Welt an seinen Lehrer und Berater geschrieben haben soll. Sie werden in verschiedene

Sprachen übersetzt und begeistert gelesen. Ein anderer, ebenfalls fingierter Brief des Aristoteles an seinen Schüler und ‚Klienten' Alexander taucht im 10. Jahrhundert auf – also über tausend Jahre nach Aristoteles' Wirken. In einer Art Geheimlehre stellt der Philosoph, so jedenfalls will es die Rahmenfiktion des Textes, eine ganze Reihe von Verhaltensratschlägen für den jungen Herrscher zusammen. Ausgesandt habe Aristoteles den Brief, als Alexander gerade das persische Weltreich seinem Willen unterwarf, heißt es. Der Name dieser Schrift, die tatsächlich aus sehr verschiedenen Quellen geschöpft ist, lautet *Secretum Secretorum* und weist in seinem geheimniskrämerischen Titel auf die *heimlîchaere* und späteren Sekretäre voraus. Als Titel eines Textes, der als Vorläufer der Ratgeberliteratur gelten kann, mag das paradox erscheinen, denn was die Schrift als allergeheimstes Geheimnis verkauft, macht sie ja selbst in Buchform der Öffentlichkeit überhaupt erst zugänglich.

Weniger glamourös, weil dieser römische Kaiser uns in weniger guter Erinnerung geblieben ist, war die Verbindung von Nero mit dem Philosophen Seneca. Von dem Stoiker, der den Kaiser schon von Kindesbeinen an ausbildete, ist der schöne Satz überliefert, wonach die Philosophie vor allem eines zum Nutzen der Menschen beizutragen hat, nämlich *consilium*, Rat für ein gelingendes Leben.[12] In seiner Herrscherberatung löste sich das nur bedingt ein: Mit seinem Klienten Nero verbinden wir heute vor allem, dass er Christen grausam töten ließ und angeblich die Fidel spielte, als die Heilige Stadt niederbrannte. Es wundert daher wenig, dass er seinen Philosophen-Berater und langjährigen Erzieher am Ende der Verschwörung bezichtigte und zum Freitod zwang. Herrscherberatung war in den alten Kulturen also stets ein gefährliches Geschäft: Das Scheitern der politischen Ambitionen ließ sich leicht auf einen vermeintlich falschen oder gar verräterischen Ratschlag der Konsultanten abschieben.

Im Mittelalter ließ sich Kaiser Friedrich II. Barbarossa nicht nur von seinen Großen, sondern auch von der Mystikerin Hildegard von Bingen beraten. Mit ihren göttlichen Visionen offenbarte die Äbtissin eine besondere

Gabe, die sie auch als Frau ‚beratungsfähig‘ machte. Hinzu kam Otto von Freising, der ab 1138 Bischof war und als einer der bedeutendsten Geschichtsschreiber des Mittelalters gilt. Da er außerdem ein Onkel des Kaisers war, konnte dieser sich die üblichen vertrauensbildenden Maßnahmen ersparen. Kurz vor seinem Tod wurde Otto, der als beratender Onkel tiefe Einblicke in den Politikbetrieb der Zeit hatte, damit beauftragt, die Taten des von großen Hoffnungen umrankten Kaisers aufzuschreiben, was er freilich nicht mehr vollenden konnte. Doch andere brachten das Werk später zu einem Abschluss.

Auch in jüngerer Zeit umgeben sich Herrscher gern mit berühmten, charismatischen Intellektuellen. Friedrich der Große lud den Philosophen Voltaire, einen der einflussreichsten Denker der französischen Aufklärung, im Jahr 1750 auf sein Schloss Sanssouci in Potsdam ein, wo vor ihm schon andere Franzosen – gewissermaßen als ‚Gelehrte Räte‘ – beratend tätig waren. Voltaire gab dem Werben des Königs schließlich nach, auch weil er daheim in Versailles nicht die erhoffte Resonanz erfuhr. Friedrich verlieh ihm das gut dotierte Amt eines königlichen Kammerherrn, doch schon nach drei Jahren hatte sich der eigensinnige Philosoph mit dem absolutistischen Herrscher überworfen, was in diesen aufgeklärten Zeiten allerdings keine grausame Hinrichtung des in Unehre gefallenen Beraters mehr nach sich zog. Der Schriftsteller Hans-Joachim Schädlich hat über die Verbindung von Voltaire und Friedrich II. jüngst eine Novelle verfasst (*Sire, ich eile*, 2012), was zeigt, wie sehr uns die Paarung von Macht und Geist noch heute fasziniert.

Als 1960 der noch recht junge John F. Kennedy überraschend zum Präsidenten der Vereinigten Staaten von Amerika gewählt wurde, suchte auch er sich einen Beraterstab aus renommierten Intellektuellen zusammen. Seine neue Politik sollte sich auf wissenschaftliche Rationalität und Expertise gründen: „the best and the brightest“, ein „Kabinett der Talentierten“ wollte er um sich haben, das der aus Massachusetts stammende Kennedy vor allem mit akademischen Nachwuchsstars aus *Harvard* bestückte. Und wie viele Jahrhunderte vor ihm Kaiser Friedrich Barbarossa, so legte auch dieser Staatsführer Wert auf seinen eigenen Historiker im Gefolge: Arthur Schlesinger Jr., hatte bereits eine dreibändige Geschichte über das Zeitalter Roosevelts geschrieben, aus der Kennedy nicht zuletzt entnehmen konnte, wie FDR seinen eigenen Beraterstab erfolgreich führte. Schlesingers Darstellung der Präsidentschaft Kennedys (*A Thousand Days: John F. Kennedy in the White House*, 1965), die bald nach dessen Ermordung erschien, wurde zu seinem bekanntesten Werk und als zweites seiner Bücher mit dem renommierten Pulitzerpreis ausgezeichnet.

Die Präsidentenwitwe Jackie Kennedy lag also gar nicht so falsch, wenn sie kurz nach den tödlichen Schüssen in Dallas die Szenerie um ihren Mann und seinen Beraterstab im Weißen Haus (in einem Interview mit dem Magazin *Life*) mit dem berühmten Hof von König Artus in Camelot verglich. *Camelot's Court* nennt daher auch der Historiker Robert Dallek sein Buch über Kennedys Beraterkreis, in dem freilich auch zu lesen ist, dass der Präsident seine großen Erwartungen an den handverlesenen Beraterstab bald schon relativieren musste. Und dies, obwohl er Roosevelts Beispiel gefolgt war und eine hochgradig kompetitive Atmosphäre unter seinen Konsultanten geschaffen hatte. Das Ringen um Einfluss, so war die Idee, sollte möglichst viele, verschiedene und kreative Vorschläge hervorbringen. Freilich musste John F. Kennedy anerkennen, dass selbst das geballte Wissen der hellsten *Harvard*-Köpfe ihn nicht per se vor schlechten Ratschlägen schützte. Eine Schlüsselerfahrung war das Debakel der gescheiterten Invasion Kubas in der Schweinebucht. Obwohl der Plan auf einer Reihe offensichtlicher Fehlannahmen beruhte, hatte niemand aus seinem Kreis dem Präsidenten von dieser Aktion abgeraten.

Fortan, so Dallek, habe Kennedy sich vor allem auf sein eigenes Urteilsvermögen verlassen und die Ratschläge seines ,Hofstaats' stets kritisch geprüft: „Never rely on experts", sei zum neuen Motto des Präsidenten geworden.[13] Dahinter steckt ein grundsätzlicheres Dilemma, das auch den immer wieder verführerischen Versuchen innewohnt, in Krisenzeiten auf sog. „Technokratenregimes" zu setzen (wie etwa in Griechenland oder Italien während der Euro-Krise oder zwischenzeitlich von der Opposition der Gelbhemden in Thailand gefordert): Selbst die klügsten Köpfe machen das nicht überflüssig, worum es im System der Politik geht, nämlich *Entscheidungen* zu treffen. Entscheidungen sind die Währung der Politik; sie lassen sich nicht durch das Fachwissen von Experten ersetzen (das ja zudem kaum geeignet ist, die Zukunft halbwegs sicher vorherzusagen). Diese Entscheidungen auf einer fundierten Grundlage zu treffen, setzt indes eingehende Beratung voraus: Daher suchen nicht nur Politiker von jeher den Rat kluger Leute, sondern aus diesem Grund ist auch die Beratung, das politische *consilium*, schon sehr früh ein fester Bestandteil vieler Herrschaftsformen.

Politikberatung, auch in ihrer charismatischen Spielart, scheint also etwas ganz Selbstverständliches zu sein. Sie ist nicht nur ein schöner Luxus, sondern eine von allen relevanten Staats- und Herrschaftslehren seit der Antike geforderte Notwendigkeit: Wer unberaten und nur seinem Willen und seiner eigenen Entscheidung folgend zu regieren sucht, gilt dem alteuropäischen Rechtsdenken als Tyrann. Die Kategorien *consilium* und *ratio*, Rat und Vernunft, stehen hier diametral dem schieren Willen und der Leidenschaft gegenüber, die, wie Hella Mandt zeigt, die Tyrannenherrschaft ausmachen: „"Mutwill ist der Tyrannen Rat und Lehr', heißt es in einem mittelalterlichen Sprichwort; ein anderes nennt einen Tyrannen denjenigen, ,der es alles ohn Rat mit der Faust will ausrichten'".[14]

Doch neben den überlieferten Formen der Herrscherberatung entstehen im 20. Jahrhundert auch ganz neue Formate, die die politische Kultur prägen. Ich möchte aus diesem Arsenal das schillernde Phänomen des *Think Tanks* herausgreifen, das eng mit der Geschichte des zwanzigsten Jahrhunderts und seinen Kriegen verbunden ist. Die *Think Tanks* scheinen in ihrer experimentellen Kreativität schon früh innovative Beratungsansätze durchzuspielen, die dann in der Spätmoderne des anbrechenden 21. Jahrhunderts voll zum Tragen kommen.

## *Think Tanks*: Neue Player auf dem Feld der Beratung

„By think tanks I mean the people who are paid to think by the makers of tanks."[15] Dieser berühmt gewordene Satz der Globalisierungskritikerin Naomi Klein fiel im Jahr 2007 auf der Jahreskonferenz der *American Sociological Association*. Er zeigt, dass *Think Tanks* (neudeutsch könnte man von *Denkfabriken* sprechen) keinen allzu guten Ruf haben. Sie gelten kritischen Geistern als regierungsnahe Beratungsinstitute, die in der Regel von der Großindustrie oder, schlimmer noch, dem Militär gesponsert sind und kaum verhohlen deren Interessen bedienen. Doch leben hier, in dieser „non-profit public policy research industry", wie Kent Weaver das Phänomen der *Think Tanks* definiert, tatsächlich die unseligen Traditionen jenes „militärisch-industriellen Komplexes" wieder auf, der sich nach dem Zweiten Weltkrieg ausgebildet hatte?[16] Werden hier hinter verschlossenen Türen und weit ab von parlamentarischer Kontrolle riskante Denkspiele neu aufgelegt, wie sie mit Stanley Kubricks Film *Dr. Strangelove or: How I Learned to Stop Worrying and Love the Bomb* (USA 1964) in die Filmgeschichte eingegangen sind?[17]

Auch wenn eine solche Sichtweise am Ende vielleicht zu kurz greift – Geschichte und der Begriff des *Think Tanks* können sie zumindest nahelegen. Eingeführt im Jahr 1946 zur Bezeichnung der RAND *Corporation*, die die *US-Airforce* und die *Douglas Aircraft Company* gemeinsam gegründet hatten (Research ANd Development), entstammt das Konzept den *War Rooms* des britischen Militärs während des Zweiten Weltkriegs. In abhörsicheren Räumen waren hier von zivilen wie militärischen Experten Strategien entwickelt und Entscheidungen der Kriegsführung beschlossen worden. Zwar orientiert sich die Idee des *Think Tanks* an dieser Form der hermetischen Ab- und Eingeschlossenheit, doch im Unterschied zu den *War Rooms* wurde in den *Think Tanks* nichts entschieden, und man arbeitete auch nicht unter Zeitdruck. Es geht also um Beratung im klassischen Sinn: *Think Tanks* sollen Entscheidungen vorbereiten oder über die Folgen möglicher Entscheidungen beraten. Sie operieren außerdem im Gegensatz zu den *War Rooms* auf Dauer. Man kann sich *Think Tanks* in der Tradition der RAND *Corporation*, wie Pias und Vehlken vorschlagen, „als eine Art intellektuelle Spielwiese" vorstellen, als einen „Möglichkeitsraum für die Bildung alternativer Szenarien",[18] bei dem bestimmte Beschränkungen ‚normaler' Beratungssituationen bewusst aufgehoben sind: Im Raum des *Think Tanks* kommen Experten *und* Dilettanten aus verschiedenen Bereichen zusammen, die in einer interdisziplinär zusammengestellten und nicht hierarchisch aufgebauten Gruppe kreative Lösungen für nicht alltägliche oder gar weitgehend tabuisierte Probleme finden sollen. Vielleicht ist es daher kein Zufall, dass im Jahr 1978 ausgerechnet ein RAND-Mitarbeiter das wohl erste Buch zum Typus des politischen Beraters in der Weltgeschichte vorlegte: Herbert Goldhamers im RAND *Graduate Institute* erschienenes Werk *The Adviser*.

Der Begriff *Think Tank* war zunächst ein Synonym für die an der kalifornischen Pazifikküste ansässige RAND *Corporation*, dem Prototyp eines privat organisierten Non-Profit-Unternehmens, das Forschung, Entwicklung und technische Evaluation für die Regierung der USA durchführte. Bekannt geworden ist RAND nicht zuletzt durch seinen charismatischen Mitarbeiter Herman Kahn, der später mit dem *Hudson Institute* seinen eigenen *Think Tank* leitete. Mit seinem Buch *Thinking about the Unthinkable* sorgte Kahn zu Beginn der 1960er Jahre für Aufsehen, weil er darin ausführlich über die Optionen eines atomaren Erstschlags nachdachte. „Das Undenkbare denken" – dieser Slogan bringt gut auf den Punkt, worin in seiner Entstehungsphase das Besondere des *Think Tanks* als Institut der Politikberatung lag: Im gerade angebrochenen Atomzeitalter, dessen Bedrohungspotential mit einer tiefgreifenden Rat- und Orientierungslosigkeit einherging, neue Wege zu bahnen und in unerwartete Richtungen zu denken. Immerhin schien ja das „Gleichgewicht des Schreckens" während des Kalten Krieges einen Einsatz der Atomwaffen undenkbar zu machen; althergebrachte Begriffe von Taktik und Strategie schienen obsolet. „Es ist diese abrupte Denkstille", so Brandstetter, Pias und Vehlken, „in die RAND interveniert und die sie zwei Jahrzehnte lang nahezu monopolistisch mit dem Nachdenken der Durchführbarkeit eines Atomkriegs durchbricht."[19]

Dabei wird übrigens ganz nebenbei auch noch das Internet erfunden: Als Antwort auf die Frage nämlich, wie man verhindern könne, dass ein gezielter russischer Atomschlag die gesamte US-Kommandostruktur zerschlägt. Den entscheidenden Impuls dazu gab der Informatiker und RAND-Mitarbeiter Paul Baran, der 1960 einen bahnbrechenden Aufsatz über sogenannte paketvermittelte Datennetze veröffentlichte und eine Software entwickelte, die die digitale Kommunikation unabhängig machte von beschädigten Verbindungen. So sollten die US-Streitkräfte auch nach einem Angriff auf ihr Hauptquartier noch in der Lage sein, weiter gegen die Sowjetunion zu kämpfen.

Auch methodisch ist die RAND *Corporation* stilbildend gewesen. Das überdisziplinäre, nicht-hierarchische, unkonventionelle Erscheinungsbild der Gruppe „verband sich mit einer besonderen akademischen Lebensform, zu der die offene Bürotüren, avantgardistische Kunst, Meetings auf dem Fußboden, Nachdenken im Swimmingpool, stillschweigend tolerierte Homosexualität, exzentrische Hobbys oder selbst eine trotzkistische Vergangenheit gehörten."[20] Man experimentierte mit neuen Methoden aus der Psychologie und den Sozialwissenschaften (wie *System Analysis* und *Brain Storming*, Rollenspiele und Szenarien, Spieltheorie und Computersimulationen) und versuchte auf diese Weise, spielerisch und vor allem *out of the box* zu denken. Brandstetter, Pias und Vehlken beschreiben das von RAND geprägte „Think-Tank-Denken" insgesamt als einen „Denkstil der Virtualität", den sie im besonderen Maße als charakteristisch für den „allgemein hypothetischen Gestus von Beratung" ansehen: „Es geht gewissermaßen um die Kultivierung eines Möglichkeitssinns im Tiefkühlzustand der Geschichte."[21]

In den 1960er Jahren erweitert sich dann der Begriff des *Think Tanks* und wird zunehmend auch auf andere, nicht-militärische Formen wissenschaftlich-praktischer Zukunftsforschung angewandt. Nach wie vor sind es Regierungen oder sonstige Organisationen, die entsprechende Forschung in Auftrag geben, wobei nun auch andere Begriffe – wie „Beraterstab" oder „Policy Research Institute" – auftauchen. Grob können wir die Geschichte des *Think Tanks* in den USA – und nur dort ist das Phänomen so klar ausgeprägt – in vier Abschnitte unterteilen:[22] Eine *erste Phase* von 1900 bis 1945, worunter vor allem die von Kent Weaver sogenannten „Universitäten ohne Studenten" zu fassen sind, als quasi-universitäre Forschungsinstitute, die in der Regel von einem Mäzen ins Leben gerufen und nach ihm benannt wurden.[23] Beispiele wären das 1910 gegründete *Carnegie Endowment for International Peace* oder das 1916 gegründete *Institute for Government Research*, das 1927 mit dem *Institute of Economics* (1922) und der *Robert Brookings Graduate School of Economics and Government* (1924) zur heute noch sehr aktiven *Brookings Institution* fusionierte. Hier trafen sich zum Beispiel im April 2015 die Finanzminister Schäuble und Varoufakis zum „Duell" um den richtigen Weg zur Griechenland-Rettung.

In der *zweiten Phase*, die die Nachkriegszeit bis in die 1970er Jahre umfasst, dominieren meist militärisch ausgerichtete Auftragsforschungs-institute wie RAND, die die außen- und sicherheitspolitische Expertise der US-amerikanischen Regierung im Kalten Krieg anreichern sollten. Auf Anregung von Präsident Johnson wird als innenpolitisches Gegenstück zu RAND im Jahr 1968 das *Urban Institute* gegründet. Neben Fragen nach der sicheren Beseitigung von Atommüll oder der Durchführbarkeit eines Raketenabwehrsystems beauftragte die amerikanische Regierung diese Institute aber auch mit Fragen nach den Folgen der Einwanderung und Ähnlichem.

Die relativ kurze *dritte Phase* von 1970 bis 1980 umfasst den Aufstieg der sog. *Advocacy Think Tanks*, die eine eindeutige ideologische Ausrichtung verfolgen und die *Think Tank*-Landschaft nachhaltig verändern. Sie haben einiges zu der heute spürbaren Polarisierung der politischen Lager in den USA beigetragen. Beispiele wären das konservativ-libertäre *Cato Institute* (1977) oder die 1973 gegründete konservative *Heritage Foundation*, die äußerst erfolgreich agierte und mit der Präsidentschaft Ronald Reagans bekannt wurde. Gezielt als konservatives Gegenstück zur vermeintlich liberalen *Think Tank*-Szene gegründet (wozu im erzkonservativen Lager auch RAND oder *Brookings* gezählt wurden), hat *Heritage* unter anderem Lieblingsprojekte republikanischer Präsidenten wie die Raketenabwehr oder den Irak-Krieg unterstützt. Im Gefolge dieser advokatorischen Denkfabriken entsteht nun eine Vielzahl weiterer *Think Tanks*, die sich an dieser neuen Mischung aus intellektueller Expertise und aggressiver Lobby- und Öffentlichkeitsarbeit orientieren. So soll die *Heritage Foundation* über ein Drittel ihres Budgets für die Vermarktung ihrer Ideen ausgeben.

Diese ideologische Ausrichtung setzt sich in der *vierten Phase* fort, die von parteinahen oder anderen Interessengruppen, Politikern oder bekannten Persönlichkeiten verpflichteten Organisationen geprägt ist. Das 1982 in Atlanta, Georgia, gegründete *Carter Center* fühlt sich dem Erbe des amerikanischen Ex-Präsidenten Jimmy Carter verpflichtet; das 1994 in Washington gegründete *Nixon Center for Peace and Freedom* verehrt einen anderen Präsidenten. Aber auch einige Neokonservative haben mit *Empower America* ihren eigenen *Think Tank* aufgemacht. Rein von der Quantität her hat es in dieser Phase in den USA geradezu eine Explosion an neuen Denkfabriken gegeben, und zwar parallel zu der Entwicklung, dass die öffentliche Hand unter der Reagan-Administration immer weniger Geld für sozialwissenschaftliche Forschung ausgegeben hat. Freilich bedeutet die Zunahme an *Think Tanks* nicht automatisch auch eine Zunahme ihres Einflusses. Im Gegenteil: Durch die wachsende Konkurrenz dürfte der Einfluss einzelner *Tanks* heute eher geringer sein als in der Nachkriegszeit, als das Feld von einigen wenigen beherrscht wurde.

Noch heute gibt es immer wieder Nischen für neue Gründungen. Sehr wirksam war und ist beispielsweise die 1999 von Intellektuellen und Unternehmern aus der Taufe gehobene *New America Foundation*, die sich besonders den Herausforderungen des Informationszeitalters verschrieben hat. *New America* versucht, die Polarisierung im Gefolge der *Advocacy Think*

*Tanks* zu überwinden und setzt auf unkonventionelle Stimmen und Ideen. Gleichwohl haben konservative *Think Tanks* aufgrund ihres *Advocacy*-Ansatzes nach wie vor eine große öffentliche Sichtbarkeit in den USA. Dabei variiert die Art und Weise, wie die Denkfabriken Einfluss auf die Politik nehmen. Briefings und Seminare für Journalisten und Mitarbeiter der Ministerialbürokratie gehören dazu, aber auch kurze E-Mails (*briefing papers*) zu bestimmten, aktuellen Themen an die Kongressabgeordneten. Schließlich hätten die politischen Entscheidungsträger nicht die Zeit, die dicken Bücher der Universitätsprofessoren zu lesen, die ja ebenfalls als Politikberater in Frage kämen. Idealerweise sollten die Briefings so kurz sein, dass die Abgeordneten sie schnell noch in der Limousine auf dem Weg vom Flughafen zum Regierungsviertel lesen können. Teilweise werden Mitarbeiterinnen und Mitarbeiter von *Think Tanks* auch zu Anhörungen im Kongress oder im Weißen Haus eingeladen. Aber die *Think Tanks* organisieren auch selbst öffentliche Diskussionsrunden zu bestimmten Themen. Und schließlich trachten die *Think Tanks* danach, Meinungsartikel in den großen überregionalen Zeitungen zu platzieren. Im Fernsehen sind ihre Mitglieder stark nachgefragt, um die amerikanische Politik zu analysieren und zu kommentieren. Die Themenpalette ist dabei sehr breit und reicht von Waffenprogrammen über das Gesundheitswesen bis zur Einwanderungs- und Bevölkerungspolitik.

Insgesamt lassen sich die US-amerikanischen *Think Tanks* heute drei Hauptmodellen zuordnen: *erstens* den universitätsnahen Forschungsinstituten ("universities without students"), wie etwa *Brookings* oder der *Hoover Institution*, die eng an die Stanford Universität angeschlossen ist; *zweitens* den politisch unabhängigen Auftragsforschungsinstituten wie der RAND *Corporation* und *drittens* den ideologisch oder parteipolitisch ausgerichteten *Advocacy Tanks* nach dem Vorbild der konservativen *Heritage Foundation* mit ihrer neuen, aggressiven Marketingstrategie. Entsprechend können wir entweder eine dezidiert liberale, konservative oder unabhängige Ausrichtung der amerikanischen Denkfabriken beobachten. Für die

Regierungsadministrationen stellen sie überdies ein wichtiges Personalreservoir dar. Viele Politiker wechseln nach verlorenen Wahlen in solche Institute, wohingegen siegreiche Parteien von dort auch wiederum eigenes Personal rekrutieren. Nicht wenige *Think Tanker* haben dann auch prominente Positionen, etwa als nationale Sicherheitsberater (wie einst Zbigniew Brzezinski) oder *Secretary of State* (wie Madeleine Albright) bekleidet. Man hat die *Think Tanks* daher aus gutem Grund gelegentlich auch als „Exilregierungen" bezeichnet.

In Deutschland, aber auch in anderen westlichen Ländern, ist das Phänomen aufgrund der starken meinungsbildenden Rolle der Parteien und der homogenen, von Fraktionsdisziplin geprägten Debatten des Bundestags viel schwächer ausgeprägt. Das parlamentarische System hierzulande ist aufgrund seiner Konstruktion weniger beratungsaffin. Die *Think Tanks*, die es hier gibt, wie etwa die außen- und sicherheitspolitisch ausgerichtete *Stiftung Wissenschaft und Politik*, werden aus Bundes- oder Ländermitteln finanziert. Daneben übernehmen die Stiftungen der Parteien, Gewerkschaften oder Arbeitgeberverbände Funktionen, die denen der advokatorischen *Think Tanks* ähneln. Heinrich Kreft kommt für das Jahr 2004 zu dem (geschätzten) Ergebnis, dass es im Bereich der Außen- und Sicherheitspolitik in Deutschland kaum mehr als 200 wissenschaftliche Politikberater gegeben habe.[24] Das hängt sicher auch damit zusammen, dass die deutsche Außenpolitik in der Nachkriegszeit aufgrund der jüngeren Geschichte eher von Zurückhaltung geprägt war. Mittlerweile dürfte sich das etwas geändert haben. Und dennoch wird die Frage diskutiert, ob sich Deutschland in einer solchen Schicksalsfrage und in Zeiten einer durch die Globalisierung rasant kleiner werdenden Welt eine derart schwache Auslastung an qualifizierter Politikberatung dauerhaft leisten könne.

Mit den *Thinks Tanks* und Auftragsforschungsinstituten hat sich zumindest in den USA die wissenschaftliche Politikberatung ein Stück weit aus den Universitäten heraus in private Organisationen hinein verlagert. Das *Think Tank*-Denken ist flexibler, kann schneller die Richtung ändern, wenn sich die Aufmerksamkeit auf neue Themen richtet, und es ist generell besser an die neue Medienwirklichkeit angepasst – aber eben auch offener für die Einflussnahme wirtschaftlich mächtiger Einzelinteressen. Die kurzen Briefings der mediengeschulten *Tanker* passen besser in das schnelllebige Infotainment unserer Tage als ein jahrelang gründlich recherchierender, aber vielleicht wenig mediengerecht frisierter Universitätsprofessor, wie er hierzulande im öffentlich-rechtlichen Fernsehen noch immer die wissenschaftliche Politikberatung verkörpert.

## Wissenschaftliche Politikberatung: Das Beispiel des Deutschen Bundestags

Am 16. August 2002 kommt es im deutschen Kanzleramt zu einem denkwürdigen Auftritt: Der VW-Manager Peter Hartz, Vorsitzender einer nach ihm benannten Kommission zur Reform der Sozialsysteme in Deutschland, überreicht dem damaligen Bundeskanzler Gerhard Schröder vor den Augen und Kameras zahlreicher Journalisten einen Datenträger. Der Kanzler nimmt den darauf enthaltenen Abschlussbericht sowie die Empfehlungen der Kommission feierlich entgegen und verspricht eine rasche Umsetzung der Ratschläge. Der Fortgang der Geschichte ist bekannt: Es folgten die sogenannten *Hartz*-Gesetze, die als Kernstück der *Agenda 2010* die Sozialgesetzgebung in Deutschland nachhaltig reformierten. *Hartz IV*, eigentlich *Arbeitslosengeld II* genannt, ist noch heute ein stehender Begriff.

Der Politikwissenschaftler Stephan Bröchler sieht in dieser geschickten Inszenierung der *Hartz*-Reformen einen besonderen Typus von (externer) Politikberatung, den er dem Leitbild „schlüsselfertige Beratung" zuordnet: „Die Expertise besitzt in dieser Vorstellung die Qualität eines Meisterstücks, das im Blick auf seine Problemlösungsfähigkeit nicht mehr zu verbessern ist. Der Expertenratschlag müsse nur noch in die Regierungsmaschinerie eingespeist werden, um die Umsetzung im Verhältnis 1:1 zu produzieren."[25] Und tatsächlich hat die Regierung damals die Empfehlungen der von Hartz geleiteten *Ad-hoc*-Kommission so konsequent umgesetzt, dass sie sogar die Gesetze nach dem Kommissionsvorsitzenden benannte. Problematisch ist dabei allerdings, dass die (Selbst-)Beratung der politischen Gremien durch solche Formen der „schlüsselfertigen Beratung" beinahe vollständig ersetzt wird. Wenn die wissenschaftliche Beratung den Königsweg zur Problemlösung aufzeigt, bedarf es lediglich der nachträglichen parlamentarischen Legitimation für deren Umsetzung. Das Parlament *berät* dann nicht mehr, sondern *beschließt* nur noch. Politik dient allenfalls noch, in den Worten Bröchlers, als „notwendiges Stempelkissen".[26]

Freilich ist dieses technokratische Beratungsmodell, in dem die Politik als Vollzugsorgan für wissenschaftlich-technische Expertise mutiert, keinesfalls repräsentativ für den heutigen Stand der Politikberatung. Es gibt andere Modelle, die etwa den Nutzen für die jeweiligen Politiker stärker in den Mittelpunkt stellen (die *Hartz*-Gesetze haben ja dem Ansehen der Regierung Schröder und der Regierungspartei SPD bei ihren Stammwählern immens geschadet); oder solche, die pragmatisch ausgerichtet sind und auf einen Dialog von Beratern und Politikern setzen, um die wissenschaftlichen Empfehlungen mit den Eigendynamiken des politischen Systems zu vermitteln. In diesem Modell – Bröchler nennt es „Beratung als Diskurs"[27] – ersetzt nicht eine transitive Politikberatung die Politik (wie bei den *Hartz*-Gesetzen), sondern die parlamentarische Deliberation wird ergänzt durch eine (vor- oder nachgeschaltete) gemeinsame, *reflexive* Beratschlagung von Politikern *und* Beratern.

Für welches Modell man sich im Einzelfall auch entscheidet – deutlich wird, dass die Politik heute kaum noch ohne externe Beratungsleistungen auskommt. Gerade unter der Regierung Schröder erreichte das Auftragsvolumen für externe Beratungsgesellschaften ungeahnte Spitzenwerte. Dabei tauchten, neben anderen, immer wieder die damaligen Marktführer in der Strategieberatung, *McKinsey* und *Roland Berger*, auf. Zwar haben wir feststellen können, dass die modernen Demokratien vom Prinzip her die Beratung in ihre Institutionen, insbesondere in die Legislative, hineinnehmen und daher externe Berater eigentlich überflüssig machen. Diese sind daher traditionell am ehesten noch im Umfeld der Exekutive anzutreffen, wo es um die handwerkliche Umsetzung und Ausgestaltung der beschlossenen Gesetze geht. Doch scheint auch das Geschäft der Legislative seit einigen Jahrzehnten mit einer zunehmenden Komplexität konfrontiert zu sein, die ohne Hilfe von außen kaum mehr zu bewältigen ist. Ganz neu ist auch dies freilich nicht – zumal im internationalen Maßstab: Die Beratungsfirma *Booz, Allen and Hamilton*, damals wohl die drittgrößte ihrer Art in den USA, erhielt schon im Jahr 1972 über ein Drittel ihrer Aufträge von staatlichen, bundesstaatlichen oder kommunalen Regierungen.[28]

Der Trend geht auch in Deutschland in diese Richtung: Seit den 1960er Jahren wachsen beratende Dienstleistungen im Umfeld des Deutschen Bundestags kontinuierlich an. Im Jahr 1963 etwa wurde mit den sogenannten *Fünf (Wirtschafts-)Weisen* ein (noch immer existierender) Sachverständigenrat eingerichtet, dessen jährliche Gutachten der Bundesregierung Rat in wirtschaftspolitischen Fragen geben sollten. Heute gibt es auf Bundesebene mehr als 200 solcher Gremien.[29] Mit dem Ende der Regierung Adenauer, der ersten Wirtschaftskrise 1966/67 und weitreichenden technologischen Innovationen wie der Digitalisierung oder der Raumfahrt stand die Politik plötzlich vor gänzlich neuen Herausforderungen. Das Programm eines aktiven, rationalen Regierens, mit dem die Große Koalition unter Willy Brandt und Walter Scheel im Jahr 1969 angetreten war, erzeugte aufgrund der nun rechnergestützten Information bald einen bedrohlichen „information overload". „Den Parlamentariern", so Stephan Bröchler, „droht das Dilemma, in einer Datenflut zu ertrinken und gleichzeitig in einem Informationsmangel zu verdursten."[30] Angesichts dessen sah insbesondere das Parlament die Gefahr, von den wichtigen Informationsflüssen der Regierung abgekoppelt zu werden. Daher entstanden Ende der 1960er Jahre auch eigene wissenschaftliche Beratungsangebote für den Deutschen Bundestag, die seither ebenfalls weiter ausgebaut wurden.

So stand plötzlich die Frage auf der Tagesordnung, ob und inwieweit über das parlamentarische Beratschlagen hinaus weitere Formen der Politikberatung nötig seien. Und wenn ja, unter welchen Bedingungen sie vonstatten zu gehen hätten und wo die Grenze zum nicht mehr akzeptablen Lobbyismus zu ziehen wäre. All dies wird seit den 1960er Jahren in regelmäßigen Abständen immer wieder aufs Neue heiß diskutiert und hat seinerzeit auch die Philosophen beschäftigt. Im Jahr 1968 legte beispielsweise Jürgen Habermas eine Definition zur Politikberatung vor, die seither häufig zitiert wird. Politikberatung hat demnach die Aufgabe, „einerseits Forschungsergebnisse aus dem Horizont leitender Interessen, die das Situationsverständnis der Handelnden bestimmen, zu interpretieren, und andererseits Projekte zu bewerten, und solche Programme anzuregen und zu wählen, die den Forschungsprozess in die Richtung praktischer Fragen lenken."[31]

Seit den 1980er Jahren haben sich die Tendenzen des „information overload" durch die rasante technologische Entwicklung dramatisch verschärft – und mit dem Datensammeln der Geheimdienste und Internet-Konzerne zugleich noch eine ganz neue Komponente erhalten. Doch auch andere Entwicklungen sind neu hinzugekommen, die kaum vorhersehbar waren: Einerseits zerfallen seit dem Ende des Kalten Krieges, dann aber auch als Folge der Irak-Kriege, soziale und ökonomische Strukturen bis hin zu ganzen Staaten. Gerade heute ist dieses Problem der *failing states* mit all seinen Konsequenzen auf dramatische Weise im Nahen Osten zu beobachten. Andererseits hat die Globalisierung im Gefolge der neuen Informationstechnologien zu einer ungeahnten Dichte an neuen internationalen Kooperationen geführt. Die Verhandlungen um das *Transatlantische Freihandelsabkommen* (TTIP) zwischen der EU und den USA ist nur ein Beispiel dafür. Hinzu kommen schließlich völlig neue Herausforderungen in den Bereichen Umwelt- und Klimaschutz sowie in der Technikfolgenabschätzung – um nur einige wenige Felder zu nennen. Wie soll ein gewählter Abgeordneter da noch den Durchblick behalten? Kurzum: Politik, Wirtschaft und Gesellschaft sind einem rapiden Wandel unterworfen, der auch bei den Volksvertretern das Bedürfnis nach externer, hier vor allem *wissenschaftlicher* Beratung ansteigen lässt. Dies gilt zumal in einer Situation, in der die modernen Demokratien sich zunehmend als Wissensgesellschaften verstehen und ihre Legitimität, wie es die Berlin-Brandenburgische Akademie der Wissenschaften in ihren *Leitlinien guter wissenschaftlicher Politikberatung* formuliert, „durch die Verknüpfung demokratischer Repräsentation und wissenschaftlicher Rationalität" bezieht.[32]

Mittlerweile gibt es daher eine breite Palette wissenschaftlicher Beratung auch für Parlamentarier in Deutschland. So verfügt heute jeder Bundestagsabgeordnete über ein bis zwei persönliche wissenschaftliche Mitarbeiter (zum Vergleich: ein amerikanischer Kongressabgeordneter hat bis zu 20 feste Mitarbeiter); zusätzliche beratende Mitarbeiter kommen auf der Ebene der Fraktion und der Ausschüsse hinzu; weiter unterstützen die Wissenschaftlichen Dienste und Enquetekommissionen, die aus Politikern und Wissenschaftlern zusammengesetzt sind, die Parlamente in der Informationsbeschaffung und -aufbereitung. Im Jahr 1989 wurde außerdem beschlossen, aufgrund des rapiden technologischen Wandels einen eigenen *Ausschuss für Forschung, Technik und Technikfolgenabschätzung* einzurichten. Aufgabe des Ausschusses ist es, die Chancen, aber auch Risiken neuer Technologien auszuloten und für den Deutschen Bundestag aufzubereiten. Dabei nimmt nicht das Gremium selbst die Analysen vor, sondern ein externes Forschungsinstitut. Die Vergabe der Aufträge übernimmt seit 1999 das *Büro für Technikfolgenabschätzung beim Deutschen Bundestag* (TAB). Das TAB-Büro ist mit seinen wissenschaftlichen Mitarbeitern organisatorisch unabhängig vom Parlament, arbeitet aber ausschließlich für den Bundestag. Der Ausschuss selbst ist für die Auswahl der Projekte sowie die Beauftragung des TAB-Büros verantwortlich, übernimmt am Ende die extern angefertigten Empfehlungen, berät sie und entscheidet über ihre Freigabe. Während nun Mitarbeiterinnen und Mitarbeiter der Abgeordneten nicht im engeren Sinne als *wissenschaftliche* Politikberater gelten, weil sie nicht selber forschen, handelt es sich bei den Enquetekommissionen sowie den TAB-Einrichtungen um institutionalisierte Formen der wissenschaftlichen Politikberatung.[33]

Daran können wir aber auch sehen, dass die wissenschaftliche Politikberatung die parlamentarische (Selbst-)Beratung nicht ersetzt, sondern ihr in einer überkomplex gewordenen Welt lediglich zusätzliche Expertise zur Problemlösung zur Verfügung stellt: teils in diskursiven Verfahren, wie den aus Politikern und Sachverständigen gemischten Enquetekommissionen, teils in Verfahren, in denen die beratende Wissenschaft und die beratene Politik stärker getrennt agieren (wie den TAB-Institutionen). Doch die Entscheidung darüber, ob zum Beispiel eine Enquetekommission eingesetzt wird oder welche Projekte der TAB-Ausschuss auswählt, verbleibt stets im Rahmen des Parlaments. Das Gleiche gilt für die Entscheidung darüber, wie mit den externen Empfehlungen und Ratschlägen umzugehen sei. Es handelt sich also auch bei diesen Formen der Politikberatung um Ratgeben im klassischen Sinn, wie wir es oben definiert haben: Es gibt keinen vorherbestimmten Weg vom Ratschlag zu seiner Umsetzung, sondern die Entscheidung darüber verbleibt beim ratsuchenden Gremium. Politikberatung findet ihre Grenze an der Eigensinnigkeit der Parlamente und Regierungen.

Wenn wir von Politikberatung reden, müssen wir auch das Phänomen des ‚Lobbyismus' ansprechen. Gemeint ist damit, kurz gesagt, die „Verdeckung von Interessenvertretung durch ‚Beratung'", also wenn Politikberatung als Etikett verwendet wird, so Adrian Steiner, „um politische Entscheidungen und Entscheidungsträger im Sinne eigener Interessen beeinflussen zu können, ohne dass diese Interessenvertretung sich als solche ausgeben muss bzw. als solche erkannt wird."[34] Denn wenn einmal das Tor zur externen Beratung der politischen Institutionen geöffnet ist, dann drängen dort auch mächtige Einzelinteressen von Unternehmen oder Verbänden um Einlass. Mir scheint, dass es sich bei diesen Formen der lobbyistischen Interessenvertretung um eine dysfunktionale, nämlich politisierte Form der Beratung handelt, die wichtige Voraussetzungen von beratender Kommunikation, wie wir sie anfangs bestimmt haben, nicht erfüllt: Lobbyismus ist nicht an einem ergebnisoffenen Beratungsprozess interessiert, der die politische Reflexivität des Ratsuchenden steigert und damit seine Optionsfähigkeit erhöht. Lobbyismus dient im Gegenteil „zur Schließung von Optionsspielräumen, zur Ausschaltung von politischer Kontingenz und zur Herstellung von unreflektierbaren Verbindlichkeiten", wie es Adrian Steiner recht treffend formuliert.[35]

Der Begriff des Lobbyismus geht auf die *Lobby*, also die ‚Vorhalle‘ des Parlaments zurück. Je nach Sichtweise ist damit diejenige des britischen Unterhauses oder des amerikanischen Kongresses gemeint – wenn nicht gar schon die *lobia* des römischen Senats. Lobbyisten sind also die Vertreter von Konzernen und Verbänden, die Einfluss auf die Volksvertreter nehmen wollen und sich dazu in der Lobby der entsprechenden Beratungsgebäude aufhalten. Der ältere Begriff des ‚Antichambrierens‘, also des Einflusssuchens in den Vorzimmern der Macht, gibt hier die Bedeutung vor. Es ist wohl kein Zufall, dass der Begriff des Lobbyismus in seiner neueren Form seinen Ursprung in den Vereinigten Staaten hat, wo im Rahmen des Präsidialsystems in gewisser Weise die Traditionen des gut beratenen Fürsten der frühen Neuzeit weitergeführt wurden. Die Minister sind hier nicht dem Parlament verantwortliche Ressortleiter, sondern vielmehr Berater des Präsidenten. Daher kommen sie in den USA auch viel seltener aus den Parlamenten als etwa hierzulande. Dadurch ist wiederum die Grenze zu weiteren, nicht-ministerialen Beratern recht offen. Auch hohe Verwaltungsbeamte werden hier in der Regel nicht über die Karrierewege des öffentlichen Dienstes rekrutiert, sondern von den jeweiligen Administrationen politisch besetzt. Insgesamt ist die politische Elite daher in den USA durchlässiger als in vielen parlamentarischen Systemen Europas. Das hat zur Folge, dass die Grenze zwischen den institutionalisierten Beratungsgremien der Politik und externen Beratungsagenturen weit schwieriger zu ziehen ist.

Hinzu kommt, dass in den USA die Legislative offener und kontroverser über die Fragen debattiert, die das Land bewegt. Man pflegt dort überhaupt einen sehr breiten und offenen politischen Diskurs. Das Zentrum dieser öffentlichen Willensbildung bildet der Kongress, demgegenüber der Deutsche Bundestag sehr homogen strukturiert und weitgehend von Fraktionsdisziplin geprägt ist. Daher haben es Lobbyisten und Einflussgruppen hier schwerer, einen Fuß in die Tür zu bekommen. Sie setzen daher eher bei der Exekutive an, während die Lobbyisten in Washington buchstäblich in den Vorhallen des Kongresses sitzen. Auch weil Kongress und Präsident sich hier, gemäß dem System der *checks and balances*, stärker als eigenständige Machtzentren gegenüberstehen, ist dem Kongress eine eigene, beratende Gegenbürokratie erwachsen.

Es scheint also, als würden sich in den amerikanischen Kammern die beratenden Anteile noch stärker gegenüber den fast nur noch beschließenden Tendenzen behaupten, die sich in den europäischen Demokratien durchgesetzt haben. So ist es im US-Senat beispielsweise nicht ohne weiteres möglich, eine Debatte zu einem bestimmten Zeitpunkt durch Mehrheitsbeschluss zu beenden. Jeder darf so lange reden, wie er will, was zu der bekannten Obstruktionstaktik des *Filibuster* geführt hat: Um einen unliebsamen Beschluss, für den sich eine Mehrheit abzeichnet, wenn nicht zu verhindern, so doch wenigstens hinauszuzögern (vielleicht lassen sich ja derweil hinter den Kulissen doch noch Senatoren umstimmen?), redet man einfach endlos lang weiter. Der demokratische US-Senator und aktuelle Präsidentschaftsanwärter Bernie Sanders protestierte beispielsweise mit einer achteinhalb Stunden dauernden Rede im Jahr 2010 gegen einen zwischen Obama und den Republikanern vereinbarten Steuerkompromiss. Sein Plädoyer für eine stärkere Besteuerung der Reichen und Superreichen untermauerte er damit, dass er die einzelnen Briefe verarmter Menschen aus Vermont verlas, die sich an ihn gewandt hatten, weil sie im Winter ihre Häuser nicht mehr heizen konnten. Sanders' Dauerrede wurde später sogar als Buch veröffentlicht. Solche „Ermüdungsreden" gab es schon im alten Rom. Sie zeugen noch gut von der alten Tradition der beratenden Versammlung, in der es ausschließlich um Argumente und nicht etwa Beschlüsse ging.

Schließlich ist der Einfluss von Lobbyisten und *Think Tanks* aber auch deshalb im amerikanischen System größer, weil dort die Parteien wesentlich weniger Einfluss haben und kaum vergleichbar an der politischen Willensbildung beteiligt sind wie im deutschen System. Im Grunde beschränkt sich ihre Rolle auf das Sammeln von Spenden und das Organisieren von Wahl-Kampagnen. In diese Lücke können dann umso leichter ideologisch geprägte *Think Tanks* stoßen, um als Ideenagenturen und Deutungseliten die politische Diskussion zu beeinflussen. Dies mag dann auch erklären, wieso das Phänomen des Lobbyismus als ein Moment der politischen Willensbildung in den USA gesellschaftlich durchaus akzeptiert ist, während der Begriff und die Sache in Deutschland einen ziemlich negativen Beigeschmack haben.

Eine sprunghafte Zunahme des Lobbyismus in Deutschland hat in den vergangenen Jahrzehnten der Regierungsumzug von Bonn nach Berlin ausgelöst. Der führte nämlich dazu, dass viele Verbände (auch wegen der relativen Nähe zu Brüssel) an ihrem alten Standort in Bonn verblieben sind. Um auch in Berlin repräsentiert zu sein, haben sie Agenturen beauftragt, die ‚beratenden‘ Kontakte zur Politik in der Hauptstadt wahrzunehmen. Viele dieser Agenturen haben sich im Berliner Regierungsviertel niedergelassen, dass dadurch selbst, ähnlich wie das Capitol in Washington, zu einer großen ‚Lobby‘ geworden ist. Und ähnlich wie in den amerikanischen *Think Tanks* tummeln sich in diesen Agenturen Politikberater, die in der Vergangenheit nicht selten selbst Politiker waren: Abgeordnete oder zumindest Bundestagsmitarbeiter, die den Betrieb wie ihre Westentasche kennen. Sie organisieren im Auftrag von Unternehmen und Verbänden Kontakte zu Abgeordneten und Ministern und handeln daher, obwohl sie sich Politikberater nennen, als klassische Lobbyisten. Doch da der Begriff im deutschen Sprachraum äußerst negativ besetzt ist, bevorzugen die entsprechenden Unternehmen und Verbände für dieses Tätigkeitsfeld lieber die Terminologie der Öffentlichkeits- oder Kommunikationsarbeit.

Auch auf dem Feld der Politikberatung hinterlässt die Moderne also ihre Spuren, und doch ist der Fortbestand alter Beratungstraditionen hier deutlicher spürbar als anderswo: Die politischen Entscheider haben sich seit Jahrhunderten mit Beratern umgeben, und in unterschiedlicher Weise tun sie es noch heute. Im Einzelnen hängt das Ausmaß der Beratungsform und -dichte von der konkreten Ausgestaltung des jeweiligen politischen Systems ab. So stehen etwa präsidiale Systeme wie in Frankreich oder den USA viel stärker in der Tradition des frühneuzeitlichen Fürsten als die Staats- und Regierungschefs anderer westlicher Staaten: Entsprechend viele Berater umkreisen die regierenden Präsidenten, die keinem Parlament verantwortlich sind. Da diese *Adviser* wiederum ihre eigenen Berater mitbringen, bilden sich regelrechte „Berater-Pyramiden", die die Gremien entsprechend aufblähen.[36] Aber auch die Parlamente selbst haben sich im Übergang zur Moderne verändert. Traten ihre Vorgänger, die Hof- und Reichstage des Mittelalters, noch zusammen, um den König zu beraten, so fällen diese Gremien – seit das Volk der Souverän ist – nach eingehender Selbstberatung ihre eigenen Beschlüsse. Als zusätzliche Berater kommen hier allenfalls noch die Ministerialbürokraten hinzu.

Doch bereits seit den 1960er Jahren scheint das Bedürfnis von Legislative und Exekutive nach weiteren, vor allem wissenschaftlichen Beratungsgremien immer weiter anzuwachsen. Das mag einerseits der zunehmend komplexen Weltlage geschuldet sein, ist aber wohl auch eine Folge der neoliberalen Wende der 1980er Jahre, als man begann, Staaten nach dem Vorbild von Wirtschaftsunternehmen zu modellieren und mehr und mehr einer ökonomischen Rationalität zu unterwerfen. Seither steht die Frage im Raum, inwieweit Politikberater, so Gregor Giersch, „nicht auch die modischen Wasserträger eines Optimierungsfanatismus zunehmend marktkonformer Demokratieverwaltung" sind, „die einer demokratiekonformen Marktgestaltung längst den Rang abläuft".[37] Da seither nicht nur die wissenschaftliche Politikberatung, sondern auch der ‚beratende' Einfluss von Verbänden, Interessensgruppen und *Think Tanks* stetig zugenommen hat, ist es heute kaum noch möglich, Beratung und Lobbyismus immer sauber zu unterscheiden. Organisationen wie *Transparency International* oder die 2002 gegründete *Deutsche Gesellschaft für Politikberatung* fordern daher seit Jahren die Einführung eines Lobbyregisters mit Registrierungspflicht, in dem u. a. der finanzielle Umfang von Beratungsleistungen offengelegt wird. Ob dies allein reicht, die Glaubwürdigkeit und Legitimität der Politikberatung zu stärken, sei dahingestellt. Jedenfalls ist die Lobbyregulierungsdebatte in vollem Gange.

# Kapitel 8

# Auf dem Weg in die Beratungsgesellschaft

## Vom beratenden Staat zur Consulting-Welle des späten 20. Jahrhunderts

Seit geraumer Zeit ist sie unter den soziologischen Gegenwartsdiagnosen angekommen: die ‚Beratungsgesellschaft'. Damit ist in diesem Fall nicht etwa ein Unternehmen gemeint, das sich der Beratung verschrieben hat, sondern *Die beratene Gesellschaft* (wie ein Buchtitel von Rainer Schützeichel und Thomas Brüsemeister aus dem Jahr 2004 lautet): ein Gemeinwesen also, in dem professionelles Ratgeben ebenso unverzichtbar wie selbstverständlich ist – und in seiner Allgegenwärtigkeit vielleicht sogar ein wenig über das Ziel hinausschießt. Wie auch immer man dies bewerten will – außer Frage steht, dass das Phänomen der Beratung den westlichen Gesellschaften mittlerweile unübersehbar ihren Stempel aufgedrückt hat.

Aber wie konnte das passieren, wo doch noch am Anfang der 1960er Jahre das Ratgeben in jener tiefen Krise zu stecken schien, die ich oben ausführlich beschrieben habe? Nimmt man die Ratgeberliteratur aus, die immer eine Sonderrolle gespielt hat, dann waren weder die Einzelnen noch die Politik vor 50 Jahren besonders beratungsaffin. Doch innerhalb weniger Jahrzehnte haben sich die Vorzeichen radikal geändert, haben wir die Vorbehalte der Neuzeit gegenüber dem Ratgeben ziemlich gründlich über Bord geworfen. Dies begann schon in den ausgehenden 1960er und

1970er Jahren, als eine Welle neuer, im weitesten Sinne psychotherapeutischer Angebote aufkam, die dem spätmodernen Menschen Orientierung geben wollten. Zwar verstanden sie sich immer noch als Instrumente zur Heilung von seelischen Erkrankungen, integrierten nun aber mehr und mehr auch Formen der Lebensberatung. An anderen Stellen begannen in jener Zeit immer mehr Unternehmen damit, Managementberatung einzukaufen, und in den 1980er Jahren gingen dann die ersten Leute zu Coaches, um berufliche (und später auch allgemeine Themen der Lebensführung) in einem vertraulichen Beratungssetting zu reflektieren. Unsere heutige Theorie und Praxis der Beratung, aber auch unsere Konzepte und unser Vokabular des Beratens haben ihren Ursprung allesamt in jener Gründerzeit der 1970er Jahre: Zu beinahe allem, was wir heute in Beratungskontexten finden, so zeigt das aktuelle *Handbuch der Beratung*, wurde „der Grundstein in eben jener Zeit gelegt: Lebensweltorientierung, Alltagsnähe, psychosoziale, systemische Ausrichtungen, Ressourcen- und Netzwerkperspektiven, Prävention, Empowerment etc."[1]

Nun haben wir uns in den vorherigen Kapiteln davon überzeugen können, dass die klassische Moderne nicht besonders beratungsaffin, sondern eher beratungskritisch war – jedenfalls was die traditionellen Formen des Ratgebens anging. Die oft gezogene Gleichung, wonach die ‚Beratungsgesellschaft' ein Ergebnis der funktionalen Differenzierung moderner Gesellschaften sei, zeigte sich als zu einfach konstruiert. Denn die Autonomie der gesellschaftlichen Teilsysteme mag zwar nach einer Übersetzung ihrer jeweiligen Fachsprachen und Codes verlangen, weswegen eigentlich Berater in großer Zahl auf der Bildfläche erscheinen müssten. Dass sie es nicht tun, liegt an demselben Autonomiediskurs, denn er bringt zugleich ein Menschenbild hervor, das die herkömmliche Form der Beratung als Unterstellung von Inkompetenz und Einschränkung von Selbstbestimmung erscheinen lässt und daher ablehnt. Daraus resultiert die typische Ambivalenz des Ratgebens in der klassischen Moderne, die eine Prämierung der Selbstberatung gegenüber der ‚Fremd'-Beratung bewirkt. Vorbilder dafür konnte man bereits in der griechischen Antike finden. Eine Folge dieser Umstellung von (externer) Konsultation auf Autokonsultation war die Explosion der autonomieverträglichen Ratgeber*literatur*, in der man Rat suchen konnte, ohne seine Ratlosigkeit offen eingestehen zu müssen. Von dieser Kritik der Beratung blieben lediglich die verschiedenen Formen der Fach- und Expertenberatung ausgenommen: Als Anleitungen zu fachspezifischem Handeln wurden sie nicht als autonomiegefährdend wahrgenommen.

Die ‚Beratungsgesellschaft‘ – wenn wir bei diesem plakativen Begriff bleiben – scheint mit all ihren Begleiterscheinungen dagegen in eine andere Zeit zu gehören: eine Zeit nach der (klassischen) Moderne, über die in den vergangenen Jahrzehnten viele kluge Köpfe nachgedacht haben. Dass es eine solche *Moderne nach der Moderne* gibt, deren Anfänge irgendwo im letzten Drittel des 20. Jahrhunderts liegen, darüber besteht heute weitgehend Einigkeit. Lediglich die Begriffe, mit denen man diese Phase zu fassen sucht, unterscheiden sich: So hat man etwa von einer „Radikalisierung der Moderne“ (Anthony Giddens), einer „Postmoderne“ (Jean-François Lyotard) oder einer „Zweiten Moderne“ (Ulrich Beck) gesprochen. Andere Forscher charakterisieren diese Epoche als „Kommunikationsgesellschaft“ (Richard Münch), „Multioptionsgesellschaft“ (Peter Gross) oder „Computergesellschaft“ (Niklas Luhmann) und legen dabei gesellschaftliche Leitmedien oder Leitideen zugrunde. Hier wäre also, wenn man denn möchte, auch die ‚Beratungsgesellschaft‘ einzuordnen. Stärker politisch ausgerichtete Analysen betonen dagegen die Ideologie und Praxis des Spätkapitalismus oder genauer noch: des Neoliberalismus, der sich seit den 1980er Jahren zu einer weltweit verbreiteten politischen Leitidee gemausert und zu einem teilweise radikalen Um- bzw. Abbau des klassischen Wohlfahrtsstaates geführt hat.

Wie man diese Zeit und ihre gesellschaftliche Ausprägung auch nennen mag – erst hier und jetzt scheint die Frage nach dem Ratgeben und Ratsuchen wieder grundsätzlich neu verhandelt zu werden. Der fundamentale Verlust von Gewissheiten im Zeichen von Globalisierung, Individualisierung und Digitalisierung spielt dabei wohl die Hauptrolle. Wir haben es mit einer sich immer weiter öffnenden Schere von schwindenden Gewissheiten und rasch wachsenden Möglichkeiten zu tun, deren Folge eine erhebliche Verunsicherung der Menschen ist. *Gesellschaft der Angst* hat der Soziologe Heinz Bude sein viel beachtetes Buch genannt, in dem er im Jahr 2014 diese Verunsicherung zu fassen sucht: Er entwirft darin das Bild einer Gesellschaft, in der die Angst zur neuen sozialen Kraft aufsteigt, weil das Ich zwischen all den echten oder falschen Handlungsaufforderungen seinen Halt zu verlieren droht. In einer solchen Gesellschaft herrsche Verunsicherung und Angst, so Bude, weil jeder zu jeder Zeit damit rechnen müsse, alles zu verlieren.[2]

Der Philosoph Odo Marquard hat bereits vor geraumer Zeit von einer „tachogenen Weltfremdheit" des spätmodernen Menschen geredet. Diese Weltfremdheit resultiere „aus der beschleunigten Schnelligkeit (auf Griechisch: *to tachós*) des modernen Wirklichkeitswandels".[3] Marquards Überlegungen können ebenfalls ein Licht auf das Phänomen des rasch wachsenden Beratungsmarktes werfen. Er meint mit der Weltfremdheit eine Situation, in der wir in immer kürzeren Abständen immer mehr Möglichkeiten haben (und auch haben wollen!), aufgrund unseres fehlenden Erfahrungswissens aber immer weniger in der Lage sind, diese Optionen selbst einzuschätzen und zu prüfen, um auf dieser Basis belastbare Entscheidungen zu fällen. „Weil heutzutage das Vertraute immer schneller veraltet und die künftige Welt zunehmend anders sein wird als die von uns erfahrene bisherige Welt", so Marquard, „wird – für uns, die modernen Menschen – die Welt fremd, und wir werden weltfremd."[4] Mit dem Verlust der Erfahrung infolge einer immer höheren Neuerungsgeschwindigkeit bringt er ein ähnliches Argument in die Debatte wie oben bereits Walter Benjamin, nur dass sich die Schraube längst rasant weitergedreht hat.

Wie immer man diese neue Phase der beschleunigten Modernisierung am Ende des 20. Jahrhunderts nennt – wir stoßen auf eine gewisse Schwellenzeit in den frühen 1980er Jahren. Zu dieser Zeit setzt sich in den politischen Systemen des Westens die neoliberale Lehre durch, man erinnere sich an *Reagonomics* und *Thatcherismus*. Helmut Kohls „geistig-moralische

Wende" nahm sich demgegenüber vergleichsweise zahm aus. Die Folgen in der westlichen Welt waren Sozialabbau, weitreichende Privatisierungsprogramme – und die Wiedereinführung der Zukunftsunsicherheit. In den nachfolgenden Jahren haben außerdem der Niedergang des Ostblocks, das Ende des Kalten Krieges und die Einführung der *Personal Computer* die Welt grundlegend verändert: Plötzlich schienen die Grundlagen für globalisierte Märkte geschaffen, auf denen jedoch das Wirtschaften immer stärkerem Konkurrenz- und Rationalisierungsdruck ausgesetzt war. Man nimmt heute an, dass die zeitgleich einsetzende Digitalisierung der Wirtschaft maßgeblich dafür verantwortlich war, dass damals die Durchschnittseinkommen von der Entwicklung des Bruttoinlandsprodukts abgekoppelt wurden. Diese Entwicklung hält bis heute an.[5] In dieser Zeit des beschleunigten Umbruchs war plötzlich guter Rat wieder sehr gefragt: Nicht nur bei den Menschen, sondern auch in den Unternehmen, deren Nachfrage einen geradezu explosionsartigen Aufstieg der Unternehmensberatung auslöste.[6]

Doch bevor wir uns die Grundlagen für den boomenden Beratungsmarkt der letzten 30 bis 40 Jahre näher anschauen, müssen wir zuerst noch einen Schritt zurückgehen: Denn ein wichtiger Grundpfeiler für die Renaissance des Beratens wurde bereits im frühen zwanzigsten Jahrhundert gelegt: Ich meine die Formen der psychosozialen Beratung, die der Staat seinen Bürgern angedeihen lässt.

## Der beratende Staat: Die Einrichtung psychosozialer Fürsorgestellen

Die Ursprünge der staatlich verordneten Beratungskultur, die sich des Einzelnen mit seinen psychosozialen Bedürfnissen annimmt, liegen im 19. Jahrhundert. Kein Ereignis hatte die Lebenswelt der Menschen jemals so radikal verändert wie die Industrialisierung. Vor allem in der zweiten Hälfte des Jahrhunderts traten die bedrückenden Begleiterscheinungen dieser Modernisierung für die Menschen immer deutlicher zutage: Der Niedergang der traditionellen

Landwirtschaft, des Handwerks und der Hausarbeit, aber auch das neue Zusammenleben von zahllosen Fabrikarbeitern auf engstem Raum in rasch wachsenden Städten ließen alte Lehren und Ratschläge über die richtige Lebensführung obsolet werden. Angesichts von krasser Armut, sozialen Wanderungsbewegungen und äußerst ungesunden Arbeitsbedingungen schienen die Menschen Unterstützung dabei zu brauchen, mit der neuen Lebensweise des industriellen Zeitalters klarzukommen. Durch pädagogische Anleitung, so die aufklärerische Philosophie der nun entstehenden Beratungsangebote, sollten die Einzelnen in die Lage versetzt werden, ihr Verhalten an den ökonomischen und industriellen Fortschritt anzupassen. Und in dem Maße, in dem sich dieser Impuls nicht mehr nur an die Verarmten und Stigmatisierten, sondern für- und vorsorglich an alle richtete, geriet auf einmal die gesamte Bevölkerung in den Blick staatlicher Fürsorgeprogramme.

In diesem Umbruch vom Manufakturzeitalter zum Industriezeitalter bildete sich eine Schicht von Professionellen und Experten, die nun zunehmend aus wissenschaftlicher Perspektive auf das Soziale schauten. Humanistische, am sozialen Fortschritt orientierte Ideen trafen sich hier mit den Anfängen des Wohlfahrtstaates. An der Wende zum 20. Jahrhundert schrieben sich vor allem Sozialreformer auf die Fahnen, junge, wenig gebildete Erwachsene und Kinder in einer Zeit der Umbrüche und des Kulturwandels über sich selbst, die anderen und die Welt der Arbeit aufzuklären. Im Mittelpunkt stand dabei zunächst eine Beratung darüber, wie jedermann (und zunehmend auch die jungen Frauen!) in Anbetracht rascher Veränderungen in allen Lebensbereichen die passende Berufswahl treffen könne. Hier war der beschriebene Erfahrungsverlust unmittelbar spürbar, wenn es für die jungen Leute plötzlich Berufe gab, die die alten Leute noch gar nicht gekannt hatten. Da die Berufswahl aber auch volkswirtschaftlich betrachtet von besonderer Bedeutung war, engagierte sich bald auch der Staat mit ersten öffentlichen Beratungsstellen.

Im Jahr 1909 veröffentlicht der amerikanische Sozialreformer Frank Parsons das einflussreiche Buch *Choosing a Vocation*, womit weniger der richtige Beruf als vielmehr die passende Berufung gemeint ist. Heute würde man wohl von *Career Counseling* oder einfach Karriereberatung reden. Schon ein Jahr zuvor hatte er das *Boston Bureau of Vocation* gegründet, eine der ersten Institutionen der Karriere- und Berufsberatung überhaupt. Parsons war davon überzeugt, dass man nicht nur die neue Berufswelt, sondern auch sich selbst kennen müsse, um am Ende die richtige Entscheidung für ein gelingendes Leben treffen zu können. In einer Zeit raschen Wandels mit einer rasenden Landflucht ging es darum, insbesondere junge Menschen in die passenden Jobs zu bringen. Die Industriegesellschaft hatte ja eine Vielzahl an neuen Tätigkeitsfeldern hervorgebracht, die noch längst nicht allen bekannt waren. Im Jahr 1913 folgte in den USA die Gründung der *National Vocation Guidance Association* (NVGA), einer Vorläuferorganisation der *American Counseling Association* (ACA), die bis heute die Dachorganisation der psychosozial beratenden Berufe bildet. Es folgte die Herausgabe verschiedener Journale und Periodika zum Thema Berufs- und Karriereberatung.[7]

In Deutschland hängt der Ursprung der Berufsberatung eng mit der Emanzipationsbewegung der Frauen zusammen. So richtete der *Bund Deutscher Frauenvereine* im Jahr 1898 eine *Auskunftstelle für Fraueninteressen* in Berlin ein, die 1902 zur *Auskunftstelle für Frauenberufe* wurde. Zunächst erteilte diese Beratungsstelle nur schriftlichen Rat, aber ab 1906 fanden auch regelmäßige Sprechstunden statt. Wie in den USA hatte auch hierzulande die Berufsberatung eine Pionierfunktion: Sie war die erste öffentliche Institution, die Beratung flächendeckend als Dienstleistung anbot.[8]

Der Erste Weltkrieg brachte einen neuen Beratungsschub im militärischen Bereich mit sich, der bald auch auf das zivile Leben ausstrahlte. In den USA erprobte man neue psychologische Testverfahren bei der Rekrutierung von Soldaten, die später in das Standardprogramm psychologischer Beratung und Betreuung einwanderten. Dadurch etablierte sich schon früh ein vermeintlich ‚wissenschaftlicher‘ Unterstrom in den Beratungs- und Fürsorgetheorien – ein Trend, der einer Verwissenschaftlichung des Sozialen Vorschub leistete und die Herrschaft der *Experten* einläutete. Für die Geschichte der Beratung ist diese Entwicklung von entscheidender Bedeutung, denn Experten, so Silja Samerski, „stehen an der Schnittstelle zwischen Wissenschaft und Alltagswelt; sie sind die Instanz, über die wissenschaftliche Ideen und Konzepte in die Alltagswelt eingefädelt werden"[9] – und dafür braucht es wiederum Beraterinnen, Berater und Beratungsstellen.

Nach einer gewissen Konsolidierungsphase in den 1920er Jahren beginnt der Beratungsmarkt sich erneut zu verbreitern. Abraham und Hannah Stone gründen 1929 in New York das erste Heirats- und Familienberatungszentrum – ihm folgen schnell weitere im ganzen Land. Die Aufmerksamkeit löst sich nun einerseits von der reinen Berufsberatung und wandert auch auf andere Felder der individuellen Persönlichkeit und ihrer Entwicklung. Andererseits gibt es gerade in der Zeit der Großen Depression mit ihrer verheerenden Arbeitslosigkeit in den USA noch einmal einen starken Aufwind für staatlich organisierte Beratung in Fragen der Jobsuche und Ausbildung. Der *New Deal* als Antwort auf die Jahrhundertkrise ist vor allem ein großangelegtes Programm sozialstaatlicher Interventionen, die allenthalben Berater zu ihrer Umsetzung benötigen. Dazu beruft Präsident Roosevelt nun in großem Umfang auch intellektuelle Berater ins Weiße Haus. In Quantität und Qualität wird daran erst wieder John F. Kennedy mit seinem „Ministerium der Talentierten" heranreichen.

Ein starker Schub in Richtung wohlfahrtsstaatlicher Beratungskultur ging in Deutschland von der Weimarer Republik aus. Im Zeichen einer neuen Aufmerksamkeit für die ‚Volksgesundheit' schossen in den 1920er Jahren Anlaufstellen für Berufs-, Erziehungs-, Ehe-, Sexual- und Alkoholberatung aus dem Boden. Psychosoziale Beratung und Betreuung waren bald ein fester Bezugspunkt des Weimarer Wohlfahrtsstaates, wobei eindeutig die Familie im Mittelpunkt stand. Daneben richteten sich die staatlichen Fürsorgeprogramme an die unteren, ungebildeten Schichten, insbesondere die Arbeiter, aber auch an Ausgegrenzte und Randgruppen wie Tuberkulose- und Alkoholkranke. Staatliche Fürsorge und Beratung waren zu jener

Zeit eine wichtige Antwort auf die drohende Massenverelendung, wie sie aus den Frühzeiten der Industrialisierung damals noch in lebhafter Erinnerung war. Ende der 1920er Jahre ließen sich allein in Preußen mehrere Tausende verschiedener Fürsorge- und Beratungsstellen finden, wobei die Kinder- und Kleinkindfürsorge den größten Batzen ausmachte, gefolgt von Tuberkulose- und Schwangerenfürsorge.[10]

Die Nationalsozialisten nehmen diese Trends dankbar auf und setzen sie in ihrem Sinne fort. Vor allem die früheren Ansätze zur eugenischen Sexual- und Eheberatung werden nun verbindlich festgeschrieben, steht doch die Rassen- und Geburtenpolitik im Dienste eines ‚gesunden Volkskörpers‘ im nationalsozialistischen Deutschland ganz im Vordergrund. Ihre Prinzipien ‚wissenschaftlich‘ zu erforschen und ‚beraterisch‘ zu verbreiten, ist das Gebot der Stunde. Zwangssterilisationen und Heiratsverbote konnten dann die Folgen sein. Allerdings hat es den Anschein, als sei kaum jemand freiwillig in die *Beratungsstellen für Erb- und Rassenpflege* der Gesundheitsämter gegangen.[11] Die Verwissenschaftlichung des Sozialen, deren Auswüchse hier spürbar werden, war schon weit früher entstanden – von den Nazis wurde sie lediglich radikalisiert. Gerade in Deutschland hatten sozialdarwinistische Ansätze eine lange Tradition, die die Fortpflanzung der ‚Gesunden‘ und ‚Leistungsfähigen‘ durch Auslese und Ausmerzung sicherstellen sollte: bis hin zur ‚Züchtung‘ eines *Neuen Menschen*. Dazu war bereits 1911 unter Leitung des Zoologen Ernst Haeckel die erste *Eugenische Beratungsstelle* eingerichtet worden, die Empfehlungen zur Eheschließung aussprach.

In diesem beratungsfreundlichen Klima wird dann ganz nebenbei auch ein neues Kapitel im großen Buch der Ratgeberliteratur aufgeschlagen: Der Landwirtschaftsfunktionär und Weltkriegsveteran Gustav Großmann veröffentlicht 1927 einen einflussreichen Leitfaden zur Selbstoptimierung, der schon zehn Jahre vor Dale Carnegies berühmtem *How to Win Friends and Influence People. A self-help book about interpersonal relations* (1937) einen Markstein im Bereich des Self-Improvement setzt. Großmanns Ratgeber mit dem Titel *Sich selbst rationalisieren. Mit Mindestaufwand persönliche*

*Bestleistungen erzeugen* erzielte schnell gigantische Auflagen. Aber auch in der Mehrfachverwertung seiner Idee zeigte sich sein Autor sehr modern, baute er doch auf seinem Bucherfolg ein komplettes Beratungsimperium mit Zeitschriften und Seminaren zum Erlernen der „Großmann-Methode" auf. Der Autor starb 1973, aber sein Buch ist noch heute in der 28. Auflage von 1993 lieferbar.

## Das angelsächsische Modell des *Counseling*

Nach dem Zweiten Weltkrieg kommen wichtige neue Impulse für die Theorie und Praxis der Beratung aus den USA. Hier scheint mir einerseits Carl R. Rogers mit seinem – auch für staatliche Beratungsangebote – einflussreichen neuen Ansatz einer ‚nicht-direktiven' Beratung wichtig zu sein. Ihn werde ich im nächsten Kapitel ausführlicher darstellen. Andererseits tritt die psychosoziale Beratungsbranche in den 1950er Jahren in eine erste Konsolidierungsphase, die von der Bildung berufsständischer Verbände geprägt ist. Im Vereinigten Königreich sowie in den USA bildet sich mit dem sogenannten *Counsel(l)ing* (im amerikanischen Englisch mit einem, in England mit Doppel-l) zudem eine eigene, ziemlich erfolgreiche Form der psychosozialen Beratung aus, die gleichsam quer zu den akademischen Disziplinen steht. Ein *Counselor* ist dort ein eigens ausgebildeter psychosozialer Berater oder eine Beraterin, die nicht notwendig eine studierte Psychologin oder Pädagogin sein muss. In Deutschland bleibt die psychosoziale Beratung dagegen weiterhin an den klassischen akademischen Disziplinen des Psychologen, Psychiaters oder Sozialpädagogen orientiert. Erst mit dem Coaching kommt seit den 1980er Jahren eine neue, nicht mehr an akademische Professionen gebundene Form der Beratung auf, die zunächst im Business-Bereich angesiedelt ist.

Die gewachsene Bedeutung des *Counseling* in den USA lässt sich auch daran ablesen, dass es ein *Counselor* in den 1980er Jahren sogar in die *Star Trek*-Saga geschafft hat. Während die ursprüngliche Crew um Captain

Kirk und Mr. Spock in den 1960er Jahren noch beraterfrei durchs All flog und mit dem klassischen Schiffsarzt Dr. „Pille" McCoy auskam (der Spitzname „Pille" entsprach in der deutschen Synchronisation dem englischen „Bones"), ist die Besatzung der Enterprise in der *Next Generation* signifikant erweitert: Mit *Counselor* Deanna Troi bereichert in der von 1987 bis 1994 ausgestrahlten Fortsetzung eine Art Mental-Coach die Crew. Zwar gibt es daneben auch noch eine klassische Ärztin, doch anders als diese ist *Counselor* Troi mit besonderen empathischen Fähigkeiten ausgestattet: Sie kann die Emotionen anderer Individuen – Aliens wie Menschen – erfühlen und auf diese Weise mit nahezu jeder Lebensform kommunizieren. Daneben fungiert sie als Therapeutin und ganz traditionelle Ratgeberin, die sich der Sorgen der Schiffsbesatzung annimmt.

Im März 2010 einigten sich unter dem Dach der *American Counseling Association* (ACA) neunzehn führende Beratungsverbände auf eine gemeinsame Definition von *Counseling*. Man definierte diese Beratungsform als „a professional relationship that empowers diverse individuals, families and groups to accomplish mental health, wellness, education and career goals."[12] Eine deutsche Übersetzung könnte lauten: „*Counseling* ist eine professionelle Beziehung, die einzelne Menschen, Familien oder Gruppen mit vielfältigem Hintergrund in die Lage versetzt, eigene Ziele in Bezug auf ihre psychische Gesundheit, ihr Wohlbefinden, ihre Bildung und ihren Berufsweg zu erreichen." Der Beratungsforscher John McLeod kommt mit Blick auf das Vereinigte Königreich zu einem ähnlichen – und ähnlich weitgefassten – Ergebnis: *Counselling* „ist ein Hilfsmittel, damit Individuen, Familien oder Gruppen Probleme des Lebens bewältigen können."[13]

Auch in Deutschland gibt es Bestrebungen, die psychosozialen Beraterinnen und Berater unter einem Dachverband wie der *Deutschen Gesellschaft für Beratung e. V.* zu vereinen. Das Ziel ist, einheitliche Anforderungen und Evaluationsverfahren zu formulieren und auf diese Weise die Profession zu stärken. Dass dies hierzulande allenfalls in Ansätzen gelingen kann, liegt an den bedeutenden Unterschieden zur angelsächsischen Beratungskultur:

Während in Deutschland die psychosozialen Beraterinnen und Berater eher in ihren klassischen psychologischen oder pädagogischen Fachverbänden organisiert sind, ist das *Counseling* dort längst eine Ausbildungsdisziplin mit eigenen wissenschaftlichen Standards. Hinzu kommt, dass in Großbritannien und den USA psychosoziale Beratungsangebote von Beginn an eher eine Privatangelegenheit waren und noch (oder in England: wieder) sind. In Deutschland herrscht dagegen noch immer eine stärker sozialstaatlich geprägte Tradition vor, in der entsprechende Standards und Regelungen gern per Gesetz vorgeschrieben werden. So hat der Gesetzgeber vor nicht allzu langer Zeit das Psychotherapeutengesetz novelliert und dabei u. a. die Zulassungsbedingungen neu geordnet. In einem von privaten Anbietern dominierten, staatlich kaum reglementierten Markt (wie in den USA) müssen dagegen Dachverbände und Zusammenschlüsse einzelner Berufsgruppen selbst versuchen, verbindliche Qualitätsstandards und Definitionen ihrer Expertise festzulegen, um damit den Kunden eine Orientierung am Markt zu bieten.

Eine vergleichbare Situation findet sich in Deutschland derzeit am ehesten im Bereich des Coachings, der ja im Gegensatz zur Psychotherapie nicht staatlich geregelt ist. ,Coach' darf sich jeder nennen, und er darf überall und ohne staatliche Kontrolle seine entsprechende Dienstleistung anbieten. Auch weil das Coaching-Angebot derart breit und in seinen Verzweigungen mittlerweile für den Ratsuchenden unüberschaubar geworden ist, ist es hier in den vergangenen Jahren zu einer Reihe von Verbandsgründungen gekommen. Die miteinander konkurrierenden Coaching-Verbände bieten den Kunden genaue Definitionen ihrer Beratungsangebote, denen sich ihre Mitglieder verpflichten. Sie leisten damit einen wichtigen Beitrag zur Marktkonsolidierung und Transparenz im Beratungssektor.

Fassen wir zusammen: Psychosoziale Beratung als institutionalisiertes öffentliches Angebot kommt mit dem Beginn des zwanzigsten Jahrhunderts in Mode. Hintergründe sind einerseits die Eruptionen der industriellen Revolution, andererseits sozialpolitische Reformansätze, die kulturbedingt in den USA zunächst von privaten Initiativen ausgingen, auf dem europäischen Kontinent eher von staatlichen Stellen oder Verbänden initiiert waren. Die Form der Beratung orientiert sich an dem klassischen Ratgeben, wie man es aus dem Alltag kennt: Ein Ratsuchender wendet sich an einen Erfahrenen, hier: einen Experten, der das Beraten zu seinem Beruf gemacht hat (vielleicht infolge einer entsprechenden Berufsberatung). Wichtig scheint dabei von Anfang an zu sein, dass die Autonomie der Ratsuchenden gewahrt ist und also die Entscheidung bei ihnen verbleibt. Das eigentlich Neue an diesen *professionellen* Beratungsangeboten ist aber, dass Beratung hier das alleinige Produkt ist, das man gezielt *einkauft*. Sonst war guter Rat ja lange ein Nebenprodukt von nachbarschaftlicher Hilfe, kirchlicher Seelsorge oder Erziehung (was man in der Beratungsforschung „eingebettete Beratung" oder *embedded counselling* nennt)[14].

Die Schwerpunkte lagen anfangs in der Berufsberatung, aber bald folgte die Ehe- und Familienberatung. In diesen Bereichen scheint es für den Staat besonders wichtig, auf die privaten Belange der Menschen Einfluss zu nehmen. Nach dem Zweiten Weltkrieg kommt eine Vielzahl weiterer, insbesondere auch therapeutischer Beratungsangebote hinzu. Im angelsächsischen Raum entsteht nun mit dem *Counseling* ein ganz eigener Typ psychosozialer Beratung. Spätestens mit der kulturellen Revolution am Ende der 1960er Jahre fächern sich die Beratungsthemen und Beratungsansätze noch weiter aus: *Gender Trouble* und interkulturelles Zusammenleben, Umgang mit Gewalt und Trauma, IT und Computerkultur, Demenz und Pflege, Wellness und Identitätsarbeit sind nur einige Schlagwörter, die zeigen, wie breit das Feld der Beratung seither geworden ist.

Die lange Tradition psychosozialer Beratung, sei es aus staatlicher oder privater Hand, ist *eine* Quelle, aus der sich der Beratungsboom an der Wende vom 20. zum 21. Jahrhundert speist. Eine andere ist die Strategie- und Managementberatung, die sich an große und mittlere Wirtschaftsunternehmen richtet. Ihre Geschichte verläuft zu der der psychosozialen Beratung weitgehend parallel.

## *Big Consulting*: Eine kurze Geschichte der Unternehmensberatung

Wenn ein einzelner Beratungszweig exemplarisch für die Consulting-Welle der vergangenen Jahrzehnte stehen kann, aber auch für die Kritik, die der „Mythos Beratung" auf sich gezogen hat, dann ist dies die Unternehmensberatung. Vor allem durch den Einfluss der *Großen Drei* der amerikanischen, international operierenden Consulting-Firmen, nämlich *McKinsey & Company*, *The Boston Consulting Group* und *Bain & Company*, ist Beratung für viele größere bis mittlere Unternehmen längst zum Normalfall geworden. In den letzten Jahren haben sich die Strategieberater in Deutschland auch immer weiter in den öffentlichen Sektor vorgearbeitet: Es gibt kaum eine von Regierung oder Verwaltung eingesetzte Kommission, in der nicht wenigstens ein Vertreter von *McKinsey*, BCG, *Roland Berger* oder ähnlichen Unternehmen saß und noch sitzt.

In zahlreichen Wirtschaftsunternehmen hat dies einen regelrechten Kulturwandel ausgelöst, mancherorts auch einen Kulturschock: Die seltsame Sprache und die modernen Managementtheorien der Strategieberater prägen mittlerweile ziemlich nachhaltig die Selbstdarstellung und das Selbstbild vieler Unternehmen. Wenn diese heute ganz selbstverständlich von „Unternehmenskultur" oder „corporate identity", von „Wertewandel" oder „Change Management" sprechen, von „Best Practice", „Balanced Scorecard" oder „Total Quality Management", dann folgen sie damit jenem Beratersprech, das die großen Strategieberater in die Welt gesetzt haben. Ein Unternehmen erfolgreich zu führen, scheint demnach ein geradezu mathematisch berechenbarer Prozess zu sein: Man muss eben nur über die richtigen Informationen und Instrumente verfügen, und lange Zeit waren die im exklusiven Besitz der Berater und Beraterinnen jener Firmen. Und weil diese Beraterkultur in vielen Unternehmen bereits nachhaltig Einzug gehalten hat, übt sie einen starken Druck auf die anderen Betriebe aus, die sich *noch* keine Consultants ins Haus geholt haben. Denn, so haben wir auch andernorts sehen können, wo Beratung einmal zum Normalfall geworden ist, trägt jeder selbst die Schuld an seiner Misere, der die allgegenwärtigen Beratungsangebote in den Wind schlägt. Und hat man die Berater einmal im Haus, geben sie sich selten mit der Abwicklung eines einzelnen Auftrags zufrieden. Es gehört vielmehr zu ihrem Geschäftsmodell, den Kunden nachhaltig ihre weiteren Beratungsbedarfe vor Augen zu führen. „In keiner anderen Branche", so hat es einmal der Beratungsforscher und Consulting-Kritiker Alfred Kieser formuliert, „kann ein Anbieter so viel Einfluss auf die Nachfrageseite nehmen."[15]

Bereits um die Mitte der 1990er Jahre war das Phänomen der Unternehmensberatung derart groß und mächtig geworden, dass es längst auf andere gesellschaftliche Bereiche abgefärbt hatte. Erste warnende Stimmen wurden damals laut, die in den Unternehmensberatern eine Art neuer „Reflexionselite" sahen, die Einfluss auf die gesamtgesellschaftliche Entwicklung nehmen wollten.[16] Mit dem Begriff der „Reflexionselite" hatte in den 1970er Jahren der konservative Soziologe Helmut Schelsky vor der schleichenden ‚Machtübernahme' durch linksliberale Intellektuelle in Medien, Kultur und Politik gewarnt. Seither ist der Einfluss der Managementberater und insbesondere der ihrer großen internationalen Flaggschiffe nicht geringer geworden. Die Vertreter von *Big Consulting* haben sich nach und nach einen Status als „supra-experts"[17] erworben, deren Expertise nicht nur in Wirtschaftsunternehmen, sondern immer mehr auch zur Steuerung von Politik und Gesellschaft nachgefragt wurde. Das nicht immer über jeden Zweifel erhabene Geschäftsgebaren der großen Strategieberater scheint mitverantwortlich dafür zu sein, dass der Begriff *Beratung* in manchen Kreisen heute einen negativen Beigeschmack hat.

Kein Wunder also, dass die Stimmen derer zunehmen, die vor einer Ökonomisierung und ‚Beraterisierung' aller Lebensbereiche warnen. Kurz nach den Krisenjahren 2001 und 2002, in denen die Dotcom-Blase platzte und damit auch die Beraterbranche empfindlich getroffen wurde (die offenbar die insolventen Internetfirmen nicht immer gut beraten hatte), wurde die Kritik besonders laut: Es erschien gleich eine ganze Reihe von Büchern, die mit der Macht der Unternehmensberater abrechneten: Dirk Kurbjuweits *Unser effizientes Leben. Die Diktatur der Ökonomie und ihre Folgen* im Jahr 2003 (das Buch sollte eigentlich *Die McKinsey-Gesellschaft* heißen, was die Firma aber juristisch zu unterbinden wusste), Rainer Steppans *Versager im Dreiteiler – Wie Unternehmensberater die Wirtschaft ruinieren* im selben Jahr sowie Thomas Leifs *beraten & verkauft. McKinsey & Co – der große Bluff der Unternehmensberater* etwas später (im Jahr 2006). Einige Jahre zuvor war bereits Jörg Stautes Studie *Der Consulting-Report. Vom Versagen der Manager zum Reibach der Berater* (1996) erschienen. In der englischsprachigen Welt erregte etwa zur gleichen Zeit das Buch *Dangerous Company. The Consulting Powerhouses and the Businesses They Save and Ruin* Aufsehen, in dem die Autoren James O'Shea und Charles Madigan nicht ohne Häme die Milliarden teuren Beratungsflops der großen Strategieberater auflisteten. Seit einigen Jahren lässt sich unter dem Label *Critical Consulting* sogar eine wissenschaftliche Auseinandersetzung mit den Formen der „Management Advice Industry" finden.[18]

Schaut man auf die aktuelle Entwicklung, dann scheint der Stern dieser global aufgestellten ‚Beratungsindustrie' gerade wieder etwas zu sinken – auch wenn es der Branche insgesamt weiterhin gut geht: Ihre jährlichen Zuwachsraten sind jedoch allenfalls noch einstellig, und es wird wohl mittelfristig eine Konzentration auf die drei sehr großen Player stattfinden. Auf der einen Seite kämpfen derzeit schon Traditionsfirmen wie *Roland Berger* oder *A. T. Kearney* um ihre Selbstständigkeit, während auf der anderen Seite die großen Wirtschaftsprüfungsunternehmen in den Beratungsmarkt drängen. So löste *PricewaterhouseCoopers* (PwC) einen großen Knalleffekt aus, als es 2013 ankündigte, die Traditionsberatung *Booz & Company* zu übernehmen. Dass seither auch andere große Wirtschaftsprüfer ins lukrative Beratungsgeschäft wollen, trägt ebenfalls dazu bei, dass das lange Jahre einträgliche Geschäftsmodell von *Big Consulting* heute an seine Grenzen stößt. Die krisenbedingte Anpassung an einen sich wandelnden Markt, auf den die Strategieberater traditionell andere Unternehmen vorbereitet haben – zum Teil mit harten Einschnitten –, bekommt nun, wie es scheint, die Beraterbranche selbst zu spüren.

Doch wie konnte es überhaupt so weit kommen, dass Unternehmensberater die Intellektuellen von einst mittlerweile als gesellschaftliche „Reflexionselite" abgelöst haben? Der weltweite Siegeszug der Managementberatung US-amerikanischer Provenienz begann zwar schon nach dem Zweiten Weltkrieg, doch erst seit den 1970er Jahren verzeichnet sie in den USA und auch in einigen europäischen Ländern zweistellige jährliche Zuwachsraten. Mitte der 1980er Jahre waren die Consultants im amerikanischen Wirtschaftsleben dann so allgegenwärtig (und ihre Honorare so exorbitant hoch), dass das Magazin *Forbes* sie sogar als einen Hauptgrund für die damalige Wirtschaftskrise in den USA ausmachte: „one of the causes of the nation's economic malaise".[19]

Suchen wir nach den Ursprüngen der Unternehmensberatung, dann müssen wir bis in die US-amerikanische Unternehmenskultur des ausgehenden 19. Jahrhundert zurückgehen – und dort überraschenderweise ins akademische Milieu. Es waren nämlich zunächst Forscher, die der Managementpraxis ein wissenschaftliches Fundament zu verleihen suchten und damit recht erfolgreich waren. Die erste Beratungsfirma jener Zeit, *Arthur D. Little*, wurde 1886 von dem gleichnamigen MIT-Professor für Chemie gegründet und war zunächst auf die Beratung technologischer Forschung spezialisiert. Erst später macht Little daraus eine breit aufgestellte Consulting-Firma. Im Jahr 1914 gründet Edwin G. Booz, ein Absolvent der *Kellogg School of Management* an der Northwestern University in Illinois, die Firma *Booz & Company*, die fortan Privatunternehmen und Regierungsstellen beriet. Die Weltwirtschaftskrise beschleunigte dann das Wachsen der Unternehmensberatungen in Amerika noch – frei nach der Beraterregel, dass Krisen die Nachfrage nach gutem Rat eher steigern als abwürgen. Denn da Banken und Investmenthäuser im Zuge der Krise zunehmend die Kontrolle über ihre Schuldner übernommen hatten, benötigten sie Berater, die sie bei deren Sanierung unterstützen konnten. Im Jahr 1926 gründet James Oscar

McKinsey *McKinsey & Company* in Chicago. Die 1930er Jahre bescherten der Branche einen erheblichen Wachstumsschub, da durch ein Gesetz, das auf die Große Depression reagierte, den Banken nun jegliche Beratungs- und Reorganisationsaktivitäten gesetzlich untersagt wurden. Die Folge war ein enormer Aufschwung für neue, unabhängige Managementberater, die in der Folgezeit auch von den schnell wachsenden und an Komplexität zulegenden Großkonzernen und ihrem typisch amerikanischen ‚Manager-Kapitalismus' (*managerial capitalism*) profitierten.[20]

Auch wenn nach dem Zweiten Weltkrieg in den USA weitere bedeutende Beratungsfirmen aus dem Boden schossen – verglichen mit der Consulting-Explosion zwischen 1980 und 1995 waren die Wachstumszahlen zu jener Zeit noch immer bescheiden. *Proudfoot Consulting* (1946) und die *Boston Consulting Group* (1963) kamen nun hinzu. Und dann begann die Expansion nach Übersee, von der eine Firma besonders profitierte: *McKinsey & Company*, bis heute eine Art Archetyp des modernen Beratungsunternehmens (mit knapp 10 000 aktiven Beratern in etwa hundert Niederlassungen rund um den Globus). Die aktuelle Nummer zwei, die *Boston Consulting Group* (BCG) mit einer annähernd ebenso großen Präsenz weltweit, ist ein *split-off* dieser ersten Generation von Beratungsunternehmen. Ihr Gründer Bruce D. Henderson hatte vorher für *Arthur D. Little* gearbeitet. Ebenfalls in Boston gründete schließlich Bill Bain im Jahr 1973 *Bain & Company*, nachdem er die *Boston Consulting Group* verlassen hatte. *McKinsey*, *BCG* und *Bain* gelten heute als die *Big Three* der internationalen Management- und Strategieberatung. Zusammen mit *Roland Berger Strategy Consultants* und *A. T. Kearney* verfügen sie nach den USA über die größte Anzahl von Büros in Deutschland.

In Deutschland formierten sich die ersten Beratungsunternehmen zu Beginn der 1920er Jahre. Zumeist von akademischen Vertretern der wissenschaftlichen Betriebsführung in Berlin gegründet, standen hier zunächst noch Fragen der Betriebsorganisation, Kostenrechnung und -planung im Mittelpunkt. Die Berufsbezeichnung ‚Unternehmensberater' kam im deutschsprachigen Raum erst 1954 mit der Gründung des Branchenverbandes, des *Bundesverbandes Deutscher Unternehmensberater* (BDU), auf. Das Beratungsgeschäft etablierte sich in ganz Europa freilich erst nachhaltig mit der Expansion der US-Firmen nach Übersee. Seit den frühen 1960er Jahren waren *McKinsey* und *A. T. Kearney* auch in Deutschland tätig, allerdings mit noch relativ wenigen Beratern.

Im Jahr 1967 eröffnet dann Roland Berger seine Unternehmensberatung (nachdem er zuvor bei BCG tätig war) und begründet damit eine beispiellose Erfolgsstory. Bergers Unternehmensberatung erzielt schnell Weltruhm und wird zu einem „Stützpfeiler der Deutschland AG"; ihr Gründer wird gar als eine Art „Chefratgeber der Nation" verehrt, wie es der Journalist Dietmar Student ausdrückt.[21] Noch vor zehn Jahren war Berger mit seinem Unternehmen nur knapp die Nummer zwei hinter dem Branchenführer *McKinsey*.[22] Mittlerweile ist die Firma jedoch selbst von schmerzlichen Umstrukturierungen betroffen; ein Zusammenschluss mit dem globalen Wirtschaftsprüfer *Deloitte* scheiterte 2010 in letzter Sekunde. Roland Berger selbst war zeitweise einer der „einflussreichsten Einflüsterer der Republik",[23] der in dem Ruf stand, erst Kontakte zu Politikern aufzubauen („Wobei kann ich dir helfen?"), um später in deren Kommissionen mitzuwirken und daraus folgende Beratungsaufträge der öffentlichen Hand zu akquirieren. Eines der bekanntesten Beispiele war die *Hartz*-Kommission, die eine tiefgreifende Strukturreform der damaligen *Bundesanstalt für Arbeit* zur Folge hatte.

In Deutschland bedeutete das Treiben der amerikanischen Beratungsfirmen seit den 1960er und 1970er Jahren einen empfindlichen Bruch mit gewachsenen Unternehmenskulturen. Viele Firmengründer und ihre Nachfolger, aber auch ihre leitenden Führungskräfte verstanden sich bis dahin als charismatische „Kapitäne" des Wirtschaftswunders, die sich keinesfalls von externen Beratern über Unternehmenskultur und Werte belehren lassen mussten. Die Grundigs, Neckermanns und Oetkers wähnten sich in Deutschland als Teil einer Elite, die die Kultur und Werte ihrer Unternehmungen aus einer gewachsenen Tradition bezog. In Politik und

Medien traten sie entsprechend selbstbewusst auf. Diese Männer wussten noch selbst, worauf es ankam – nämlich auf Dinge wie Privateigentum, Berufung und Elite.[24] Keinesfalls musste man sich von Junior-Beratern, die frisch von der Uni kamen, die Leviten lesen lassen. Doch damit hatte es bald ein Ende. Mittlerweile sind die Unternehmensgründer und Spitzenmanager nicht mehr die Verkünder, sondern die Adressaten der Botschaft, wie es der Soziologe Christoph Deutschmann ausdrückt: „Die Rolle der Prediger ist von geschäftstüchtigen Unternehmensberatern übernommen worden."[25]

In den 1960 und 1970 Jahren veränderten sich aber auch die gesellschaftlichen Werte ziemlich radikal. Autoritäre und hierarchische Führungsmodelle gerieten außerhalb der Betriebe mehr und mehr in Verruf und kamen dadurch auch innerhalb der Unternehmen unter Druck. Das Alte und Vertraute wurde prekär, und ein neues Leitbild war noch nicht in Sicht: Aus dieser Konstellation erwuchs ein normatives Vakuum, das die Unternehmensberater füllen konnten. Hinzu kamen neue Herausforderungen an Unternehmen, die sich nicht mehr mit dem bewährten bürokratischen Rüstzeug meistern ließen: Der zunehmende, auch internationale Wettbewerb erforderte dringend mehr Flexibilität und Kundennähe sowie kürzere Innovationszyklen. Dies aber ließ sich nur mit weniger zentralisierten, ‚schlankeren' und daher beweglicheren Organisationsstrukturen umsetzen. Die allmählich gesättigten Märkte, aber auch eine immer weiter sensibilisierte öffentliche Meinung forderten zudem ein größeres Engagement bei der Entwicklung von Produkt- und Firmen-*Images* ein. Das *Why* wurde nun immer wichtiger: Warum soll ich dieses Produkt kaufen und nicht das des Wettbewerbers?

Alle diese Entwicklungen zusammen genommen, ließen den Bedarf an einer gewissermaßen ‚holistischen', ganzheitlichen Unternehmensberatung sprunghaft wachsen. Eine entscheidende Katalysatorfunktion kam dabei schließlich den neuen Informations- und Kommunikationstechnologien zu, die sich ohne externe Hilfe kaum bewältigen ließen. In den 1980er und 1990er Jahren spezialisierten sich große amerikanische Unternehmen mit multinationalen Vernetzungen darauf, Managementberatung im Paket mit Finanz- und IT-Beratung anzubieten. Infolge der rasant zunehmenden Bedeutung digitaler Datenverarbeitung verwischen sich die Grenzen zwischen Management- und IT-Beratungen seither immer mehr. Zudem forderte nun die Globalisierung der Märkte im Einklang mit einem wachsenden Konkurrenzdruck den Unternehmen eine ständige Bereitschaft zur Veränderung ab. Wenn aber nichts mehr so ist, wie es einmal war, steigt nicht nur bei den beteiligten Managern die Unsicherheit: Schon *eine* falsche Entscheidung kann in einem veränderten Marktumfeld über Wohl und Wehe des gesamten Unternehmens entscheiden. Daher ist es wenig verwunderlich, dass seit den 1980er Jahren der Bereich der Unternehmensberatung zu den am schnellsten wachsenden Wirtschaftsfeldern überhaupt gehört, mit einem Umsatz, der von 3 Mrd. Dollar im Jahr 1980 auf rund 60 Mrd. Dollar in 1999 anwächst. Allein der amerikanische Medienkonzern AT&T soll zwischen 1989 und 1994 fast eine halbe Milliarde Dollar für Beratungsleistungen ausgegeben haben.[26]

Ist Unternehmensberatung einmal zum Normalfall geworden, dann können Beraterinnen und Berater in den Unternehmen aber auch andere, *sekundäre* Funktionen übernehmen: So zum Beispiel Veränderungsprozesse, die ohnehin geplant sind, mit der Weihe der Beratung versehen. Auch kommt es häufig vor, dass unliebsame Managementaufgaben und Entscheidungen gewissermaßen *outgesourct* und an die ‚Externen‘ delegiert werden, die ja nur vorübergehend im Haus sind und dann wieder gehen. Alle üblen Folgen und Kollateralschäden kann man dann ebenfalls auf sie abschieben. Und nicht zuletzt haben es hohe Führungskräfte immer wieder genossen, sich mit charismatischen Berater-Gurus zu umgeben: Diese sollten nicht nur nach außen ihren Sonderstatus erhöhen, sondern sie zugleich in den jeweils ‚letzten Schrei‘ der Consulting-Szene einweihen.

In den Hochzeiten des Neoliberalismus gaben schließlich auch die öffentlichen Verwaltungen viel Geld für Unternehmensberater aus: Privatisierung war das neue Zauberwort. Es spricht für ihren kulturprägenden

Einfluss, dass auch hier oftmals die großen Managementberatungen den Zuschlag bekamen, wenn vielleicht auch manchmal eher die mit den deutsch klingenden Namen (wie *Roland Berger* oder *Kienbaum*). Diese Firmen, so meinte man, wissen, wie man Wirtschaftsunternehmen erfolgreich rationalisiert und privatisiert. Das sollte dann auch in der öffentlichen Verwaltung funktionieren. Gerade auf kommunaler Ebene wurden auf diese Weise in den 1990er Jahren im Zusammenspiel von teuren Gutachten und teuren Beratern viele Einrichtungen vorschnell privatisiert, um sie später dann von den Investoren zurückzuleasen. Heute, nachdem der Glaube an die Wunderkräfte des Marktes ein wenig geschwunden ist, bemüht sich die öffentliche Hand vielerorts mühsam darum (zum Teil, wie in Hamburg, auf Druck von Bürgerinitiativen), die einst verkauften Kläranlagen, Wasserwerke oder Stromnetze für teures Geld zurückzukaufen.

Nachdem *Big Consulting* auch die Finanz- und Wirtschaftskrise infolge der Lehman-Pleite trotz einer Delle weitgehend unbeschadet überstanden hat, scheinen sich seit einiger Zeit Umstrukturierungen anzukündigen: Analytiker wie der *Harvard Business School*-Professor (und in den 1980er Jahren BCG-Berater) Clayton Christensen sprechen gar von einer „Consulting-Disruption".[27] Damit ist gemeint, dass die konjunkturellen Krisen des Marktes, von denen die Beratungsbranche bisher stets profitiert hat, nun die Consulting-Industrie selbst erreicht. So lässt deren klassisches Geschäftsfeld, die Strategieberatung, kaum noch Steigerungspotential für die Zukunft erwarten. Die Honorare sinken in diesem Bereich seit Jahren, und die Kunden sind immer weniger geneigt, teure Komplettlösungen einzukaufen, sondern wenden sich mehr und mehr auch an neue Anbieter mit innovativen Geschäftsmodellen. Dies hängt einerseits mit der traditionell engen Verbindung von Management- und IT-Beratung zusammen. Lange Jahre lag die Beschaffung und Aufbereitung exklusiver Daten in den Händen der Consultants, doch heute sind die Datensätze ohne großen Aufwand für jedermann zugänglich. Christensen und seine Mitautoren sprechen hier von einer „Demokratisierung des Wissens", die den wesentlich auf Intransparenz gegründeten Erfolg der großen Strategie-berater gefährdet.[28] Durch die technologische Weiterentwicklung können heute kleinere, preiswertere Anbieter dem Kunden im Prinzip die gleichen IT-Lösungen und Datenbanken liefern wie *Big Consulting*. Man muss also gar nicht mehr unbedingt die globalen Anbieter mit den klingenden Namen und den exorbitanten Tagessätzen buchen.

Kurzum: Das, was *Big Consulting* an Strategie- und Managementberatung bietet, ist heute längst kein Geheimwissen mehr, man kann es mittlerweile an jeder Hochschule lernen. Das in erster Linie betriebswirtschaftliche Be-ratungswissen ist ja recht homogen und wartet kaum mit Überraschungen auf: eine Art intellektuelle Fließbandarbeit also, für die man nicht mehr unbedingt Absolventen der *Harvard Business School* braucht. Auch das drückt auf den Preis, weil dadurch die Zahl der kleineren und günstigeren Mitbewerber ständig steigt (die überdies hier und da sogar intelligentere, weil individuellere Lösungen versprechen).

Nicht zuletzt aber sind die Unternehmensberater Opfer ihres eigenen Erfolgs geworden. Weil viele Unternehmen schon hinreichende Erfah-rungen mit Consultants unterschiedlicher Couleur haben, oder weil ihre Manager sogar früher selbst Berater waren, kaufen sie Beratungsleistungen heute viel gezielter – und damit auch günstiger – ein. Das einst exklusive Beraterwissen ist heute viel weiter in den Organisationen verbreitet. Die Kunden sind auch dadurch anspruchsvoller geworden und wissen besser als in der Vergangenheit, was in ihrem Haus funktioniert hat und was nicht. Sie können daher genau darauf achten, dass die Zahl der gescheiterten oder im Sande verlaufenen Consulting-Projekte nicht noch weiter ansteigt.

Politikberatung durch Wissenschaftler, *Think Tanks* oder Lobbyisten; psychosoziale Beratungsstellen staatlicher oder gesellschaftlicher Einrich-tungen; und die strategische Beratung des Managements größerer Wirt-schaftsunternehmen durch multinationale Consulting-Firmen – dies sind drei wichtige Vorboten, die im aufziehenden zwanzigsten Jahrhundert eine Renaissance des Ratens und Beratens ankündigen. Ihren Hintergrund bilden in unterschiedlicher Weise die Folgen des noch jungen Industriezeitalters. Doch die ‚Beratungsgesellschaft‘, in der nahezu alle Lebensbereiche zum Gegenstand professioneller Beratung werden, kommt in den westlichen Industriestaaten erst später zum Durchbruch. Man kann den Zeitpunkt ziemlich genau datieren: Er fällt in die Epoche der neoliberalen Wende in den 1980er Jahren.

## Die neoliberale Entfesselung der ‚Beratungsgesellschaft‘

Seit einigen Jahrzehnten sind wir Zeugen eines Epochenumbruchs: Das Industriezeitalter wandelt sich zum globalen Wissens- oder Informationszeitalter, und dieser Prozess stellt die Lebenswelten der Menschen in ähnlich radikaler Weise zur Disposition wie seinerzeit der Übergang von der Agrar- zur Industriegesellschaft. Doch wie genau lässt sich dieser Wandel beschreiben? Haben wir überhaupt schon den nötigen Abstand, um darüber halbwegs objektiv urteilen zu können? Der Philosoph Jürgen Habermas hat mit Blick auf die Veränderungen am Ausgang des zwanzigsten Jahrhunderts von einer Zeit der „neuen Unübersichtlichkeit" gesprochen, in der die alten Gewissheiten der Lebensführung plötzlich nicht mehr funktionieren und neue Gewissheiten noch nicht – oder überhaupt nicht mehr – in Sicht sind. Was wir seit rund 30 Jahren beobachten können, ist ein erneuter, machtvoller Prozess der Enttraditionalisierung, der nun auch noch jene Sicherheiten und Bindungen wegspült, die die klassische Moderne uns gelassen hatte. Schon damals, nach dem Ersten Weltkrieg, war ja die Entwertung der Erfahrung beklagt worden, aber seit dem Ende des letzten Jahrhunderts sinkt ihr Kurs noch einmal dramatisch. Die Folge ist: Die Menschen „wissen sich keinen Rat mehr" (Benjamin), leiden unter ihrer „Weltfremdheit" (Marquard) und fühlen sich existentiell „entbettet" (*disembedded*), wie es der Soziologe Anthony Giddens genannt hat: Sie sind nicht mehr eingebettet in eine Sinn vermittelnde Kultur, in der das Wissen der Alten die notwendige Grundsicherheit für die Jungen bereitstellt.[29]

Die Situation lässt sich im Wesentlichen mit vier Entwicklungen beschreiben, die weitgehend parallel verlaufen und noch lange nicht an ihr
Ende gekommen sind: *Globalisierung, Digitalisierung, Individualisierung* und
*Pluralisierung.* Zu den ersten beiden muss hier nicht viel gesagt werden; sie
verstehen sich von selbst und sind in den Medien allgegenwärtig. Vielleicht
nur so viel: Wie die *Globalisierung* (die im Moment durch globale Krisen
etwas gebremst erscheint) ist auch die *Digitalisierung* noch nicht annähernd
‚abgeschlossen' (falls so etwas überhaupt denkbar ist). Während der internationale Konkurrenzkampf auf den globalisierten Märkten weiter zunimmt,
diskutieren wir über immer neue Erfindungen der Computermoderne:
Aktuell beispielsweise über das *Internet der Dinge* mit seinem erheblichen
Vernetzungs- und Automatisierungspotential oder die sogenannte *Industrie
4.0* und die Frage, wie die Roboter künftig unsere Arbeitswelt verändern
werden. Dass diese Entwicklungen unsere Lebenswelten noch einmal radikal
durchschütteln werden, ist mehr als wahrscheinlich.

Für eine Geschichte der Beratung scheinen mir aber die letzten beiden
Entwicklungen kaum weniger wichtig zu sein, nämlich eine weiter fortschreitende *Individualisierung* der Lebensführung, die einhergeht mit einer
*Pluralisierung* der Lebensstiloptionen. In dem Maße, in dem wir uns aus
vorgegebenen Lebensmustern herauslösen und die Normalbiographien
immer mehr verschwinden, müssen (und dürfen!) wir als Einzelne unser
Leben ganz allein gestalten. Die Orientierung vorgegebener „Schnittmuster
der Lebensgestaltung", wie der Sozialpsychologe Heiner Keupp es nennt,[30]
steht uns dabei immer weniger zur Verfügung. Das ist einerseits schön,
denn wir sind nun (fast) völlig frei darin, unser Leben so zu führen, wie
wir – und nur wir – es wollen. Aber es ist auch ziemlich anstrengend, weil
wir eben dazu verdammt sind, dies immer und zu jeder Zeit zu tun. Wir
können die Dinge nicht mehr einfach ihren ‚normalen' Gang gehen lassen,
weil es dieses ‚Normale' nicht mehr gibt. Stattdessen dürfen und müssen
wir ständig aus einem riesigen Angebot von Möglichkeiten auswählen: Das
ist unsere Freiheit und zugleich unser Zwang! *Pluralisierung* meint also die

beispiellose Vervielfältigung der Sinnangebote, denen heute jedermann (und jede Frau) ausgesetzt sind. Und wenn es so gut wie keine Vorgaben mehr gibt, keine Schnittmuster für Normalbiographien, die uns Entlastung verschaffen, weil sie einfach nur da sind, dann können wir alles werden, aber jederzeit auch alles wieder verlieren – und vor allem müssen wir uns ständig und überall damit befassen. Das ist, ein wenig zugespitzt formuliert, gemeint, wenn von *Individualisierung* und *Pluralisierung* die Rede ist.

Doch wie alles hat auch diese Entwicklung bereits Gegenbewegungen hervorgerufen: eine neue Sehnsucht nach Zugehörigkeit und eine neue Kultur der Gemeinsamkeit, wie sie sich in den zahlreichen, nun aber selbstgewählten und oft zeitlich begrenzten Netzwerken der virtuellen Welt niederschlägt. Aber es gibt diese neue Gemeinsamkeit auch im realen Leben, in einer erstaunlichen Renaissance des Genossenschaftsgedankens beispielsweise, in Projekten gemeinsamen Wohnens bis hin zur Neuauflage von Lesezirkeln. Die vereinzelten Individuen tun sich also wieder zusammen und bilden neue, selbst gewählte Gemeinschaften: Die Zukunftsinstitute sprechen von einem neuen, „integrierten Individualismus".

Die Politik hat zu dieser Erosion vertrauter Lebenswelten ihren Teil beigetragen, und zwar seit dem Beginn der 1980er Jahre, als man im Westen unter dem Stichwort einer neoliberalen Wende radikal mit den keynesianischen Programmen der Nachkriegszeit brach. Worauf das abzielte, kommt treffend in dem berühmt gewordenen Satz zum Ausdruck, den die britische Premierministerin Margaret Thatcher im Herbst 1987 im Interview mit dem *Women's Own Magazine* äußerte: „there is no such thing as society", sagte sie. „There are individual men and women, and there are families."[31] Thatcher leugnete also durchweg ab, dass es so etwas wie die Gesellschaft mit ihren gewachsenen Traditionen und Korporationen überhaupt gebe und reduzierte das Leben auf das Individuum und allenfalls noch seine Familie (die allerdings zu jener Zeit schon stark geschrumpft war). Diese Haltung zeigt anschaulich, was Individualisierung auf politischer Ebene am Ende des zwanzigsten Jahrhunderts bedeutet: Es gibt keine Gesellschaft mehr, sondern nur noch Individuen, die für sich selbst zu sorgen haben. Wohlfahrtsstaatliche Sicherungssysteme wurden dementsprechend auf breiter Front demontiert; an ihre Stelle sollten (und sollen) private Fürsorgeaufwendungen des Einzelnen treten. Den versorgenden und vorsorgenden Staat suchten *Thatcherism* und *Reagonomics* durch einen „aktivierenden Staat" zu ersetzen. Das sozialdemokratische Zeitalter, das nicht erst seit dem Ende des Zweiten Weltkriegs für soziale Sicherheit gesorgt hatte (allerdings um den Preis sozialer Disziplinierung und Normierung), hatte fürs Erste ausgedient. Ihm folgte eine neue, politisch gewollte „Kultur der Entrepreneurship", die ein Comeback des Unternehmertums auf allen Ebenen der Gesellschaft befördern sollte.[32]

Dieser fundamentale Umbruch war keineswegs nur ein Machwerk finsterer Ideologen. Er geschah vor dem Hintergrund einer dauerhaft hohen Arbeitslosigkeit, eines erlahmenden Wirtschaftswachstums und massiv überschuldeter öffentlicher Haushalte, die durch permanentes *deficit spending* längst selbst zu einer wirtschaftlichen Krisenursache geworden waren. Und doch hat die Politik, indem sie Veränderung, Individualisierung und Leistung zum Fetisch erklärte, entscheidend an einer neuen Form der Verunsicherung mitgewirkt. War es bisher die Aufgabe von Staaten, den Menschen die Sicherheit und den Schutz eines Gemeinwesens zur Verfügung zu stellen, so arbeiten die westlichen Regierungen seit etwa 35 Jahren an dem paradoxen Programm, „die Zukunft möglichst unsicher zu machen",[33] wie der Kulturwissenschaftler Remigius Buna feststellt. Das aber ist deshalb problematisch, weil es uns gleichsam den Boden unter den Füßen wegzieht. Denn, so fragt der Soziologe Dirk Baecker: „Wie diskutiert man die Wünschbarkeit oder Nicht-Wünschbarkeit von Veränderungen, wenn nichts so stabil bleibt, daß man in seinem Lichte alles andere betrachten könnte?"[34] So trugen die neoliberalen Administrationen tatkräftig dazu bei, dass zu Beginn der 1980er Jahre ein altes Gespenst wieder auferstand, dass angesichts der gewachsenen sozialstaatlichen Institutionen zumindest im kontinentalen Europa fast vergessen schien: das Gespenst der *Zukunftsunsicherheit*.

Hinzu kommt aber noch etwas, das unsere neue Ungewissheit im Hinblick auf die Zukunft verstärkt: Ich meine die enorm gewachsenen technologischen Möglichkeiten. Egal ob Computer-, Gen-, Bio- oder Nukleartechnologie – sie alle konfrontieren uns mit vollkommen neuen Ereignissen, die in ihrer Eigenlogik für den Laien komplett undurchschaubar sind. Der Soziologe Ulrich Beck hat darauf in seinem berühmten Buch zur *Risikogesellschaft* als einer der ersten umfassend hingewiesen.[35] Selbst für den Experten sind diese Technologien weit weniger plan- und beherrschbar als noch die konventionellen, mechanischen oder elektrischen Technologien der klassischen Moderne. Man denke etwa an die fortschreitende Vernetzung aller Lebensbereiche durch die Digitalisierung und die aktuelle Diskussion darüber, inwieweit das an sich begrüßenswerte Streben nach Transparenz und Konnektivität in den Händen globaler Firmen wie *Google* oder *Facebook* die Gefahren einer neuen totalitären Herrschaft in sich trägt (von den gigantischen Datensammlungen der NSA oder anderer Geheimdienste zu schweigen). Zudem zeigen Hacker-Angriffe auf die Rechnernetze des Bundestages und anderer Institutionen, wie wenig wir unsere Schlüssel- technologien noch im Griff haben. Mittlerweile wird ernsthaft darüber diskutiert, wann der Zeitpunkt gekommen sein wird, an dem unsere Maschinen uns Menschen an Intelligenz einge- und überholt haben – und was dann passieren kann.

In all dem steckt ein beträchtliches Risikopotential, und nicht nur vorübergehend: Unsicherheit im Umgang mit riskanten Großtechnologien wird uns dauerhaft begleiten, zumal im Angesicht einer zunehmenden Abhängigkeit von digitalen Netzen, wo ein einziges Virus oder ein Cyber- Angriff eine ganze Zivilisation lahmlegen kann. Wir müssen daher, so der Soziologe Dirk Baecker, auch in diesem Bereich „mit Überraschungen rechnen und deswegen ein Gespür für mögliche Gefahrenpunkte, Schwachstellen und Brüche entwickeln."[36]

## Im Beratungsstrudel: Wie Beratung ihre eigene Nachfrage erzeugt

Der Einzelne, der allein vor einer Vielzahl von Wahlmöglichkeiten steht und dessen Zukunft infolge politischer und technologischer Umbrüche plötzlich wieder völlig offen erscheint, hat allen Grund, verunsichert zu sein. Unter den Bedingungen einer ,neuen Unübersichtlichkeit' wird die Wahl des eigenen Lebensplans plötzlich zum zentralen Moment gelingender Lebensbewältigung. Dazu gehört mehr als je zuvor die Fähigkeit „zum kommunikativen Klären und Aushandeln solcher Perspektiven", wie es der Erziehungswissenschaftler Hans Thiersch formuliert – und dies erzeugt bei nicht wenigen Menschen Stress, Unwohlsein oder schlicht Überforderungsgefühle. Dies ist die neue Lage, die etwa seit den 1980er Jahren wesentlich dazu beigetragen hat, dass Beratung auch in Fragen der Lebensführung heute wieder voll rehabilitiert ist: Sie ist, von hier aus gesehen, so etwas wie „der unverzichtbare und notwendige Versuch", so Thiersch, dem spätmodernen Menschen „in den Schwierigkeiten der Kommunikationskultur zu Offenheit, Orientierung und Stabilität zu verhelfen." [37]

Das Leben zu meistern und die Zukunft wenn schon nicht sicher, so doch zumindest einigermaßen beherrschbar erscheinen zu lassen, war von jeher *das* Versprechen des Ratgebens. Es diente damals und dient heute wieder, wie Peter Fuchs feststellt, in der Hauptsache zur *Unsicherheitsabsorption.* [38] Das lange Leben von Orakelsprüchen, Prophezeiungen oder Horoskopen legt davon ein beredtes Zeugnis ab. Doch mehr denn je geht es in der Beratung heute um *Kommunikation:* Wenn nichts mehr ,normal' ist, sondern alles ver- und ausgehandelt werden muss, dann erfordert dies nicht nur Offenheit und Flexibilität, sondern vor allem die Fähigkeit zu Kommunikation und Reflexion. Oft geht es in der Beratung einzig darum, diese Fähigkeiten zu erweitern. Der Soziologe Dirk Baecker ist beispielsweise der Ansicht, dass die Hauptwirkung von rund 40 Jahren professioneller Organisationsentwicklung im Wesentlichen darin bestanden habe, das Thema Kommunikation wieder in Unternehmen einzuführen (und so das vorherrschende *technische* Verständnis der Organisation durch ein *soziales* zu ersetzen).[39] Vielleicht lässt sich dies – mit Abstrichen – auch dem jüngeren Beratungsboom insgesamt attestieren: dass er allerorten Hilfestellen installiert, an denen wir uns darin üben können, *kommunikativ* über uns und unsere Lebensentwürfe zu verfügen. Das heißt, sie zuerst einmal verbal zu formulieren, sie dann gedanklich mit dem Berater als Sparringspartner zu reflektieren, um sie gegebenenfalls schließlich im Handeln zu realisieren.

Damit mag eine Erklärung für die flächendeckende Ausbreitung des Ratens und Beratens in der Spätmoderne gefunden sein. Das Problem ist nur, dass die fortschreitende *Individualisierung* und *Pluralisierung* dadurch nicht gestoppt wird – im Gegenteil. Denn dass jeder für sich allein kämpft, spürt man ja gerade dann, wenn man – eben allein – zum Coach, Berater oder Therapeuten geht. Die Beratung soll die Folgen der Vereinzelung beheben und bringt sie doch immer wieder neu hervor – das ist eine der schillernden Paradoxien der ‚Beratungsgesellschaft‘! Denn wenn ich einmal den Schritt in die professionelle Beratung gemacht habe, und besonders dann, wenn ich damit zufrieden bin, frage ich mich bald wieder, mit welchem anderen Thema ich vielleicht auch noch ins Coaching gehen sollte, um mich dort zu klären, zu reflektieren oder zu verbessern. Schließlich tun die andern das ja auch. Anders gesagt: Indem ich mich beraten lasse, erkenne ich meine Beratungsbedürftigkeit an und verstehe mich fortan als ein Individuum, das von der Pluralität der Möglichkeiten überfordert ist – und also auch künftig Berater aufsuchen wird.

Dies ist gemeint, wenn Soziologen (wie Boris Traue) sagen, dass „Beratung einen aktiven Teil an der Generierung der Probleme hat, zu deren Lösung sie beiträgt“:[40] Peter Fuchs schlägt in dieselbe Kerbe, wenn er feststellt, dass Beratung „die Krisenlagen entwirft und bestätigt, die zu lösen sie antritt“.[41] Beratung (re)produziert also die Vereinzelung, derentwegen wir sie aufsuchen, stets aufs Neue. Denn am Ende der einen Beratung ist möglicherweise schon die Notwendigkeit der nächsten zu sehen, wenn man sich einmal in diesen Kreislauf begeben hat. Ist ein Problem gelöst, tritt ein neues an seine Stelle, denn bekanntlich lösen sich Probleme nicht auf, sondern ab. Wenn wir nur genau hinschauen, finden wir immer Bereiche, in denen wir unsere Performance noch verbessern könnten – und sollten!

Die Unternehmensberatung hat dies seit langem erkannt und ganz unverblümt zu ihrem Geschäftsmodell erhoben. So gehen die Beraterinnen und Berater der großen Consulting-Firmen von Anfang an mit dem Ziel zum Kunden, bei der Erledigung des einen Auftrags nach Möglichkeit Folgeaufträge zu akquirieren. Davon hängen in hohem Maße Prämien und Vergütungen ab. „Beratungsfälle werden so gesteuert", sagt der Consulting-Kritiker Thomas Leif, „dass am Ende zwangsläufig weiterer Bedarf zutage tritt."[42] Gern bietet man beispielsweise der öffentlichen Hand zunächst kostenlose *Pro Bono*-Beratungen an, um auf dieser Basis dann einen erheblichen, weitergehenden Beratungsbedarf zu diagnostizieren bzw. zu wecken – der dann natürlich üppig zu vergüten ist. Und schon mit ihrer merkwürdigen Sprache, den seltsamen Begriffen und modischen Managementtheorien verunsichern diese Berater potentielle Kunden derart, dass diese am Ende glauben, sie bräuchten ebenfalls einen Berater, um ihre Probleme in den Griff zu bekommen. Man könnte also sagen, dass das Schüren von Angst beinahe zum Geschäftsmodell der Unternehmensberater gehört. „Und dann", so der Consulting-Forscher Alfred Kieser, „offerieren sie Lösungen, um die Angst zu lindern."[43] Die Consulting-Industrie verspricht also den verunsicherten Managern zunächst tatsächlich Erleichterung und Entlastung in einer Situation, die von steigender Komplexität und gesellschaftlicher wie organisationaler Differenzierung geprägt ist. Aber diese Linderung durch Komplexitätsreduktion scheint nur vorübergehend, denn mit ihren Interventionen beschleunigen die Berater am Ende genau jene Dynamik des permanenten Wandels, den sie vordergründig abfedern sollen.

Selbst eine flächendeckende Versorgung mit Beratungsstellen sorgt also nicht dafür, dass alle Probleme verschwinden. Sie erzeugt vielmehr – neben den Problemen, die sie tatsächlich löst – eine Nachfrage nach *noch mehr* Beratung. Eine Mehr an Beratungsoptionen reduziert nicht etwa die

Beratungsanliegen, sondern vermehrt sie. Denn je mehr professionelle Berater es gibt, umso mehr verunsicherte Ratsuchende suchen sie auf. Zumal in Zeiten, da man sich sein Scheitern selbst zuzuschreiben hat: Da kann ein Verzicht auf Beratung schon einmal ein gehöriger Wettbewerbsnachteil sein. Ganz abgesehen davon, dass die vielen ausgebildeten Berater ja auch in Zukunft ihre Brötchen verdienen wollen und schon deshalb für eine entsprechende Nachfrage sorgen müssen.

Es ist nicht zuletzt diese Dynamik, die zu dem zugespitzten Begriff der ‚Beratungsgesellschaft' geführt hat: Hat sich das Ratsuchen und Ratgeben in einer von multiplen Unsicherheiten geprägten Gesellschaft einmal etabliert und zur weitgehend akzeptierten Gewohnheit gemausert, dann entstehen immer neue Beratungsformen und Beratungsangebote, die einerseits eine vorhandene Nachfrage bedienen und sie andererseits immer wieder neu erzeugen. Die Wirkung von Beratung ist also paradox, wenn man sie im gesellschaftlichen Maßstab betrachtet. „Die Angst vor der Ungewißheit", so Rainer Paris, „verstärkt die Abhängigkeit von den Experten, ohne daß sie dadurch gemindert würde."[44] Und ähnlich sieht es Thomas Macho: „Die wechselseitige Potenzierung von Orientierungsverlust und Orientierungsangebot erzeugt einen Strudel der Möglichkeiten und alternativen Optionen, der nicht erst seit gestern Beratungen über Beratungen, Gebrauchsanweisungen für Gebrauchsanweisungen, erzwingt: eine Vielfalt von Selbstvergewisserungschancen, die einander wechselseitig relativieren und aufzuheben drohen."[45]

Diese Vervielfältigung von Beratungsbedarfen und Beratungsangeboten kann den Entschleunigungseffekt, den das Ratsuchen und Ratgeben im Grundsatz mit sich bringt, am Ende also wieder einkassieren. Ist die Welt der Beratung eigentlich, so Peter Fuchs, eine „Aufschubs- oder Verzögerungsmaschinerie", die Rat und Tat auseinanderreißt (ganz ähnlich übrigens wie auch die anderen großen Verlangsamer „Demokratie" und „Bürokratie")[46], dann geht genau diese „Entzerrung" verloren, wenn wir von einem Beratungstermin zum nächsten hetzen. Der Zeitgewinn ist dahin, und die Beratung beginnt im schlimmsten Fall den Stress zu erzeugen, den sie eigentlich verhindern sollte.

Vor diesem Hintergrund möchte ich auf den verbleibenden Seiten des Buches noch zwei wichtige Fragen klären: Zum einen, wie wir Bürger der ‚Beratungsgesellschaft‘ dem geschilderten ‚Beratungsstress‘ entgehen können, d. h. dem gefährlichen Strudel, der uns immer tiefer in die Abhängigkeit von Beratern, Beratungsstellen und Beratungsfirmen hineinzuziehen droht. Oder positiv formuliert: Wie kann eine hilfreiche, verstrickungsarme Form der Beratung künftig aussehen – und welche Ansätze liegen dazu gegenwärtig bereits vor? Dieser Frage nach den aktuellen Trends und Perspektiven der Beratung will ich im letzten Kapitel nachgehen.

Zuvor soll endlich jene Frage beantwortet werden, die schon länger im Raum steht: Welche Lösung nämlich die Spätmoderne für das hinlänglich besprochene Autonomieproblem der Beratung findet. Wie konnte es gelingen, dass die aufgeklärten Subjekte sich am Ende des zwanzigsten Jahrhunderts (wieder) vertrauensvoll an Ratgeberinnen und Berater wandten? Wie ließ sich dies mit ihrem von der Aufklärung verbrieften Selbstbestimmungsrecht in Einklang bringen? Von der Wiederentdeckung eines autonomieverträglichen, weil *nicht-direktiven* Beratungsansatzes handelt das nächste Kapitel.

# Kapitel 9

# „Beratung ohne Ratschlag"
## Die Wiederentdeckung der nicht-direktiven Beratung

Der Schriftsteller Heinrich von Kleist wirft 1799 im zarten Alter von 22 Jahren einen Blick auf das Ratgeben, der noch heute in seiner Präzision fasziniert. In dem bereits erwähnten Brief an seinen Lehrer Christian Ernst Martini stellt er fest, dass der Rat der Alten und Weisen dem modernen, dem „denkenden Menschen" nicht mehr recht weiterhelfen könne: „denn niemand kann besser wissen, was zu meinem Glücke dient, als ich selbst; niemand kann so gut wissen, wie ich, welcher Weg des Lebens unter den Bedingungen meiner physischen und moralischen Beschaffenheit für mich einzuschlagen am besten sei; eben weil dies niemand so genau kennt, niemand sie so genau ergründen kann, wie ich."

Kleist liegt damit auf der Linie jener neuzeitlichen Beratungskritik, die wir bereits aus verschiedenen Perspektiven kennengelernt haben. Erstaunlich ist nur, dass er daraus nicht etwa – wie viele seiner Zeitgenossen – einen Verzicht auf jede Art des Ratens und Beratens ableitet. Er fordert vielmehr eine andere, neue Form der Beratung: eine solche nämlich, die ohne Ratschlag auskommt.[1] „Es ist also ein wahres Wort", so resümiert er, „daß man nur den um Rat fragen soll, der keinen gibt."[2] Was aber soll der um Rat Gefragte denn anderes tun als einen Rat zu geben? Gut hundert Jahre später schlägt Walter Benjamin in die gleiche Kerbe, wenn er vorschlägt, der um Rat Gefragte solle sich zunächst einmal in den Ratsuchenden

251

hineinversetzen: „Wer um Rat gefragt wird, tut gut, zuerst des Fragenden eigene Meinung zu ermitteln, um sie sodann ihm zu bekräftigen." Man würde ja schließlich einen anderen nicht um Rat fragen, um dann wirklich das zu tun, was jener empfehle. Vielmehr gehe es doch zumeist einfach nur darum, dass wir unseren Entschluss, der im Inneren längst gefallen ist, noch einmal, „von der Kehrseite gleichsam, als ‚Rat' des anderen kennen lernen wollen". Diesen Wunsch nach „Vergegenwärtigung" findet Benjamin nicht nur verständlich, sondern auch richtig: „Denn das Gefährlichste ist, was man ‚bei sich' beschloß, ins Werk zu setzen, ohne es Rede und Gegenrede wie einen Filter passieren zu lassen. Darum ist dem, der Rat sucht, schon halb geholfen, und wenn er Verkehrtes vorhat, so ist, ihn skeptisch zu bestärken, besser, als ihm überzeugt zu widersprechen."[3]

Kleist und Benjamin denken – jeder auf seine Weise und zu seiner Zeit – darüber nach, wie ein neues, gewissermaßen ‚aufgeklärtes' Ratgeben nach dem Zeitalter des Ratgebens aussehen kann. Entscheidend ist für beide, dass darin der neuzeitliche Primat der autonomen Selbstberatung unangetastet bleibt. In die gleiche Richtung argumentiert, wieder einige Zeit später, auch Wilhelm Hennis: „Das Höchste, was Beratung heute sich als Ziel setzen kann, ist, dem Ratsuchenden zu eigener Klarheit zu verhelfen, ihm das, worum es ihm wirklich geht, bewußt zu machen, ihm zu helfen, eine Entscheidung zu finden, mit sich selbst zu Rate zu gehen, eine Rangordnung der Ziele für sich zu setzen, ihn zum Denken, zum Nachdenken, zur Überlegung zu bringen, ihm deutlich zu machen, daß die Führung des Lebens nichts ist, was als Produkt einer einfachen Entscheidung dastehen kann, sondern was eine vorherige Reflexion voraussetzt, was ein Mit-sich-zu-Rate-Gehen zuläßt, ja fordert."[4]

Eine neue, moderne Form der Beratung, so lassen alle drei Statements erkennen, ist letztlich nur in Form einer Förderung und Unterstützung des Einzelnen in seiner Selbstreflexion vorstellbar, als gezielter Impuls, sein Mit-sich-selbst-zu-Rate-Gehen zu unterstützen, es anzuregen, anzureichern und gelegentlich auch herauszufordern. Die Beratungswelle, die wir seit geraumer

Zeit erleben, verdankt sich ganz wesentlich der Wiederentdeckung und besonderen Wertschätzung jenes Selbstbezugs, der die Form der Beratung ja eigentlich von jeher auszeichnet: Schon die Suche nach dem gutem Rat stimuliert beim Ratsuchenden seine Selbstberatungskräfte, wie wir oben sehen konnten. Und die Fähigkeit, den Rat eines anderen einzuholen, so habe ich behauptet, setzt bereits die grundlegende Fähigkeit voraus, mit uns selbst zu Rate zu gehen. Nicht selten verschafft uns erst eine langwierige Ratsuche die notwendige Zeit und den Raum für eine ausreichende Selbstkonsultation: wie bei den alten Griechen, die so lange zu den Orakeln unterwegs waren, dass sie auf ihrer Reise längst eigene Lösungen für ihre Probleme gefunden hatten (die das Orakel dann nur noch mit göttlichem Charisma absegnen musste).

Allerdings hatte das Ratgeben in den alten Kulturen meist noch einen stark autoritativen Unterton. Vor allem dann, wenn es sich um die Weitergabe von Erfahrungen handelte, die von den Alten auf die Jungen übergingen, war das Beraten nicht weit von der Belehrung entfernt. Aus dieser Konstellation und der mit ihr verbundenen Unterstellung von Inkompetenz speist sich ganz wesentlich die Ablehnung, die dem Raten und Beraten dann im Übergang zur Neuzeit widerfuhr. Doch die Moderne, so können wir heute sagen, hat mit ihrer radikalen Kritik am Ratgeben in gewisser Weise überreagiert. Sie hat sich an der Inkompetenzunterstellung des ‚alten‘ Ratgebens festgebissen und das Kind gleichsam mit dem Bade ausgeschüttet. Erst spät hat sie herausgefunden, dass sich das Raten und Beraten auch auf eine andere, nämlich autonomieverträgliche Weise praktizieren lässt. Von der folgenreichen Wiederentdeckung des nicht-direktiven Moments in der Beratung handelt dieses Kapitel.

## Die Anfänge: Humanistische Psychologie und Gesprächstherapie

Zu Beginn des 20. Jahrhunderts standen sich mit der Psychoanalyse und dem Behaviorismus zwei Schulen gegenüber, die bei aller Gegensätzlichkeit doch in einem Punkt einig waren: Sie trauten dem Menschen eine autonome, bewusst und rational über sein Leben verfügende Subjektivität nicht mehr wirklich zu. Sie sahen ihn vielmehr von starken unsichtbaren Kräften gesteuert, denen er sich nur mithilfe psychologischer Therapeutiken und ihrer Experten entziehen konnte. Das autonome, sich selbst bestimmende, ‚volle Subjekt‘ der Aufklärung war damit gründlich in Frage gestellt.[5] Sigmund Freud etwa hielt die modernen Menschen für in sich zutiefst gespalten: Die Subjekte lebten ihm zufolge in einem ständigen, geradezu identitätsstiftenden Konflikt mit sich selbst. Der seit der frühen Neuzeit immer stärker angeschwollene Aufruf zur Selbstberatung erhielt damit einen herben Rückschlag: In der Psychoanalyse trat der innere, in der Tendenz pathologisch zugespitzte Konflikt zwischen *Ich*, *Es* und *Über-Ich* nun an die Stelle des friedlichen, mit sich und den Stimmen der Vernunft zu Rate Gehens, wie es eben noch die Aufklärung propagiert hatte. Ein herrschafts- und gewaltfreies inneres Beratschlagen schien vor dem Hintergrund von Freuds dramatischen Entdeckungen kaum mehr möglich.

Doch schon in den 1940er Jahren reifte an der amerikanischen Westküste, unter Einfluss verschiedener Exilanten aus Europa, allmählich eine dritte, vermittelnde Kraft heran: eine humanistische, existentialistisch geprägte Strömung der Psychologie, die am Selbstbestimmungsideal der Aufklärung festhielt und sich in den USA bald mit den neuen sozialen Bewegungen verband. Während die Psychoanalyse und der Behaviorismus den Menschen in psychische Instanzen oder Reiz-Reaktions-Muster zergliederten, ging es den Vertretern der humanistischen Psychologie um ganzheitliche Konzepte, die von Begriffen wie Sein, Werden, Wachsen, Kreativität, Gesundheit und Selbstverwirklichung geprägt waren. Anfang der 1960er Jahre gründete sich die *American Association for Humanistic Psychology* (AHP), und in den 1970er Jahren wurde diese ‚dritte Kraft‘ der Psychologie in den USA auch berufsständisch anerkannt, deren therapeutische Ansätze sich nun stark ausfächerten (in Gestalttherapie, Psychodrama, körperorientierte Therapeutiken, Gesprächstherapie usf.). In den wissenschaftlichen

Disziplinen der Universitäten konnten sich die humanistischen Ansätze dagegen kaum behaupten – und zwar bis heute. Die Gründe dafür liegen zum einen in der institutionell gewachsenen und verbissen verteidigten Vormachtstellung von Psychoanalyse und Verhaltenstherapie im traditionellen System der Wissenschaft. Zum andern haben die führenden Köpfe der humanistischen Psychologie in der Regel darauf verzichtet, ihre Ansätze experimentalpsychologisch zu überprüfen. Sie verstanden sich bisweilen mehr als Sozialreformerinnen und -reformer denn als Pioniere auf dem Feld der wissenschaftlichen Medizin.

Es scheint mir kaum zweifelhaft, dass die humanistische Psychologie das Fundament für einen Großteil der gegenwärtigen nicht-direktiven Beratungsangebote bietet – und zwar mit ihrem Menschenbild ebenso wie mit ihrem Beratungsstil: Die humanistischen Berater und Therapeuten sehen den Menschen (wieder) als ein Wesen, das zur Selbststeuerung und zur autonomen Selbstentwicklung grundsätzlich fähig ist und dem Beratung (oder Therapie) dabei helfen kann, seinen eigenen Weg zu Wachstum und Heilung zu finden. Dementsprechend legen sie ihre Klienten meist nicht mehr wie einen Kranken auf die Couch, sondern sitzen ihm gegenüber, von Angesicht zu Angesicht, in einem wertschätzenden Dialog auf Augenhöhe. Das aufrechte Vier-Augen-Gespräch wird nun zum Grund-Setting von Therapie und Beratung. Entsprechend mehr Augen sind es natürlich, wenn es sich um Formen der Gruppentherapie oder Teamberatung handelt.

Dem Gespräch unter vier Augen, in dem der Ratsuchende durch die Fragetechniken des Gesprächsleiters zu neuen, eigenen Einsichten gelangt, verhilft insbesondere Carl R. Rogers mit seiner Gesprächstherapie zum Durchbruch. Seine neue Methode der ‚beratenden‘ (und nicht mehr so sehr analysierenden) Psychologie, im amerikanischen Englisch *Counseling Psychology* genannt, prägt entscheidend den heute im angloamerikanischen Raum gebräuchlichen Begriff des *Counseling*, der für verschiedene Formen der (psychosozialen) Beratung steht. Während frühere Formen der psychosozialen Beratung noch den Therapeuten als Wissenden und zumal als Interpreten der im Gespräch zutage tretenden Geschichten und Ereignisse kannten, sieht Rogers den Schlüssel zu erfolgreicher Beratung in einer „gewährenden Beziehung", die dem Ratsuchenden einen Akt der Selbsterkenntnis und schließlich sogar ein „Wachsen" ermöglicht.

Rogers führte in den 1940er Jahren mit seinen Kollegen an der Universität von Ohio das erste groß angelegte Forschungsprogramm zur Beratung durch. Das Ziel war, die Wirksamkeit der psychologischen Therapien zu verbessern. In seinem 1942 erschienenen Buch *Counseling and Psychotherapy* präsentiert er dann die ersten Ergebnisse: Rogers unterscheidet nun ausdrücklich nicht mehr zwischen pädagogisch-sozialer Beratung und Psychotherapie, sondern sieht darin lediglich unterschiedliche Facetten desselben unterstützenden Ansatzes.[6] Als das Buch dreißig Jahre später ins Deutsche übersetzt wird, erhält es den Titel *Die nicht-direktive Beratung*. Die eigentlich naheliegende Übersetzung „Beratung und Psychotherapie" schien für die Situation in der deutschsprachigen Welt nicht zu passen.

Mit dieser Entscheidung wird bereits auf dem Buchumschlag kenntlich, dass der Autor die tradierte Form des instruierenden Ratgebens ablehnt. Ratschläge, Überredungsversuche, aber auch Dispute mit dem Klienten sind für ihn strikt ausgeschlossen. „Das Individuum, das über ein beträchtliches Maß an Unabhängigkeit verfügt", so wiederholt Rogers den nun schon vertrauten Einwand der Moderne gegen die Beratung, „lehnt derartige Beeinflussung zwangsläufig ab, um seine Integrität zu wahren."[7] Aber er fügt noch einen zweiten Aspekt hinzu, der sicher der noch frischen Erfahrung mit den autoritären Verwerfungen des 20. Jahrhunderts geschuldet ist: „Andererseits wird das Individuum, das dazu neigt, abhängig zu sein und anderen die Entscheidung zu überlassen, [durch direktive Formen der Beratung; HW] noch tiefer in diese Abhängigkeit getrieben."[8]

Es geht in Rogers' Spielart einer humanistisch ausgerichteten Psychologie um nichts weniger als den ganzen Menschen (oder das ‚volle Subjekt'), auch wenn dieser – als Patient bzw. Klient – in seiner Souveränität vorübergehend eingeschränkt ist. Rogers sieht das Beratungsgespräch, das

„Interview", als einen geschützten Ort, an dem der Ratsuchende nicht bloß Probleme löst, sondern geradezu eine „Erfahrung des Wachsens" machen kann. Im geschützten Austausch mit dem nicht-direktiven Berater lerne das Individuum, „sich selbst zu verstehen, unabhängig zu entscheiden und sich erfolgreich und auf erwachsene Weise in Beziehung zu einer anderen Person zu bringen."[9] Um dies zu erreichen, werden vorrangig emotionale Reaktionen angesprochen, die im Zweifel sogar wichtiger sind als inhaltliche Aspekte – denn dort vermutet Rogers am ehesten die entwicklungshemmenden Blockaden. In Abgrenzung von der klassischen Psychotherapie steht dabei außerdem nicht so sehr die Vergangenheit des Klienten, sondern sein gegenwärtiges Erleben im Mittelpunkt. Und schließlich übernimmt der Berater (oder Therapeut) keine Verantwortung für den Ausgang des Prozesses. Es geht Rogers also nicht um eine schnelle Lösung von vordergründigen Problemen, sondern darum, den Einzelnen so in seiner Entwicklung zu fördern, dass er fortan dieses eine Problem, aber auch die anderen, möglicherweise dahinter liegenden Probleme allein zu lösen vermag.

In gewisser Weise rehabilitieren Rogers und seine Mitstreiter also das optimistische Menschenbild der Aufklärung: Der Mensch wird in den weitgefächerten humanistischen Therapie- und Beratungsansätzen grundsätzlich wieder als fähig erachtet, autonom und selbstbestimmt nach den Grundsätzen der Vernunft zu leben. Doch dabei kann und soll er sich, wenn es einmal hapert, durchaus professionellen Rat und Hilfe holen. Dies ist gewissermaßen die Synthese aus dem Weltbild der Aufklärung mit ihren ,vollen Subjekten' und dem grundsätzlichen Autonomievorbehalt der Psychoanalyse. Konsultation und Autokonsultation bilden hier keine Gegensätze mehr: Wenn es mit der Selbstberatung nicht recht weitergeht und die inneren Stimmen mit der Stimme der Vernunft zu sehr im Clinch liegen, stehen die neuen, nicht-direktiven Therapeuten, Coaches und Berater bereit. Ihre Prozesse sind kürzer, preiswerter und im besten Sinne oberflächlicher als die der Psychoanalytiker.

Weitgehend parallel zu der geschilderten Entwicklung fand ein ähn-licher Paradigmenwechsel in der Beratung von Gruppen, Teams und Organisationen statt. Der aus Deutschland emigrierte Kurt Lewin und andere Psychologen, die bereits seit den späten 1940er Jahren in den USA gruppendynamische Prozesse erforscht hatten, entwickelten nun eine, wie Lewin es nennt, „ökologische Psychologie": Auch sie rückt die Prinzipien von Selbstbestimmung und Selbstorganisation in den Mittelpunkt ihres Therapie- und Beratungsansatzes.[10] Grundlegend dafür ist die Erkenntnis, dass auch Gruppen ihre Ziele besser erreichen können, wenn man ihnen dafür Spielräume gibt und vor allem die Kooperation innerhalb der Gruppe fördert. Auf diesen Forschungen basieren die meisten der noch heute gültigen Konzepte von Team- und Organisationsentwicklung: Sie entwickelten sich weitgehend zeitgleich mit den Ansätzen der humanistischen Psychologie und teilen mit ihr wesentliche Grundüberzeugungen.

## Maschinelles Ratgeben: Der ‚Turing-Test' der Beratung

Gänzlich unhumanistisch und doch ungemein erhellend für unsere Frage nach der Ausbildung nicht-direktiver Beratungsformate ist ein Experiment, das der amerikanische Soziologe Harold Garfinkel Ende der 1950er Jahre an der University of California in Los Angeles durchführte. Es erinnert entfernt an den legendären *Turing-Test*, den der Computerpionier Alan Turing 1950 entwickelt hatte, um festzustellen, ob sich die Intelligenz der Computer von denen der Menschen grundsätzlich unterscheiden lasse. Wir befinden uns in einer äußerst kreativen Schwellenzeit: Während hier die Konzepte der humanistischen Psychologie ausreifen, denkt man dort intensiv über künstliche Intelligenz und denkende Maschinen nach – und an wieder anderen Orten spielen die neuen militärisch-industriellen *Think Tanks* die Möglichkeiten und Folgen eines atomaren Erstschlags durch.

Im Feld der KI-Forschung sollte der Turing-Test letzte Zweifel zerstreuen, ob es eine Maschine in Sachen Denkvermögen tatsächlich mit einem

Menschen aufnehmen könne. In Turings Versuchsaufbau kommuniziert ein Interviewer schriftlich mit einem Gegenüber, das entweder ein Mensch oder eine Maschine ist. Erscheinen dem Fragensteller die Antworten als intelligent, dann, so Turing, seien sie als „menschlich intelligent" anzusehen, unabhängig davon, wie sie zustande gekommen sind. Denn auch von einem Menschen, mit dem wir uns von Angesicht zu Angesicht unterhalten, könnten wir ja nicht mit Sicherheit sagen, ob er innerlich wirklich denke. Seine Intelligenz unterstellen wir ihm vielmehr aufgrund seiner für sinnvoll erachteten Äußerungen, die alles sind, auf das wir uns stützen können. Das Innere des Anderen, sei es Mensch oder Maschine, bleibt für uns stets eine *Black Box*.

Harold Garfinkels Experiment hat eine ganz andere Zielrichtung, und doch lässt es sich in seinen Konsequenzen vielleicht als eine Art ‚Turing-Test der Beratung' bezeichnen: Es scheint nämlich nahezulegen, dass Beratung auch dann funktionieren kann, wenn die jeweiligen Ratschläge oder Interventionen nach einem randomisierten Muster, also nicht von einem erfahrenen und einfühlsamen Ratgeber, sondern von einer Maschine ausgewählt werden. Garfinkel rekrutiert dafür an der UCLA zehn Studenten, denen er von einer neuen Methode der Beratung berichtet, einer Alternative zur klassischen Psychotherapie, die gerade an der Universität erprobt werde.[11] Es gehe darum, ein neuartiges Format der Beratung bei persönlichen Anliegen zu testen. Der Experimentator stellt sich selbst als Berater in der Ausbildung vor. Er befindet sich bei der Durchführung des Beratungsgesprächs im Nebenraum des jeweiligen Probanden und kommuniziert über ein Mikrofon mit ihm; die gesamte Kommunikation wird auf Tonband aufgezeichnet. Die Probanden sollen zunächst ihr Problem schildern und dann ihre erste Frage an den Berater stellen. Insgesamt stehen jedem Ratsuchenden zehn Fragen zur Verfügung, die als geschlossene Fragen gestellt werden müssen, so dass sie mit „ja" oder „nein" zu beantworten sind. Also zum Beispiel: „Halten Sie meine Entscheidung, xy zu tun, für richtig?" Nach jeder Antwort sowie am Ende der Fragerunde soll der Proband laut über die

Antworten nachdenken und sie bewerten; der Kanal zum Ratgeber wird derweil abgeschaltet. Am Ende der Fragerunde kommt der Experimentator persönlich in den Raum des Probanden, um mit ihm abschließend den Beratungsprozess zu reflektieren.

Der Witz an der ganzen Sache ist nun dieser: Die Reihenfolge der Antworten, also die genaue Abfolge der „Jas" und „Neins", ist vorab per Zufall festgelegt worden und überdies für alle zehn Probanden die gleiche!

Es würde uns zu weit vom Weg abführen, die einzelnen Interviews hier inhaltlich zu betrachten. Harold Garfinkel hat selbst zwei Protokolle aus der Serie in einem Aufsatz publiziert und ausgewertet. Wer mag, kann die Details dort oder in Auszügen auch in einem kürzlich erschienenen Aufsatz des Siegener Medienwissenschaftlers Erhard Schüttpelz nachlesen. Hier sei nur so viel zusammengefasst: Alle Probanden haben sich einen Reim auf die Antworten ihres Beraters machen können, auch wenn sie ihnen auf den ersten Blick manchmal merkwürdig vorkamen. Sie unterstellten den vermeintlichen Ratschlägen nicht nur, dass sie sinnvoll waren, sondern ließen sich von dieser Sinnunterstellung auch in der nachfolgenden Phase der Selbstreflexion nachdrücklich stimulieren. Unabhängig davon, ob die Antworten „ja" oder „nein" lauteten, stets haben sie einen intensiven Prozess der Selbstberatung bei den Probanden in Gang gesetzt. Im Laufe der zehn Fragen, Antworten und anschließenden Selbstberatungen kamen die Probanden sogar zu beachtlichen Ergebnissen, um nicht zu sagen: Lösungen ihrer Anliegen. Und dies, obwohl die Antworten *objektiv* nichts mit ihren Fragen und die Ratschläge nichts mit ihren Problemen zu tun hatten. Man muss also das Problem gar nicht immer kennen, um hilfreich zu intervenieren.

Doch wie lässt sich dieses verblüffende Ergebnis erklären? Nun, es scheint sich Walter Benjamins Annahme zu bestätigen, dass derjenige, der einen Rat sucht, schon auf dem halben Wege zum Erfolg ist. Es scheint dann in vielen Fällen auszureichen, *irgendeinen* Rat zu bekommen, sofern ich mich nur in einem eindeutig markierten Beratungssetting befinde,

ein akutes Anliegen formuliere und meinem Ratgeber ein Mindestmaß
an Kompetenz und gutem Willen unterstelle. Diese drei Komponenten
genügen offenbar, um einen mehr oder weniger intensiven Prozess der
Selbstberatung anzustoßen. So spannend dieses Experiment für unsere
Fragestellung ist – Harold Garfinkel ging es gar nicht in erster Linie
um das Ratgeben. Daher sucht man in seinen Texten auch vergeblich
nach einer Verallgemeinerung seiner Beobachtungen im Hinblick auf
Beratungssituationen. Mit Hilfe des Ratgeben-Experiments wollte er
vielmehr zeigen, in welch grundlegender Weise wir dazu neigen, einzelne
Ereignisse und Handlungen auf der Grundlage eines gemeinsamen kulturellen Wissens über soziale Strukturen zu interpretieren. Im Anschluss
an den Wissenssoziologen Karl Mannheim nennt Garfinkel dies die
„dokumentarische Methode", mit der wir es im Alltag schaffen, das, was
Menschen um uns herum tun, als typische „Dokumentationen" sozialer
Muster zu deuten. Genau diesen wissenssoziologischen Aspekt einer
Verständigung über soziale Strukturen wollte er in dem Versuchsaufbau
verdichten, um ihn in den isolierten (Selbst-)Beratschlagungssequenzen
der Probanden zu beobachten.

Im Hinblick auf Beratungsprozesse, wie sie uns interessieren, scheinen
mir dennoch zwei Aspekte besonders interessant zu sein. Zum einen zeigt
Garfinkels Experiment, dass die Probanden sehr kreativ und eigenständig
mit den Antworten (oder Ratschlägen) ihres Beraters umgehen: Voraus-
schauend und nachträglich werden die Antworten neu- und uminterpre-
tiert, selbstständig ergänzt und vervollständigt; Widersprüche werden
lässig glattgebügelt oder übergangen, Inkohärenzen gern auch einmal
als Lernprozess für alle an der Beratung Beteiligten verbucht. Leitend ist
dabei offenbar die Suche nach einem verbindenden Muster und einem als
sinnvoll erachteten Gesamtzusammenhang. Um dieser ständigen Neuan-
passung nicht im Wege zu stehen, bleibt der Status der Antworten (oder
Ratschläge) vage und seltsam in der Schwebe: „ob es sich überhaupt um
einen Ratschlag, eine Problembeschreibung, eine Beantwortung handelt,

und um welche oder welchen", so Erhard Schüttpelz, „all das kann offen bleiben oder retrospektiv anders beantwortet werden."[12]

Der andere Aspekt, der für unsere Frage nach den Grundbausteinen der Beratung wichtig ist, betrifft das *Vertrauen* – ein Thema, das für das Raten und Beraten, wie wir sehen konnten, stets von großer Bedeutung ist. Ganz offensichtlich brachten die Ratsuchenden auch in Garfinkels Experiment ein tiefes Grundvertrauen in den Beratungsprozess mit, selbst wenn ihnen die Antworten auf den ersten Blick manchmal seltsam vorkamen. Immerhin fand das Ganze ja auf dem Campus einer prestigereichen Staatsuniversität statt und sollte als Alternative zu wissenschaftlich bereits etablierten Beratungsformaten (wie der Psychotherapie) erprobt werden. Sicher hat auch dieses Setting dazu beigetragen, dass die Probanden, wie Erhard Schüttpelz es formuliert hat, auf dreierlei Dinge vertrauen konnten: Erstens dass sie „zusammen mit dem ‚Ratgeber' ein gemeinsames und konsistentes Muster" erarbeiten können, um ihr Anliegen zu analysieren; zweitens dass es möglich ist, sich mit diesem „auf ein gemeinsames kulturelles Wissen über ‚Sozialstrukturen'" zu beziehen; und drittens dass es statthaft sei, die entstehenden Ratschläge und ihre Wortbedeutungen „im normalsten, oder in ihrem jeweils als ‚vernünftig' verstandenen ‚Sinn' zu verstehen".[13]

Garfinkels Experiment zeigt also zwei Dinge sehr schön, um die es mir in diesem Buch geht: Zum einen legt es offen, in welch grundlegender Weise die externe Beratung bei den Ratsuchenden einen inneren Prozess des Mit-sich-zu-Rate-Gehens in Gang setzt. Am Ende haben die Probanden letztlich mit sich selbst gute Ergebnisse erarbeitet. Und dies funktioniert sogar unter der Voraussetzung, dass die ‚Ratschläge' des ‚Beraters' rein gar nichts mit dem Problem des Ratsuchenden zu tun haben! Deutlich wird aber auch, dass das *Setting* der Beratung dabei eine wichtige Rolle spielt, also dass sich die Probanden tatsächlich in einem (externen) Beratungsprozess wähnen, und zwar mit einem Berater, zu dem sie Vertrauen haben. Dass dies alles auf dem Campus der UCLA passierte, dürfte ebenfalls einen Vertrauensvorschuss spendiert haben. Die Selbstberatung scheint also gerade

262

(und vielleicht nur?) deshalb so gut zu funktionieren, weil die Ratsuchenden glauben, sie würden kompetent extern beraten. Mit sich ganz allein wären sie vermutlich nicht zu denselben Ergebnissen gekommen; wahrscheinlich hätten sie nicht einmal ähnlich präzise Worte zur Beschreibung ihres Problems gefunden. Denn schon die Entscheidung, sich beraten zu lassen, führt ja zu einer intensivierten Beschäftigung mit dem Problem. Schließlich muss man es gegenüber dem Berater beim Namen nennen, während man sich selbst gegenüber im Vagen bleiben kann. Die randomisierten Ja/Nein-‚Ratschläge‘ des ‚Beraters‘ halten dann die Selbstreflexion der Ratsuchenden in Gang, auch wenn sie inhaltlich eigentlich gar nichts mit ihren Anliegen zu tun haben. Als externe Stimuli einer für vertrauenswürdig und kompetent gehaltenen Beraterperson versetzen sie die Ratsuchenden so lange in produktive Unruhe, bis diese eigene Antworten auf ihre Fragen gefunden haben. Denn schließlich, so könnte man mit Blick auf Alan Turing und seinen Test sagen, wissen wir ja auch bei einem ‚echten‘ Berater nicht mit letzter Gewissheit, ob er oder sie sich innerlich wirklich mit unserem Problem beschäftigt (oder nicht etwa den Feierabend-Einkauf plant), bevor er oder sie etwas sagt. Das einzige, was wir im Beratungsprozess beobachten können, sind die Äußerungen des Beraters oder der Beraterin.

Ohne es zu wollen, liefert Harold Garfinkel mit seinem Experiment einen faszinierenden Nachweis für die Wirksamkeit einer Beratung, die vollständig ohne Ratschlag auskommt (indem sie aber so tut, als gebe sie einen!). Das Experimentieren mit Kommunikationsprozessen bei Menschen und Maschinen lag damals in der Luft, und nicht weit von der UCLA entfernt, in Palo Alto nämlich, wurde etwa zur gleichen Zeit, als Garfinkel sein Experiment durchführte und als Rogers seine Gesprächstherapie verfeinerte, eifrig an einer kybernetischen Kommunikationstheorie gebastelt. Mittlerweile sind die kybernetischen und psychologischen Denkweisen, die damals aus der Taufe gehoben wurden, eine fruchtbare Verbindung miteinander eingegangen: Sie haben eine neue, eine *systemische* Theorie der Kommunikation hervorgebracht, die heute in Beratung und Therapie eine wichtige Rolle spielt. Dieser systemische Beratungsansatz verzichtet ausdrücklich auf jede Art der gezielten Beeinflussung der Ratsuchenden und kann insofern als eine Quintessenz der nicht-direktiven Beratungsformate gelten: Hier fragt man nun tatsächlich und ganz bewusst, wie es Kleist einst vorschlug, jemanden um Rat, der einem keinen gibt.

## Paradoxien der Kommunikation: Der systemisch-konstruktivistische Beratungsansatz

„Die jüngere Beratungswelle", so frotzelt Peter Sloterdijk, „geht von der korrekten Annahme aus, dass Agenten, die nicht allzuviel tun können, am besten unterstützt werden von Konsultanten, die wissen, dass sie nicht allzuviel wissen."[14] In gewisser Weise trifft er damit ins Schwarze: Denn der Philosoph Sokrates, dessen berühmtes „Ich weiß, dass ich nichts weiß" Sloterdijk hier zitiert, kann tatsächlich als Ahnherr des systemischen Beraters gelten, der sein produktives Nicht-Wissen als wichtige Ressource in den Beratungsprozess einbringt.[15] Der systemisch-konstruktivistische Ansatz geht davon aus, dass der Berater eigentlich nichts über das zu beratende ‚System' (sei es ein Mensch, eine Gruppe oder eine Organisation) weiß – oder wissen sollte, weil gerade in diesem Nichtwissen ein entscheidender Vorteil liege. Denn wenn ich weiß, dass ich nichts (über die Wirklichkeitskonstruktion meines Klienten) weiß, dann komme ich kaum auf die Idee, ihn durch Ratschläge gezielt in irgendeine Richtung beeinflussen zu wollen. Das macht mich als Berater nicht etwa ratlos, sondern demütig. Der systemische Berater ist ein bescheiden gewordener Berater, der weiß, dass er selbst keine Lösungen für seine Klienten erfinden kann, sie aber sehr wohl dabei zu unterstützen vermag, ihre eigenen Lösungen zu finden! So versucht er, mit bestimmten Methoden, vor allem durch eine bestimmte Art von ‚angemessen ungewöhnlichen' Fragen, die Selbststeuerungskräfte seiner Klienten zu aktivieren, damit diese für ihre eigene Antworten Fragen finden. Schließlich kennen wir uns selbst alle am besten, wie schon Kleist zutreffend feststellte, und die Lösungen, die wir aus uns selbst, mit unseren eigenen Ressourcen erarbeiten, haben möglicherweise eine nachhaltigere Wirkung als von außen aufgepfropfte Ratschläge.

Der Siegeszug der Systemtheorie begann in den 1950er Jahren. Heute ist daraus ein interdisziplinäres Erkenntnismodell geworden, das zahlreiche Wissenschaftszweige nachhaltig beeinflusst. Ausgehend von Impulsen aus den USA, an denen viele Exilanten beteiligt waren, hat sich insbesondere im deutschsprachigen Raum daraus ein systemisches Beratungskonzept entwickelt, das seit wenigen Jahrzehnten als neuer Stern am Beraterhimmel leuchtet. Gegenüber dem anti-konventionalistischen Pathos, das die Vertreter der humanistischen Psychologie an den Tag legten (und das uns heute ein wenig antiquiert erscheint), kommt die systemische Beratung pragmatisch daher. Sie erklärt den Ratsuchenden zum Experten für seine eigenen Probleme und bietet ihm lediglich ihre Unterstützung dabei an, auf der Basis einer wertschätzenden Beziehung und einer professionellen Prozesssteuerung Hilfe zur Selbsthilfe zu leisten. Dabei kommen Methoden und Fragetechniken zum Einsatz, die das ‚System‘ des Ratsuchenden durchleuchten (etwa durch zirkuläres Fragen) und seine oftmals paradoxen Kommunikationen in den Blick nehmen (etwa durch Umdeutungen, das sog. *Reframing*), um darin Ressourcen für Lösungen freizulegen. Die Lösungen kommen am Ende also vom Ratsuchenden selbst.

Die Utopie der humanistischen Psychologie, mit der Befreiung des Menschen auch die spätkapitalistischen Gesellschaften grundlegend verändern zu können (und umgekehrt), ist also die Sache der systemischen Beratung nicht mehr. Und doch zeigt sich der systemische Ansatz in der Beratungspraxis eng mit Methoden und Modellen der humanistischen Psychologie verbunden. Zudem teilt man wichtige Grundüberzeugungen, was das Menschenbild und das Beratungssetting angeht. Ich sehe hier vor allem drei Gemeinsamkeiten: Erstens sitzen sich Ratsuchende und Berater auch im systemischen Consulting in der Regel auf Augenhöhe in einem Gespräch von Angesicht zu Angesicht gegenüber (das ist das gesprächstherapeutische Modell); zweitens geht wie der humanistische Psychologe auch der systemische Berater davon aus, dass der Mensch, also hier der Patient, Klient, oder Ratsuchende, grundsätzlich imstande ist, seine eigenen Probleme zu lösen, sich selbst zu steuern und ein sinnvolles, wenn nicht gar erfülltes Leben zu führen (das ist die Auffassung vom ‚vollen Subjekt' oder von der Selbstorganisation); und drittens beraumt man für die Beratung oder Therapie auch schon in der humanistischen Psychologie, vor allem aber in der systemischen Beratung, einen relativ kurzen, jedenfalls zeitlich überschaubaren Prozess an (das ist das Modell der lösungsorientierten Kurzzeittherapie). Auch wenn die humanistische Psychologie mit dem Ende der sozialen Bewegungen und der rasenden Technisierung unserer Alltagswelten vielleicht ein wenig an Überzeugungskraft eingebüßt hat, so ist ihr Einfluss im gegenwärtigen Therapie- und Beratungsgeschäft nach wie vor noch groß – eben auch durch ihren prägenden Einfluss auf systemische Beratungsansätze.

Die Ursprünge der systemisch-konstruktivistischen Beratung führen uns ebenfalls an die amerikanische Westküste, wo sich in den 1960er Jahren Elemente der humanistischen Psychologie mit dem neuen Wissenschaftszweig der Kybernetik verbanden. Bereits im Jahr 1937 hatte der Biologe Ludwig von Bertalanffy an der Universität von Chicago eine „General Systems Theory" vorgelegt, in der er unter dem Oberbegriff der Emergenz eine Eigengesetzlichkeit lebender Systeme annahm.[16] Im Anschluss an die berühmten *Macy*-Konferenzen in den 1950er Jahren (gesponsert von dem New Yorker Traditionskaufhaus *Macy's*) gründete eine Gruppe von Wissenschaftlern 1959 in Palo Alto (im heutigen Silicon Valley) das *Mental Research Institute* (MRI). Unter der Leitung des Anthropologen Gregory Bateson und des Psychiaters Don Jackson kamen hier Vertreter aus verschiedenen Disziplinen zusammen, um pathologisches menschliches Verhalten aus der Perspektive von Kybernetik und Systemtheorie neu zu erforschen. Neben Bateson, der bereits eine der Leitfiguren der Macy-Konferenzen war, reüssierten dabei im Laufe der Zeit auch andere, bis heute bekannte Namen wie Virginia Satir oder auch Paul Watzlawick. Dessen 1983 erschienenes

Büchlein *Anleitung zum Unglücklichsein*, ein Klassiker der (Anti-)Ratgeber-literatur, nimmt zentrale Ergebnisse der Palo-Alto-Schule auf und setzt sie in spielerischer Weise um.[17] Denn obwohl ursprünglich zur Erforschung schizophrener Erkrankungen gegründet, ist die Palo-Alto-Gruppe besonders durch ihren neuen, konstruktivistischen Kommunikationsbegriff bekannt geworden: Im Mittelpunkt steht hier nicht mehr der Einzelne mit seinen Prägungen und Motiven; ins Zentrum der Aufmerksamkeit rücken nun seine Interaktionen innerhalb komplexer Kommunikationssysteme. Das ist im Prinzip der ,Markenkern' des neuen, systemischen Blicks auf die Menschen und ihr Tun bis heute. An die Stelle einfacher Ursache-Wirkungs-Beziehungen treten im Kommunikationskonzept der Palo-Alto-Gruppe zirkuläre Rückkoppelungsprozesse, Interaktionen und Spiele, *Double-Binds* und Paradoxien (wie zum Beispiel Aufforderungen nach dem Muster „Sei doch mal spontan, ohne dass ich dich ständig dazu auffordern muss!").

Später kommt noch ein weiteres wichtiges Axiom hinzu, das bis heute gewissermaßen die konstruktivistische Grundlage der systemischen Beratung bildet: Es gibt keine vom Beobachter unabhängige Wirklichkeit (und Wahrheit schon gar nicht). Vielmehr erzeugen wir Bedeutungen (und damit unsere Wirklichkeit) immer erst im Prozess der Kommunikation. So können zum Beispiel zwei Gesprächspartner ihr eigenes Verhalten beide zugleich als Reaktion auf das Verhalten des anderen erleben und ihm die Schuld für etwas zuschieben. Solche Paradoxien der Kommunikation, die wir aus dem Alltag zur Genüge kennen, lassen sich aber erst wahrnehmen, wenn man Kommunikation nicht mehr nach einem einfachen Sender-Empfänger-Modell versteht, sondern als zirkulären Prozess, in dem das eigene Verhalten immer erst in den Reaktionen des Gegenübers erfahrbar ist.

Eingang gefunden haben derartige Überlegungen nicht nur in Watz-lawicks bereits erwähnte, ebenfalls paradox intervenierende *Anleitung zum Unglücklichsein*, sondern auch in ein von Paul Watzlawick, Janet Beavin und Don Jackson gemeinsam verfasstes Standardwerk zur menschlichen Kommunikation.[18] Für die Beratung erwächst daraus die bahnbrechende

Erkenntnis, dass wir, wenn wir unsere Probleme schon selbst kommunikativ (mit)erzeugen, sie immerhin auch kommunikativ wiederum auflösen können. Wenn eine als problematisch erfahrene Situation das Ergebnis unserer eigenen Wirklichkeitskonstruktion ist, dann sind wir prinzipiell in der Lage, sie auch selber um- bzw. neuzukonstruieren. Dafür müssen wir nur unseren Anteil an den paradox verkanteten Kommunikationen eines bestimmten, problemhaft erlebten Systems verstehen. Und bei diesem neuen Blick auf das Systemische in der Kommunikation kann uns ein systemisch-konstruktivistisch geschulter Berater sehr gut unterstützen.

In Deutschland ist der Psychoanalytiker Helm Stierlin einer der ersten, die sich mit diesem Ansatz beschäftigen. Bevor er die Abteilung für *Psychoanalytische Grundlagenforschung und Familientherapie* an der medizinischen Fakultät der Universität Heidelberg übernahm, war er selbst zeitweise in den USA tätig gewesen. Hier hatte er die wichtigsten Pioniere auf dem Forschungsgebiet der systemischen Therapie kennengelernt (Gregory Bateson, Milton H. Erickson, Virginia Satir u. a.). Stierlin kann als Gründer der *Heidelberger Schule* der systemischen Therapie angesehen werden, deren Mitglieder und Schüler bis heute das Feld der systemischen Therapie und Beratung in Deutschland prominent besetzen. Ihre publizistische Plattform bildet seit 1989 der ebenfalls in Heidelberg beheimatete *Carl Auer Verlag*, der mittlerweile eine wichtige Plattform für das systemische Denken, Beraten und Therapieren im deutschsprachigen Raum darstellt.

Der wichtigste Ausgangspunkt für die Entwicklung eines systemtheoretischen Beratungsformats war die Familientherapie. Die Familie ist das ursprüngliche ‚System', in das wir Menschen hineingeboren werden und in dem wir unsere ersten Erfahrungen mit der Welt machen. In der Familientherapie nimmt man daher von Anfang an ein ganzes System in den Blick – und nicht mehr nur einen einzelnen Symptomträger. Die Familie kann daher als Modell für andere, ebenfalls durch Kommunikationen gebildete Systeme dienen, wie wir sie im Freundeskreis, im Team der Mitarbeiter oder auch in der Gesellschaft finden. Wichtige theoretische und praktische Beiträge zur systemischen Beratung kommen daher schon bald aus dem familientherapeutischen Feld, insbesondere von der Mailänder Gruppe um die Psychiaterin Mara Selvini-Palazzoli.[19] Sie und ihre Mitstreiter sind fasziniert von den Arbeiten des *Mental Research Institute* und werden zeitweise sogar von Paul Watzlawick beraten. Mit großer Emphase suchen sie die neuen Erkenntnisse für die Arbeit mit Familien fruchtbar zu machen, deren Macht weniger in den Personen als vielmehr in den unsichtbaren Spielregeln liegt, die das System sich gibt. Hier entstehen Sichtweisen, Haltungen und Methoden, die sich später in vielen systemischen Beratungsformaten wiederfinden: zum Beispiel die Technik des zirkulären Fragens („Woran würde ihr Sohn/ihr Chef/ihre Frau merken, dass Sie Ihr Problem gelöst haben?").

Entscheidende Neuerungen des systemtheoretischen Blicks auf menschliche Kommunikation sind also die Abwendung vom Individuum und seiner psychischen Tiefenstruktur sowie die Abkehr von der Erklärung menschlichen Handelns durch einfache Ursache-Wirkungs-Zusammenhänge. Ins Zentrum der Aufmerksamkeit rückt stattdessen das jeweilige ‚System‘, man könnte auch sagen: der soziale Kontext, in dem sich der Einzelne bewegt und in dem alle seine Kommunikationen Sinn ergeben – auch dann, wenn sie vom Betroffenen selbst als problematisch erlebt werden oder einem externen Beobachter gar als widersinnig erscheinen. Jedes soziale System bildet sich aus einem dichten Netz von Kommunikationen, die nicht mehr nach einem schlichten Sender-Empfänger-Modell, sondern als zirkuläre, bisweilen sogar paradoxe Interaktions- und Rückkopplungsprozesse verstanden werden müssen. Für die Therapie oder die Beratung bedeutet dies, dass Symptome oder Probleme einzelner Menschen als Kommunikationen wahrgenommen werden, deren ‚Sinn‘ sich aus der Einbindung in das jeweilige (Kommunikations-)System ergibt. Entscheidend für den neuen, systemischen Therapie- und Beratungsansatz ist also, dass die Probleme oder psychischen Krankheitssymptome, für die ihre Klienten oder Patienten Rat suchen, nicht mehr individuell zugeschrieben, erforscht und behandelt werden. Vielmehr schauen die systemische Beraterin und der systemische Therapeut auf den Kontext, in dem sich das Symptom ausgeprägt hat, und verstehen es als in diesem System sinnvolle Äußerung. Das Problem kann also nur weiterbestehen, solange der Ratsuchende sein Verhalten in der jeweiligen Interaktion fortsetzt. Es hört in dem Moment auf zu existieren, da er sein Verhalten ändert. Das ist gewissermaßen die Quintessenz der MRI-Erkenntnisse, die noch heute die Grundlage jeder systemischen Beratung bildet.[20]

Dem liegt die Annahme zugrunde, dass Systeme stets dazu tendieren, ein gewisses Gleichgewicht herzustellen. Es kann daher sein, dass Menschen ein leidvolles Verhalten ausgeprägt haben (z. B. das Kind, das noch immer ins Bett macht), das dazu dient, eine Systembalance herzustellen (z. B. die Aufmerksamkeit der streitenden Eltern abzulenken und so den drohenden Zerfall der Familie abzuwenden). Nur ist uns in der Regel nicht bewusst, welches die konstruktiven, systemerhaltenden Aspekte unserer Probleme sind: Wir erleben sie subjektiv als problematisch und wollen sie verständlicherweise loswerden. Hier kann uns der systemische Blick helfen, entsprechende Anliegen und ihre Situationen in einem größeren Kontext sowie in ihren Wechselwirkungen zu betrachten. Dann wird zum Beispiel klar, dass das Kind, welches immer noch einnässt, nicht individuell und gegebenenfalls sogar medikamentös zu behandeln ist. Stattdessen würde man aus systemischer Sicht eher versuchen, den ‚Sinn' der ‚Kommunikation' Bettnässen zu verstehen, der darin besteht, die Balance des Familiensystems zu stabilisieren. Hat man diesen Sinn verstanden, dann kann man versuchen, ihn auf andere Weise zu thematisieren und zu realisieren – zum Beispiel durch die Einführung von Ritualen, regelmäßige Aussprachen oder eine Paartherapie der Eltern (um nur einige Beispiele zu nennen).

Kehren wir von diesem Beispiel aus der Familientherapie wieder in das Feld der Beratung zurück. Hier lässt sich der systemisch-konstruktivistische Beratungsansatz prinzipiell als eine Art der „Prozessberatung" beschreiben (den mittlerweile etablierten Begriff hatte 1969 der amerikanische

Organisationspsychologe Edgar Schein eingeführt),[21] die sich grundsätzlich von der Fach- oder Expertenberatung unterscheidet. Hiermit ist, grob gesagt, eine Form des Consultings gemeint, bei der der Berater in einem bestimmten Feld einen Wissensvorsprung gegenüber dem Ratsuchenden hat, den er gegen ein Salär preisgibt. Als radikal nicht-direktiver, nicht-wissender Berater überlässt der systemische (Prozess-)Berater dagegen die Verantwortung für die Lösungen beim Klienten. Der Berater ist nur ein (weiterer) Beobachter, der durch seine Beobachtung seine eigene Wirklichkeit konstruiert – und nicht etwa die Wirklichkeit des Systems erkennt, das er beobachtet.

Diese Radikalisierung der ungewohnt demütigen Rolle des Beraters geht auf eine Wende in der systemischen Therapie zurück, die sich auf die frühen 1980er Jahre datieren lässt. Während etwa die ersten Mailänder Familientherapeuten noch sehr ‚interventionistisch‘ dachten (und handelten) und davon überzeugt waren, durch die ‚richtigen‘ Methoden und Interventionen die Probleme in einer Familie gleichsam ‚objektiv‘ lösen zu können, machte sich in der Theorie zunehmend eine gewisse Skepsis breit, ob man komplexe, soziale Systeme überhaupt gezielt und planmäßig verändern könne. Dazu trugen einerseits Forschungen aus der Biologie bei, die auf die Autopoiesis lebender Systeme verwiesen (vor allem durch die Forschungen Francisco Varelas und Humberto Maturanas): Diese erzeugen sich immer wieder neu aus sich selbst heraus und lassen sich in diesem Prozess von außen allenfalls irritieren, aber keinesfalls in eine andere Richtung steuern.

Zum andern gewann das Konzept einer Kybernetik zweiter Ordnung mehr und mehr Anerkennung (etwa durch Heinz von Foerster und den sog. *Radikalen Konstruktivismus*): Es betont die Mitverantwortung des Beobachters bei der Erzeugung jener sozialen Wirklichkeiten, die noch die Mailänder objektiv und neutral durch ihre Scheibe zu beobachten glaubten. Wenn wir aber immer nur das beobachten können, was wir gerade beobachten (und nie das System ‚an sich‘, gleichsam in seinem ‚Normalzustand‘), und wenn sich außerdem soziale Systeme ohnehin von außen kaum gezielt steuern lassen, dann resultiert daraus zwangsläufig eine neue Bescheidenheit, wenn nicht Demut: Systemische Therapie und Beratung wird nun, so formulieren es Arist von Schlippe und Jochen Schweitzer, „bescheidener, reflexiver und weniger interventionistisch".[22]

Was aber kann ein systemischer Berater dann überhaupt noch tun? Nun, er kann seine Wirklichkeitskonstruktion und seine Hypothesen dem Ratsuchenden probeweise und mit der gebotenen Transparenz zur Verfügung stellen; er kann seine Beobachtungen sprachlich behutsam oder auch bewusst konfrontativ einbringen; er kann Umdeutungen gewohnter Wirklichkeitskonstruktionen ins Spiel bringen, indem er etwa nach dem Guten im Schlechten fragt oder danach, was getan werden müsse, damit dass Problem noch schlimmer werde. Alles das zielt darauf ab, die Selbstorganisationskräfte des Klienten zu stimulieren, indem wir ihn bei seiner Wirklichkeitskonstruktion irritieren. Wenn wir auch Menschen nicht gezielt steuern können, so können wir sie doch in ihrer gewohnten Autopoiesis (ver)stören, irritieren, produktiv verunsichern – und auf diese Weise in die Lage versetzen, ihre aktuelle, als leidvoll erfahrene Situation anders anzuschauen, sie in ihrer Konstruiertheit anzuerkennen und ggf. neue und andere Sichtweisen auf das Thema zu entwickeln.

Die hier zugrunde liegende Systemtheorie buchstabiert dabei letztlich in zeitgemäßer Sprache neu aus, was wir im Lauf der Neuzeit immer wieder zu hören bekommen haben: dass nämlich das aufgeklärte Subjekt selbst am allerbesten wisse, was für sie oder ihn gut und passend sei. Heute sagt man das so: Da wir alle unsere eigenen Wirklichkeiten konstruieren, erzeugen wir auch unsere Probleme selbst. Ja, mehr noch: In gewisser Weise sind unsere Probleme ihrerseits schon Versuche, andere, meist größere Probleme zu lösen. Oft ist uns eben das bekannte Leid lieber als das unbekannte Glück. So ist es denkbar, dass wir in einer schwierigen Beziehung verharren, weil uns das dahinter liegende Problem der drohenden Einsamkeit noch größer und furchteinflößender erscheint. Wenn wir aber unsere Probleme selbst konstruiert haben, dann sind wir auch die natürlichen Experten dafür, sie wieder ab- oder wenigstens umzubauen! Dazu brauchen wir freilich dann und wann Hilfe, um uns unserer eigenen Wirklichkeitskonstruktionen bewusst zu werden und um die Ressourcen bergen zu können, die uns einer verträglichen Lösung näherbringen.

Zusammenfassend lässt sich vielleicht sagen, dass die systemisch-konstruktivistische Beratung ein aufgeklärtes, spätmodernes Beratungsformat darstellt, das die Vorbehalte der Moderne gegen den entmündigenden Aspekt des Ratgebens ernst nimmt. Sie erkennt jedoch die Notwendigkeit von beratenden Übersetzungsangeboten in Zeiten, da selbst der Wandel sich ständig wandelt und die globalisierte Weltgesellschaft uns vor immer neue Herausforderungen stellt. Als Lösung verfällt sie auf den Kunstgriff, dass sie Beratung nicht als direktiven Ratschlag, sondern als Hilfe zur Selbsthilfe konzipiert. Sie stimuliert den im Raten und Beraten immer schon enthaltenen Aspekt des Mit-sich-selbst-zu-Rate-Gehens, und zwar nicht als Alternative zur externen Beratung, sondern als integralen Bestandteil des dyadischen Beratungsprozesses. Die systemisch-konstruktivistische Beratung stimuliert die Selbstorganisationskräfte des Ratsuchenden im Rahmen eines dialogischen Beratungssettings auf Augenhöhe und stellt auf diese Weise sicher, dass die gemeinsam gefundenen Lösungen Kraft und Nachhaltigkeit haben.

## Mentaltraining für das ‚innere Spiel‘: Coaching

Eine Schlüsselrolle auf dem immer breiter werdenden Feld der Beratung nimmt seit einigen Jahrzehnten das Coaching ein. Der Begriff ist nicht geschützt und saugt aufgrund seiner Popularität heute immer weitere, auch traditionelle Beratungsformen in sich auf. Wenn man auf die Geschichte des Coachings schaut, sieht man, dass sich hier therapeutische Traditionen mit Aspekten des Consultings vermischen, wie wir sie aus der Berufs- und Unternehmensberatung kennen. So deckt Coaching heute eine extreme Bandbreite ab: von der Managementberatung über Karriereplanung bis hin zu ganz alltäglichen Problemen (im sog. ‚Life-Coaching'). Insofern kann Coaching exemplarisch für einen neuen Typus nicht-direktiver Beratung stehen, wie Boris Traue anmerkt, „die subjektiviert, ohne zu pathologisieren, und die problematisiert, ohne offen zu belehren."[23] Ursprünglich handelte es sich um ein Beratungsformat für Manager, das wohl nicht zufällig in dem Moment an allgemeinem Zulauf gewinnt, da den Menschen in den spätmodernen Gesellschaften plötzlich eine Disposition zum „unterneh-merischen Selbst"[24] und eine entsprechende Fähigkeit zum „Management" des eigenen Lebensprojekts abverlangt wird. Doch schauen wir uns die Geschichte des Coachings etwas genauer an.

Der Begriff ‚Coaching' lässt sich kaum passend ins Deutsche übersetzen. Er stammt aus dem Englischen und wird dort zumeist in übertragener Bedeutung verwendet: Ursprünglich meint *coach* wohl die Kutsche (und noch heute den Reisebus) sowie den Kutscher (oder Busfahrer). Wenn man Boris Traue Glauben schenkt, ist der Begriff von der ungarischen Stadt Kocs abgeleitet, wo im 16. Jahrhundert die ersten Pferdekutschen mit Feder hergestellt wurden.[25] Der Coach oder Coachman wäre demnach derjenige, der die Aufgabe hat, seine Passagiere sicher an das angestrebte Ziel zu führen. Da der Begriff im Deutschen keine eigene weibliche Form kennt, kann man *der* oder *die* Coach sagen; manche sprechen zur Unterscheidung vom männlichen Coach auch von der „Coach-Frau".

Breite Anwendung und Bekanntheit findet der Coaching-Begriff in der Welt des Sports. Coaches sind hier die Betreuer von Spitzensportlern oder Top-Mannschaften. Bei dem Bestreben, ihrem Schützling oder Team zu besseren Leistungen zu verhelfen, geht ihre Funktion über die eines bloßen Trainers hinaus. Sie sind nicht nur als Übungsleiter für den Trainingsplan verantwortlich, sondern auch für die Einstellung und Motivation des Sportlers: letztlich also auch dafür, seine Ressourcen zu erschließen und sein Potential voll auszuschöpfen. Beim Einzelsportler wie etwa dem zur Vereinsamung neigenden Tennis- oder Golfspieler findet diese Betreuung in einem engen Vier-Augen-Kontakt statt. Insofern besitzt der oder die Coach gerade im

Sport zweifellos Anteile charismatischer Berater, die allein durch ihre bloße Präsenz Wirkung erzielen (zumal, wenn sie früher selbst einmal erfolgreiche Sportler waren). Die Verbreitung des Coaching-Begriffs geht daher nicht zufällig mit der wachsenden öffentlichen Präsenz von Mental-Trainern und Motivations-Gurus einher. Ein schillerndes Beispiel gibt Jürgen Höller ab, der Erfinder des inzwischen sprichwörtlichen „Tschaka!", der in den 1990er Jahren motivationspsychologische Großveranstaltungen durchführte und vom *Deutschen Fußballbund* im Jahr 1999 als ‚Mentaltrainer' der Fußball-Nationalmannschaft angeheuert wurde.[26]

Eine wichtige Rolle bei der Ausweitung des Coaching-Konzepts über den Sport hinaus spielt das im Jahr 1975 erschienene Buch *The Inner Game of Tennis* des amerikanischen Sportpädagogen W. Timothy Gallwey. Der Autor, seinerzeit Coach des Tennis-Teams der *Harvard Universität*, legt darin als einer der ersten überzeugend dar, was heute längst ein geflügeltes Wort ist: dass nämlich das Spiel „im Kopf" entschieden wird. Dieses nennt Gallwey das „innere Spiel", „and it is played against such obstacles as lapses in concentration, nervousness, self-doubt and self-condemnation. In short, it is played to overcome all habits of mind which inhibit excellence in performance."[27]

Gallwey analysiert die mentalen Hindernisse auf dem Weg zum Erfolg und bietet eine Reihe von Tipps an, mit denen sich auch gut getarnte Strategien der Selbstsabotage aufdecken lassen. Wie in anderen Psychotechniken der jüngeren Zeit geht es auch bei ihm zunächst darum, den Widerstreit der inneren Stimmen zu schlichten: „Most players are talking to themselves on the court all the time. ‚Get up for the ball!' ‚Keep it to his backhand!' ‚Keep your eyes on the ball!' ‚Bend your knees!'" … ‚You clumsy ox! Your grandmother could play better!'" Wer aber spricht da? Und zu wem? Gallwey schlägt vor, den Sprecher als „Self 1" und den Adressaten dieser Botschaften, nennen wir ihn den Spieler, als „Self 2" zu bezeichnen. Und damit man mit diesem inneren Gespräch besser klarkomme, sei es hilfreich, darin nicht nur zwei Persönlichkeitsanteile, sondern zwei Personen zu sehen. Denn entscheidend ist für Gallwey, dass und wie man Einfluss auf dieses innere Gespräch nimmt: „the key to better tennis – or better anything – lies in approving the relationship between the conscious teller, Self 1, and the unconscious, automatic doer, Self 2."[28]

Es ist, wie wir später noch sehen werden, gar nicht so untypisch für die jüngeren Beratungsansätze, dass Gallwey sein Buch nicht nur (neben seinem Vater und seiner Mutter) dem Guru Maharaj Ji widmet („who showed me what winning is"), sondern im Zusammenhang mit Self 1, dessen permanentem Geschnatter er an die Gurgel will, auch den Zen-Meister Daisetz Teitaro Suzuki zitiert.[29] Suzuki war einer derjenigen gewesen, die entscheidend zur Verbreitung des Zen-Buddhismus im Westen und insbesondere in den USA beigetragen hatten: Neben den *Beatniks* in den 1950er Jahren übte er auch Einfluss auf die Begründer der humanistischen Psychologie aus. Und hier, im fernöstlichen Spiritualismus mit seinen Meditations- und Achtsamkeitspraktiken, konnte man tatsächlich ein ganzes Arsenal an Techniken finden, die darauf abzielen, das Wirrwarr unserer inneren Stimmen und Gedanken ruhigzustellen – nicht nur beim Tennisspielen. Gallwey bleibt mit seinen Ratschlägen für das „innere Spiel" zunächst noch im Bereich des Sports; erst später legt er aufgrund des großen Erfolges weitere Bücher nach, so u. a. *The Inner Game of Music*, *The Inner Game of Golf* und *The Inner Game of Work*. Hieran zeigt sich, dass sein aus dem Sport kommendes Konzept prinzipiell auf alle anderen Felder des Lebens übertragbar ist: Wenn letztendlich die innere Haltung über Erfolg oder Misserfolg entscheidet und wenn es lediglich darauf ankommt, selbstkonstruierte Hindernisse mit Hilfe psychologisch oder spirituell informierter Coaches aus dem Weg zu räumen, dann steht auch einem erfolgreichen Berufsleben nichts mehr im Wege.

Ende der 1970er Jahre taucht der Coaching-Begriff im (amerikanischen) Management und seiner Literatur auf. Die Begriffsverwendung ist anfangs noch recht uneinheitlich und bezieht sich auf unterschiedliche Formen von Seminaren oder Weiterbildungsangeboten. Gelegentlich kann man auch, wie

Astrid Schreyögg, den Eindruck bekommen, es handle sich bei Coaching um eine neue „Wunderdroge". Einerseits dient der Coach nun als eine Art Sparringspartner für hochrangige Manager, die ihre Führungsposition einsam gemacht hat und die wieder jemanden brauchen, der ihnen Feedback und Impulse von außen gibt. Andererseits versteht man unter Coaching aber auch eine neue, entwicklungsorientierte Form der Mitarbeiterführung: Coaching als gezielte, interne Förderung von Nachwuchsführungskräften. Der sich verschärfende internationale Wettbewerb verlangte nach Strategien zur intensivierten Führungskräfte-Entwicklung in den Unternehmen. Da diese Unterstützung (noch) nicht von externen Beratern, sondern von erfolgreichen Managern betrieben wurde, würde man heute wohl eher von ‚Mentoring' reden.[30] Wichtige Voraussetzungen des eigentlichen Coachings (wie die Freiwilligkeit der Beratung und die freie Wahl des Beraters, aber auch die Vertraulichkeit) sind bei dieser Form des Mitarbeitercoachings gerade nicht erfüllt.

Diese ältere Bedeutung schwingt im amerikanischen Coaching-Begriff übrigens noch bis heute mit: Bei einer – natürlich nicht repräsentativen – Stichprobe in einer mittelgroßen Filiale von *Barnes & Noble* in Naples, Florida, im Herbst 2013 konnte ich nur ein Buch finden, das *Coaching* ohne Zusätze und Bindestriche im Titel führte, und dieses verstand den Begriff nach wie vor im Sinne einer Förderung von Mitarbeitern (M. J. Cook und L. Poole: *Effective Coaching*. Briefcase Books, Second Edition, 2011).

Im deutschsprachigen Raum können wir erste Coaching-Ansätze um die Mitte der 1980er Jahre beobachten. Kurz zuvor waren hier bereits die ersten Pioniere einer neuartigen Organisationsberatung gesichtet worden, die sich nun ‚Organisationsentwicklung' nannte und ebenfalls aus einem Gemisch von humanistischer Psychologie und kybernetischen Ansätzen hervorgegangen war. Der US-Import Coaching erfuhr bei seiner Einführung in Deutschland allerdings eine Verengung: Coaching wurde in den deutschsprachigen Ländern von Beginn an nicht so sehr als interne Führungskräfte-Entwicklung wahrgenommen, sondern vielmehr als externe

Beratung von Top-Managern. Wolfgang Looss, einer der Pioniere auf dem Gebiet, definiert das Beratungsverständnis eines Coachs 1991 wie folgt: „Ein ‚Coach' ist ein (externer) Einzelberater für die personenzentrierte Arbeit mit Führungskräften entlang der Frage, wie die Managerrolle von der Person bewältigt wird."[31] In Deutschland, Österreich und der Schweiz ist Coaching also von Beginn an als zwar berufsbezogene, aber professionalisierte Beratung durch externe Ratgeber zu verstehen: Man könnte auch sagen: als eine persönliche Form der Managementberatung unter vier Augen.[32]

Hinzu kommt eine stärkere Anknüpfung an therapeutische Settings: Während in den USA Coaching weitgehend in den Diskussionszusammenhang von Führung und Leadership eingebunden blieb, knüpfte man in Europa stärker an die Traditionen der humanistischen Psychologie und ihre Therapieformen an. In der Folge spielte die Rezeption systemtheoretischer Denk- und Beratungsansätze hier eine größere Rolle als in Übersee. Beides zusammen, die psychologische und die systemische Grundierung, begünstigten später die Ausweitung von Coaching-Angeboten über den Business-Bereich hinaus auch auf private Bereiche der Lebensführung. Insbesondere seit den 1990er Jahren nehmen neben den *Executives* mehr und mehr auch mittlere und untere Führungsebenen Coaching in Anspruch, was von ihren Unternehmen unterstützt und zum großen Teil auch finanziert wird. Außerdem hat sich Coaching als ein passendes Beratungsformat für Freiberufler wie Anwälte oder Unternehmensberater erwiesen, Berufsgruppen also, die ihrerseits besondere Anforderungen im Bereich des Selbstmanagements zu bewältigen haben. Zudem kann Coaching als eine Form der ‚Meta-Beratung' genutzt werden, eine Art Supervision, mit deren Hilfe Berater ihre beruflichen Rollen und Funktionen reflektieren.

Neben dem klassischen Einzelcoaching haben sich in den vergangenen Jahren auch *Gruppensettings* etabliert: zum Beispiel Gruppen-Coachings mit zwei bis neun Personen, die ähnliche Fragestellungen haben oder in ähnlichen Kontexten arbeiten (wie zum Beispiel Professorinnen und Professoren an einer Hochschule). Hier können auch Formen der kollegialen

Beratung eingeübt werden, in der die Klienten zu Beraterinnen und Beratern ihrer eigenen Kollegen werden.[33] Mittlerweile gibt es dies sogar als inter-organisationales Format: Mittarbeiter des einen Unternehmens beraten diejenigen einer anderen Organisation! Daneben gewinnen Team-Coachings an Bedeutung, bei denen nicht nur eine Person – zum Beispiel die Führungskraft eines Teams – ins Coaching geht, sondern das ganze Team oder eine komplette Führungsriege von einem Coach bei der Reflexion oder der Umsetzung selbst gesteckter Ziele unterstützt wird. Hier fließen Instrumente der Team- und Organisationsentwicklung ein, die sich weitgehend parallel zum Coaching entwickelten.

Mittlerweile können wir beobachten, wie sich das Beratungsformat Coaching auch über die klassischen Wirtschaftsunternehmen hinaus mehr und mehr etabliert: In staatlichen, behördenähnlich organisierten Institutionen wie Hochschulen und Schulen, Kindertagesstätten oder Krankenhäusern sind Coaches mittlerweile ebenso tätig wie in Vereinen, Verbänden oder Non-Profit-Organisationen. Entsprechend wächst die Zahl der Anbieter immer weiter, die sich an dem expandierenden Coaching-Markt zunehmend auf bestimmte Branchen und Zielgruppen spezialisieren.

Mit seiner großen Verbreitung hat sich auch das Ansehen von Coaching gewandelt. Einen Coach in Anspruch zu nehmen, ist seit einigen Jahren in vielen Branchen nicht mehr Zeichen einer Schwäche – nämlich einer Unfähigkeit zum Selbstgespräch, wie man es in der frühen Neuzeit ausgedrückt hätte. Es gilt vielmehr als willkommene, völlig legitime Unterstützung bei der Arbeit und oft sogar als Ausweis einer wünschenswerten Erfolgsorientierung. Ein Coaching von der Firma zu bekommen, kann zwar immer noch eine ,Letzter Versuch'-Strategie sein. In der Regel aber nehmen die Mitarbeiterinnen und Mitarbeiter dies heute eher als Wertschätzung der eigenen Person und ihrer Tätigkeiten wahr. Daran zeigt sich besonders deutlich, wie sich die Haltung der Menschen zum Raten und Beraten in den letzten Jahrzehnten verändert hat. Denn noch vor einiger Zeit ist man viel häufiger der Meinung begegnet, dass man schon deshalb keinen Coach aufsuchen könne, weil man dadurch ja eingestehen würde, dass man ein Problem habe, mit dem man allein nicht mehr fertig werde.

Die jüngste Entwicklung hat schließlich dazu geführt, dass Coaching auch außerhalb des beruflichen Feldes boomt. Neben dem traditionellen Business-Coaching verzeichnen Formen des sog. ‚Life-Coaching' eine rege Nachfrage. Dies unterstreicht die Universalität des im Coaching praktizierten Beratungsansatzes, der als äußerst flexible, auf das Anliegen des Klienten bezogene Form der Prozessberatung bei Problemlösungen in verschiedenen Arbeits- und Lebensbereichen gleichermaßen passend und hilfreich zu sein scheint. Coaching kann daher als eine Beratungsform mit äußerst weitem Fokus gelten, die Menschen in fast allen Aspekten ihrer Berufs- und Lebensplanung, in Konflikt- oder Entscheidungssituationen, bei beruflichen Rückschlägen oder vor der Übernahme neuer, herausfordernder Rollen und Aufgaben Unterstützung bietet.

Diese Erfolgsgeschichte eines Formats hat dazu geführt, dass heute auch zahlreiche Dienstleistungen als Coaching firmieren, die damit wenig zu tun haben – und früher einen anderen Namen trugen: So nennt man Nachhilfe für schwächelnde Schulbesucher gern „Schüler-Coaching"; Eltern- oder Eheberatung wird als „Eltern-Coaching" bzw. „Ehe-Coaching" deklariert und eine klassische IT-Beratung ist mittlerweile vielerorts zum „IT-Coaching" mutiert (abgesehen von kurioseren Formaten wie etwa dem „Astro-Coaching"). Als Faustregel kann hier gelten, dass alle Formen des sog. ‚Bindestrich-Coachings' im Zweifel eher wenig mit Coaching im eigentlichen Sinn zu tun haben, sondern vielmehr auf der Umbenennung von herkömmlichen Formen der Fachberatung beruhen. So ist Coaching einerseits zu einem hippen Containerwort für alle möglichen Beratungsformen geworden, doch andererseits kann eine solche Umbetitelung durchaus mit einer konzeptionellen Erweiterung einhergehen. Gegenüber dem Training oder gar der reinen Weitergabe von Wissen, wie in der Fachberatung, impliziert der Coaching-Begriff immer schon einen gewissermaßen ‚ganzheitlichen' Ansatz, der die zu beratende Person mit ihren Zielen, aber auch ihren inneren Hemmnissen in den Blick nimmt. Denn Coaching ist eine autonomieverträgliche Beratungsform, die grundsätzlich die Selbstbestimmung der Ratsuchenden respektiert. Insofern mag es durchaus sein, dass ein ‚Schüler-Coaching' heute, im Zeitalter der nicht-direktiven Beratung, anders abläuft als eine Nachhilfe in früheren Jahren – eben weil das ehemals exklusive Beraterwissen heute Teil unserer alltäglichen Lebenswelt geworden ist.

## Systemisches Coaching:
## Königsweg der nicht-direktiven Beratung?

Ein besonders schillerndes Coaching-Format auf dem weiten Feld der Beratung ist heute das sog. ‚systemische Coaching'. Man ahnt es schon: Hier verbindet sich das ohnehin offene Beratungsformat des Coachings mit einer dezidiert systemisch-konstruktivistischen Haltung, wie wir sie oben kennengelernt haben: Für sie ist grundlegend, dass der Ratsuchende – hier nun Coachee genannt – als Experte für seine eigenen Lösungen gilt. Die Autonomie-Akzeptanz des Coachings wird in seiner systemischen Spielart gewissermaßen auf die Spitze getrieben: Coaches sind hier ‚Berater' (obwohl der Begriff eigentlich nicht mehr passt), die nichts wissen, zumindest was die Probleme ihrer Klienten betrifft. Sie haben vielmehr die Aufgabe, ihre Coachees mit professionellen Methoden und Interventionen dabei zu unterstützen, eigene Ressourcen zu bergen und daraus passende Lösungen für ihre Anliegen zu schmieden. Die Coaches bringen mögliche Umdeutungen und Perspektivwechsel ins Spiel, um die Ratsuchenden in ihrer Wirklichkeitskonstruktion, die diese selbst als problematisch erleben, auf anregende Weise zu irritieren. Im Mittelpunkt des Coaching-Prozesses steht das Finden und Ausformulieren von Lösungen, wohingegen die Analyse des Problems zweitrangig bleibt. Das kann so weit gehen, dass die gefundene Lösung am Ende mit dem ursprünglichen Problem gar nichts mehr zu tun hat. Während die Coachees dabei stets verantwortlich für den Inhalt dieser

Lösungen bleiben, verantworten die Coaches die Gestaltung des zielführenden Prozesses. Besonders wichtig ist dabei, dass die Ratsuchenden aus eigenem Antrieb und aus freien Stücken ins Coaching kommen und einen echten Veränderungs*wunsch* (sowie eine belastbare Veränderungs*fähigkeit*) mitbringen. Nur dann kann das radikale Autonomie-Postulat des systemischen Coachings wirksam greifen.

Damit sind die Rahmenbedingungen für die systemische Variante des Coachings abgesteckt. Im Mittelpunkt des Prozesses steht dann eine bestimmte Fragetechnik, in der die sogenannten ‚systemischen Fragen' eine Schlüsselrolle spielen. Das sind offene und öffnende, zirkuläre und hypothetische Fragen, die nicht so sehr die Vergangenheit analysieren als vielmehr den Blick der Coachees probeweise in die Zukunft lenken sollen – oder besser gesagt: in verschiedene, mögliche Zukünfte („Angenommen, wir sehen uns in einem Jahr wieder und Ihr Problem ist gelöst – was erzählen Sie mir dann? Was ist Ihnen dann möglich?"). Die sprachliche Formulierung der Fragen ist hier besonders wichtig, denn schon die Wahl der Worte und der Aussageweise trägt dazu bei, wie der oder die Coachee die vorgestellten, möglichen Wirklichkeiten erlebt. Keinen Platz haben hier dagegen suggestive Fragen, die die Coachees in eine bestimmte Richtung lenken sollen. Man könnte die systemischen Fragen, mit einem Terminus des norwegischen Psychotherapeuten Tom Andersen, als „angemessen ungewöhnliche" Fragen bezeichnen,[34] die sich ganz gezielt vom alltäglichen Sprachgebrauch und von den alltäglichen Lösungsversuchen des Klienten unterscheiden, und doch an das Besprochene anschließbar sind. Solche Fragen leiten einen Perspektivwechsel ein und ermöglichen es dem Coachee, anders als zuvor auf sein Problem zu schauen. „Was müssten Sie tun, um Ihr Problem zu verschlimmern?", wäre eine drastische Variante einer solchen Fragetechnik. „Angenommen, das Problem hat auch einen positiven Effekt – welcher wäre das? Wozu dient es Ihnen?", ist eine andere. „Nehmen wir einmal an, Ihr Problem hat sich über Nacht wie durch ein Wunder aufgelöst – was ist am nächsten Morgen anders? Was werden sie als erstes tun, denken, fühlen?"

Die letzte Frage, die sogenannte ‚Wunderfrage‘, spielt eine besondere Rolle im systemischen Coaching. Sie macht die radikale Ziel- und Lösungsorientierung dieses Ansatzes deutlich, der im Gegensatz zu tiefenpsychologischen Verfahren nicht in der Tiefe der Seele nach Ursachen sucht, sondern im besten Sinne oberflächlich ist. Alles ist hier denkbar an Umdeutungen: Im systemischen Coaching gibt es kein Richtig und Falsch mehr. An die Stelle einfacher Ursache-Wirkungs-Relationen treten komplexe und bisweilen widersprüchliche Wechselwirkungen; anstatt eines harten Entweder-Oder wird ein weiches Sowohl-Als-Auch angestrebt, das neue Türen öffnen kann. Dazu dienen die vielfältigen Perspektivwechsel, Umdeutungen oder auch das sogenannte *Reframing* im systemischen Coaching („Was ist das Gute am Schlechten? Was macht Ihnen das Problem möglich? Wer profitiert noch davon, dass Sie dieses Problem haben?“).

Wie in der systemischen Familientherapie, aus der diese Frage- und Zielfindungstechnik in Teilen stammt, geht es also auch im Coaching vorrangig um Kommunikationen: Jene oft paradoxen, kommunikativen Verstrickungen erfahrbar zu machen, in denen Beziehungen und soziale Systeme Gestalt annehmen, und sie dadurch am Ende auch verändern zu können – das ist das eigentliche Angebot, das das systemische Coaching dem Ratsuchenden macht.

Das, was hier so leicht erscheint, dass nämlich der oder die Coach ‚einfach‘ nur das Gespräch auf wertschätzende Weise leiten und strukturieren muss, ist zugleich das besonders Schwierige. Sonja Radatz vergleicht das gelingende Coaching-Gespräch in ihrem Buch *Beratung ohne Ratschlag* gar mit einem Tanz, bei dem Coach und Coachee gemeinsam im Rhythmus von Frage und Antwort über das Parkett fliegen![35] Teilnehmerinnen von Coaching-Ausbildungen können ein Lied davon singen, wie lange sie üben mussten, bis es ihnen endlich gelang, ihre eigenen Lösungsvorschläge für sich zu behalten und ihre Coachees eben nicht mit Ratschlägen zu überziehen. Man wird ja schließlich bezahlt! Und auch die Coachees erwarten von einem Berater oftmals instinktiv doch, dass er ihnen eine Lösung präsentiert – auch wenn sie es eigentlich besser wissen. Die besondere Herausforderung für den Coach besteht also in seiner zugewandten Zurückhaltung: darin, dass er sich das Problem seines Coachees so eingehend wie nötig beschreiben lässt und immer wieder neugierig nachfragt, aber die eigenen Hypothesen und Lösungsideen, die ihm dabei unweigerlich ins Hirn schießen, für sich behält oder, wenn er sie denn ausspricht, deutlich als Hypothesen markiert. Denn es sind ja lediglich seine Lösungen, die auf seiner inneren Landkarte entstanden sind, und er ist eben kein Experte für das Leben und Arbeiten anderer Menschen. Systemische Coaches sind bescheiden gewordene Beraterinnen und Berater, die wissen, dass auch ihre Beobachterperspektive nur eine unter vielen ist.

Ein wesentliches Element des systemischen Coachings ist die Lösungsorientierung. Die kann so radikal ausfallen, dass einige der Gründerväter und -mütter, wie der Therapeut Steve de Shazer und seine Frau Inzoo Kim Berg, sogar der Meinung waren, man müsse das Problem gar nicht kennen, um eine Lösung zu erarbeiten. In der Kurzzeittherapie hat man daher auf die Exploration des Problems völlig verzichtet und sich gleich auf den Weg in eine problemfreie Zukunft gemacht.[36] Die Erfahrung zeigt aber, dass es vielen Ratsuchenden, die ins Coaching kommen, erst einmal ausgesprochen guttut, ihr Problem dort gewissermaßen ‚abzuladen', da sie nun endlich jemanden gefunden haben, der ihnen aufmerksam zuhört. Auch für die nötige Vertrauensbildung kann es sehr wichtig sein, wie respektvoll sich der Coach in der Phase der Problemschilderung verhält. Auch deshalb sind Vorstellungen, ein Coaching-Prozess dauere in der Regel insgesamt nur 1,5 Stunden und für den Einstieg seien – Vertrauensbildung inklusive! – nur rund fünf Minuten zu veranschlagen, eher kurios und mit Vorsicht zu genießen.

Richtig ist hingegen, dass das systemische Coaching ein radikal lösungsorientiertes Beratungsverfahren darstellt, das Anteile der Kurzzeittherapie ganz bewusst aufgreift. Darin liegt eine wichtige Neuerung gegenüber den Beratungsansätzen der Psychoanalyse, aber auch der humanistischen Psychologie. Hier steht oft der ganze Mensch mit seiner Entwicklung und seinem Wachsen im Mittelpunkt, und die Psychoanalyse meint, in der Analyse der konflikthaft erlebten Vergangenheit Lösungen zu finden. Im Coaching dagegen geht es um einzelne, möglichst konkrete Anliegen aus dem beruflichen oder privaten Leben, und wenn die gelöst sind, ist der Coaching-Prozess abgeschlossen – ganz unabhängig davon, welche ‚Probleme‘ unser Coachee in seinem Leben und Arbeiten sonst noch haben mag. Erst wenn sie oder er mit einem weiteren Anliegen ins Coaching kommt, entsteht daraus ein – neuer – Coaching-Prozess. Auch wenn die Entwicklung der Kurzzeittherapie in den USA nicht zuletzt mit dem amerikanischen Grundsatz „Time is Money" zusammenhängen dürfte,[37] der nach schnellen Erfolgen verlangt – der entlastende und oftmals befreiende Aspekt, nicht endlos in der Vergangenheit suchen zu müssen, ist im Coaching unmittelbar zu spüren.

Bemerkenswert scheint mir schließlich, dass auch das *Verstehen* des Problems im systemischen Coaching eine eher untergeordnete Rolle spielt. Insofern lässt sich der Satz von Rainer Paris, wonach dem Rat immer ein Verstehen der Problemlage vorausgehe,[38] nur begrenzt auf diese Form der Beratung anwenden. Denn nach systemisch-konstruktivistischer Auffassung können wir einen anderen Menschen – eben ein selbstreferentiell geschlossenes, psychisches System – gar nicht verstehen: Wir sind gefangen in unserer eigenen Weltsicht und können uns derjenigen unseres Gegenübers immer nur hypothetisch annähern. Für die Lösung des Problems ist aber ein vollständiges Verstehen, wie wir sehen konnten, auch gar nicht wichtig, weil die zur Lösung nötige Energie in diesem Beratungsansatz von der Zielvision her entfacht wird. Wenn der Coach das Problem aber doch einmal ausführlich verstehen will, dann kann er dies mit angemessen ungewöhnlichen Fragen einleiten: Bettina Schubert-Golinski, die Gründerin der *coachingakademie* in Hamburg, schlägt dafür eine Methode vor, die sie *Gebrauchsanweisung für (m)ein Problem* nennt.[39] Darin fordert sie ihre Coachees auf, Schritt für Schritt genau zu beschreiben, was sie tun müsse, um genau das Problem, mit dem diese ins Coaching gekommen seien, selber auch zu haben! Es handelt sich, wie unschwer zu erkennen ist, um eine *paradoxe* Intervention, denn der Coachee will sein Problem ja gerade loswerden (und nicht wissen, wie man es erzeugt). Indem er aber seinem Gegenüber erklärt, was dieser tun müsse, um es ebenfalls zu haben, richtet er unweigerlich den Blick auf seinen eigenen Anteil: darauf, was er selbst dazu beiträgt, dass er dieses Problem hat. Er kommt, kurz gesagt, seiner eigenen Problemkonstruktion auf die Spur.

Im systemischen Coaching spielt der Faktor *Zeit* eine wichtige Rolle, der ja von jeher ein zentraler Aspekt jedes Beratungshandelns ist: Wie in der traditionellen Beratung verschafft uns auch das Coaching einen Aufschub, ein Innehalten, das uns erst erlaubt, in Ruhe mit uns selbst zu Rate gehen. Wie die Griechen oft schon auf ihren langen Reisen zu dem einen oder andern Orakel mit ihren Problemen ins Reine kamen, beginnt auch nach systemisch-konstruktivistischer Auffassung der (Selbst-)Beratungsprozess in dem Moment, da ein erster Coaching-Termin verabredet ist. Bereits jetzt fängt der Ratsuchende an, neu und anders über sein Problem nachzudenken (wenn auch noch nicht *sehr viel* anders, da er ja immer noch in seinem Netz der Selbstbezüglichkeiten verfangen ist). Und nach der ersten Sitzung und den ersten Interventionen des Coachs setzt sich das fort: Wieder mit sich allein, bringt das Coaching beim Ratsuchenden einen Prozess der Autokonsultation in Gang, der Erstaunliches zu leisten vermag. „Das Wichtigste passiert zwischen den Sitzungen" ist daher ein durch vielfältige Erfahrungen abgesicherter Grundsatz im systemischen Coaching. Die Folge ist, dass zu Beginn einer jeden Sitzung eine neue Auftragsklärung vorgenommen wird: „Was ist in der Zwischenzeit passiert? Ist das Problem der letzten Sitzung noch aktuell? Wobei kann ich Ihnen heute behilflich sein?"

Fassen wir zusammen: Systemische Coaches wissen tatsächlich, dass sie nichts wissen – jedenfalls über die Probleme und möglichen Lösungen ihrer Klienten. Niemand weiß nämlich wirklich, wie ein anderer seine Wirklichkeit ‚konstruiert', auch nicht annähernd. Wir sitzen vielmehr stets einer menschlichen *Black Box* gegenüber, in die wir nicht hineinschauen können, und dessen sind sich systemische Coaches stets bewusst. So lassen sie sich zunächst das Problem mit seinen Unterproblemen schildern, wobei die Systeme und Kontexte wichtig sind, in denen sie auftauchen (und auch die, in denen sie *nicht* auftauchen, denn hier können Ressourcen zur Problemlösung liegen!). Dabei versuchen die Coaches, der Problem- und Wirklichkeitskonstruktion ihrer Coachees auf die Spur zu kommen (und dabei vorsichtig auch schon Ansätze für mögliche Lösungen freizulegen). Durch zirkuläres und hypothetisches Fragen und Umdeuten irritieren sie gezielt die Art und Weise, wie die Ratsuchenden auf ihr Problem schauen und bieten ihnen alternative Blickrichtungen an. So erarbeiten sie mit ihren Klienten beispielsweise einen *Zielfilm*, in dem diese den angestrebten, problemfreien Zustand in der Zukunft sinnlich erlebbar vorwegnehmen können. Ist dies gelungen, suchen Coach und Coachee gemeinsam nach Ressourcen, die belastbare Beiträge zur Erreichung des Zielzustands leisten können. ‚Ressource‘ ist dabei nur ein anderer Begriff für jenen Rat, den Vor-Rat, den alle Ratsuchenden immer schon mitbringen – den sie aber oft selbst nicht (mehr) so genau kennen. Der oder die systemische Coach hilft ihnen, den Blick auf diese Ressourcen, diesen Vorrat an Lösungsmöglichkeiten wieder freizulegen und ihre schlummernden Selbstorganisationskräfte zu aktivieren, um endlich aus eigener Kraft nachhaltige Lösungen zu finden.

Systemische Coaches unterstützen als externe Beraterinnen und Berater auf diese Weise die internen Selbstberatungskräfte der Ratsuchenden. Das ist gemeint, wenn man, wie Sonja Radatz, das systemische Coaching eine „Beratung ohne Ratschlag“ nennt: Es ist eine Form der Konsultation, die sich ausdrücklich als methodische Anregung zur Autokonsultation versteht.

# Kapitel 10

# Die Gegenwart der Beratung
## Aktuelle Trends und Zukunftsperspektiven des Ratgebens

Eines scheint der Beratung gestern und heute gemeinsam zu sein: Es geht ihr um nichts weniger als die Zukunft. Das Tun, zu dessen Reflexion wir Rat einholen, trifft auf Voraussetzungen in einer Zukunft, über deren Gestalt wir nur vage Vermutungen haben. Aus dieser anthropologischen Ausgangslage hatte schon der Philosoph Aristoteles den Bedarf an ethischer Beratung erklärt: Ausgestattet mit einer Fülle von Handlungsmöglichkeiten, bleibt uns Menschen der Ausgang der Dinge doch stets ungewiss. Unser Raten und Beratschlagen dient dazu, diese erschreckende Leere wenigstens ein bisschen zu füllen, indem wir mögliche Folgen und Alternativen durchspielen. Wir beraten uns also, so Aristoteles' Folgerung, „nicht über Vergangenes, sondern über Zukünftiges und Mögliches".[1] Denn in der Beratung kann es uns gelingen, so formuliert Rainer Schützeichel, „in einem Ausblick auf mögliche gegenwärtige Zukünfte über mögliche zukünftige Gegenwarten" zu reflektieren.[2] Gewissheit erlangen wir dadurch noch nicht, aber vielleicht etwas, das Frank Nestmann, Frank Engel und Ursel Sickendiek in ihrem monumentalen *Handbuch der Beratung* recht treffend „Weiterwissen" genannt haben: Das Ziel von Beratung wäre demnach: „Weiterwissen' – und handeln zu können in vorübergehender Gewissheit".[3]

Aber damit nicht genug: Die Menschen haben zur Eindämmung des Schreckens, der sie beim Blick in ihre offene Zukunft beschleicht, ein ganzes

Netz von Zukunftssicherungssystemen ersonnen: Es reicht von kryptischen Orakelsprüchen über religiöse Prophezeihungen und astrologische Vorhersagen bis hin zu wissenschaftlichen Prognosen und Prospektiven. Heute wird fieberhaft an Computerprogrammen gebastelt, die auf der Grundlage intelligenter Algorithmen und einer Unmenge an Daten aus der Vergangenheit unsere Zukunft demnächst recht sicher vorhersagen sollen. Falls dies gelänge, würde den menschlichen Ratgebern eine ernsthafte Konkurrenz durch die Maschinen erwachsen. Doch bevor wir uns näher mit solch aktuellen Entwicklungen befassen, möchte ich zunächst der Frage nachgehen, inwieweit sich unsere Zukunft heute von der Zukunft in den alten Kulturen unterscheidet.

## Der gewandelte Zukunftsbezug der Beratung

Es hat den Anschein, als habe sich das Ratgeben und Beraten im Grundsatz seit der Antike kaum verändert – sofern man davon absieht, dass es bei den aufgeklärten, denkenden Menschen der Moderne vorübergehend in Misskredit gefallen war. Man könnte also die Geschichte so erzählen, dass wir – beratungstechnisch gesehen – heute zu einem ‚Normalzustand‘ zurückkehren, wie er seit dem Altertum in Geltung stand. Doch einiges spricht dafür, dass sich die Situation mittlerweile eher noch verschärft hat: dass uns die Zukunft heute viel ‚offener‘ gegenübertritt, als dies in den alten Kulturen jemals denkbar war, und dass die daraus erwachsende Ungewissheit von grundsätzlicherer Natur ist als zu früheren Zeiten. In den Beratungssituationen der alten Griechen, wie sie in den Dichtungen Homers und Hesiods zum Ausdruck kommen, geht es in der Regel darum, die erprobten Lehren der Vergangenheit für die Gegenwart zu sichern. Für die Absicherung der in die Zukunft gerichteten Entscheidung stellt der kluge Ratgeber Beispiele aus früheren Zeiten zur Verfügung. Auf diese Weise erscheint die Zukunft grundsätzlich beherrschbar, sofern man die Geschichte gut kennt und, noch wichtiger, die richtigen Lehren aus ihr zieht. Dieses

Verständnis von Rat und Beratung zieht sich bis in die beginnende Neuzeit, solange die Alten und Erfahrenen ihr Wissen vom gelingenden Leben an die Jungen und Unerfahrenen weitergeben. Noch der Staatsphilosoph Thomas Hobbes definiert in seinem *Leviathan* Erfahrung als die Erinnerung an die Folgen von gleichen, früher beobachteten Handlungen, die durch einen Rat einem anderen Menschen sprachlich übermittelt werde.[4]

Dieses altbewährte Verfahren stößt jedoch in dem Moment an seine Grenzen, da sich die gesellschaftlichen, technologischen oder lebensweltlichen Verhältnisse so schnell verändern, dass die Lehren der Alten schon für die Gegenwart keinen Rat mehr versprechen – von der Zukunft ganz zu schweigen. Walter Benjamin hat in diesem Verlust der Erfahrung einen, wenn nicht *den* Hauptgrund für die große Verunsicherung der Menschen zu Beginn des 20. Jahrhunderts gesehen. Und Odo Marquard attestiert uns Heutigen eine tiefe, geschwindigkeitsbedingte „Weltfremdheit", weil wir neuerdings ständig über Dinge entscheiden müssen, für die uns überhaupt keine Erfahrungswerte mehr vorliegen. Denn welchen guten Rat können sich die Jungen noch von älteren Generationen erwarten, die ohne Mobiltelefone und Computer, ohne globalen Daten- und Warenverkehr und ohne ‚soziale Medien' aufgewachsen sind?

In den vormodernen Kulturen war die Zukunft aber auch deshalb nicht so bedrohlich, weil sie eigentlich immer schon feststand. Sie war, so glaubte man, vom Schicksal oder von den Göttern längst vorherbestimmt. Und wenn die Götter sie schon kannten, dann musste man eben versuchen, diesen etwas von ihrem Wissen zu entlocken, um sich selbst für das unausweichlich Kommende zu wappnen. Diese Funktion hatten im antiken Griechenland über Jahrhunderte die Orakel. Aber auch der menschliche Rat folgte bei den Griechen dem vorrangigen Ziel, den *göttlichen* Rat zu treffen.[5] Erst mit dem pragmatischen Beratungsansatz der Sophisten löste sich das Ratgeben allmählich von diesem Rahmen und gewann einen offeneren, immanenten Zukunftsbezug. Aber auch die verschiedenen Formen der Hellseherei oder Astrologie beruhen bis heute darauf, dass die

Zukunft eben nicht offen ist, sondern immer schon feststeht: An einem geheimen Ort, sei es in den Sternen oder an den Orakelstätten, können wir sie erfahren, sofern wir die richtigen Fragen stellen und die Götter uns gewogen sind. In gewisser Weise galt dies auch noch im christlichen Mittelalter, wo Gott den Menschen gelegentlich Zeichen zu geben schien, an denen sie sich orientieren konnten. Doch etwas hatte sich hier bereits verändert: Der strenge, monotheistische Gott ließ sich in seinem Willen weit weniger gut ausspionieren als noch die vielen Götter der Antike. Man konnte beichten und mit den Priestern reden, aber der Wille des Einen und Allmächtigen war letztlich unergründlich – und daher auch die Zukunft in gewisser Weise ‚offener‘ als noch in der Antike. Zwar stand sie in ihren Grundzügen fest: Es würde ein Jüngstes Gericht geben, das die irdische Geschichte beendet und ein Gottesreich einleitet. Doch wann dies geschehen würde und ob man nach seinem irdischen Dasein ein ewiges Leben bei Gott im Himmel führen oder in der Hölle schmoren würde – diese Frage konnte einem niemand mit Gewissheit beantworten.

Heute mag die Angst vor der Hölle abgenommen haben, doch die Offenheit der Zukunft steht uns recht unverblümt vor Augen. Wir scheinen uns in einem Zeitalter zu befinden, das die Zukunftsunsicherheit beinahe zu einer Art Religion und die ständige Veränderung zu einem Fetisch erklärt hat. Die Neuzeit hat die lineare, auf ein Endziel gerichtete Zeitkonzeption der jüdisch-christlichen Kultur übernommen – und rasant beschleunigt: Ihre Phantasien von Wachstum, Entwicklung und Fortschritt erzeugen ein Lebensgefühl der dauerhaften Ruhelosigkeit. Diese Moderne, so Peter Fuchs, „ist eingerichtet auf das ‚Passieren‘ aller Ereignisse, auf eine Ereignis-Durchrauschtheit der Gegenwart, die nur noch unter Sonderbedingungen so etwas wie das Erleben eines *nunc stans*, einer erfüllten Präsenz, eines *kairos* gestattet.“[6]

Die Megatrends *Globalisierung* und *Digitalisierung*, *Individualisierung* und *Pluralisierung* haben die Drehzahl am Rad der Geschichte seit den 1980er Jahren noch einmal drastisch erhöht. Heute, so hören wir die Claqueure des permanenten *Change* ausrufen, ist alles in Bewegung, ist alles möglich, kann jeder alles erreichen, ist nichts von vornherein festgeschrieben. Das bedeutet aber auch, dass nichts mehr selbstverständlich ist und wir um alles immer wieder neu ringen müssen. Die aufgeklärten Subjekte stehen dieser fluiden Gesellschaft, die alles Stabile verflüssigt, zunehmend allein und ohne Bindungen gegenüber: Vor ihnen türmt sich eine aufregend-verwirrende Pluralität von Handlungsmöglichkeiten und Lebensstilen auf, bei der die Wahl nicht selten zur Qual wird. Dass in dieser Phase der Spätmoderne ganz leibhaftige Ratgeber und Berater wieder Akzeptanz finden, kann nicht mehr wirklich überraschen. Die Frage ist nur, ob und wie sich in Anbetracht eines derart gewandelten Zukunftsbezugs auch die Formen und Inhalte des Ratgebens verändern.

Zum einen haben sich die Gegenstände und Ziele der Beratung verschoben. Ging es früher darum, das Alte und Bewährte zu bewahren, um es als Erfahrung in Form von Beratungsprozessen auf die Jungen zu übertragen, so lautet das Zauberwort der Beratung heute *Veränderung*. Jedermann und jede Frau ist aufgerufen, sich für ein mobiles und flexibles Leben im technologischen, medialen und lebensweltlichen Dauerwandel fit zu machen. In diesem sich immer schneller drehenden Strudel gesellschaftlicher, ökonomischer und politischer Veränderungen scheint nur eines sicher zu sein: dass es keine Sicherheit mehr gibt. Veränderung ist die einzige Konstante, die wir noch haben. Und nur wenn wir bereit sind, uns selbst ständig zu wandeln – so lautet die Parole – können wir mit dem globalen Wandel Schritt halten. Und damit das auch gelingt, stehen unzählige Beraterinnen und Berater, Coaches und Consultants bereit: Sie sollen (und wollen) uns dabei unterstützen, uns immer wieder neu anzupassen, auszurichten und neu zu erfinden. Dass sich deren Versprechen am Ende einlöst und sich „zwischen Projekt und Glück" grundsätzlich ein beherrschbarer Zusammenhang herstellen lasse, wie es Peter Sloterdijk formuliert,[7] für diese Prämisse der ‚Beratungsgesellschaft' legen die Consultants ihre Hände ins Feuer.

Umgekehrt heißt das: Wer nicht erfolgreich ist, darf die Schuld bei sich selbst suchen: Entweder hat er zu wenig Potential oder sie hat ihre Störungen nicht eliminiert. Hat er oder sie vielleicht zu wenig Beratung in Anspruch genommen? Oder die falschen Berater aufgesucht? „Wenn alles im Lichte des Erfolges strahlt“, so Rudolf Helmstetter, „ist auch der Schatten des Misserfolgs allgegenwärtig, das Ausbleiben, nicht Erreichen des Erfolgs, ja das Scheitern.“ Ratgeber, so Helmstetter weiter, „*codieren* also jegliches Handeln, indem sie die Möglichkeit von Erfolg/Ausbleiben oder Misserfolg permanent präsent halten.“[8] Anders gesagt: Sind Coaching und Consulting erst einmal gesellschaftlich plausibilisiert, dann kann und wird, so Peter Fuchs, „die Nichtinanspruchnahme von Beratung als Fehler markiert werden“.[9]

Die Beratung im spätmodernen Dauerwandel hat schließlich ihre eigenen Methoden entwickelt. Die klassische Psychoanalyse und noch die psychologischen Beratungsansätze der 1970er Jahre gingen davon aus, dass man zur Lösung eines Problems zunächst dessen in der Vergangenheit liegende Ursache, sagen wir: ein traumatisches Ereignis in der Kindheit, erkennen und aufarbeiten müsse. Das ist dem Raten und Beraten der Alten gar nicht unähnlich, wo man ebenfalls in der Vergangenheit nach Lehren und Lösungen suchte, um die Zukunft zu meistern. Demgegenüber präsentieren sich die neueren Beratungsformate radikal zukunftsorientiert. Das systemische Coaching zum Beispiel lenkt die Aufmerksamkeit von Anfang an auf die Lösung des Problems. Entscheidend sind hier die Ziele des Klienten – und nicht mehr die Ursachen seines Leidens. Statt der Analyse des Problems steht nun die Konstruktion desjenigen Zustands im Mittelpunkt, den der oder die Coachee in der Zukunft anstrebt. Die Coaches helfen ihren Coachees dabei, diesen problemfreien Zielzustand zu erreichen. Während also die traditionelle Psychotherapie dem Problem und seinen Ursachen in aller Ruhe auf den Grund geht, ist die systemische Beratung im besten Sinne oberflächlich: Sie interessiert sich nur peripher für das Problem und arbeitet stattdessen an der Konkretisierung und Umsetzung einer zukunftsorientierten Zielvision.

In diesem Vorgehen schlägt sich nicht nur die bahnbrechende Erkenntnis der Kurzzeittherapie nieder, wonach wir als Beraterinnen und Berater das Problem gar nicht genau kennen müssen, um gemeinsam mit unseren Klienten eine wirksame Lösung zu finden. Dieser Paradigmenwechsel in der Beratung resultiert aus der Einsicht, dass eine zu große Aufmerksamkeit für das Problem einer Lösung eher im Wege stehen kann, wie es ein Steve de Shazer zugeschriebener Satz fasst: „Problem talk creates problems, solution talk creates solutions."[10] Der neue Beratungsansatz scheint außerdem den Vorteil zu haben, dass er weniger Kosten aufwirft: Eine kurze und lösungsorientierte Beratung ist eine vergleichsweise preiswerte Beratung, weil man nur wenige Sitzungen braucht, um ein akutes Anliegen erfolgreich zu bearbeiten. Vor allem aber kann eine zielorientierte Kurzzeitberatung mit begrenzter Reichweite immer wieder flexibel auf neue Anlässe und aktuelle Themen reagieren. Sie passt damit perfekt in eine Welt des permanenten Wandels, in der morgen schon wieder alles ganz anders sein kann.

## Das „beratene Selbst": Die neue Kritik der Beratung

Es ist daher kein Wunder, dass das fulminante Comeback der Beratung auch kritische Stimmen auf den Plan gerufen hat. Bereits in den 1980er Jahren hatte der Philosoph Ivan Illich vor den Folgen einer neuen Herrschaft der Experten gewarnt, weil diese alle anderen Menschen zu anleitungsbedürftigen Laien degradiere. Den Ursprung dieser Entwicklung sah Illich in einer Verwissenschaftlichung des Sozialen, die seit dem 19. Jahrhundert nicht mehr abgerissen sei. „Heute können Erzieher, Ärzte und Sozialarbeiter etwas", so schrieb Illich damals, „was früher nur Priester und Richter vermochten – nämlich aus eigener Rechtsvollkommenheit ein Bedürfnis erzeugen, das zu befriedigen sie allein berechtigt sind".[11] Illich schlug vor, die Mitte des 20. Jahrhunderts „die Epoche der entmündigenden Expertenherrschaft" zu nennen.[12] Das Neuartige dieses Phänomens sah er darin, dass die Experten nicht nur all jene zu Laien machten, die nicht zu ihren elitären Zirkeln gehören, sondern dass sie auch selbst bestimmten, wer sie braucht und wann und wie ihre Dienste verwaltet und zugeteilt werden. So könnten sie Kranke für therapiebedürftig, Alte für pflegebedürftig, Hilflose für betreuungsbedürftig und Ratlose für beratungsbedürftig erklären. Die Geschichte der „Professionalisierung von Hilfe und Beistand", die im 19. Jahrhundert begann und bis heute nicht mehr abgerissen ist, habe „aus Bürgern dienstleistungsabhängige Laien" gemacht.[13]

Illich verfasste seine Kritik, wie wir nun sehen können, an einer Schwelle in der Geschichte der Beratung: Während er zurückblickte auf das 20. Jahrhundert, in dem sich die von ihm beschworene „Expertokratie" ausgebildet hatte, entstand in seinem Rücken bereits etwas Neuartiges, das er noch nicht sehen konnte – jene bunten Formen der nicht-direktiven Beratung nämlich, die die Menschen gerade nicht mehr als anleitungsbedürftige Laien wahrnehmen, sondern als autonome und selbstbestimmte Subjekte, die selber die besten Experten für ihre Probleme sind. Illich schreibt genau zu der Zeit, als Coaching erstmals über den Atlantik nach Europa schwappt und hier durch den Einfluss der Systemtheorie und die Spielarten der humanistischen Psychologie das nicht-direktive Moment in der Beratung mehr und mehr an Bedeutung gewinnt. Im Grunde wird Illichs These dadurch konterkariert, denn die neuen Formen der nicht-direktiven Beratung verzichten ja ganz bewusst darauf, ihre Klienten als anleitungsbedürftige Laien zu begreifen. Ganz im Gegenteil: Der Berater ist in diesen Formaten gerade kein Fachmann für die Probleme des Ratsuchenden mehr, der stets weiß, was für diesen das Richtige ist. Selbst Ärzte sagen uns heute nicht mehr, was wir tun sollen, sondern zeigen uns eine Reihe von (Be-)Handlungsoptionen auf, aus denen wir wählen müssen. Der Coach wird als Experte für den Prozess und die Methoden der Gesprächsführung gebucht, um dem Klienten dabei behilflich zu sein, seine *eigenen* Lösungen zu finden. Kurz gesagt: Im Mittelpunkt der neuen Beratungsansätze stehen nicht mehr Expertentum und Entmündigung, sondern Selbstbestimmung, Kommunikation und Selbstreflexion.

Doch gerade diese Errungenschaft des spätmodernen Ratgebens, nämlich das heilige Postulat der Selbstbestimmung, hat nun seinerseits Kritik auf sich gezogen. Dem Einzelnen, so heißt es dort, werde dadurch *ein Zuviel an Selbststeuerung* abverlangt. Die neue Form der Beratung stelle den Menschen vor die unausweichliche Notwendigkeit, sich zum Subjekt aufzuschwingen und ständig Entscheidungen zu fällen, die ihn schlicht überforderten. Am Ende werde er so lediglich auf andere Weise diszipliniert als in der vorangegangenen Ära der instruierenden Expertenherrschaft. Die Kritik kommt nun also aus einer völlig anderen Richtung als damals: Hatten die ‚alten‘ Beratungskritiker von Montaigne bis Goethe das einerseits anmaßende und andererseits entmündigende Moment des Ratgebens abgelehnt, so bemängeln die ‚neuen‘ Beratungskritiker ein Zuviel an Selbstbestimmung und Selbststeuerung in den neuen, nicht-direktiven Beratungsformaten! „Professionelle Beratung“, so schreibt die Biologin Silja Samerski in ihrer lesenswerten Dissertation über die Geschichte der genetischen Beratung in Deutschland, „die eine ‚selbstverantwortliche Entscheidung‘ der Beratenen zum Ziel hat, vermittelt ein neues Verständnis von der Tätigkeit des Entscheidens“: Es verlange den Beratenen eine Denkweise ab, „die *dem ökonomischen Kalkül eines Managers* gleichkommt.“[14]

Ich zitiere die Stelle, weil sie in ihrer Argumentation charakteristisch ist für eine ideologiekritische, man könnte auch sagen ‚linke‘ Kritik an der Beratung. Sie schaut aus soziologischer Perspektive auf das Phänomen und gründet auf einer kritischen, letztlich marxistischen Theorie der Gesellschaft, in der individuelle Beratung am Ende nur den Machtinteressen der Herrschenden oder – weniger personalisiert – einer herrschenden Ordnung dient. Indem sie sich auf den Einzelnen richten und ihn, den abhängigen Arbeitnehmer oder eben das dienstleistungsabhängige Subjekt, zum besseren Funktionieren und zu höherer Leistungsfähigkeit bringen – so lautet die Kritik – verrichten die Beraterinnen und Berater eine Funktion, die letztlich systemerhaltend sei.

Die Diagnose der systemtheoretischen Soziologie klingt ganz ähnlich, wenn etwa Dirk Baecker die Beratung als eine Art gesellschaftliche

Reparaturwerkstatt beschreibt, die für ein systemerhaltendes *cooling out* sorge. Ziel von Beratung sei es, die „Opfer von Erwartungsenttäuschungen so abzukühlen, dass weder der Gesellschaft noch der enttäuschten Person ein dauerhafter Schaden entsteht."[15] Baecker zufolge liegt die gesellschaftliche Hauptfunktion der Beratung in der ‚Verarztung' und dem Wieder-fit-Machen der (vorerst) Gescheiterten. Sie hilft ihnen dabei, jene „Enttäuschungen zu verarbeiten, die daraus resultieren, dass man Spiele der Gesellschaft, Statusspiele, Schichtspiele, Funktionssystemspiele oder Netzwerkspiele, nicht so mitspielen zu können entdeckt, wie man geglaubt hat." Man lässt sich also beraten, „um die Enttäuschung als Information über den Sachverhalt verkaufen zu können. Und man lässt sich beraten, um die Enttäuschung in Informationen darüber umzusetzen, wie es mit der eigenen Person weitergehen kann, nachdem man hier oder dort mit seinen Erwartungen Schiffbruch erlitten hat."[16]

In der Formulierung Silja Samerskis, wonach der Einzelne sozusagen zu einem Manager in eigener Sache werde, ist darüber hinaus unschwer die Diktion einer Soziologie zu vernehmen, die sich kritisch mit dem Menschen- und Gesellschaftsbild des Neoliberalismus auseinandersetzt. Stilbildend war und ist hier noch immer Ulrich Bröcklings 2007 erschienene Studie *Das unternehmerische Selbst. Soziologie einer Subjektivierungsform.* Nicht nur mit dem Titel reagierte Bröckling damals auf die von der Schröder-Regierung erfundene „Ich-AG": ein Modell des Selbst als Aktiengesellschaft, das Arbeitslosen einen Ausweg aus ihrer Situation zu eröffnen versprach, indem sie sich gewissermaßen ‚als sich selbst' selbstständig machen sollten. Die seltsame Wortprägung verdankte sich dem zunehmenden Einfluss der Unternehmensberater auf die Politik in der Ära Schröder: In der *Hartz-Kommission* saßen neben dem leitenden und namengebenden VW-Manager Peter Hartz einflussreiche Berater von *McKinsey* und *Roland Berger.* Auch die *Bundesagentur für Arbeit* engagierte Ende 2004 für die Umsetzung von *Hartz IV* die Consultingfirmen *McKinsey* und *Roland Berger* (die damals nahezu gleichauf die Marktführer auf dem Feld der Management-Beratung in Deutschland waren). Das völlig zu Recht zum „Unwort 2002" gekürte Begriffsmonster der „Ich-AG" ist aus dem Arsenal der *Agentur für Arbeit* mittlerweile wieder verschwunden.

Worum es Bröckling in seinem Buch geht, ist eine neue Form der Subjektivierung in den spätmodernen Gesellschaften, die den Menschen in ungeahntem Maße Wahlmöglichkeiten bieten, ihn damit zugleich aber auch Wahlzwängen unterwirft. Dabei werde der Mensch in den Formen seiner Selbstbestimmung und Selbststeuerung immer häufiger mit einem Wirtschaftsunternehmen gleichgesetzt: Er solle seine eigene Planungskommission sein, sein Leben in Projekte einteilen und immer darauf achten, dass seine Aktien nicht sinken. In dem zeitgleich wieder verstärkt auftretenden Phänomen der Beratung sieht Bröckling einen Stützpfeiler dieses Systems: Beratung biete in dieser Situation keinen Ausweg, sondern führe immer tiefer hinein in den Teufelskreis der marktförmigen Ökonomisierung des Lebens: „Das Selbst", so Bröckling, „erscheint als reflexives Projekt, das sich allein oder mithilfe professioneller Berater, Therapeuten, Coaches oder anderer Autoritäten einem permanenten Selbstmonitoring unterzieht, um die ‚Flugbahn' seines Lebens immer neu zu adjustieren, wobei mit den Chancen der Selbstverwirklichung stets die Risiken des Absturzes einhergehen."[17]

Dem entsprechend scheinen sich auch die psychischen Erkrankungen verändert zu haben. Waren in der klassischen Moderne eher neurotische Krankheitsbilder vorherrschend, so spielen heute die Spielarten der Depression (wie im Burnout-Syndrom) eine größere Rolle. In der Neurose spiegelten sich noch die unvereinbaren Widersprüche zwischen den Bedürfnissen des ‚fremdregierten' Einzelnen und den überzogenen Anforderungen der Gesellschaft, also Konflikte zwischen Wollen und Sollen. Heute spielt *dieser* Gegensatz keine große Rolle mehr, denn wer selbst über alles und jedes entscheiden darf, aber eben auch entscheiden muss, setzt sich am Ende aus freien Stücken unter Druck. Wollen und Sollen stehen nicht mehr im Widerspruch, und jede Auflehnung gegen den wachsenden Druck ist sinnlos, weil er ja *selfmade* ist. Die Folge sind daher eher Überforderungs- und

Erschöpfungssyndrome. „Das unternehmerische Selbst", diagnostiziert Ulrich Bröckling, ist ein ‚erschöpftes Selbst'."[18]

Der Soziologe Boris Traue hat diesen Argumentationsfaden in seinem 2010 erschienenen Buch *Das Subjekt der Beratung* aufgenommen. Dabei wählt er als Gegenstand seiner Studie das Beratungsformat Coaching, in dem er eine für unsere Zeit besonders charakteristische Verbindung therapeutischer und „managerialer" Diskurse sieht, die letztendlich einer „Ökonomisierung des Subjekts" Vorschub leiste: Zwar sei das Setting des Coachings aus therapeutischen Traditionen abgeleitet, doch klinge dabei „mehr oder weniger subtil die Sprache des Managements an: Zielvereinbarungen, Visionsentwicklung, ‚Soll-und-Ist-Vergleiche' stehen neben Selbstrealisierung, Authentizität oder der Harmonisierung des ‚inneren Teams'".[19] Auch Traue beklagt also, dass die Einzelnen immer mehr zu Managern ihres eigenen Lebens würden – mit all den Konsequenzen, die eine solche Ökonomisierung des Lebens mit sich bringt.

Auch wenn sie an manchen Stellen überzogen wirkt, trifft die soziologische Kritik durchaus neuralgische Punkte der übermächtig werdenden ‚Beratungsgesellschaft'. Denn in der Tat scheint die individuelle Beratung jene Tendenz zur Vereinzelung, die wir in unseren Gesellschaften beobachten können, nicht etwa aufzuhalten, sondern weiter voranzutreiben. Das flächendeckende Beratungsangebot trägt seinen Teil dazu bei, dass wir unsere Probleme am Ende individuell lösen. Wird das Leid zu arg oder ein Problem zu unangenehm, suchen wir einen Therapeuten, Coach oder Berater auf, der uns wieder auf die Beine hilft. Noch vor einigen Jahrzehnten hätten wir vielleicht anders reagiert und eine mögliche Verbindung zwischen dem eigenen Leiden und dem Leiden der Anderen wahrgenommen. Wir hätten dann auf die gesellschaftliche Dimension des Problems hingewiesen und vielleicht eine politische Lösung gefordert (wenn nicht gar eine Revolution). Heute scheinen derartige Problemlagen gründlich privatisiert zu sein (und vielleicht haben wir auch deshalb Schwierigkeiten mit neu aufkommenden Massenbewegungen). Wir schämen uns für unsere Schwächen und Unzulänglichkeiten und ziehen gesellschaftliche Ursachen unserer Probleme kaum mehr in Betracht. Wir haben ja unsere Berater, Coaches und Therapeuten.

Plausibel scheint mir auch der kritische Blick darauf, die Tendenz zu immer mehr Wahlfreiheit im Hinblick auf eine immer größere Auswahl an Lebensstiloptionen mit einem Zuwachs an Freiheit zu verwechseln. Mittlerweile ist es ja offenkundig, dass wir nicht freier, sondern schlicht apathisch werden, wenn wir zu viele Wahlmöglichkeiten haben.[20] Da hilft dann auch kein guter Rat mehr. Besonders widersinnig erscheint das im medizinischen Bereich, für den Silja Samerski schlicht eine „Entscheidungsfalle" attestiert: Sie meint damit den Zwang, dass wir sogar im Gesundheitswesen neuerdings ‚selbstverantwortlich entscheiden' müssen, wie wir behandelt werden wollen. Aber woher sollen wir das wissen? Wir dachten, die Ärzte wüssten das – deshalb sind wir ja gekommen. Doch anstatt uns dabei zu helfen, ein medizinisches Problem zu lösen, stellen uns die Experten vor eine Vielfalt neuer Entscheidungen, von denen wir schlicht überfordert sind, weil ja nicht jeder von uns Medizin studiert hat. Vor diesem Hintergrund scheint Ulrich Bröcklings Frage mehr als berechtigt zu sein, ob es nicht „jenseits der Nötigung zu wählen und der Unfreiheit nicht wählen zu dürfen, noch etwas Drittes gibt: *die Freiheit, nicht wählen zu müssen.*"[21]

Und doch zeichnet die neue Beratungskritik insgesamt wohl ein zu düsteres, bisweilen auch ideologisch verengtes Bild davon, was Beratung heute für den einzelnen Menschen leisten kann. Diese Sicht mag nicht zuletzt an der soziologischen Vogelperspektive liegen, die ja nicht am einzelnen Fall, sondern an der gesellschaftlichen Dimension des Phänomens Beratung interessiert ist. Meine eigene Erfahrung im Coaching ist jedenfalls, dass es dort nur zu einem geringeren Teil um Fitmachen, Leistungssteigerung und *Empowerment* geht. Häufig wird der Freiraum der nicht-direktiven Beratung im Gegenteil sogar genutzt, um aus derartigen Hamsterrädern auszusteigen, sie abzuwählen und wieder stärker im Einklang mit den eigenen Ressourcen und Werten zu leben. Und selbst wenn eine Leistungssteigerung das Ziel ist, dann muss das nicht gleich „imperiale „(Selbst)Ermächtigung" bedeuten, wie Rudolf Helmstetter feststellt; „es kann auch sachte Ermunterung und energetische Ermutigung sein, eine Mobilisierung, auf dass man auf Trab und in Gang komme."[22]

Vor allem aber fällt auf, dass die neuen Beratungskritiker keine Alternativen, keine Gegenentwürfe mehr im Gepäck haben: Was an die Stelle des allgegenwärtigen Beratens treten soll, bleibt offen. Das war bei ihren Vorgängern, den Beratungskritikern der klassischen Moderne, noch entschieden anders. Diese hielten dem alten, von ihnen abgelehnten Institut des Ratgebens mit großer Leidenschaft das neue Ideal des Mit-sich-selbst-zu-Rate-Gehens entgegen. Von einem vergleichbaren Gegenentwurf fehlt heute jede Spur – und das liegt gewissermaßen in der Sache selbst begründet. Denn was soll man dem Ideal der autonomen Selbstbestimmung entgegensetzen? Wo die alten Kritiker noch auf ihr Anderssein pochen konnten – sie waren diejenigen, die keine Ratgeber mehr brauchten –, hat sich diese Option heute verbraucht, weil es ja in unserem selbstbestimmten Leben stets um Individualität und Anderssein geht. Eine konstruktive Kritik an dem selbstbestimmten Machbarkeitswahn läuft also ins Leere, weil es keinen Ort gibt, von dem er sich kritisieren ließe.[23]

*Eine* Möglichkeit der Kritik bietet immerhin noch die Ironie. Auf dem Markt der Ratgeberliteratur gibt es, als eine Art Gegenbewegung zur herrschenden Machbarkeitsideologie, seit geraumer Zeit auch die Gattung der ‚Anti-Ratgeber':[24] Der auf lange Sicht bekannteste Vertreter dieses Genres ist wohl Paul Watzlawicks 1983 erschienene *Anleitung zum Unglücklichsein*. Sein amerikanischer Originaltitel lautet (in Anspielung auf das in der amerikanischen Verfassung verbriefte Recht auf Glück) *The Situation is Hopeless, but not Serious. The Pursuit of Unhappiness.* Hier wird bereits auf dem Klappentext klar, worum es geht, nämlich die Ratschläge Watzlawicks gerade *nicht* zu befolgen. Es handelt sich also um einen Anti-Ratgeber, dessen Buchtitel selbst schon eine paradoxe Intervention ist, genauer gesagt: eine ‚Symptomverschreibung' aus der

Toolbox der systemischen Therapie und Beratung (denn eigentlich will man ja gerade das Unglücklichsein überwinden). Einige Jahre zuvor, im Jahr 1966, war Dan Greenburgs hierzulande weniger bekanntes Buch *How to Make Yourself Miserable. Another Vital Training Manual* erschienen, das Watzlawick sich zum Vorbild nahm. Erst 2002 ist das Büchlein unter dem Titel *Die Kunst sich schlecht zu fühlen* im Deutschen erschienen. Eine aktuelle Variante, die ebenfalls Schluss machen will mit der Selbstoptimierung und schon rhetorisch als Überbietung herkömmlicher Anti-Ratgeber angelegt ist, hat Rebecca Niazi-Shahabi vorgelegt: *Ich bleib so scheiße, wie ich bin: Lockerlassen und mehr vom Leben haben.* Hier scheint ein erfolgreiches Konzept kopiert zu werden, hatte doch die Autorin im selben Verlag zwei Jahre zuvor den Titel *Nett ist die kleine Schwester von Scheiße: Danebenbenehmen und trotzdem gut ankommen* publiziert. Mittlerweile gibt es eine weitere Fortsetzung.

Die Beispiele ließen sich mehren. All diese Anti-Ratgeber richten sich zumeist gegen die überzogenen Glücks- und Machbarkeitsversprechen der traditionellen Erfolgsratgeber, vor allem aber gegen die Glücksratgeber im engeren Sinne. Doch bei ihrem Versuch, die Ratgeberliteratur hinter sich zu lassen, suchen sie zwangsläufig deren diskursiven Ort auf – und verwickeln sich unweigerlich in einen performativen Selbstwiderspruch: Indem sie den Glücksratgebern das Funktionieren ihrer ambitionierten Konzepte absprechen und ihren Leserinnen und Lesern stattdessen raten, einfach „gelassen" oder „lebensklug" zu sein, „scheiße" zu bleiben oder „lockerzulassen", formulieren Sie ja selbst wieder Ratschläge für ein gelingendes Leben. Ihre Kritik an der Ratgeberliteratur fällt am Ende also auf sie selbst zurück. „Auch Anti-Ratgeber sind ratlos", so Michael Niehaus und Wim Peeters, „wenn es darum geht, mit einem Sabotageakt den Ratgeberdiskurs zu entmachten."[25] Aber auch wenn die Anti-Ratgeber am Ende doch wieder zu Ratgebern werden – zumindest durch ihren satirisch-parodistischen Gestus und die damit einhergehende Ironisierung des Genres der Glücksratgeber rücken sie das ganze Ratgeber-Thema in ein unernstes Licht.

Wohin also führt uns die Renaissance des Ratgebens am Anfang des 21. Jahrhunderts? Ich will zum Abschluss versuchen, einige Trends und Zukunftsperspektiven in den Blick zu nehmen, die heute schon erahnen lassen, wie es mit dem Raten und Beraten weitergehen könnte.

## Beratung *reloaded*:
## Die digitale Revolution hat gerade erst begonnen

Auf den ersten Blick sieht alles danach aus, als würde der Beratungsmarkt in der Zukunft weiter wachsen – wenn auch nicht mehr so rasant wie in den vergangenen Jahren. Das liegt vor allem daran, dass die gesellschaftlichen Gründe für die derzeit hohe Nachfrage nach Beratung weiterhin vorhanden sind: Vor allem die digitale Revolution steht erst am Anfang, und wie sie in den nächsten Jahrzehnten unsere Lebensweise weiter verändern wird, ist noch gar nicht abzusehen. Hier wird die Nachfrage nach beratenden Dienstleistungen ohne Frage hoch bleiben. Hinzu kommt, dass sich eher klassische Beratungsangebote, die in manchen Bereichen bereits etabliert sind (wie z. B. Coaching), in anderen gesellschaftlichen Feldern noch vergleichsweise wenig bekannt sind. So weisen beispielsweise die öffentlichen Verwaltungen wie auch kleine und mittelständische Unternehmen durchaus noch einen Nachholbedarf auf, was Coaching und Organisationsberatung betrifft. Und schließlich hat der Trend zur Professionalisierung von Beratung gerade erst einen Schub erhalten: Die Zahl der Publikationen zum Thema ist stark angewachsen, und auch eine intensive wissenschaftliche Auseinandersetzung mit Beratung hat begonnen.[26]

Dagegen lassen sich die längerfristigen Folgen von Digitalisierung, Vernetzung und Automatisierung, zumal unter den Bedingungen eines dramatischen demographischen Wandels, für die Zukunft der Beratung ungleich schwerer abschätzen. Sicher ist, dass diese Trends unsere Lebens- und Arbeitswelten nachhaltig umkrempeln werden, und um uns in den neuen digitalen Umwelten zurechtzufinden, werden wir weiterhin Rat und Hilfe brauchen. Aber die digitale Revolution hält nicht nur den Beratungsbedarf hoch, sondern sie verändert auch die Formen des Ratgebens: Eine wichtige Frage ist dabei, inwieweit in Zukunft auch herkömmliche Formen der Beratung digitalisiert und automatisiert werden. Wird es das klassische Beratungsgespräch, das immerhin eine über Jahrtausende reichende Tradition hat, in zwanzig Jahren überhaupt noch in der heute gewohnten Weise geben?

Schon heute findet die Ratsuche auch im Internet und mit Hilfe von mobilen Medien statt. Diese medialen Erweiterungen des klassischen Beratungssettings werden sich noch ausweiten, aber sie stellen, wie ich meine, die Grundkonstellation des Ratgebens nicht in Frage: Ein Ratsuchender wendet sich mit seinem Problem oder seiner Frage – „Was soll ich tun?" – an einen Ratgeber, wobei die Zwischenschaltung technischer Medien die Beratungssituation lediglich zeitlich bzw. räumlich ‚zerdehnt'. Wenn sich neuerdings auch „Virtuelles Coaching" im Angebot findet, dann verbirgt sich dahinter in der Regel eine Kombination von Telefoncoaching mit entsprechend zugeordneten Internetprogrammen. Man kann diese mediale Ausweitung sehr schön an der Berufsberatung beobachten, die ja schon einmal, bei dem letzten großen Epochenumbruch von der Agrar- zur Industriegesellschaft, der Motor einer neu entstehenden Beratungskultur war. Ging es damals darum, den Abertausenden von Menschen, die vom Land in die Städte zogen, Orientierung über ihre dortigen beruflichen Möglichkeiten zu verschaffen (und die volkswirtschaftliche Produktivität sicherzustellen), so zieht es die Berufsberatung heute mehr und mehr dorthin, wo sich die jungen Leute aufhalten: ins Internet. Berufsberatung findet heute schon auf mit Mobilmedien kompatiblen Plattformen statt wie *Blicksta* (einer Berufsorientierung der *Next Generation* von Bertelsmann) oder *Soziale berufe kann nicht jeder* (einer Berufsberatung per *Whatsapp*, bei der man sich im Ausbildungsstätten-Navigator mehrere Angebote ansehen und online auf sie bewerben kann) – um nur einige wenige zu nennen. Und selbst in der *Agentur für Arbeit* kommt man nicht mehr umhin, eine

Beratung per SMS einzuführen, weil vielen jungen Menschen offenbar die Schwelle mittlerweile zu groß ist, persönlich zu einem Beratungsgespräch in der *Agentur* zu erscheinen.

Das Auswandern von Beratungsleistungen in digitale Medien hat vor rund 20 Jahren begonnen, als die *Deutsche Telefonseelsorge* im Jahr 1995 ihr Angebot um E-Mail- und Chatseelsorge erweiterte. Seitdem bieten viele andere Anbieter ihre Beratung auch online an. Neben stationären Computern gewinnen dabei neuerdings Mobilmedien wie Handys, Smartphones oder Tablet-PCs an Bedeutung; man spricht im Hinblick auf diese mobilen Medien schon von einer neuen Form der „M-Beratung", die die persönliche Beratung, die Telefon- und Video-Beratung sowie die Online-Beratung um einen weiteren Bereich ergänzt. Ein interessantes Beispiel ist die SMS-Beratung im Bereich der Nachsorge von Bulimie-Patientinnen, die im Anschluss an ihren Klinik-Aufenthalt Daten zu ihrer Symptomatik auf diese Weise eingeben können und dann entsprechende Rückmeldungen erhalten.[27] An solchen Spielarten von „Telemedizin" oder „E-Health" zeigt sich aber auch, dass die mobile Beratung mithilfe von Apps und Smartphones auch in Zukunft wohl eher als eine Ergänzung denn ein Ersatz von persönlichen Beratungsformen zu denken ist. Wahrscheinlich wird es bald mehr solcher Mischformen von persönlicher und mediengestützter Beratung geben, die aber an eine persönliche Beratungsbeziehung zurückgebunden bleiben.

Ein großer Vorteil der Online-Beratung liegt auf der Hand: Aufgrund der Anonymität von Ratsuchendem und Ratgeber ist die Peinlichkeitsschwelle gegenüber der persönlichen Beratung deutlich abgesenkt. Wir konnten bereits sehen, dass die Online-Beratung mit ihrer Verbindung von schriftlichem Austausch und anonymen Teilnehmern an die lange Tradition der Ratgeberliteratur anknüpft: Diese ‚stummen Ratgeber' verlangen uns keine Loyalität ab, sie lachen uns nicht aus und machen uns kein schlechtes Gewissen, wenn wir unsere Ziele nicht erreichen. Insofern war die Ratgeberliteratur eine geradezu perfekte Lösung für das Problem der Neuzeit, von ratsuchenden Individuen bevölkert zu sein, die sich jedoch in der Öffentlichkeit nicht als ratlos zu erkennen geben durften. In weiten Teilen der Ratgeber-Foren im Internet verändert sich diese Funktion kaum: Die dort abgelegten Ratschläge werden im Prinzip als Auskunftei oder Nachschlagewerk genutzt wie zuvor Bücher. Mit der Interaktivität des elektronischen Mediums erwachsen der Online-Beratung jedoch erhebliche Vorzüge, die sie von der traditionellen Einweg-Kommunikation der Ratgeberbücher unterscheiden. Das Chatten in einer sehr lebendigen Sprache der Nähe etwa kommt dem leibhaftigen Gespräch unter Anwesenden recht nahe – und dies bei gleichbleibender Anonymität, also weiterhin niedriger Peinlichkeitsschwelle. Dadurch sind neue Beratungsformate entstanden, die auch Gruppen wie drogenabhängige oder suizidale Jugendliche erreichen, die kaum in ein persönliches Beratungssetting kämen. Denn persönliche Beratung im gemeinsamen Gespräch ist nicht nur bisweilen recht teuer; sie bedingt auch immer, dass man eine Beziehung zu einem anderen Menschen eingeht, auch wenn diese episodisch bleibt.

Gleichwohl spricht einiges dafür, dass sich das Gespräch von Angesicht zu Angesicht trotz fortschreitender Digitalisierung noch für eine Weile als Kernformat der Beratung wird behaupten können. Und dies nicht nur, weil es den neueren Formen der E- und M-Beratung noch an einer eigenständigen theoretischen Fundierung mangelt oder weil die umgesetzte Informationsmenge in der *face-to-face*-Beratung immer noch rund sechsmal höher ist als in der Chat-Beratung.[28] Der große Vorteil, aber auch das Wagnis der Beratung von Angesicht zu Angesicht liegt in der physischen Nähe: Das gemeinsame Gespräch unter Anwesenden eröffnet die Erfahrung einer persönlichen Zuwendung durch einen anderen Menschen. Im respektvollen Gespräch unter Anwesenden entsteht eine tragfähige Beziehung, die eine vergleichsweise hohe Verbindlichkeit erzeugt. Hier kann ein reflexiver, schrittweise sich entfaltender Prozess Gestalt annehmen, der einen gemeinsamen Umgang mit Unsicherheit und Nicht-Wissen ermöglicht. Selbst die Formulierung des Problems und der daraus resultierenden Ziele des Ratsuchenden ist in der Regel schon Teil dieses kommunikativen Beratungsprozesses. Und dafür ist die lebendige Interaktion so wichtig, das wechselseitige Zusammenspiel von aufeinander bezogenen Beobachterperspektiven, bei der auch nicht-sprachliches Verhalten in die Kommunikation einbezogen wird („Sie wirken heute müde/fröhlich/niedergeschlagen auf mich" etc.). Wenn dies gelingt, dann entsteht am Ende ein eigenständiges, ebenso dichtes wie komplexes Beratungssystem. Die elektronische Interaktivität des Internets vermag dies am ehesten im Chat erreichen, wo mithilfe von Emoticons und anderen Symbolen auch nichtverbale Aspekte benennbar sind, oder – auf ganz andere Weise – in der Video-Telefonie.

Doch selbst von Fachfragen dominierte Konferenzen, so scheint es, lassen sich in der nahen Zukunft kaum durch Telefon oder Video-Schaltungen ersetzen. Zu dieser Einschätzung kommt jedenfalls eine im Jahr 2015 durchgeführte Umfrage der *Deutschen Bahn* zur Zukunft der Dienstreise. Rund 100 Mobilitätsexperten aus Wissenschaft und Unternehmen kamen zu dem durchaus überraschenden Ergebnis, dass zumindest bis 2025 kaum damit zu rechnen sei, dass die Videokonferenz und andere Formen digitaler Kommunikation in signifikanter Weise das persönliche Treffen und die Besprechung unter Anwesenden ersetzen werden. Im Gegenteil: In den nächsten 10 Jahren, so prognostiziert die überwiegende Zahl der Fachleute, werde die Zahl der innerdeutschen Dienstreisen sogar noch zunehmen! Der Grund ist nicht schwer zu erraten: Das „Zwischenmenschliche" sei nach wie vor so wichtig, dass die Menschen auch im Arbeitszusammenhang weiterhin den direkten Kontakt suchen.[29]

Vielleicht ist es am Ende ja gerade der Gegenentwurf zur medialen Bildschirmwelt, der die persönliche Beratung unter Anwesenden heute wieder attraktiv erscheinen lässt. Das langsame, altmodische Gespräch, die Zeit, die man sich dafür nimmt (inklusive An- und Abreise), der über mehrere Sitzungen gehende Prozess, das Schreiben und Zeichnen mit der Hand auf Pappkarten und Flipchart-Papier, die Zeit zur Reflexion zwischen den Sitzungen – all dies dient zur Entschleunigung, zur Schaffung eines Ruhe- und Reflexionsraums, zum Herunterkommen in einer zunehmend schnelllebigen Berufswelt. Das konnten wir bereits bei den alten Griechen beobachten: Schon die weite, lange dauernde Reise zu den Orakelstätten hatte ja nicht zuletzt den Effekt, dass man auf der Fahrt intensiv über seine Frage nachdenken oder sie gar mit Mitreisenden diskutieren konnte. Das ist heute kaum anders: Sobald der erste Termin beim Coach, Psychologen oder Berater gebucht ist, beginnt der Ratsuchende neu und anders über sein Problem nachzudenken. Dieser immense Zeitgewinn, der auf den ersten Blick als ein Zeitverlust erscheinen mag, ist seit Jahrtausenden ein, wenn nicht *das* Erfolgsrezept von Beratung. Ihn gibt es nach wie vor am ehesten im ganz altmodischen, persönlichen Gespräch unter Anwesenden. Die anderen, medialen Formen der Beratung laufen demgegenüber stets Gefahr, das Kind mit dem Bade auszuschütten: Immer dann, wenn sie versuchen, durch den Einsatz elektronischer Telekommunikation Zeit *einzusparen* und den Beratungsprozess *effizienter* zu gestalten, gefährden sie die Ressource, die in der Langsamkeit und Umständlichkeit des althergebrachten Ratgebens immer schon lag und noch heute liegt: Zeit und Raum zur Selbstreflexion.

Aber dies ist nur eine – zugegeben etwas romantisch anmutende – Hypothese, und es ist gut möglich, dass am Ende alles ganz anders kommt. Eine entscheidende Frage wird vermutlich sein, in welchem Ausmaß wir auch in der Beratung die Folgen der Automatisierung zu spüren bekommen: Die Roboter werden das Consulting-Business ganz sicher nicht unberührt lassen. Schon jetzt nutzt man die sogenannten SMAC-Technologien (*Social, Mobile, Analytical, Cloud*), um den „dispositiven Faktor", also das Führen von Organisationen, zunehmend zu automatisieren. Für die Beratung ergeben sich daraus eigentlich zwei Fragen: Die eine lautet, inwieweit zum Beispiel die klassische Unternehmensberatung noch erforderlich ist, wenn künftig die Algorithmen einer hoch entwickelten Software Managemententscheidungen ersetzen. Die Entwicklungen auf diesem Gebiet gehen zurzeit rasant voran.

Die andere Frage ist, inwieweit die Beratung künftig selbst von diesen Automatisierungsprozessen betroffen sein wird. Schon jetzt nutzt beispielsweise die Finanzbranche Schreibprogramme (von Start-Up-Unternehmen mit sprechenden Namen wie *Narrative Science* oder *Automated Insights*), die aus reinen (Quartals-)Zahlen Texte erzeugen, die den Kunden über die Entwicklung seiner Anlage informieren. In den USA schreiben solche Erzählalgorithmen heute auch schon einfache Sportberichte. Der deutlich teurere menschliche Anlageberater wird überflüssig – oder kann sich derweil um die Akquise neuer Kunden kümmern (und die Sportreporterin um anspruchsvolle Hintergrundberichte). Eine andere, innovative ,Beratungs'-Strategie in der Finanzwirtschaft nennt sich „Robo-Advice". Hier greift kein Mensch mehr aktiv in die Vermögensverwaltung ein. Stattdessen wählt man eine Anlageberatung im Internet, die zunächst die Risikoneigung des Anlegers mit Hilfe von Computerprogrammen ermittelt, um dann einen konkreten Vorschlag für die Kapitalanlage zu machen. Für die langfristige Finanzplanung wird man dann aber doch auf die Unterstützung eines kompetenten, menschlichen Beraters verwiesen.

Dies scheint das Janus-Gesicht der digitalen Revolution zu sein, jedenfalls aus dem Blickwinkel der Beratung: Einerseits werden Digitalisierung und Automatisierung auch künftig vertraute Lebens- und Arbeitszusammenhänge auflösen und damit eine anhaltende Nachfrage nach Rat und Hilfe erzeugen. Denn den neuerlich „entbetteten" Menschen fehlen erst recht die „Schnittmuster" für ihre neuen Biographien. Bei ihrer Suche nach Orientierung und Sinn können sie guten Rat gebrauchen. Besonders auf die Berufsberatung rollt eine ganz neue Herausforderung zu, wenn die Automatisierung in wenigen Jahren auch traditionelle Mittelschicht-Jobs erreicht. Dann werden wohl viele hochqualifizierte Tätigkeiten verschwinden (man rechnet mit bis zu 50 %), aber es entstehen eben auch neue Berufsbilder, die sich vor allem um die Schnittstelle von Mensch und Maschine drehen: etwa in der Medizinbranche oder im Rechtswesen, und vielleicht auch in der Beratung. Diese ganz neuen Jobs müssen dann von Berufsberatern an den Mann und an die Frau gebracht werden – ganz so wie damals in der industriellen Revolution.

Andererseits bringt die digitale Revolution vertraute Beratungsformen zum Verschwinden, weil sie mit ihren neuen Technologien, den Schreibrobotern und Prognose-Programmen, Beratungtätigkeiten selbst mehr und mehr automatisiert. Schon heute ‚beraten‘ uns ja die Softwareprogramme von *Big Data* unaufgefordert dabei, welche Bücher wir kaufen und welche Musik wir hören wollen. Oder selbstgewählte Apps senden uns täglich Ratschläge von unseren Smartphones, was wir tun sollen, um gesünder, entspannter, erfolgreicher zu leben. Und in dem Maße, wie sie dies tun, wie intelligente Algorithmen unablässig Daten über uns erheben und auswerten, werden sie mehr und mehr auch über unsere Zukunft bestimmen. Auf der Basis irrsinniger Datenmengen aus der Vergangenheit können schon heute Prognosen für unsere gesellschaftliche wie individuelle Zukunft hochgerechnet werden. Deren datengesättigter Expertise mag kaum jemand widersprechen, doch fast unmerklich entzieht sie uns immer mehr den Spielraum für unsere eigenen *Entscheidungen*. Schon heute nehmen Software-Systeme den Menschen diese Entscheidungen ab – nicht nur im „Algo-Trade" der Börsen, deren Handeln schon jetzt weitgehend automatisiert abläuft. Man spricht daher bereits von einer *dritten Ära der Automatisierung*: Nachdem in der ersten Ära – im 19. Jahrhundert – gefahrvolle, körperlich anstrengende oder schmutzige Tätigkeiten von Maschinen übernommen wurden, richtete sich die Automatisierung in der zweiten Ära – im 20. Jahrhundert – auf monotone und langweilige Aufgaben in Büro und Verwaltung. In der heute anbrechenden, dritten Ära werden Entscheidungen automatisiert, weil intelligente Systeme auf der Grundlage immenser Datenmengen eben besser entscheiden können als fehleranfällige Menschen: Sie kalkulieren klarer und sind obendrein fairer gegenüber den Kolleginnen und Kollegen.[30]

Das muss nicht alles schlecht sein, denn durch die Automatisierung auch vergleichsweise teurer Tätigkeiten, wie sie heute hochqualifizierte Wissensarbeiter verrichten, können die Industriestaaten den drohenden Fachkräftemangel abfedern und außerdem ihre Konkurrenzfähigkeit mit Billiglohnländern zurückgewinnen. Doch für die Zukunft der Beratung ist das prekär: Denn wer nicht mehr entscheiden muss, der braucht auch keinen Rat mehr. Wenn also künftig die Algorithmen alles errechnen – welcher Weg für eine gute Unternehmensentwicklung einzuschlagen ist, welche Partner gute Aussichten für ein erfülltes Liebes- und Eheleben haben, welcher Arbeitnehmer am besten auf die ausgeschriebene Stelle passt oder wer wann welche Krankheiten bekommen wird –, dann brauchen wir eigentlich keine Unternehmens-, Ehe-, Berufs- oder Gesundheitsberater mehr. Lebensentscheidungen geraten dann zu bloßen Rechenaufgaben, die hoch entwickelte Computer, Roboter und Prognose-Programme für uns erledigen. Da sie die weitaus größere Datenbasis überschauen, rechnen die intelligenten Algorithmen uns angeblich maßgeschneiderte Handlungs-vorschläge aus, bei denen wir nur noch – wenn überhaupt – unser „Go!" geben müssen. Echte Entscheidungen sehen anders aus.

## Keine Wertschöpfung ohne Wertschätzung: Das Beraterwissen zeigt Wirkung

Eines haben die vorangegangenen Streifzüge durch die Geschichte der Beratung gezeigt: Das Raten und Beraten ist von jeher eine schillernde, äußerst facettenreiche Angelegenheit, die sich jeder eindimensionalen Ra-tionalität verweigert. „Beratungen sind vielgestaltig", so hält schon kurz vor der Jahrtausendwende Thomas Macho fest, „abhängig von konkreten Situationen; im Wechselspiel von Vertrauen und Skepsis, geheimen und öffentlichen Gesprächen, charismatischen oder pragmatischen Lösungs-versuchen, entfalten sie eine Buntheit, die sich nicht leicht in Regeln und Maßstäbe integrieren läßt."[31] Der Sozialpsychologe Heiner Keupp plädiert dafür, dass dies auch künftig so sei: dass *Settingpluralität*, eingebunden in verschiedene Alltagskulturen", auch in Zukunft eines der Hauptmerkmale von Beratungsprozessen bleibe.[32] Vor dem Hintergrund des novellierten Psychotherapeutengesetzes warnt Keupp ausdrücklich davor, dass der Staat künftig reglementierend in den Beratungsmarkt eingreifen könnte.

Denn dann laufe man Gefahr, „dass Beratung instrumentell verkürzt wird" und irgendwann nur noch „methodische Verfahrensprinzipien verhandelt werden."[33]

Man kann sich diesem Plädoyer nur anschließen. Zurzeit scheint diese Gefahr noch gebannt, und mancherorts sind sogar entgegengesetzte Entwicklungen zu beobachten. In der Management- und Unternehmensberatung etwa, die ja über Jahre recht monolithisch daherkam, scheint die Zukunft bunter, individueller und kleiner zu werden. Man nimmt an, dass diese Branche zwar moderat weiterwachsen wird, doch sind die zweistelligen Wachstumsraten der Vergangenheit wohl passé. Dabei wird sich das Feld an der Spitze wohl weiter konzentrieren: International rechnet man sich nur für die großen Drei Überlebenschancen in der jetzigen Form aus. Neben den *Big Three* (*McKinsey, Boston Consulting* und *Bain*) ist künftig mit den vier großen internationalen Wirtschaftsprüfern (*PwC, KPMG, Deloitte* und *EY*) auf dem Beratungsmarkt zu rechnen.[34] Und viele in der Branche befürchten, dass als nächstes auch noch *Google* und Co. mit ihrem gesammelten Datenwissen (und darauf basierenden Prognosetools) den klassischen Beratungsfirmen Konkurrenz machen werden. Schon jetzt scheinen die Heils- und Gewinnversprechen von *Big Data* für die klügsten Köpfe des Nachwuchses attraktiver zu sein als die von *Big Consulting*. Man hört hie und da bereits von Nachwuchssorgen, da viele Top-Talente mittlerweile der Digitalwirtschaft den Vorzug zu geben scheinen.

Die Gründe für den Strukturwandel in der Consulting-Branche habe ich oben skizziert: Viele Firmen sind mittlerweile ‚durchberaten', das Beratungswissen ist aufgrund der fortgeschrittenen Digitalisierung allgemein zugänglich und kleine, passende Lösungen sind für die unter immensem Kostendruck stehenden Unternehmen eher erschwinglich. Doch gerade weil sich nicht wenige Firmen in den vergangenen Jahren stark verschlankt und viele Mitarbeiter abgebaut haben, ohne ihre Geschäftsprozesse entsprechend anzupassen, benötigen sie heute noch immer Berater, zumal solche mit eigener Führungserfahrung, für temporäre Steuerungsaufgaben. So übernehmen

Unternehmens- und Strategieberater nach Reorganisationsprozessen oftmals Aufgaben, die vorher Kundenmitarbeiter durchgeführt haben.

Hinzu kommt, dass nicht wenige ehemalige Berater mittlerweile dauerhaft in den Organisationen arbeiten, die sie einst berieten. Sie haben die Seiten gewechselt. So schätzt man die Fluktuationsrate bei den drei großen Consultingfirmen über alle Hierarchieebenen auf 18–20%. Das bedeutet, dass die *Big Three* zusammen auf rund 50 000 Ex-Mitarbeiter kommen,[35] die überwiegend in jenen Unternehmen arbeiten, die sie einst beraten haben. Die Wissensasymmetrie zwischen Berater und Kunde, einst Hauptargument der Unternehmensberater, löst sich dadurch mehr und mehr auf. Die neuen, beraterisch informierten Manager kennen sich aus. Sie sind anspruchsvolle Kunden, die genauer hinschauen und gezielter einkaufen: mehr einzelne, passgenau abgestimmte Beratungsdienste und weniger teure Gesamtlösungen. Aber auch auf anderen Ebenen der Organisationen ist das ehemals exklusive Beraterwissen mittlerweile frei zugänglich: zum Beispiel dadurch, dass verschiedene Formen der *kollegialen Fallberatung* längst zum Alltag geworden sind. Hier leiten Profis die Mitarbeiterinnen und Mitarbeiter an, sich auch gegenseitig methodisch klug zu beraten, und sorgen so dafür, dass das Beraterwissen auch unterhalb der obersten Führungsebene im Unternehmen zirkuliert.

Doch überflüssig wird die Beratung durch die ‚Umschulung‘ von Beratern zu Führungskräften oder von Mitarbeitern zu Beratern trotzdem nicht. Denn die ehemaligen Consultants sind ja nun zu Mitgliedern des Kundensystems geworden, von *Externen* zu *Internen*, denen von nun an der frische Blick von außen fehlt. Die externe Perspektive, so konnten wir sehen, ist aber für das Ratgeben immens wichtig. Daher werden auch die ehemaligen Konsultanten künftig ihre eigenen, externen Beraterinnen und Berater brauchen, die allein den erwünschten fremden Blick mitbringen, weil sie nicht Teil des Systems sind. Dazu holen die Ex-Berater dann gern ihre alten Kollegen aus den einschlägigen Beratungsfirmen ins Haus, aber heute ist auch dies nicht mehr so einfach.

Der Beratungsbedarf wird also auch in diesem Bereich künftig kaum versiegen, zumal die Herausforderungen, die von der anstehenden Vernetzung und Automatisierung traditioneller Arbeitszusammenhänge ausgehen, immens sind. Doch während sich an der Spitze, im globalen Wettbewerb, die Konzentration der großen Konzerne fortsetzen wird, dürfte sich das Feld darunter individueller und bunter gestalten. Netzwerke, Boutiquen und Anbieter mit schlankeren, modularen Geschäftsmodellen, die auf einzelne Glieder in der Wertschöpfungskette spezialisiert sind, werden mehr und mehr die teuren und unflexiblen Gesamtlösungspakete alten Stils ersetzen. Auch hat sich die Arbeit in Organisationen verändert: Projekte und Netzwerke als Organisationsformen sind sehr erfolgreich und lassen die Notwendigkeit klassischer Organisationsstrukturen fraglich erscheinen. Durch die Demokratisierung des Wissens entsteht Transparenz, und die bedeutet, dass die Kunden sich nicht mehr auf die klingenden Namen mit dem Geheimwissen verlassen müssen, sondern selbst schauen können, was sie brauchen. Auch diese neue Transparenz ist eine Folge der Digitalisierung – und sie beschränkt sich keinesfalls auf die Unternehmensberatung.

Hinzu kommt noch etwas: Überall werden die Menschen wählerischer, denn sie haben ja gar keine andere Wahl als zu wählen: Dies ist, wie wir sehen konnten, Segen und Fluch der Individualisierung zugleich. Sie schauen deshalb genauer hin, orientieren sich in dem, was sie wählen, an dem Vorhandensein von Sinn und Sicherheit. Sie streben Arbeitsverhältnisse an, in denen sie ihre Persönlichkeit entwickeln können, und sie achten dabei mehr und mehr auf ihr Wohlbefinden und ihre Gesundheit. Sie tun dies nicht zuletzt, weil sie auf all diesen Feldern mittlerweile ziemlich gut beraten sind. Dieser Trend wird sich verstärken, und er wird aller Voraussicht nach dazu führen, dass Beratung in Zukunft in gewisser Weise *ganzheitlicher* sein muss als bisher: Ich wage die These, dass man zum Beispiel in den Unternehmen schon bald kein erfolgreiches Veränderungsmanagement mehr betreiben kann, ohne die Mitarbeiterinnen und Mitarbeiter mit ihren Wünschen und Bedürfnissen abzuholen und mitzunehmen.

Mit anderen Worten: Der ‚Faktor Mensch‘ gewinnt an Bedeutung, und das heißt, dass Beratung künftig auch dort, wo sie überwiegend Fach- oder Expertenberatung ist, die ratsuchenden Individuen mit ihren Sorgen und Bedürfnissen noch stärker in den Blick nehmen muss. Nur ein Beispiel, wie so etwas aussehen kann: Die Frankfurter Goethe-Universität bietet ihren Studierenden neuerdings eine „nicht-direktive Schreibberatung" an. Hier findet nicht mehr, wie es früher einmal war, eine Fachberatung statt, in der ein Experte sagt, wie man es richtig macht, sondern Beraterinnen und Ratsuchende erarbeiten gemeinsam eine Schreibweise, die zu jedem Einzelnen passt.

Auch die großen Strategieberater haben auf diesen Trend bereits reagiert: Vorbei die Zeiten, als man ein Unternehmen durchleuchtete, dann 6 000 Seiten Expertise vorlegte und dafür 2,5 Millionen erhielt, ehe man zum nächsten Kunden weiterzog. Heute streichen selbst die *Big Three* ihre Prozessberatungskompetenz heraus. Und sie müssen dies tun, weil sich die Veränderungsspirale in den Organisationen mittlerweile derart schnell dreht, dass manch ein Berufsfeld, für das man gelernt hat, schon wieder völlig verändert erscheint, wenn die Lehre abgeschlossen ist. Damit die Menschen bereit sind, hier immer wieder neu- und umzulernen, benötigen sie Zuwendung und auch eine Würdigung des Erreichten, selbst wenn dieses im nächsten Moment schon nicht mehr verwertbar ist. Dies gilt besonders in einer schrumpfenden Gesellschaft, der es an Arbeitskräften mangeln wird. Nur wenn wir das Errungene schätzen und den von ihnen erbrachten Aufwand angemessen würdigen, werden Menschen künftig bereit sein, sich und ihre Lebensgeschichte immer wieder neu an gewandelte Produktionsbedingungen anzupassen: Für ihr ‚Zuviel‘ an Geschichte muss ein Platz gefunden werden, an dem sich dieser Sinnüberschuss schätzen und würdigen lässt: an dem das Leben allen Brüchen zum Trotz als ein kohärentes Ganzes erfahrbar wird.

Man wird also die Entwicklung von Menschen und Organisationen künftig noch enger zusammen denken müssen, und das stellt gerade die spezialisierten Beraterinnen und Berater vor neue Aufgaben. Insbesondere müssen innovative Beratungsformate kreiert werden, in denen die heute oft noch vollzogene Trennung von *Fachberatung* und *Prozessberatung*, von *Performance*–Fokus und *People*–Fokus aufgegeben wird zugunsten einer *integrierten (Organisations-)Beratung*. Auch in der Beratung der Zukunft ist das Ziel einer gesteigerten Wertschöpfung nicht mehr denkbar ohne eine gesteigerte Wertschätzung der Mitarbeiterinnen und Mitarbeiter. Schon seit einigen Jahrzehnten wird beispielsweise mit Formen der sog. „Komplementärberatung"[36] experimentiert: Entweder holen sich hier Strategie- oder IT-Berater Prozessberater für die ‚weichen' Faktoren mit ins Boot, die die Menschen bei den Veränderungsprozessen begleiten. Oder es geht andersherum: Prozessberater verstärken sich für bestimmte Aufträge mit Unternehmensberatern, die ‚harte' Faktoren mit in die Beratung einbringen. Doch diese Formate bleiben additiv, eben *komplementär*: Sie verbinden das eine mit dem anderen, wenn es passt und wo es passt. Wahrhaft *integrierte* Formate einer Beratung von Menschen und Organisationen sind noch zu entwickeln.

Dabei werden sich dann auch dezidiert „systemische" Beratungsansätze, wie sie sich vor allem im deutschsprachigen Raum etabliert haben, mit verschiedenen Formen der (nicht systemischen) Fachberatung verbinden. Die ‚Reinheit' bestimmter Methoden kann hie und da verloren gehen, und wir werden uns eher an dem orientieren müssen, was wirkt. Dazu trägt auch die Internationalisierung der Beratung und ihrer Erforschung bei. Während systemisches bzw. systemtheoretisches Denken im deutschsprachigen Raum vor allem mit der Systemtheorie Niklas Luhmanns gleichgesetzt wird, sind ähnliche Ansätze in der englischsprachigen Welt der *Systems Sciences* ungleich breiter ausgerichtet.[37] Schaut man aufs Coaching, dann findet man dort Ansätze, die sich „non-directive" oder „co-creative" nennen.[38] Was etwa Julie Starr in ihrem recht erfolgreichen *Coaching Manual* als „collaborative coaching" beschreibt, kommt in seinen nicht-direktiven, an den Zielen und Ressourcen des Klienten orientierten Grundsätzen dem recht nahe, was hierzulande *systemisches* Coaching heißen würde. Es fehlt dort nur der theoretische Unterbau – und damit auch der interventionskritische Grundton, der von der Luhmannschen Systemtheorie ausgeht. In der angelsächsischen Welt der Beratung geht es schon jetzt pragmatischer zu, und es gibt weniger Berührungsängste zwischen den verschiedenen Beratungsansätzen.

Dass sich solche Berührungsängste verflüchtigen werden, liegt aber nicht zuletzt daran, dass Beratungswissen längst in beachtlichem Umfang in unser Alltagswissen eingesickert ist. Wir konnten oben sehen, wie dieses Phänomen die Unternehmensberatung verändert hat, aber es trifft auch im gesellschaftlichen Rahmen zu: Je mehr wir uns beraten lassen, umso mehr eignen wir uns selbst Beraterwissen an! Das Wissen der Beraterinnen und Berater, das ja heute im Wesentlichen ein Wissen um die Wirkungen von Kommunikation ist, wird mehr und mehr zu einer allgemein zugänglichen Ressource. So weiß doch heute fast jeder, dass ungefragt erteilte Ratschläge kontraproduktiv sind, dass es mehr Kraft hat, wenn man die Lösung für sein Problem selbst erarbeitet oder dass es sinnvoll ist, erst einmal aktiv zuzuhören, bevor man mit Ratschlägen um die Ecke biegt. Je erfolgreicher professionelle Coaches und Berater mit ihrer Arbeit sind und je weiter etwa professionell angeleitete Formen der kollegialen Beratung in den Betrieben und Organisationen um sich greifen, umso mehr reichert das Beraterwissen unser Alltagswissen an. Das macht uns nicht nur immer professioneller in unseren Ratschlägen, sondern wir lernen auch, zielgerichtet und zugleich wertschätzend zu kommunizieren. Auch hier lösen sich also die Grenzen zwischen Ratsuchendem und Ratgeber schrittweise auf. Derjenige, der in der einen Situation einen professionellen Rat sucht, kann in einer anderen Situation selbst als kundiger Berater auftreten.

Ganz konkret lässt sich in meiner Arbeit als Coach und Coach-Ausbilder beobachten, dass nicht wenige Menschen, die von einem Coaching in besonderer Weise profitiert haben, danach den Wunsch verspüren, diese ungewöhnliche, wertschätzende und ressourcenorientierte Art der

Gesprächsführung selbst zu erlernen: sei es, um andere dadurch unterstützen zu können, sei es, um im beruflichen Kontext besser agieren zu können, oder sei es, um eigene Sinn-Ressourcen zu bergen. Sie melden sich dann zu einer Coaching-Ausbildung an, auch wenn sie vielleicht gar nicht selbst als professioneller Coach arbeiten wollen. Dies gilt nicht nur, aber in besonderem Maße für Führungskräfte, die das Coachingwissen in ihrer Leitungstätigkeit nutzen wollen. Hinzu kommt, dass in bestimmten Berufsfeldern (wie etwa der Personalentwicklung) eine Coaching-Ausbildung mittlerweile fast schon als Einstiegsvoraussetzung gilt. Auch diese Phänomene zeigen, wie einst exklusives Beraterwissen in verschiedene Bereiche unseres Zusammenlebens vordringt.

Dass dadurch professionelle Beratung irgendwann überflüssig werden könnte, ist aber nicht zu erwarten. Im Gegenteil: Auch und gerade Coaches brauchen Coaches (oder Supervisoren), weil auch sie dem Problem der Selbstbezüglichkeit am Ende nicht entkommen, und wenn sie noch so viel Beraterwissen angesammelt haben: Eine Weile können wir durchaus mit uns selbst zu Rate gehen, doch wenn es hart auf hart kommt, brauchen wir eben einen Blick von außen, der uns beim Beobachten beobachtet und sieht, was wir nicht sehen. Daran ändert auch die gegenwärtige Selbstcoaching-Welle nichts, die am Ende kaum mehr als eine Ergänzung zum klassischen Coaching sein kann.

## Achtsamkeit, Mindfulness und Co:
## Neue Ressourcen für die alte Kunst des Innehaltens

Doch der technische Fortschritt ist nicht das Maß *aller* Dinge, und noch haben wir die Wahl, wie wir ihn nutzen und mit ihm leben wollen. Dabei kann uns das Raten und Beraten auch in Zukunft eine Hilfe sein, zumal unter dem Eindruck einer immer schneller sich drehenden Veränderungsspirale. Denn unser Streifzug durch die Geschichte hat gezeigt, dass das Ratgeben von jeher vor allem eines war: eine wirksame Technik des Innehaltens, die den Lauf der Dinge verlangsamt und entschleunigt. Das Ratsuchen und Ratgeben schiebt sich wie ein Puffer zwischen Aktion und Reaktion; es erzeugt einen Aufschub, der uns Zeit zum Nachdenken verschafft. Peter Fuchs zufolge haben die Menschen das Ratgeben aus keinem anderen Grund erfunden als dem, „die überbordende Geschwindigkeit von Veränderungen" abzubremsen.[39] Wenn er damit Recht hat, dann brauchen wir das Raten und Beraten heute mehr denn je. Aber es muss eben eine Form des Ratgebens sein, die sich nicht blind in den Dienst der Veränderung stellt und uns in einen Strudel der Selbstoptimierung hinabzieht. Noch immer scheint Beratung vielerorts einseitig auf *Change* ausgerichtet zu sein, und darunter hat ihr Ruf seit Jahren zu leiden: Beraterinnen und Berater werden vielfach als bloße Manager von Veränderungsprozessen wahrgenommen, die Menschen und Organisationen fit machen sollen für sich wandelnde Märkte und Ökonomien. Bei aller Aufmerksamkeit für das Lernen und Sich-Verändern muss Beratung in der Zukunft auch den Sehnsüchten nach einem stabilen Halt angemessenen Raum geben: Sie muss dabei mithelfen, jenen festen Boden unter den Füßen erst einmal wieder zu gewinnen, von dem aus wir Veränderungen angehen können. Denn in einer Zeit, in der sich alles immer schneller verändert, wird es zu einem großen Problem, überhaupt noch kulturelle Kontinuität und personale Identität herzustellen: Ein stabiles Selbst zu gewinnen und eine kohärente Lebensgeschichte zu erzählen, ist für die Heutigen ungleich schwieriger als noch vor 20 oder 50 Jahren.

Mit anderen Worten: Die Beratung der Zukunft wird – wie schon vor 2000 Jahren – Menschen dabei unterstützen, eine tragfähige Idee vom gelingenden Leben zu entwickeln. Heiner Keupp nennt dies etwas zeitgemäßer „unsere tägliche Identitätsarbeit", und er versteht darunter vor allem die Fähigkeit zur Selbstorganisation, „zur Verknüpfung von Ansprüchen auf ein gutes und authentisches Leben mit den gegebenen Ressourcen", letztlich aber vor allem: „die innere Schöpfung von Lebenssinn." Angesichts der vom Sog der Veränderung geschredderten Biographien scheint es wichtiger denn je zu sein, so etwas wie eine „Lebenskohärenz" zu schaffen, in dem der Lebens*sinn* erst erfahrbar wird. Wir übernehmen heute eben nicht mehr, wie früher, vorgefertigte „Identitätspakete", sondern unsere Lebensbewältigung hängt entscheidend davon ab, wie wir uns selbst eine Identität aus der Vielfalt der Angebote zusammenbasteln. Verlangt werden von uns „Selbsttätigwerden" und „Selbsteinbettung", und dies besteht in einer „permanenten Verknüpfungsarbeit, die dem Subjekt hilft, sich im Strom der eigenen Erfahrungen selbst zu begreifen." Beratung, so Keupp, kann hier in besonderem Maße dazu beitragen, reflexive Individualität gemeinsam zu fördern: „Es gilt Wege zu bahnen, auf denen sich Menschen Klarheit über ihre Handlungsmöglichkeiten verschaffen, Optionen und Alternativen abwägen, eigene Ressourcen klären und für sich Handlungssinn entwickeln können."[40]

Bei diesen Strategien, Haltepunkte im Strudel der Veränderung zu erzeugen, bekommt die Beratung seit geraumer Zeit Unterstützung aus einer unerwarteten Richtung: aus dem fernen Osten nämlich. Mit Yoga und Meditation, Buddhismus und Taoismus, Achtsamkeit und Mindfulness (um nur einige Schlagworte zu nennen) sind auf breiter Front fernöstliche Entspannungs- und Körpertechniken auf dem Vormarsch, die sich im Westen neuerdings auch mit klassischen Beratungsformaten verbinden. Der gemeinsame Nenner, auf den sich beide bringen lassen, ist schnell gefunden – das *Innehalten*: „Wer innehält, erhält innen Halt", lautet ein wunderbarer Satz im *Tao te King* des Laotse, dem fast dreitausend Jahre alten Gründungsdokument des Taoismus.[41] Zuerst in China und dann auch in Japan ist der Taoismus später mit dem aus Indien kommenden Buddhismus zum Zen-Buddhismus verschmolzen: einer Religion, die heute als Meditations- und Achtsamkeitslehre weit über Asien hinaus stetig an Einfluss gewinnt. Entledigt man sich der religiösen Implikationen dieser Lehren, dann erhält man ein ganzes Set von lang erprobten Techniken der Meditation und Aufmerksamkeitssteuerung, der Zentrierung und Fokussierung, die zu einem inneren Zurücktreten vom Trubel der äußeren

Ereignisse anleiten. Die Aufmerksamkeit liegt ganz auf der Gegenwart des Hier und Jetzt. Die Zukunft gilt demgegenüber als hochgradig fiktives Hirngespinst, das uns nur vom Erleben des gegenwärtigen Moments abhält.

Dass sich solche körperlichen und mentalen Techniken heute auch im Westen wachsender Beliebtheit erfreuen, ist eben auch eine Folge der Globalisierung: Sie macht es möglich, dass wir uns bei unserer Sinnsuche aus der Schatzkiste aller möglichen Religionen, Kulte und Kulturtechniken bedienen können. Dabei ist die Verbindung von westlicher und östlicher Spiritualität schon viel älter, wenn man etwa an die christliche Mystik des Mittelalters denkt. Deren Lehren und Techniken weisen frappierende Übereinstimmungen mit der fernöstlichen Mystik auf, geht es doch hier wie dort um einen konsequenten Weg nach innen, wo nicht nur Ruhe und Entspannung, sondern auch eine Begegnung mit dem Göttlichen zu finden sei. Der von den westlichen Mystikern geprägte Begriff der *Gelassenheit* lässt sich beispielsweise mühelos mit Konzepten von Awareness, Achtsamkeit oder Mindfulness in Einklang bringen, die eher von fernöstlichen Lehren abgeleitet sind.

Einflüsse fernöstlicher Lehren lassen sich bei genauem Hinsehen aber auch schon ganz am Anfang des neueren Beratungsbooms finden. Nicht nur waren einige der humanistischen Psychologen der Nachkriegszeit mit dem Buddhismus in Berührung gekommen, sondern auch auf unserem Ausflug zu den Ursprüngen des Coachings konnten wir beobachten, dass bereits dort ein Zen-Meister seine Finger im Spiel hatte. W. Timothy Gallwey, dessen Buch *The Inner Game of Tennis* mit seiner Betonung des inneren, mentalen Aspekt von sportlichem (und später auch beruflichem) Erfolg im Jahr 1974 eine wichtige Grundlage für das spätere Coaching gelegt hatte, widmet sein Werk, wie wir oben schon sehen konnten, dem Guru Maharaj Ji.

Des Weiteren beruft sich Gallwey an verschiedenen Stellen seines Buches auf Daisetz Teitaro Suzuki, einen großen Botschafter des Zen-Buddhismus im Westen, der schon 1927 seine ersten *Essays in Zen-Buddhism* vorgelegt hatte. In den 1950er und 60er Jahren beeinflusste Suzuki die

Beatnik-Generation kaum weniger als später die Hippies. Seitdem hat es immer neue Wellen gegeben, in denen sich Künstler, Intellektuelle und andere westliche Sinnsucher an den östlichen Spiritualismus wandten. Daher kann es eigentlich kaum verwundern, wenn sich zentrale Begriffe der heutigen Achtsamkeitswelle schon in Callweys Tennis-Ratgeber finden: „Quieting the Mind", „Letting Go of Judgements", „Letting it Happen", „Awareness of What Is" und „Positive Thinking". Und alles dieses läuft bei ihm zusammen im zentrierten Hier und Jetzt, im „Here and Now of the Tennis Court".[42]

Ich glaube, die östlichen Weisheitslehren lassen sich deshalb so gut an den westlichen Beratungsdiskurs ankoppeln, weil sie neben Entspannung und Entschleunigung auch interessante Rezepte für den Umgang mit unseren inneren Stimmen bereithalten. Das ständige Geplapper unter unserer Schädeldecke zum Schweigen zu bringen oder es zumindest so weit einzuhegen, dass wir in Ruhe mit uns selbst zu Rate gehen können – das ist ja eine ganz große Herausforderung unserer Zeit (nicht nur auf dem Tennisplatz). Genau dafür bieten die fernöstlichen Traditionen eine Palette an Möglichkeiten. So geht es in der Zen-Meditation darum, das Denken – und damit jedes innere Gerede – letztlich ganz auszuschalten, indem der oder die Meditierende ihren Geist durch stete Übung leer werden lässt. Die Achtsamkeitspraktiken, die im Wesentlichen hiervon abgeleitet sind, zielen darauf, mit Körper und Geist ganz im Hier und Jetzt zu sein. Dieser Zustand lässt sich erreichen, indem wir unsere Aufmerksamkeit auf das richten, was unzweideutig *ist*, also was wir mit unseren Sinnen wahrnehmen, ohne es aber zu bewerten oder innerlich zu kommentieren. Im Laufe der Zeit werden die inneren Stimmen dann immer leiser, bis wir sie irgendwann vielleicht gar nicht mehr hören.

Während es im Buddhismus und in der Achtsamkeitsmeditation darum geht, das Denken, die Sprache und die inneren Stimmen ganz aus-zuhebeln, um auf anderen Wegen mit dem ‚wahren' Leben in Kontakt zu treten, setzen andere, stärker *therapeutisch* ausgerichtete Praktiken darauf, mit den inneren Stimmen in einen produktiven Dialog zu treten. Im Gegensatz zur *mystischen* Wesensschau des Buddhismus geht es hier, zum Beispiel im hawaiianischen *Huna*, um Heilung oder Veränderung, wofür in verschiedenen Kulturen traditionell die Schamanen und Medizinmänner zuständig waren oder noch sind. In diesem Zusammenhang finden wir ganz ähnliche Modelle eines inneren Mit-sich-zu-Rate-Gehens, wie wir sie aus den psychologischen Schulen des Westens kennen. Die Vorstellung einer „inneren Pluralität des Menschen"[43], wie sie Friedemann Schulz von Thun seinem Modell des „Inneren Teams" zugrunde legt, scheint also nicht auf unseren Kulturkreis beschränkt zu sein. In vielen Kulturen existiert die Vorstellung, dass sich in uns verschiedene Teilpersönlichkeiten vereinen, mit denen wir durch bestimmte therapeutische Techniken – wie zum Beispiel Hypnose oder geführte Innenreisen – Kontakt aufnehmen können. Auf diese Weise kann man, je nach Anliegen und Veränderungswunsch, seinem inneren Kind ebenso begegnen wie dem verstorbenen Vater. Daneben gibt es Instanzen wir die ‚inneren Ratgeber' oder die ‚inneren Helfer', die man aufsuchen und um Rat fragen kann.

In der Beratung lässt sich prinzipiell mit beiden Traditionen arbeiten, der mystischen und der therapeutischen. Im Bereich der Therapie hat der amerikanische Molekularbiologe und Medizinprofessor Jon Kabat-Zinn wertvolle Pionierarbeit geleistet. Seit Jahrzehnten arbeitet er daran, die heilende Wirkung von Meditation zu erforschen und der Achtsamkeitspraxis einen angemessenen Platz bei der Behandlung von psychischen Krankheiten, aber auch in der Schmerztherapie zu verschaffen. In den 1990er Jahren entwickelte er das Programm der *Mindfulness-Based Stress Reduction* (MBSR), das Elemente des Yoga mit solchen der Zen-Meditation verbindet und mittlerweile auf der ganzen Welt bekannt ist. US-amerikanische Psychotherapeuten und Verhaltenstherapeuten haben dies zur *Mindfulness Based Cognitive Therapy* (MBCT) weiterentwickelt, einer Gruppentherapie, die vor allem zur Rückfallprävention bei Depressionen eingesetzt wird. Dadurch, dass Kabat-Zinn Arzt und Forscher am angesehenen Medical Institute der

University of Massachusetts war, konnte er an dem Thema *Mindfulness* arbeiten, ohne in den Ruf des esoterischen Spinners zu kommen.

Im Coaching stehen wir eher noch am Anfang, aber das Thema nimmt auch hier langsam Fahrt auf. Liz Hall hat in ihrem Buch *Mindful Coaching* interessante Vorschläge gemacht und Erfahrungen gesammelt, wie Praktiken aus der Meditations- und Achtsamkeitstradition einen Coachingprozess bereichern können. Sie hat außerdem Befragungen durchgeführt und Daten ausgewertet, die darauf hindeuten, dass zumindest die Coaching-Szene in England erwartet, dass die Bedeutung von *Mindfulness* im Coaching in den nächsten Jahren stark an Bedeutung gewinnen wird.[44] Als mögliche Themen für „Mindful Coaching" nennt Liz Hall Selbstmanagement und Work-Life-Balance, Stressabbau und Zufriedenheit im Leben, aber auch Business-Themen wie Veränderungsmanagement, das Aushalten von Ungewissheit oder „mindful leadership".[45]

Eine der größten Herausforderungen dürfte dabei sein, den starken Zukunftsbezug des Coachings mit der Gegenwartszentrierung, dem „Hier und Jetzt" der östlichen Lehren zu verbinden. Man könnte auch sagen: das (westliche) *Tun* mit dem (östlichen) *Sein* in Einklang zu bringen. Coaching ist ja – wie das Ratgeben und Beraten an sich – traditionell ziel- und lösungsorientiert, und daraus resultiert ein starker Fokus auf Handlung und Veränderung. Der Buddhismus macht dagegen gerade die Wunsch- und Ziellosigkeit zu seinem Programm. Insofern kann er Beratungsprozesse ergänzen und bereichern, aber nicht ersetzen. Der Einbezug von Techniken aus der Achtsamkeitspraxis kann zum Beispiel dazu dienen, den Klienten im Strom der Veränderungen erst einmal wieder zu erden und mit sich und seinen inneren Ressourcen in Kontakt zu bringen, um von diesem festen Boden aus Veränderungswünsche zu entwickeln – oder eben auch nicht. Gemeinsam haben Coaching und Meditation jedenfalls, dass sie in der Ereignis-durchrauschten Moderne Räume der Ruhe und des Stillstands bieten, in denen sich Ratsuchende ohne Druck und ohne Bewertung ihres Platzes im Leben vergewissern können.

Ein Blick hinüber ins kalifornische *Silicon Valley* zeigt, dass gerade noch etwas anderes passiert: Dort haben nämlich die fernöstlichen Entspannungs-, Atem- und Meditationstechniken Einzug in die großen Internet-Konzerne gehalten. Der Google-Ingenieur und praktizierende Buddhist Chade-Meng Tan hat ein viel beachtetes Achtsamkeitstraining für die Angestellten entwickelt, das diesen erlauben soll, besser, kreativer und glücklicher bei der Arbeit zu sein. Mittlerweile soll es dort regelmäßige „mindful lunches" geben sowie ein eigens eingerichtetes Layrinth für die Gehmeditation. Chade-Meng Tan hat darüber ein Buch veröffentlicht, das nun auch ins Deutsche übersetzt worden ist: *Search inside yourself. Das etwas andere Glücks-Coaching.* Mit dem deutschen Untertitel scheint man sich in die Reihe der Glücksratgeber einordnen zu wollen. Aber damit nicht genug der Vermarktung: Mittlerweile wird das Achtsamkeitsprogramm vom *Search Inside Yourself Leadership Institute* als Führungs-Tool weltweit vertrieben. Im *Silicon Valley,* wo in der Nachkriegszeit die klügsten Köpfe über Kybernetik und Kommunikation nachdachten, üben sich die Protagonisten von *Big Data* heute in Achtsamkeitsmeditation.

Der Journalist Mark Siemons hält es für keinen Zufall, „dass gerade die Internetpioniere eine besondere Affinität zur östlichen Erleuchtung aufweisen". Denn schließlich hätten sie spezifische Probleme mit erzeugt, „die die Konzentration auf den Augenblick zu heilen verspricht: Über-Konnektivität, Multitasking, Gedankenflucht und akute Anfälle von Irrealität."[46] Aber auch andere große Konzerne, vor allem aus avancierten, technologisch prägenden Sektoren der Gesellschaft, schwimmen längst auf der Achtsamkeitswelle und bieten ihren Leuten *Mindfulness*-Programme an. Neben *Facebook, Google* oder *Ebay* ist dies vor allem der Finanzsektor (von der Wallstreet bis zur *EZB*), aber auch bei Beratungsfirmen wie *KPMG, PwC* und *SAP* sollen erste *Mindfulness*-Bestrebungen gesichtet worden sein. Der Fluchtpunkt solcher Programme ist meist die Idee einer neuen Führungskräfte-Entwicklung, die unter dem Label „mindful leadership" läuft.

Dass das Thema Meditation und Achtsamkeit in der Welt der Wirtschaft angekommen ist, zeigte sich im Jahr 2015 sehr anschaulich auf dem Weltwirtschaftsforum in Davos. Früh am Morgen um acht Uhr bot dort Jon Kabat-Zinn, der Star unter den Meditationslehrern, der versammelten Wirtschaftselite der Welt „Mindfulness Meditation" an. Immerhin gab es Platz für rund 60 Leute, und der Raum soll gut gefüllt gewesen sein. Doch auch auf dem Podium war das Thema „Leading Mindfully" vertreten. Wenn dort zu hören war, dass bereits eine ganze Reihe von Investmentbankern der Wall Street regelmäßig meditieren,[47] dann wirft das eine Frage auf, die sich auch Mark Siemons stellt: *Wer unterwandert hier eigentlich wen?* Beutet der Kapitalismus nun auch noch die fernöstliche Spiritualität aus, um eine weitere Sinn-Ressource seiner Profitgier einzuverleiben? Denn die ausgeruhten und entspannten Banker, so ist anzunehmen, können nach ihren Meditationen noch waghalsigere Geschäfte machen, so wie die Google-Angestellten noch länger arbeiten können und dabei noch bessere Ideen haben. Oder ist es umgekehrt gerade so, dass der Einfluss des östlichen Spiritualismus die westlichen Ökonomien nachhaltig verändern wird, weil der „erleuchtete Angestellte" (so der Titel von Siemons' Artikel) aufgrund seiner grundentspannt im Hier und Jetzt ruhenden Ziellosigkeit am Ende dem gefräßigen Kapitalismus den Rücken kehrt und sich zum Yoga-Lehrer umschulen lässt oder gar in ein buddhistisches Kloster zurückzieht?

Wir dürfen gespannt sein, wie die Geschichte ausgeht.

# Anmerkungen

**Einführung: Was uns die Geschichte des Ratgebens über unsere Gegenwart erzählt**

1  Bacon, Über das Beraten, S. 90.
2  Fuchs und Pankoke, Beratungsgesellschaft; Fuchs und Mahler, Form und Funktion von Beratung, S. 349.
3  Thiersch, Homo consultabilis, S. 183.
4  capital.de vom 21.08.2013 und tagesspiegel.de vom 24.08.2013.
5  Hennis, Rat und Beratung im modernen Staat, S. 176.
6  Ebenda, S. 163.
7  Looss, Unter vier Augen, S. 57.
8  Ebenda, S. 57-58.
9  Paris, Raten und Beratschlagen, S. 358.

**1. Was soll ich tun? Die Grundfrage der Beratung**

1  Siehe Fuchs und Mahler, Form und Funktion von Beratung, S. 350; Macho, Ideengeschichte der Beratung, S. 16; Steiner, System Beratung, S. 17-33.
2  Steiner, System Beratung, S. 32.
3  Gross, Die Multioptionsgesellschaft, S. 393.
4  Hindelang, jemanden um rat fragen, S. 34 (man beachte die zeittypische Kleinschreibung!).
5  Steiner, System Beratung, S. 32.
6  Fuchs und Mahler, Form und Funktion von Beratung, S. 351.
7  Lexicon Juridicum Romano-Teutonicum, S. 211, Sp. 1.
8  Thomasin, Der Welsche Gast, V. 12996-13000.
9  Fuchs und Mahler, Form und Funktion von Beratung, S. 366.
10  Beispiele bei Goldhamer, The Adviser, S. 120-129.
11  Macho, Ideengeschichte der Beratung, S. 1.
12  Schiller, Wilhelm Tell, 2. Akt, 2. Szene, S. 963.
13  Alain, Der Kern des Glücks, S. 83.
14  Siehe Steiner, System Beratung, S. 99.
15  Siehe Schützeichel, Soziologie der Beratung, S. 274-280.
16  Hobbes, Leviathan, S. 215-216.
17  Kallmeyer, Beraten und Betreuen, S. 229.
18  Thomas von Aquin, zitiert und übersetzt nach Kersting, Rat, S. 35.
19  Schützeichel, Soziologie der Beratung, S. 279.
20  Fuchs, Liebe, Sex und Beratung, S. 271 und 274.
21  Hobbes, Leviathan, S. 216.
22  Hindelang, jemanden um rat fragen, S. 34.
23  Siehe Göckler, Beratung und Zwang.
24  Hobbes, Leviathan, S. 216.
25  Siehe Nestmann, Engel, Sickendiek, Beratung: Zwischen ,old school' und ,new style', S. 1334-1335.
26  The Sopranos, Staffel 1, Folge 1.
27  Nestmann, Engel, Sickendiek, Beratung: Zwischen ,old school' und ,new style', S. 1334.
28  Schützeichel, Soziologie der Beratung, S. 277.
29  Steiner, System Beratung, S. 104.
30  Schützeichel, Soziologie der Beratung, S. 277
31  Bora, „Gesellschaftsberatung" oder Politik, S. 121.
32  Fuchs, Die Form beratender Kommunikation, S. 18.
33  Steiner, System Beratung, S. 63.
34  Fuchs, Die Form beratender Kommunikation, S. 18.
35  So etwa bei Radatz, Beratung ohne Ratschlag, S. 113-114.
36  Paris, Raten und Beratschlagen, S. 372.

37 Helmstetter, Ratgeber als Erfolgsflüsterer, S. 52.

38 Siehe Bröckling, Das unternehmerische Selbst, und Traue, Das Subjekt der Beratung.

39 Macho, Ideengeschichte der Beratung, S. 30.

40 Aristoteles, Politik, S. 68.

41 Macho, Ideengeschichte der Beratung, S. 17.

42 Siehe Steiner, System Beratung, S. 19, und Goldhamer, The Adviser, S. 64-65.

43 Zitiert nach Hannig, Consensus fidelium, S. 209, Fn. 5. Siehe auch Ruhe, Ratgeber, S. 67.

44 Lexikon der Sprichwörter des romanisch-germanischen Mittelalters, Bd. 2, S. 403.

45 Goldhamer, The Adviser, S. 67-68.

46 Bacon, Über das Beraten, S. 91.

47 Buchheim, Rat, Sp. 30.

48 Fuchs und Mahler, Form und Funktion der Beratung, S. 351.

49 Mittelhochdeutsches Wörterbuch, Bd. II/1, Sp. 563b-574b.

50 Dhuoda, Liber manualis, S. 52.

**2. Orakelsprüche, Prophezeiungen und Horoskope: Alte Rezepturen gegen eine unsichere Zukunft**

1 www.duden.de (17.09.2014).

2 Minois, Geschichte der Prophezeiungen, S. 75.

3 Ebenda, S. 80.

4 Fontenrose, The Delphic Oracle, S. 39.

5 Fuchs und Mahler, Form und Funktion von Beratung, S. 351.

6 Burkert, Griechische Religion der archaischen und klassischen Epoche, S. 174.

7 Siehe Macho, Ideengeschichte der Beratung, S. 20.

8 Siehe Minois, Geschichte der Prophezeiungen, S. 77.

9 Rosenberger, Griechische Orakel, S. 120.

10 Siehe ebd., S. 76.

11 Homer, Odyssee, S. 186.

12 Minois, Geschichte der Prophezeiungen, S. 115-116.

13 Ebenda, S. 122.

14 Goldhamer, The Adviser, S. 31-33.

15 Cicero, De divinatione, 2. Buch, S. 273.

16 Prechtl, Das Buch von Rat und Tat, S. 13. Siehe auch Sloterdijk, Konsultanten, S. 9.

17 Steiner, System Beratung, S. 19.

18 Ebenda, S. 20.

19 Siehe Buchheim, Sophistik als Avantgarde normalen Lebens.

20 Siehe Macho, Ideengeschichte der Beratung, S. 6-8.

21 Sloterdijk, Konsultanten, S. 8.

22 Siehe Steiner, System Beratung, S. 21.

23 Macho, Ideengeschichte der Beratung, S. 20.

24 Steiner, System Beratung, S. 21.

25 Macho, Ideengeschichte der Beratung, S. 22.

26 Siehe Steiner, System Beratung, S. 21.

27 Macho, Ideengeschichte der Beratung, S. 22.

28 Ebenda, S. 23.

29 Pangerl, Sterndeutung als naturwissenschaftliche Methode, S. 311.

30 Zitiert nach Kurze, Johannes Lichtenberger, S. 16.

31 Ebenda, S. 11.

32 Hiltgart von Hürnheim, Secretum secretorum, S. 55.

33 Siehe Minois, Geschichte der Prophezeiungen, S. 397-398.

34 Mentgen, Astrologie und Öffentlichkeit im Mittelalter, S. 11.

35 Siehe Kurze, Johannes Lichtenberger, S. 8; Pangerl, Sterndeutung als naturwissenschaftliche Methode, S. 315-316.

36 Siehe ebenda, S. 318-323.

37 Zitiert nach Kurze, Johannes Lichtenberger, S. 78-79.

38 Zum Folgenden siehe Minois, Geschichte der Prophezeiungen, S. 467-81.

39 Ebenda, S. 478.

40 Die Jesuiten in Bayern 1549-1773, Katalog zur Ausstellung, München 1991, S. 271.

41 Minois, Geschichte der Prophezeiungen, S. 478.

### 3. *Consilium* und *Consensus*: Die Suche nach dem einvernehmlichen Ratschluss im Mittelalter

1 Tacitus, Germania, S. 71.

2 Althoff, Colloquium familiare, S. 157.

3 Siehe zu dieser Frage Bora, „Gesellschaftsberatung" oder Politik, und Baecker, Die Beratung der Gesellschaft.

4 Gottfried von Straßburg, Tristan, V. 8301-8600.

5 Siehe dazu die umfassende Studie von Annas, Hoftag – Gemeiner Tag – Reichstag.

6 Duden 2003, S. 1275.

7 Siehe Bredekamp, Der schwimmende Souverän.

8 Goldhamer, The Adviser, S. 89.

9 Ebenda.

10 Dallek, Camelot's Court, S. 118.

11 Althoff, Colloquium familiare, S. 160.

12 Siehe ebenda, S. 159, Anm. 7.

13 Ebenda, S. 161.

14 Siehe auch Herchert, Recht und Geltung, S. 92.

15 Althoff, Colloquium familiare, S. 167-181.

16 Ebenda, S. 182.

17 Siehe Macho, Ideengeschichte der Beratung, S. 25-26.

18 Siehe Ruhe, Ratgeber, S. 75-82.

19 Musseter, The Education of Enide, S. 165.

20 Christine de Pizan, Le livre de trois vertus, zitiert und übersetzt nach Herchert, Recht und Geltung, S. 79.

21 Zum Folgenden Bora, „Gesellschaftsberatung" oder Politik, S. 121-129.

22 Ebenda, S. 120-121.

23 Paris, Raten und Beratschlagen, S. 379.

24 Homer, Odyssee, V. 76-79.

25 Köbler, consilium.

26 Procacci, Geschichte Italiens, S. 140.

27 Althoff, Colloquium familiare, S. 158.

28 Herchert, Recht und Geltung, S. 92, Anm. 177.

29 Hannig, Consensus fidelium, S. 135.

30 Chaucer, Canterbury Tales, V. 3530. Weitere Beispiele bei Bühler, Wirk alle thyng by conseil.

31 Hartmann von Aue, Erec, V. 5924-27.

### 4. Hofnarren, Sekretäre und Geheime Räte: Beratung auf dem Weg zur Profession

1 Machiavelli, Der Fürst, S. 99-100.

2 Siehe Heinig, Rat.

3 Siehe Annas, Hoftag – Gemeiner Tag – Reichstag, S. 278-284.

4 Siehe Hölscher, Öffentlichkeit und Geheimnis, S. 130.

5 Ebenda, S. 131.

6 Siehe ebenda, S. 130, sowie Wenzel: Sekretäre – heimlichaere.

7 Mittelhochdeutsches Handwörterbuch, Bd. II, Sp. 843.

8 Siehe Müller, Archiv und Monument, S. 14.

9 Schapira, Sekretäre des Königs, S. 54.

10 Ebenda, S. 46.

11 Harsdörffer, Der teutsche Secretarius, S. 230 und 229.

12 Amelunxen, Rechtsgeschichte des Hofnarren, S. 7.

13 Zum Beispiel bei Schwertl, Business-Coaching, S. 115-119; Fuchs, Hofnarren und Organisationsberater; Wehrli, Verantwortung und ökonomische Notwendigkeit; Maywald, Der Narr und das Management.

14 Bayerische Staatsbibliothek, Einblattsammlung I, 46.

15 Grimmelshausen, Simplicissimus, S. 123 (Kaiser übersetzt Tischrat aus dem Original hier mit „Witzbold bei Tisch"). Siehe Amelunxen, Rechtsgeschichte des Hofnarren, S. 22-25.

16 Schwertl, Business-Coaching, S. 117.

17 Bora, „Gesellschaftsberatung" oder Politik, S. 117.

18 Fuchs, Hofnarren und Organisationsberater, S. 8.

19 Ebenda, S. 18.

20 Siehe Flögel, Geschichte der Hofnarren, S. 176-179.

21 Müller, Archiv und Monument, S. 25.

22 Amelunxen, Rechtsgeschichte des Hofnarren, S. 28.

23 Ebenda, S. 30.

24 Wenzel, Sekretäre – heimlîchaere, S. 36.

25 Machiavelli, Der Fürst, S. 98.

26 Ebenda, S. 100.

27 Ebenda, S. 99.

28 Paris, Raten und Beratschlagen, S. 376.

29 Ebenda, S. 377.

30 Zum Folgenden siehe Schlotheuber, Johannes Stauffmel.

31 Steiner, System Beratung, S. 25.

32 Sloterdijk, Konsultanten, S. 13.

33 Zitiert nach Bude, Macht des Beraters, S. 162.

34 Ebenda, S. 162.

35 Deutsches Wörterbuch, Bd. 4,2, Sp. 876.

36 Sloterdijk, Konsultanten, S. 15.

37 Safranski, Goethe, S. 461.

38 Althaus, Reflections on Advisory Practice in Politics, S. 6.

39 Zitiert nach Safranski, Goethe, S. 269.

40 Eckermann, Gespräche mit Goethe, S. 336.

### 5. Das aufgeklärte Subjekt geht mit sich selbst zu Rate: Krise und Kritik des Ratgebens auf dem Weg in die Neuzeit

1 Hartmann von Aue, Iwein, V. 2344-2355. Meine Übersetzung aus dem Mittelhochdeutschen.

2 Macho, Ideengeschichte der Beratung, S. 24-25.

3 Luhmann, Gesellschaftsstruktur und Semantik, S. 188.

4 Buchheim, Rat, Sp. 30.

5 Oehler, Die Lehre vom Noetischen und Dianoetischen, S. 103.

6 Xenophon, Die sokratische Empfehlung des Orakels, zitiert nach: Prechtl, Das Buch von Rat und Tat, S. 62-63.

7 Aristoteles, Nikomachische Ethik, S. 189.

8 Siehe Mahler, Beratung in der Philosophie, S. 524.

9 Aristoteles, Nikomachische Ethik, S. 107.

10 Zitiert nach Buchheim, Rat, Sp. 32.

11 Thomas von Aquin, Summe der Theologie, Bd. 2, I-II,14.3, S. 98.

12 Hesiod, Werke und Tage, V. 293-297.

13 www.duden-online.de (26.12.2014).

14 Mittelhochdeutsches Wörterbuch, Bd. 2, S. 563.

15 Deutsches Wörterbuch, Bd. 14, Sp. 157.

16 Mutzeck, Kooperative Beratung, S. 5.

17 Helmstetter, Die Tunlichkeits-Form, S. 118.

18 Pesendorfer, Etymologisches zu Rat und (be-)raten, S. 21.

19 Siehe Steiner, System Beratung, S. 18.

20 Der arme Hartmann, Rede, V. 1672-1674.

21 Siehe Horst, Die Gaben des Heiligen Geistes, S. 145-149.

22 Ebenda, S. 145.

23 Siehe Strässle, Gelassenheit.

24 Absil, Die Gaben des Hl. Geistes, S. 257.

25 Siehe Luhmann, Gesellschaftsstruktur und Semantik, S. 9-71.

26 Baecker, Die Beratung der Gesellschaft, S. 77.

27 Luhmann, Gesellschaftsstruktur und Semantik, S. 191.

28 Sloterdijk, Konsultanten, S. 14-15.

29 Ebenda, S. 15.

30 Ebenda.

31 Montaigne, Essais, iii,2, zit. nach Hennis, Beratung im modernen Staat, S. 168 (meine Hervorhebung).

32 Bacon, Über die Freundschaft, S. 124.

33 La Rochefoucauld, Maximen und Reflexionen, S. 18.

34 Nach Diogenes Laertios, Leben und Meinungen berühmter Philosophen, S. 20.
35 Jean Paul, Leben Fibels, S. 30.
36 Eckermann, Gespräche mit Goethe, S. 336.
37 Feuerbach, Ein Vermächtnis, S. 187.
38 Zitiert nach Luhmann, Die Politik der Gesellschaft, S. 340, Fn. 43.
39 Bierce, The Devils's Dictionary, S. 4.
40 Ebenda, S. 5.
41 Arndt, Denksprüche, Erinnerungsblätter, S. 183.
42 Baecker, Die Beratung der Gesellschaft, S. 76-78.
43 Bacon, Über das Beraten, S. 96.
44 Siehe Wasser, Weltbild der Rhetorik, S. 162.
45 Sloterdijk, Weltinnenraum des Kapitals, S. 94.
46 Siehe ebenda, S. 101.
47 Kant, Beantwortung der Frage: Was ist Aufklärung, S. 481.
48 Freud, Eine Schwierigkeit der Psychoanalyse, S. 7.
49 Schulz von Thun, Miteinander reden 3, S. 116.
50 Helmstetter, Ratgeber als Erfolgsflüsterer, S. 959.

## 6. Das Buch als „stummer Freund und Lehrer": Ratgeberliteratur als Antwort auf die Krise der Beratung

1 Goethe, Wahlverwandtschaften, S. 17.
2 Siehe Steiner, System Beratung, S. 114.
3 Fuchs, Und wer berät die Gesellschaft?, S. 76.
4 Sloterdijk, Konsultanten, S. 12.
5 Helmstetter, Guter Rat ist (un)modern, S. 147.
6 Benjamin, Der Erzähler, S. 412.
7 Ebenda, S. 409-410.
8 Ebenda, S. 412-413.
9 Ebenda, S. 413-414.
10 Kleist, Aus einem Brief an Christian Ernst Martini, S. 266.
11 Ebenda.
12 Hennis, Rat und Beratung im modernen Staat, S. 163.
13 Ebenda, S. 168.
14 Sloterdijk, Weltinnenraum des Kapitals, S. 103.
15 Ebenda, S. 94.
16 Messerli, Geschichte der Medien des Rates, S. 30.
17 Helmstetter, Der stumme Doctor als guter Hirte, S. 60.
18 Messerli, Geschichte der Medien des Rates, S. 33.
19 Zitiert nach Williams, Giving Advice, S. 156.
20 Paris, Raten und Beratschlagen, S. 365.
21 Siehe ebenda, S. 354-363.
22 Helmstetter, Die Tunlichkeitsform, S. 109.
23 Dhuoda, Manuale, S. 58.
24 Zitiert nach Messerli, Geschichte der Medien des Rates, S. 37.
25 Carr, Endlich Nichtraucher!, S. 9.
26 Zitiert nach Messerli, Geschichte der Medien des Rates, S. 41.
27 Paris, Raten und Beratschlagen, S. 356.
28 Ebenda, S. 384.
29 Proust, Auf der Suche nach der verlorenen Zeit, S. 329.
30 Siehe Duttweiler, „Liebe Marta".
31 Zitiert nach Oels und Schikowski, Editorial, S. 9.
32 Siehe Renner, Massenmediales Ratgeben.
33 Helmstetter, Der stumme Doctor als guter Hirte, S. 70.
34 Zitiert nach Messerli, Geschichte der Medien des Rates, S. 43.
35 Siehe ebenda.
36 Bänzinger, Duttweiler, Sarasin und Wellmann, Einleitung, S. 22.
37 Kühne und Hintenberger, Handbuch Online-Beratung.
38 Duttweiler, „Liebe Marta", S. 296.
39 Siehe Kühne und Hintenberger, Professionalisierung der Online-Beratung, S. 1574-1575.

333

40 Duttweiler, „Liebe Marta", S. 298.
41 Nach Kühne und Hintenberger, Professionalisierung der Online-Beratung, S. 1578.
42 Zitiert nach Duttweiler, „Liebe Marta", S. 294.
43 Kühne und Hintenberger, Professionalisierung der Online-Beratung, S. 1575.
44 Messerli, Geschichte der Medien des Rates, S. 48.

## 7. Parlamente, Politiker und Lobbyisten: Die mit sich zu Rate gehende Gesellschaft und ihre Ratgeber

1 Einen Überblick gibt Goldhamer, The Adviser, S. 7-27.
2 Steiner, System Beratung, S. 134.
3 Hennis, Rat und Beratung im modernen Staat, S. 165.
4 Ebenda, S. 172.
5 Mandt, Tyrannislehre und Widerstandsrecht, S. 55-59.
6 Hennis, Rat und Beratung im modernen Staat, S. 173.
7 Goldhamer, The Adviser, S. 18.
8 Hennis, Rat und Beratung im modernen Staat, S. 174.
9 Morus, Utopia, S. 22.
10 Ebenda, S. 42.
11 Ebenda, S. 36.
12 Seneca, Brief an Lucilius über Ethik, V, 48, 7.
13 Siehe Dallek, Camelot's Court, S. 127-172.
14 Mandt, Tyrannislehre und Widerstandsrecht, S. 56.
15 Zitiert nach Pias, Vehlken, Einleitung.
16 Weaver, The Changing World of Think Tanks, S. 563.
17 Zitiert nach Pias, Vehlken: Einleitung, S. 7.
18 Ebenda, S. 12.
19 Brandtstetter, Pias, Vehlken, Think-Tank-Denken, S. 37-38.
20 Ebenda, S. 39.
21 Ebenda, S. 40.
22 Kreft, Außen- und sicherheitspolitische Politikberatung, S. 131-134.
23 Weaver, The Changing World of Think Tanks, S. 564-566.
24 Kreft, Außen- und sicherheitspolitische Politikberatung, S. 151-152.
25 Bröchler, Kalliope im Wunderland, S. 19.
26 Ebenda, S. 20.
27 Ebenda, S. 21-23.
28 Goldhamer, The Adviser, S. 58-59.
29 Siehe Hustedt, Veit und Fleischer, Politikberatung in Deutschland, S. 16.
30 Bröchler, Kalliope im Wunderland, S. 27.
31 Habermas: Technik und Wissenschaft als ‚Ideologie', S. 134.
32 Berlin-Brandenburgische Akademie der Wissenschaften, S. 9.
33 Siehe Bröchler, Kalliope im Wunderland, S. 27-35.
34 Steiner, System Beratung, S. 179.
35 Ebenda, S. 180.
36 Goldhamer, The Adviser, S. 58.
37 Giersch, Politikwissenschaftliche Politikberatung, S. 31.

## 8. Auf dem Weg in die Beratungsgesellschaft: Vom beratenden Staat zur Consulting-Welle des späten 20. Jahrhunderts

1 Nestmann, Engel und Sickendiek, Beratung: Zwischen ‚old school' und ‚new style', S. 1325.
2 Bude, Gesellschaft der Angst.
3 Marquard, Zeitalter der Weltfremdheit, S. 12.
4 Ebenda, S. 13.
5 Siehe McAfee und Brynjolfsson, Digitalisierung: Die große Abkopplung, S. 35.
6 Faust, Managementberatung in der Organisationsgesellschaft, S. 538-539.
7 Siehe Pope, A Brief History of Career Counseling.
8 Samerski, Die verrechnete Hoffnung, S. 71.
9 Ebenda, S. 64.

10 Ebenda, S. 70.
11 Ebenda, S. 42.
12 Siehe www.counseling.org/20-20/index. aspx (10.08.2014).
13 McLeod, Beratungsforschung, S. 1768.
14 Siehe ebenda, S. 1772.
15 Zitiert nach Leif, Beraten und verkauft, S. 22.
16 Deutschmann, Unternehmensberater – eine neue Reflexionselite?
17 Ernst und Kieser, Versuch, das unglaubliche Wachstum des Beratungsmarktes zu erklären.
18 Siehe z. B. Clark und Fincham, Critical Consulting.
19 Zitiert nach Deutschmann, Unternehmensberater: Eine neue Elite?, S. 15.
20 Siehe Faust, Managementberatung in der Organisationsgesellschaft, S. 550-552.
21 Student, French Correction, S. 32.
22 Überblick bei Leif, Beraten und verkauft, S. 26f.
23 Student, French Correction, S. 32.
24 Deutschmann, Unternehmensberater – eine neue Reflexionselite?, S. 65.
25 Deutschmann, Unternehmensberater: Eine neue Elite?, S. 16.
26 Siehe O'Shea und Madigan, Dangerous Company, S. 3.
27 Christensen, Wang und van Beyer, Die Zukunft der Berater.
28 Ebenda, S. 33-35.
29 Giddens, Die Konsequenzen der Moderne.
30 Keupp, Beratung als Förderung von Identitätsarbeit.
31 http://www.margaretthatcher.org/speeches/displaydocument.asp?docid=106689 (29.06.2015).
32 Bröckling, Das unternehmerische Selbst, S. 52.
33 Buna, Das rationale Orakel, S. 832.
34 Baecker, Die Beratung der Gesellschaft, S. 69.
35 Beck, Risikogesellschaft.
36 Baecker, Postheroisches Management, S. 45.
37 Thiersch, Homo consultabilis, S. 192.
38 Fuchs und Mahler, Form und Funktion von Beratung, S. 355.
39 Baecker, Organisation und Management, S. 137.
40 Traue, Das Subjekt der Beratung, S. 12.
41 Fuchs, Die magische Welt der Beratung, S. 257.
42 Leif, Beraten und verkauft, S. 33.
43 Zitiert nach Leif, Beraten und verkauft, S. 21
44 Paris, Raten und Beratschlagen, S. 383.
45 Macho, Ideengeschichte der Beratung, S. 29-30.
46 Fuchs, Liebe, Sex und Beratung, S. 272.

## 9. „Beratung ohne Ratschlag": Die Wiederentdeckung der nicht-direktiven Beratung

1 Radatz, Beratung ohne Ratschlag, hat diese treffende, nur scheinbar paradoxe Formulierung als Titel für ihre Einführung in das systemische Coaching gewählt.
2 Kleist, Aus einem Brief an Christian Ernst Martini, S. 266-267.
3 Benjamin, Nicht abraten, S. 269.
4 Hennis, Rat und Beratung im modernen Staat, S. 171.
5 Siehe Traue, Das Subjekt der Beratung, S. 128f.
6 Rogers, Die nicht-direktive Beratung, S. 17.
7 Ebenda, S. 33.
8 Ebenda, S. 33.
9 Ebenda, S. 37.
10 Lewin, Psychologische Ökologie.
11 Garfinkel, Common sense knowledge of social structures. Dazu Schüttpelz, Die dokumentarische Methode der Ratsuche.
12 Schüttpelz, Die dokumentarische Methode der Ratsuche, S. 100.
13 Ebenda, S. 101.

14 Sloterdijk, Im Weltinnenraum des Kapitals, S. 106f.
15 Achouri, Wenn Sie wollen, nennen Sie es Führung, S. 107-109.
16 Siehe ebenda, S. 24.
17 Watzlawick, Anleitung zum Unglücklichsein.
18 Watzlawick, Beavin und Jackson: Menschliche Kommunikation.
19 von Schlippe und Schweitzer, Lehrbuch der systemischen Therapie und Beratung I, S. 49-53.
20 Ebenda, S. 45.
21 Ebenda, S. 79.
22 Ebenda, S. 53.
23 Traue, Das Subjekt der Beratung, S. 14.
24 Bröckling, Das unternehmerische Selbst.
25 Traue, Das Subjekt der Beratung, S. 193.
26 Ebenda, S. 104.
27 Gallwey, The Inner Game of Tennis, S. 11.
28 Ebenda, S. 18.
29 Ebenda, S. 5 und 23.
30 Siehe Böning und Fritschle, Coaching fürs Business, S. 26-27.
31 Looss, Unter vier Augen, S. 16.
32 Siehe Schreyögg, Coaching.
33 Siehe etwa Bessenrodt-Weberpals u.a., Coaching als Türöffner für gute Lehre.
34 von Schlippe und Schweitzer, Lehrbuch der systemischen Therapie und Beratung I, S. 321.
35 Radatz, Beratung ohne Ratschlag, S. 14.
36 Siehe de Shazer, Lösungsfokussierte Kurztherapie heute.
37 Siehe Achouri, Wenn Sie wollen, nennen Sie es Führung, S. 102.
38 Paris, Raten und Beratschlagen, S. 355.
39 Schubert-Golinski, Gebrauchsanweisung für ein Problem.

**10. Die Gegenwart der Beratung: Aktuelle Trends und Zukunftsperspektiven des Ratgebens**

1 Aristoteles, Nikomachische Ethik, S. 183.
2 Schützeichel, Soziologie der Beratung, S. 276.
3 Nestmann, Engel, Sickendiek, Beratung: Zwischen ‚old school‘ und ‚new style‘, S. 1337.
4 Zitiert nach Helmstetter, Die Tunlichkeitsform, S. 110.
5 Siehe Buchheim, Rat.
6 Fuchs, Liebe, Sex und Beratung, S. 271.
7 Sloterdijk, Weltinnenraum des Kapitals, S. 106.
8 Helmstetter, Der stumme Doctor als guter Hirte, S. 55-56.
9 Fuchs, Liebe, Sex und Beratung, S. 272.
10 Siehe de Shazer, Von der Problemsprache zur Lösungssprache.
11 Illich, Fortschrittsmythen, S. 38.
12 Ebenda, S. 30.
13 Samerski, Die verrechnete Hoffnung, S. 63.
14 Ebenda, S. 15 (meine Hervorhebung).
15 Baecker, Die Beratung der Gesellschaft, S. 88.
16 Ebenda, S. 87-88.
17 Bröckling, Das unternehmerische Selbst, S. 26.
18 Ebenda, S. 289, mit Blick auf das gleichnamige Buch von Alain Ehenberg.
19 Traue, Das Subjekt der Beratung, S. 14.
20 Siehe Schwartz, The Paradox of Choice.
21 Bröckling, Das unternehmerische Selbst, S. 286.
22 Helmstetter, Der stumme Doctor als guter Hirte, S. 53.
23 Siehe Bröckling, Das unternehmerische Selbst, S. 285.
24 Siehe Niehaus und Peeters, Zum diskursiven Ort von Anti-Ratgebern.
25 Ebenda, S. 86.
26 Hinweise bei Steiner, System Beratung, S. 11-15, 27-34 und öfter, sowie bei Leod, Beratungsforschung.
27 Kühne und Hintenberger, Professionalisierung der Online-Beratung, S. 1578. Siehe auch Döring und Eichenberg, Von der E-Beratung zur M-Beratung.
28 Vgl. Kühne und Hintenberger, Professionalisierung der Online-Beratung, S. 1577.

29 Siehe Frankfurter Allgemeine Zeitung Nr. 50, 28.02.2015, S. 23.

30 Siehe Davenport und Kirby, Dein Freund, der Roboter, S. 27.

31 Macho, Ideengeschichte der Beratung, S. 30.

32 Nestmann, Engel, Sickendiek, Beratung: Zwischen ‚old school‘ und ‚new style‘, S. 1327.

33 Keupp, Beratung als Förderung von Identitätsarbeit, S. 469.

34 Student, French Correction, S. 36.

35 Christensen, Wang und van Beyer, Die Zukunft der Berater, S. 33.

36 Königswieser, Sonuc und Gebhardt, Komplementärberatung.

37 Siehe die Polemik von Klein, What the hell is Systemtheorie.

38 Siehe Hall, Mindful Coaching, S. 17.

39 Fuchs, Liebe, Sex und Beratung, S. 271-272.

40 Keupp, Beratung als Förderung von Identitätsarbeit, S. 478-479.

41 Laotse, Tao te king, S. 55.

42 Gallwey, The Inner Game of Tennis, S. 25, 32, 116, 121 und öfter.

43 Schulz von Thun, Miteinander reden: 3, S. 21.

44 Hall, Mindful Coaching, S. 241-245.

45 Siehe ebenda, S. 91-102.

46 Siemons, Der erleuchtete Angestellte.

47 Ebenda.

# Literaturverzeichnis

Th. Absil: Die Gaben des Hl. Geistes in der Mystik des Johannes Tauler. In: Zeitschrift für Aszese und Mystik 2 (1927), S. 254-264.

Cyrus Achouri: Wenn Sie wollen, nennen Sie es Führung. Systemisches Management im 21. Jahrhundert. Offenbach 2013.

Alain: Der Kern des Glücks. In: Prechtl, Das Buch von Rat und Tat, S. 82-83.

Marco Althaus: Reflections on Advisory Practice in Politics. In: Political Science Applied 2 (2013), S. 4-15.

Gerd Althoff: Colloquium familiale – colloquium secretum – colloquium publicum. Beratung im politischen Leben des früheren Mittelalters. In: G.A.: Spielregeln der Politik im Mittelalter. Kommunikation in Frieden und Fehde. Darmstadt 1997, S. 157-184.

Clemens Amelunxen: Zur Rechtsgeschichte des Hofnarren. Berlin und New York 1991.

Gabriele Annas: Hoftag – Gemeiner Tag – Reichstag. Studien zur strukturellen Entwicklung deutscher Reichsversammlungen des späten Mittelalters (1349-1471). 2 Bände. Göttingen 2004.

Aristoteles: Die Nikomachische Ethik. Übersetzt und hrsg. von Olof Gigon. München 1971.

Aristoteles: Politik. Schriften zur Staatstheorie. Übersetzt und hrsg. von Franz F. Schwarz. Stuttgart 1989.

Der arme Hartmann: Rede vom Glauben. In: Friedrich Maurer (Hrsg.): Die religiösen Dichtungen des 11. und 12. Jahrhunderts. Band 2. Tübingen 1965, S. 567-628.

Ernst Moritz Arndt: Denksprüche, Erinnerungsblätter. In: E.M.A.: Gedichte. Leipzig 1913, S. 182-184.

Francis Bacon: Über das Beraten. In: Essays. Hrsg. von Levin L. Schücking. Übersetzt von Elisabeth Schücking. Bremen o.J., S. 90-98.

Francis Bacon: Über die Freundschaft. In: Essays. Hrsg. von Levin L. Schücking. Übersetzt von Elisabeth Schücking. Bremen o.J., S. 116-128.

Dirk Baecker: Die Beratung der Gesellschaft. In: Claus Leggewie (Hrsg.): Von der Politik- zur Gesellschaftsberatung: Neue Wege öffentlicher Konsultation. Frankfurt/M. und New York 2007, S. 73-94.

Dirk Baecker: Organisation und Management. Frankfurt/M. 2003.

Dirk Baecker: Postheroisches Management. Ein Vademecum. Berlin 1994.

Peter-Paul Bänzinger, Stefanie Duttweiler, Philipp Sarasin und Annika Wellmann (Hrsg.): Fragen Sie Dr. Sex! Ratgeberkommunikation und die mediale Konstruktion des Sexuellen. Frankfurt/M. 2010.

Ulrich Beck: Risikogesellschaft. Auf dem Weg in eine andere Moderne. Frankfurt/M. 1986.

Walter Benjamin: Der Erzähler. In: W.B.: Illuminationen. Ausgewählte Schriften. Frankfurt/M. 1961, S. 409-436.

Walter Benjamin: Nicht abraten! In: Prechtl, Das Buch von Rat und Tat, S. 268-269.

Berlin-Brandenburgische Akademie der Wissenschaften: Leitlinien Politikberatung. Berlin 2008.

Monika Bessenrodt-Weberpals u. a. (Hrsg.): Coaching als Türöffner für gute Lehre. Auf dem Weg zu einer studierendenzentrierten Lehr- und Lernkultur. Augsburg 2013.

Ambrose Bierce: The Devil's Dictionary. New York 1993.

Uwe Böning und Brigitte Fritschle: Coaching fürs Business. Was Coaches, Personaler und Manager über Coaching wissen müssen. Bonn 2005.

Alfons Bora: „Gesellschaftsberatung" oder Politik? – Ein Zwischenruf. In: Claus Leggewie (Hrsg.): Von der Politik- zur Gesellschaftsberatung. Neue Wege öffentlicher Konsultation. Frankfurt/M. und New York 2007, S. 117-132.

Thomas Brandstetter, Claus Pias und Sebastian Vehlken (Hrsg.): Think Tanks. Die Beratung der Gesellschaft. Zürich und Berlin 2010.

Thomas Brandstetter, Claus Pias und Sebastian Vehlken: Think-Tank-Denken. Zur Epistemologie der Beratung. In: Brandstetter, Pias und Vehlken, Think Tanks, S. 17-57.

Horst Bredekamp: Der schwimmende Souverän. Karl der Große und die Bildpolitik des Körpers. Berlin 2014.

Stephan Bröchler: Kalliope im Wunderland. Orientierungen, Bedarfe und Institutionalisierung von wissenschaftlicher Politikberatung im bundesdeutschen Regierungssystem. In: Schützeichel und Brüsemeister, Die beratene Gesellschaft, S. 19-38.

Ulrich Bröckling: Das unternehmerische Selbst. Soziologie einer Subjektivierungsform. Frankfurt/M. 2007.

Thomas Buchheim: Rat (I. Griechische Antike). In: Historisches Wörterbuch der Philosophie, Band VIII: R-Sc, Basel 1992, Sp. 29-34.

Thomas Buchheim: Sophistik als Avantgarde normalen Lebens. Hamburg 1986.

Heinz Bude: Gesellschaft der Angst. Hamburg 2014.

Heinz Bude: Die Macht des Beraters. Eine Analyse der Widmung von Machiavellis *Der Fürst*. In: Holger Andreas Leidig (Hrsg.): Leidenschaften. Symposium zum 65. Geburtstag von Hans Peter Dreitzel. Berlin 2001, S. 157-163.

Curt F. Bühler: Wirk alle thyng by conseil. In: Speculum 24 (1949), S. 410-412.

Remigius Buna: Das rationale Orakel. Der Experte als Handwerker und Augur. In: Merkur 66,9/10 (2012), S. 826-834.

Walter Burkert: Griechische Religion der archaischen und klassischen Epoche. Stuttgart 1977.

Allen Carr: Endlich Nichtraucher! Der einfache Weg, mit dem Rauchen Schluß zu machen. München, 55. Auflage 1998.

Geoffrey Chaucer: The Canterbury Tales. Mittelenglisch/Deutsch. Hrsg. und übersetzt von Heinz Bergner. Stuttgart 1982.

Chrétien de Troyes: Erec et Enide. Erec und Enide. Altfranzösisch/Deutsch. Übersetzt und [nach der Ausgabe von M. Roques] hrsg. von Albert Gier. Stuttgart 1987.

Clayton M. Christensen, Dina Wang und Derek van Beyer: Die Zukunft der Berater. In: Harvard Business Manager 11/2013, S. 28-34.

Cicero: De Divinatione. Hrsg., übersetzt und erläutert von Christoph Schäublin. München 1991.

Timothy Clark und Robin Fincham (Hrsg.): Critical Consulting. New Perspectives on the Management Advice Industry. Oxford 2002.

Robert Dallek: Camelot's Court. Inside the Kennedy White House. New York 2013.

Thomas H. Davenport und Julia Kirby: Dein Freund, der Roboter. In: Harvard Business Manager 9/2015, S. 22-31.

Deutsches Wörterbuch von Jacob und Wilhelm Grimm. 16 Bände in 32 Teilbänden. Leipzig 1854-1961. Quellenverzeichnis Leipzig 1971.

Christoph Deutschmann: Unternehmensberater: Eine neue Elite? In: GDI_Impuls1/1994, S. 15-22.

Christoph Deutschmann: Unternehmensberater – eine neue Reflexionselite? In: Walther Müller-Jentsch (Hrsg.): Profitable Ethik – effiziente Kultur? Neue Sinnstiftungen durch das Management? München und Mering 1993, S. 57-82.

Dhuoda: Liber manualis. Ein Wegweiser aus karolingischer Zeit für ein christliches Leben. Eingeleitet, aus dem Lateinischen übersetzt und kommentiert von Wolfgang Fels. Stuttgart 2008.

Diogenes Laertios: Leben und Meinungen berühmter Philosophen. Aus dem Griechischen übersetzt von Otto Apelt. Hrsg. von Klaus Reich. Hamburg, 3. Auflage 1990, S. 13 -24.

Nicola Döring und Christiane Eichenberg: Von der E-Beratung zur M-Beratung. Chancen und Grenzen des Einsatzes von Mobilmedien. In: Nestmann u. a., Handbuch der Beratung, Band 3, S. 1601-1615.

Duden. Deutsches Universalwörterbuch. Mannheim, 6. Auflage 2003.

Stephanie Duttweiler: „Liebe Marta" und „Frag Beatrice". Vom Leserbrief zum virtuellen Rat. In: Bänzinger u. a., Fragen Sie Dr. Sex!, S. 283-316.

Johann Peter Eckermann: Gespräche mit Goethe in den letzten Jahren seines Lebens (1836). Paderborn 2012.

Berit Ernst und Alfred Kieser: Versuch, das unglaubliche Wachstum des Beratungsmarktes zu erklären. In: Rudi Schmidt u. a. (Hrsg.): Managementsoziologie. Themen, Desiderate, Perspektiven. München und Mering 2002, S. 56-85.

Michael Faust: Managementberatung in der Organisationsgesellschaft. In: Wieland Jäger und Uwe Schimank (Hrsg.): Organisationsgesellschaft. Facetten und Perspektiven. Wiesbaden 2005, S. 529-588.

Anselm Feuerbach: Ein Vermächtnis von Anselm Feuerbach. Paderborn 2013.

Karl Friedrich Flögel: Geschichte der Hofnarren. Hildesheim und New York 1977 (Nachdruck von 1789).

Joseph Fontenrose: The Delphic Oracle. Its Responses and Operations. Berkeley u. a. 1978.

Sigmund Freud: Eine Schwierigkeit der Psychoanalyse. In: Imago 5 (1917), S. 1-7.

Peter Fuchs: Die Form beratender Kommunikation. Zur Struktur einer kommunikativen Gattung. In: Fuchs und Pankoke, Beratungsgesellschaft, S. 13-25.

Peter Fuchs: Hofnarren und Organisationsberater. Zur Funktion der Narretei, des Hofnarrentums und der Organisationsberatung. In: Organisationsentwicklung 21, 3/2002, S. 4-15.

Peter Fuchs: Liebe, Sex und Beratung. Essayistische Überlegungen zu einem seltsamen Symbionten. In: Bänzinger u. a., Fragen Sie Dr. Sex!, S. 262-282.

Peter Fuchs: Die magische Welt der Beratung. In: Schützeichel und Brüsemeister, Die beratene Gesellschaft, S. 239-257.

Peter Fuchs: Und wer berät die Gesellschaft? Gesellschaftstheorie und Beratungsphänomen. In: Fuchs und Pankoke, Beratungsgesellschaft, S. 67-77.

Peter Fuchs und Eckart Pankoke: Beratungsgesellschaft. Veröffentlichungen der Katholischen Akademie Schwerte. Schwerte 1994.

Peter Fuchs und Enrico Mahler: Form und Funktion von Beratung. In: Soziale Systeme 6 (2000), S. 349-368.

Timothy W. Gallwey: The Inner Game of Tennis. Basingstoke und Oxford 1986.

Harold Garfinkel: Common Sense Knowledge of Social Structures: The Documentary Method of Interpretation in Lay and Professional Fact Finding. In: H.G.: Studies in Ethnomethodology. Englewood Cliffs 1967, S. 76-103.

Anthony Giddens: Die Konsequenzen der Moderne. Aus dem Englischen von Joachim Schulte. Frankfurt/M. 1995.

Gregor Giersch: Politikwissenschaftliche Politikberatung? Eine Polemik. In: Political Science Applied 2 (2013), S. 31-34.

Johann Wolfgang Goethe: Die Wahlverwandtschaften. dtv-Gesamtausgabe. Band 19. München 1963.

Rainer Göckler: Beratung und Zwang. In: Nestmann u. a., Handbuch der Beratung, Band 3, S. 1663-1677.

Herbert Goldhamer: The Adviser. New York 1978.

Gottfried von Straßburg: Tristan. Nach dem Text von Friedrich Ranke hrsg., übersetzt und kommentiert von Rüdiger Krohn. 3 Bände. Stuttgart 1980.

Hans Jakob Christoffel von Grimmelshausen: Der abenteuerliche Simplicissimus Deutsch. Aus dem Deutschen des 17. Jahrhundert von Reinhard Kaiser. Frankfurt/M. 2009.

Peter Gross: Die Multioptionsgesellschaft. Frankfurt/M. 1994.

Jürgen Habermas: Technik und Wissenschaft als ‚Ideologie‘. Frankfurt/M. 1968.

Liz Hall: Mindful Coaching. How Mindfulness Can Transform Coaching Praxis. London und Philadelphia 2013.

Jürgen Hannig: Consensus fidelium. Frühfeudale Interpretationen des Verhältnisses von Königtum und Adel am Beispiel des Frankenreiches. Stuttgart 1982.

Georg Philipp Harsdörffer: Der teutsche Secretarius. Band II. Hildesheim und New York 1971.

Hartmann von Aue: Werke. Band 1: Erec. Hrsg. von Manfred Günter Scholz, übersetzt von Susanne Held. Frankfurt/M. 2007.

Hartmann von Aue: Werke. Band 2: Gregorius/Armer Heinrich/Iwein. Hrsg. und übersetzt von Volker Mertens. Frankfurt/M. 2008.

Paul-Joachim Heinig: Rat. 1. Fürstlicher und städtischer. In: Lexikon des Mittelalters. Band 7. München und Zürich 1995, Sp. 449-453.

Rudolf Helmstetter: Guter Rat ist (un)modern. Die Ratlosigkeit der Moderne und ihre Berater. In: Gerhart von Graevenitz (Hrsg.): Konzepte der Moderne. Stuttgart und Weimar 1999, S. 147-172.

Rudolf Helmstetter: Ratgeber als Erfolgsflüsterer und der Schatten des Scheiterns. In: Non Fiktion. Arsenal der anderen Gattungen 7 (2012), H. 1/2: Themenheft „Ratgeber“, S. 49-56.

Rudolf Helmstetter: Der stumme Doctor als guter Hirte. Zur Genealogie der Sexualratgeber. In: Bänzinger u. a., Fragen Sie Dr. Sex!, S. 58-93.

Rudolf Helmstetter: Die Tunlichkeits-Form. Zu Grammatik, Rhetorik und Pragmatik von Ratgeberbüchern. In: Niehaus und Peeters, Rat geben, S. 107-132.

Wilhelm Hennis: Rat und Beratung im modernen Staat. In: W. H.: Politikwissenschaft und politisches Denken. Politikwissenschaftliche Abhandlungen II. Tübingen 2000, S. 161-176.

Gaby Herchert: Recht und Geltung. Zur bildungsgeschichtlichen Deutung des Begriffs der Geltung im Mittelalter. Würzburg 2003.

Hesiod: Werke und Tage. In: Hesiods Werke. Übersetzt von Heinrich Gebhardt. Stuttgart 1861.

Hiltgart von Hürnheim: Mittelhochdeutsche Prosaübersetzung des „Secretum Secretorum". Hrsg. von Reinhold Möller. Berlin 1963.

Götz Hindelang: jemanden um rat fragen. In: Zeitschrift für Germanistische Linguistik 5 (2009), H 1, S. 34-44.

Thomas Hobbes: Leviathan. Erster und zweiter Teil. München 2006.

Lucian Hölscher: Öffentlichkeit und Geheimnis: Eine begriffsgeschichtliche Untersuchung zur Entstehung der Öffentlichkeit in der frühen Neuzeit. Stuttgart 1979.

Homer: Ilias. Übersetzt von Wolfgang Schadewaldt. Frankfurt/M. 1975.

Homer: Odyssee. Übersetzt von Wolfgang Schadewaldt. Reinbek 1958.

Ulrich Horst: Die Gaben des Heiligen Geistes bei Thomas von Aquin. Berlin 2001.

Thurit Hustedt, Sylvia Veit und Julia Fleischer: Politikberatung in Deutschland: Zwischen Unabhängigkeit und politischer Steuerung. In: Political Science Applied 2 (2013), S. 15-22.

Ivan Illich: Fortschrittsmythen. Schöpferische Arbeitslosigkeit. Energie und Gerechtigkeit. Wider die Verschulung. Übersetzt von Thomas Lindquist. Reinbek 1983.

Jean Paul: Leben Fibels. Hrsg. von Alexander Kluge. In: Jean Paul: Werke. Historisch-kritische Ausgabe. Hrsg. von Helmut Pfotenhauer und Barbara Hunfeld. Band VII,I. Berlin 2015.

Die Jesuiten in Bayern 1549-1773, Katalog zur Ausstellung, München 1991.

Werner Kallmeyer: Beraten und Betreuen. Zur gesprächsanalytischen Untersuchung von helfenden Interaktionen. In: Zeitschrift für Qualitative Bildungs-, Beratungs- und Sozialforschung 2 (2001), S. 227-252.

Immanuel Kant: Beantwortung der Frage: Was ist Aufklärung? In: Berlinische Monatsschrift 2 (1784) Dezember-Heft, S. 481-494.

Wolfgang Kersting: Rat (II. Von der Patristik bis zur Neuzeit). In: Historisches Wörterbuch der Philosophie. Band 8. Basel 1992, Sp. 34-37.

Heiner Keupp: Beratung als Förderung von Identitätsarbeit in der Spätmoderne. In: Nestmann u.a., Handbuch der Beratung, Band 1, S. 469-485.

Louis Klein: What the hell is Systemtheorie. In: Organisationsentwicklung 2015 Heft 1, S. 66-68.

Heinrich von Kleist: Aus einem Brief an Christian Ernst Martini. In: Prechtl, Das Buch von Rat und Tat, S. 266-267.

Gerhard Köbler: Consilium (Beratung, Ratschluß). In: Lexikon des Mittelalters. Band 3. Zürich und München 1986, Sp. 160-161.

Roswita Königswieser, Ebru Sonuc und Jürgen Gebhardt (Hrsg.): Komplementärberatung. Das Zusammenspiel von Fach- und Prozeß-Know-how. Stuttgart 2006.

Heinrich Kreft: Außen- und sicherheitspolitische Beratung in den USA – ein Vergleich zu Deutschland. In: Gerhard Kümmel (Hrsg.): Wissenschaft, Politik und Politikberatung. Erkundungen zu einem schwierigen Verhältnis. Frankfurt/M. 2004, S. 129-154.

Stefan Kühne und Gerhard Hintenberger: Handbuch Online-Beratung. Psychosoziale Beratung im Internet. Göttingen, 2. Auflage 2009.

Stefan Kühne und Gerhard Hintenberger: Professionalisierung der Online-Beratung. In: Nestmann u. a., Handbuch der Beratung, Band 3, S. 1571-1586.

Dietrich Kurze: Johannes Lichtenberger († 1503). Eine Studie zur Geschichte der Prophetie und Astrologie. Lübeck 1960.

Laotse: Tao te King. Das Buch vom Weltgesetz und seinem Wirken. Wiedergabe des chinesischen Textes durch Walter Jerven. München und Wien, 6. Auflage 1984.

François de La Rochefoucauld: Maximen und Reflexionen. Stuttgart 1965.

Thomas Leif: Beraten und verkauft. McKinsey & Co. – der große Bluff der Unternehmensberater. München, 6. Auflage 2006.

Kurt Lewin: Psychologische Ökologie (1943). In: K.L.: Feldtheorie in den Sozialwissenschaften. Ausgewählte theoretische Schriften. Bern 1963, S. 206-222.

Lexicon Juridicum Romano-Teutonicum. Hrsg. von Samuel Oberländer. Unveränderter Nachdruck der 4. Auflage Nürnberg 1753. Köln und Wien 2000.

Wolfgang Looss: Unter vier Augen. Coaching für Manager. München, 6. Auflage 2001.

Niklas Luhmann: Gesellschaftsstruktur und Semantik. Studien zur Wissenssoziologie der modernen Gesellschaft. Band 1. Frankfurt/M. 1980.

Niklas Luhmann: Die Politik der Gesellschaft. Frankfurt/M. 2002.

Niccolò Machiavelli: Der Fürst. Il principe. Übersetzt und hrsg. von Rudolf Zorn. Stuttgart 1978.

Thomas Macho: Zur Ideengeschichte der Beratung. Versuch einer Einführung. In: Prechtl, Das Buch von Rat und Tat, S. 16-31.

Enrico Mahler: Beratung in der Philosophie: Vergleichende Anmerkungen. In: Ethik und Sozialwissenschaften. Streitforum für Erwägungskultur 10 (1999), S. 524-526.

Hella Mandt: Tyrannislehre und Widerstandsrecht. Studien zur deutschen politischen Theorie des 19. Jahrhunderts. Darmstadt und Neuwied 1974.

Odo Marquard: Zeitalter der Weltfremdheit? Ein Beitrag zur Analyse der Gegenwart. In: Gießener Universitätsblätter 18,2 (1985), S. 9-20.

Fritz Maywald: Der Narr und das Management. Leistungssteigerung in Unternehmen zwischen Shareholder Value und sozialer Verantwortung. München 2000.

Andrew McAfee und Erik Brynjolfsson: Digitalisierung: Die große Abkopplung. In: Harvard Business Manager 9/2015, S. 32-41.

John McLeod: Beratungsforschung. In: Nestmann u. a., Handbuch der Beratung, Band 3, S. 1767-1777.

Gerd Mentgen: Astrologie und Öffentlichkeit im Mittelalter. Stuttgart 2004.

Alfred Messerli: Zur Geschichte der Medien des Rates. In: Bänzinger u. a., Fragen Sie Dr. Sex!, S. 30-57.

Werner Mezger: Hofnarren im Mittelalter. Vom tieferen Sinn eines seltsamen Amts. Konstanz 1981.

Georges Minois: Die Geschichte der Prophezeiungen. Düsseldorf 2002.

Mittelhochdeutsches Wörterbuch. Mit Benutzung des Nachlasses von Georg Friedrich Benecke ausgearbeitet von Wilhelm Müller und Friedrich Zarncke. 3 Bände. Leipzig 1854-1866.

Thomas Morus: Utopia. In: Der utopische Staat. Morus – Campanella – Bacon. Übersetzt und hrsg. von Klaus J. Heinisch. Reinbek 1960, S. 8-110.

Jan-Dirk Müller: Archiv und Monument. Die Kultur der Sekretäre um 1500. In: Siegert und Vogl, Kultur der Sekretäre, S. 13-28.

Sally Musseter: The education of Chrétien's Enide. In: Romanic review 73 (1982), S. 147-166.

Wolfgang Mutzeck: Kooperative Beratung. Weinheim 1996.

Frank Nestmann u. a. (Hrsg.): Das Handbuch der Beratung. Band 3: Neue Beratungswelten. Fortschritte und Kontroversen. Tübingen 2013.

Frank Nestmann, Frank Engel und Ursel Sickendiek: Beratung: Zwischen 'old school' und 'new style'. In: Nestmann u. a., Handbuch der Beratung, Band 3, S. 1325-1345.

Michael Niehaus und Wim Peeters (Hrsg.): Rat geben. Zu Theorie und Analyse des Beratungshandelns. Bielefeld 2014.

Michael Niehaus und Wim Peeters: Zum diskursiven Ort von Anti-Ratgebern. Eine kleine Blütenlese. In: Non-Fiktion. Das Arsenal der anderen Gattungen 7 (2012), H. 1/2: Themenheft „Ratgeber", S. 71-86.

Klaus Oehler: Die Lehre vom Noetischen und Dianoetischen Denken bei Platon und Aristoteles. Hamburg, 2. Auflage 1985.

David Oels und Michael Schikowski: Editorial. In: Non Fiktion. Arsenal der anderen Gattungen 7 (2012), H. 1/2: Themenheft „Ratgeber", S. 7-11.

James O'Shea und Charles Madigan: Dangerous Company: Management Consultants and the Businesses They Save and Ruin. New York 1998.

Rainer Paris: Raten und Beratschlagen. In: Sozialer Sinn 6,2 (2005), S. 353-388.

Daniel Carlo Pangerl: Sterndeutung als naturwissenschaftliche Methode der Politikberatung. Astronomie und Astrologie am Hofe Kaiser Friedrichs III. In: Archiv für Kulturgeschichte 92 (2010), S. 309-328.

Bernard Pesendorfer: Etymologisches zu Rat und (be-)raten. In: Peter Heintel u. a. (Hrsg.): Beratung und Ethik: Praxis, Modelle, Dimensionen. Klagenfurt 2006, S. 14-23.

Claus Pias und Sebastian Vehlken: Einleitung. Von der 'Klein-Hypothese' zur Beratung der Gesellschaft. In: Brandstetter, Pias und Vehlken, Think Tanks, S. 7-15.

Mark Pope: A Brief History of Career Counceling in the United States. In: Career Development Quarterly 48 (2000), S. 94-211.

Gerd Prechtl (Hrsg.): Das Buch von Rat und Tat. Ein Lesebuch aus drei Jahrtausenden. München 1999.

Giuliano Procacci: Geschichte Italiens und der Italiener. München 1989.

Marcel Proust: Auf der Suche nach der verlorenen Zeit. Band XIII. Die wiedergefundene Zeit. Übersetzt von Eva Rechel-Mertens. Frankfurt/M. 1964.

Sonja Radatz: Beratung ohne Ratschlag. Systemisches Coaching für Führungskräfte und BeraterInnen. Wien, 6. Auflage 2006.

Karl N. Renner: Massenmediales Ratgeben unter den Bedingungen der Medienkonvergenz 7 (2012), H. 1/2: Themenheft „Ratgeber", S. 27-36.

Carl R. Rogers: Die nicht-direktive Beratung. Counseling and Psychotherapy. München 1972.

Veit Rosenberger: Griechische Orakel. Eine Kulturgeschichte. Darmstadt 2001.

Doris Ruhe: Ratgeber. Hierarchie und Strategien der Kommunikation. In: Karl-Heinz Spieß (Hrsg.): Medien der Kommunikation im Mittelalter. Wiesbaden 2003, S. 63-82.

Rüdiger Safranski: Goethe. Kunstwerk des Lebens. München 2013.

Silja Samerski: Die verrechnete Hoffnung. Von der selbstbestimmten Entscheidung durch genetische Beratung. Münster 2002.

Nikolaus Schapira: Sekretäre des Königs. Die Gelehrten und die Macht im Frankreich des 17. Jahrhunderts. In: Siegert und Vogl, Kultur der Sekretäre, S. 45-60.

Friedrich Schiller: Sämtliche Werke. Auf Grund der Originaldrucke hrsg. von Gerhard Fricke und Herbert G. Göpfert in Verbindung mit Herbert Stubenrauch, Band 2. München, 3. Auflage 1962.

Arist von Schlippe und Jochen Schweitzer: Lehrbuch der systemischen Therapie und Beratung I. Das Grundlagenwissen. Göttingen, 2. Auflage 2012.

Eva Schlotheuber: Der Fall des gelehrten Rats Johannes Stauffmel und die Stellung der Gelehrten an den welfischen Fürstenhöfen im 15. und 16. Jahrhundert. In: Blanka Zilynská (Hrsg.): Universitäten, Landesherren und Landeskirchen. Prag 2010, S. 185-204.

Astrid Schreyögg: Coaching. In: Nestmann u. a., Handbuch der Beratung, Band 2, S. 947-958.

Bettina Schubert-Golinski: Gebrauchsanweisung für ein Problem. In: Christopher Rauen (Hrsg.): Coaching-Tools III. Bonn, 2. Auflage 2014, S. 199-204.

Erhard Schüttpelz: Die dokumentarische Methode der Ratsuche. Harold Garfinkels Experiment und seine Auswertung. In: Niehaus und Peeters, Rat geben, S. 93-105.

Rainer Schützeichel: Skizze zu einer Soziologie der Beratung. In: Schützeichel und Brüsemeister, Die beratene Gesellschaft, S. 273-285.

Rainer Schützeichel und Thomas Brüsemeister (Hrsg.): Die beratene Gesellschaft. Zur gesellschaftlichen Bedeutung von Beratung. Wiesbaden 2004.

Friedemann Schulz von Thun: Miteinander reden 3: Das ‚innere Team‘ und situationsgerechte Kommunikation. Reinbek 1998.

Barry Schwartz: The Paradox of Choice: Why More Is Less. New York 2004.

Walter Schwertl: Business-Coaching. Der Coach als Mountain Guide und Hofnarr. Wiesbaden 2009.

Seneca: Epistulae morales ad Lucilium. Briefe an Lucilius über Ethik. Lateinisch/Deutsch. Übersetzt und hrsg. von Franz Loretto. Stuttgart 1988.

Steve de Shazer: Mehr als ein Wunder. Lösungsfokussierte Kurztherapie heute. Gemeinsam mit Yvonne Dolan. Aus dem Amerikanischen von Astrid Hildenbrand. Heidelberg 2008.

Steve de Shazer: Worte waren ursprünglich Zauber. Von der Problemsprache zur Lösungssprache. Aus dem Amerikanischen von Andreas Schindler. Heidelberg, 3. Auflage 2012.

Bernhard Siegert und Joseph Vogl (Hrsg.): Europa. Kultur der Sekretäre. Zürich und Berlin 2003.

Mark Siemons: Der erleuchtete Angestellte. In: Frankfurter Allgemeine Sonntagszeitung Nr. 15, 12.04.2015, S. 37.

Peter Sloterdijk: Konsultanten. Eine begriffsgeschichtliche Erinnerung. In: Revue für postheroisches Management 1 (2008), H 2, S. 8-19.

Peter Sloterdijk: Im Weltinnenraum des Kapitals. Für eine philosophische Theorie der Globalisierung. Frankfurt/M. 2006.

The Sopranos. Home Box Office, 1999-2007.

Star Trek: The Next Generation. Paramount Pictures, 1987-1994.

Adrian Steiner: System Beratung. Politikberater zwischen Anspruch und Realität. Bielefeld 2009.

Thomas Strässle: Gelassenheit. Über eine andere Haltung zur Welt. München 2013.

Dietmar Student: French Correction. In: Manager-Magazin 10/2014, S. 29-36.

Tacitus: Germania. Zweisprachig. Übertragen und erläutert von Arno Mauersberger. Wiesbaden o.J.

Thesaurus proverbiorum medii aevi = Lexikon der Sprichwörter des romanisch-germanischen Mittelalters. Hrsg. vom Kuratorium Singer der Schweizerischen Akademie der Geistes- und Sozialwissenschaften. Band 2: Bisam-erbauen. Berlin und New York 1996.

Hans Thiersch: Homo consultabilis. Zur Moral institutionalisierter Beratung. In: Karin Böllert und Hans-Uwe Otto (Hrsg.): Soziale Arbeit auf der Suche nach Zukunft. Bielefeld 1989, S. 175-193.

Thomas von Aquin: Summe der Theologie. Übersetzt und hrsg. von Joseph Bernhart. 3 Bände. Stuttgart 1985.

Thomasin von Zerklaere: Der Welsche Gast. Hrsg. von Friedrich Rückert. Quedlinburg 1852.

Boris Traue: Das Subjekt der Beratung. Zur Soziologie einer Psycho-Technik. Bielefeld 2010.

Harald Wasser: Vom Weltbild der Rhetorik, vom Buchdruck und von der Erfindung des Subjekts. Ein medientheoretischer Essay zum sozialen Wandel. Weilerswist 2012.

Paul Watzlawick: Anleitung zum Unglücklichsein. München 1983.

Paul Watzlawick, Janet H. Beavin und Don D. Jackson: Menschliche Kommunikation: Formen, Störungen, Paradoxien. Bern 1969 (amerik. Original 1967).

R. Kent Weaver: The Changing World of Think Tanks. In: Political Science and Politics 22 (1989), S. 563-578.

Rudolf Wehrli: Verantwortung und ökonomische Notwendigkeit. Über die Beziehung von Managern und Hofnarren. In: Studia Philosophica, Supplement 13 (1987).

Horst Wenzel: Sekretäre – heimlîchaere. Der Schauraum öffentlicher Repräsentation und die Verwaltung des Geheimen. In: Siegert und Vogl, Kultur der Sekretäre, S. 29-43.

Steven J. Williams: Giving Advice and Taking It: The Reception by Rulers of the Pseudo-Aristotelian Secretum Secretorum as a Speculum Principis. In: Carla Casagrande u. a. (Hrsg.): Consilium: teorie e pratiche del consigliare nella cultura medievale. Florenz 2004, S. 139-180.